Frank Hills

# Die *unheimliche* Macht des Fernsehens

## Segen oder Fluch der Massenmedien?

*Das Titelbild stammt von der Künstlerin Adelheid Eurich aus Bad Salzschlirf. Ihr möchte ich an dieser Stelle nochmals ein herzliches Dankeschön aussprechen.*


Postfach22; 87467 Durach
Credo: Pro Fide Catholica
Druck: Eigendruck
Printed in Germany 2006


ISBN 3-938235-23-3
A. Schmid Oberstr. 57, 56341 Filsen. keine Korrespondenzadresse
Internet: verlag-anton-schmid.de
Tel/Fax: 0831/2 18 95

Frank Hills

# Die *unheimliche* Macht des Fernsehens

## Segen oder Fluch der Massenmedien?

Pro Fide Catholica

„Die Medien sind die erste Gewalt im Staat. Sie schaffen die 'öffentliche Meinung', sie züchten auch Massenhysterien. Sie schaffen die Freund- und Feindbilder in der Politik ... Die Wahnbilder werden zu Meinungsklischees tabuisiert, jeder Zweifel wird als Häresie angesehen, die die Kritiker gesellschaftlich isoliert. Zweifler gelten als Ketzer und geistig Abnormale. Sie werden ausgestoßen wie Aussätzige."

*Arthur Vogt, „Der Programmierte Mensch"*

„Was Sie heute in den Köpfen der Menschen finden, ist oft gar nicht mehr die Realität, sondern eine von den Medien konstruierte, hergestellte Wirklichkeit."

*Prof. Dr. Elisabeth Noelle-Neumann, Meinungsforscherin*

„Wir haben für diese Fernsehstationen drei Milliarden Dollar bezahlt. Wir werden entscheiden, was die Nachrichten sind. Die Nachrichten sind das, was wir ihnen sagen."

*David Boylan, WTVT station manager, 16. April 1997; zit. nach Revealing Quotes 3: Mass-Media Deception, http://free.freespeech.org/americanstateterrorism/mediadeception/RevealingQuotes3.html*

„Viele von euch haben meine Schriften bereits gelesen, in denen ich vom TV als neuem Gott sprach. Es gibt da eine kleine Sache, die ich bislang versäumt habe zu erwähnen - das Fernsehen ist der große Haupt-Einsickerungskanal für die neue satanische Religion."

*Anton Szandor LaVey, Gründer der Kirche Satans (im Jahre 1966), The Devil's Notebook, S. 86; zit. nach Hollywood Unmasked - Video-Dokumentation*

„Vor bloß 32 Jahren waren Millionen von Männern und Frauen, auch mit all ihren Makeln, zumindest noch familien- und gemeinschaftsorientierte menschliche Wesen, die einen Sinn für ihre Heimat, eine Spur von Wertschätzung für ihr Erbe und einen Anschein von gesundem Menschenverstand besaßen. Durch Alchimie wurden sie längst in viehische Personen verwandelt, die sich für nichts anderes interessieren als für Geld und Fernsehen. Sie sind in den Händen derer, die James Shelby Downard die 'betrügerischen Hexer' der Medien und der Regierung nennt, - so leicht zu beeinflussen und zu manipulieren wie Rinder in einem Schlachthaus."

*Michael A. Hoffman II, Secret Societies and Psychological Warfare, S. 6*

# Inhaltsverzeichnis

# Die unterschätzte Macht der Massenmedien

Die allermeisten Menschen beziehen ihr Wissen aus den Veröffentlichungen in Presse, Rundfunk und Fernsehen, wobei sie sich kaum nähere Gedanken über die Zuverlässigkeit der jeweiligen Quelle ihrer Informationsgewinnung machen: Kennen sie etwa den Namen des Besitzers der entsprechenden Zeitung, der Rundfunkstation oder des Fernsehsenders? Sind sie mit seiner politischen Gesinnung vertraut oder wissen sie, welcher Glaubensrichtung er angehört? Und wie verhält es sich mit den Hintergründen der Person, die etwa den entsprechenden Artikel verfaßt hat? Ist sie bei ihren Recherchen wirklich unabhängig oder nicht doch eher weisungsgebunden vorgegangen?

In unserer schnellebigen Zeit machen sich jedenfalls nur wenige Leute die Mühe, den Wahrheitsgehalt einer bestimmten Meldung etwa im Internet selbst zu recherchieren. Falsch- und Fehlberichterstattung wird auf diese Weise nur selten entdeckt.

Für Individuen, die sich mit der Weltpolitik näher auseinandersetzen, ist es indes nichts Neues, daß wichtige Informationen oft unterdrückt oder verfälscht werden. Man hat sogar das Gefühl, daß eine gezielte Verblödung der Massen erfolgt, etwa durch die tagtägliche Berieselung der Fernsehzuschauer mit Belanglosigkeiten und Nichtigkeiten aus der Welt der Reichen und Schönen, oder durch die über die Jahrzehnte festzustellende Ausweitung der Blödsinnssendungen „Sport" und Unterhaltung in allen nur erdenklichen Varianten, die Millionen fesseln.

Wie also kann man wissen, ob man über ein bestimmtes Vorkommnis wahrheitsgemäß informiert wird? Ganz einfach: Indem man die entscheidende Frage beantwortet, ob es jemanden gibt, der ein elementares Interesse daran haben könnte - und gleichzeitig einflußreich genug ist, um zu veranlassen -, daß Falschmeldungen verbreitet werden.

Bei Ereignissen von regionaler Bedeutung ist das verständlicherweise nur selten der Fall - es sei denn, die „politische Korrektheit" spielt dabei eine Rolle, etwa was das tabuisierte Thema der weitverbreiteten Ausländerkriminalität anbelangt. Sehen wir hierzu eine Meldung der „Fuldaer Zeitung" vom 10. Mai 2006: „Ein 14jähriger Schüler hat gestern in Schwerin auf einen Lehrer eingetreten und wollte ihn mit einem Messer attackieren. Vorausgegangen sei ein Streit zwischen beiden, der in eine Rangelei ausgeartet sei, teilte die Polizei mit. Dabei habe der Schüler mit Füßen auf den Lehrer eingetreten. Dieser habe Prellungen erlitten. Der 14jährige verließ nach dem Zwischenfall die

Schule, erschien jedoch wenige Minuten später mit einem Messer bewaffnet im Sekretariat. Dort wollte er auf den 47jährigen Pädagogen losgehen. Kollegen hätten den Angreifer jedoch überwältigen können."

Auch wenn in dem Zeitungsartikel weder erwähnt wird, welcher Nationalität Schüler und Lehrer angehören, noch die ursächlichen Gründe für die zunehmende Gewaltbereitschaft von Heranwachsenden zur Sprache kommt (wir werden uns diesem Thema noch ausführlich widmen!), so tangiert eine derartige Meldung die internationale Politik - etwa in Gestalt der US-Regierung oder einer Institution wie der UNO - nicht im geringsten. Welches Interesse sollte also jemand haben, hier eine Geschichte zu erfinden oder die Begebenheit falsch darzustellen?!?

Ganz anders verhält es sich natürlich bei dem Geschehen rund um den 11. September 2001 oder im Hinblick auf den „Krieg gegen den Terror" - also bei *Ereignissen von weltpolitischer Bedeutung*, wo etwa für die Öl- und Rüstungsindustrie Hunderte Milliarden von Dollar auf dem Spiel stehen. Sehen wir hierzu ebenfalls ein konkretes Beispiel: „Turbulent hat gestern in den USA der Prozeß gegen den bisher einzigen Terroristen begonnen, der im Zusammenhang mit den Anschlägen vom 11. September 2001 angeklagt worden ist", setzte die „Fuldaer Zeitung" in ihrer Ausgabe vom 7. Februar 2006 ihre Leser in Kenntnis. „Der französische Staatsbürger Zacarias Moussaoui (37), der nach eigenen Angaben ein Flugzeug ins Weiße Haus steuern wollte, wurde gleich zwei Mal aus dem Gerichtssaal geführt, nachdem er wiederholt entgegen Anweisungen der Richterin das Wort ergriffen und erklärte hatte: 'Ich bin El Kaida.'

Moussaoui war in den USA festgenommen worden. Er bekannte sich in sechs Anklagepunkten schuldig und gab an, von El-Kaida-Chef Osama bin Laden beauftragt worden zu sein, in einer zeitlich von den Anschlägen am 11. September getrennten Operation das Weiße Haus zu attackieren."Soweit die Meldung aus der regionalen Presse.

Den in Wahrheit schockierenden Grund für Moussaouis „Geständnis" und das wirre Verhalten, das ihm Prozeß-Beobachter bescheinigten, erfährt man in dieser Meldung indes nicht! Er hat nicht nur damit zu tun, daß der Bedauernswerte in den Monaten zuvor von den US-Behörden - wie seine Leidensgenossen auf dem Stützpunkt Guantanamo Bay auf Kuba - höchstwahrscheinlich gefoltert und einer regelrechten Gehirnwäsche unterzogen wurde: „RP-Online" - die Internetseite der deutschen Tageszeitung „Rheinische Post", die des Links- oder Rechtsradikalismus absolut unverdächtig ist - berichtete am 26.

April 2006, „der derzeit wegen Beteiligung an den Anschlägen vom 11. September 2001 in den USA vor Gericht stehende Zacarias Moussaoui müsse zumindest zeitweise vor Gericht einen 'Stun Belt' - ein Elektroschockgerät - tragen.

Tatsächlich hatte Moussaoui 2002 gegenüber der vorsitzenden Richterin Leonie Brinkema gesagt: 'Ich weiß, daß sie versuchen werden, einen Vorfall im Gericht zu inszenieren, bei dem vermutlich der Marshal den Elektroschockgürtel aktiviert und behauptet, ich hätte eine «bedrohliche Bewegung» gemacht.' Diese Elektroschockgürtel werden in US-Gefängnissen häufig eingesetzt. Die Elektroden werden oberhalb der Niere angebracht, um die Wirkung der 50.000 Volt-Stromschläge auf das Opfer zu maximieren. Sie sind zwar im allgemeinen nicht tödlich, ihre Wirkung ist aber so stark, daß es zu völliger Orientierungslosigkeit, Muskelverkrampfungen und dem Entleeren von Blase und Darm kommt. Amnesty international bezeichnet die Anwendung dieser Geräte, die von Wärtern mittels einer Fernsteuerung auch auf größere Entfernung aktiviert werden können, als Folter.

Während sich RP-Online noch unsicher zeigte, ob Moussaoui ein solches Gerät unter seiner Kleidung tragen muß, zeigte sich die International Herald Tribune in einem am 17.4.2006 veröffentlichten Artikel hiervon überzeugt." (1)

Die gleiche Geschichte wird von der „Fuldaer Zeitung", „RP-Online" und der „International Herald Tribune" also jeweils ein klein wenig anders wiedergegeben. Der entscheidende Hinweis auf die Existenz des Elektroschockgürtels am Körper des „Terrorverdächtigen" findet sich jedoch ausschließlich in letzterem Blatt. (Angesichts dessen erscheint das vermeintliche Schuldeingeständnis Moussaouis in neuem Licht!)

Wir lernen daraus, daß man die diversen Zeitungen *grundsätzlich* nicht alle über einen Kamm scheren kann. Das Problem besteht darin, daß die allermeisten Leute weder das Geld noch die Zeit haben, gleich ein Dutzend von Blättern - nach Möglichkeit noch aus dem In- und Ausland - zu abonnieren und gewissenhaft zu studieren, *in der Hoffnung* sich ein *Gesamtbild* vom jeweiligen Geschehen machen zu können.

In den Nachrichten der öffentlich-rechtlichen und privaten Fernsehsender wurde diese neuere Spezialität aus der US-Folterküche nach Wissen des Autors dieses Buches jedoch mit keiner einzigen Silbe erwähnt, woraus zu schließen ist, daß die Kontrolle über die Öffentlichkeit vor allem mittels dieses Mediums perfekt funktioniert.

Man bedenke: Obwohl etwa das Fernsehen zu wichtigen Ereignissen alle möglichen Einzelheiten bringt, die natürlich wahr sind, hält es das Publikum in entscheidenden Fällen immer wieder davon ab, daß es sich zu weltpolitischen Ereignissen ein *Gesamtbild* machen kann, das der *Realität* entspricht. So werden etwa hinsichtlich des „11. September" zwar irgendwelche Reden hochrangiger US-Politiker oder Videos vom Einsturz des World Trade Centers ausgestrahlt - die ganzen Ungereimtheiten rund um den „größten Terroranschlag in der Geschichte der USA" werden indes mit keiner einzigen Silbe erwähnt.

Dabei wissen die Medienschaffenden oder könnten es wissen, *wenn sie denn nur wollten*, daß viele der uns etwa von der US-Regierung vorgelegten „Beweise" gefälschte Dinge sind, und daß das was unter anderem der US-Präsident sagt, belangloses Geschwätz ist (dazu zählt auch die Rede des ehemaligen US-Außenministers Colin Powell vor der UNO vor einigen Jahren, als er sich über die angeblichen Massenvernichtungswaffen des Irak ausließ!).

Natürlich sind die zwei Türme zusammengefallen, das konnte man Hunderte Male im Bild sehen. Warum aber sprachen Feuerwehrleute, die im World Trade Center im Einsatz waren, von Explosionen *innerhalb* des Gebäudes, sind keine Abfangjäger aufgestiegen, um die Passagiermaschinen zu stoppen oder wurden die am Pentagon zum Schutz des Baus stationierten Raketen nicht abgefeuert? **Die ehrliche, aufrichtige Recherche des Fernsehens und anderer Medien fehlt!**

Schlimmer noch: sie machen sich diesbezüglich nicht nur keine Mühe, sondern tun alles, damit ja keine gedanklichen Spuren zu den wirklichen Ursachen, den Drahtziehern und diabolischen Hintergrundmächten gelegt werden, und **tun immer so, als wäre die bloße Vordergrundnachricht die reine Wahrheit**, mit der sich dann die dumme, phlegmatische Masse nur allzugern zufrieden gibt, da sie so konsequenzlos weiterschlafen und -trotteln kann. Es soll der Leser bzw. der Fernsehzuschauer gar nicht auf die Idee gebracht werden, daß die Oberen der Weltpolitik für ihre Entscheidungen vielleicht ganz andere Gründe haben als die, dem Wohl „ihres" Volkes zu dienen.

Bei vielen Meldungen steckt also mehr dahinter als es auf den ersten Blick den Anschein haben mag. So erfuhr man Ende Juli 2006 aus den Medien, daß Oscar-Preisträger Mel Gibson von der kalifornischen Polizei wegen Verdachts auf Trunkenheit am Steuer festgenommen worden sei. „Bei einer Fahrt auf einem Küstenhighway in Malibu sei der 50jährige ... den Beamten aufgefallen, berichtete der Internetdienst 'TMZ.com'.

Gibson verbrachte mehrere Stunden auf einer Polizeiwache, durfte aber nach Zahlung einer Kaution in Höhe von rund 4.000 Euro wieder nach Hause gehen.“ (2)

„Handelt es sich bei der Verhaftung von Mel Gibson um ein abgekartetes Spiel“, fragte die Internetseite „prisonplanet.com“ in diesem Zusammenhang und gab zu bedenken, daß in dem Artikel über Gibson behauptet wird, er „habe während seiner Verhaftung einen antisemitischen Tobsuchtsanfall gehabt und die Polizeibeamten mit religiösen Beinamen beschimpft“ [Anm.: Unter anderem soll er gesagt haben: „Verdammte Juden. Die Juden sind verantwortlich für sämtliche Kriege in der Welt.“] Es wird auch der Eindruck erweckt, daß das Sheriff's Department aus Los Angeles County den ursprünglichen Bericht manipulierte, um die wahre Geschichte geheimzuhalten.

Obwohl Gibson sich für sein Benehmen nach seiner Verhaftung entschuldigt hat, ist es immer noch angebracht die Frage zu stellen, ob er aufgrund seines zunehmend antagonistischen politischen Standpunktes gegenüber der neokonservativen Hierarchie [Anm.: Die „Neokonservativen“ sind einflußreiche Juden, die in Washington D.C. das Sagen haben!] zu einem vorsätzlichen Angriffsziel wurde.

Es fällt auf, daß der Zirkus der Boulevardmedien darüber, daß Gibson ein alkoholisches Getränk mehr zu sich genommen hat als die gesetzliche Höchstgrenze erlaubt, immer dann fehlt, wenn Mitglieder des Establishments in ähnliche oder noch schlimmere Handlungen verwickelt sind - George W. Bush ist das beste Beispiel dafür.

Seit der Veröffentlichung seines Films ‘The Passion of The Christ’ [Die Passion Christi] ist Gibson schon lange zum Ziel übler Verleumdungskampagnen geworden. Diesem Streifen unterstellte man ebenfalls, antisemitisch zu sein.

Auch Gibsons Vater Hutton wurde in den Medien fortlaufend als ‘Antisemit’ gebrandmarkt. Viele meinen, dies stünde in direkter Verbindung mit seiner Kenntnis des Programms der Neuen Weltordnung und seinen Bemühungen, diese Machenschaften aufzudecken. Die Medien nehmen Hutton Gibsons Äußerungen über eine weltweite Verschwörung oft aus dem Kontext und verpassen ihm den Anstrich eines Antisemiten.“ (3)

Es ist also sehr gut möglich, daß Gibson hereingelegt wurde, um an ihm Rufmord begehen zu können. Schließlich ist der glaubenstreue Katholik für seine freimütige Kritik an der Bush-Administration bekannt. So ließ der australische „Oscar"-Preisträger letzten Mai eine beißende Attacke in Richtung von Präsident Bush vom Stapel und „verglich dessen Führungsstil mit den barbarischen Herrschern der Maya-Zivilisation aus seinem neuen Film 'Apocalypto'.

Noch früher brachte er seine **Gegnerschaft zum Krieg im Irak** zum Ausdruck. Wegen des Krieges hat Gibson auch beständig gegen die Neokonservativen gestichelt. Das Nachfolgende ist ein Auszug aus einem Interview mit Diane Sawyer von MSN unmittelbar nach der Veröffentlichung von 'The Passion': *'Wissen Sie, vielleicht werde ich mich nicht beeilen zurückzukehren. Möglicherweise gehe ich irgendwohin, wo mich niemand finden kann. Wissen Sie wo das ist? Kennen Sie den Ort, an dem Sie niemand finden wird? Ich dachte daran, mein Zelt direkt neben den Massenvernichtungswaffen aufzustellen. Dann würde mich niemand finden.'"* (4)

Die reißerische Meldung vom „betrunkenen Mel Gibson", der von der Polizei angehalten wurde, sogleich (!) „antisemitische" Äußerungen von sich gegeben hätte und anschließend zur Wache mitgenommen wurde, wo er mehrere Stunden verbringen mußte, zeigt, daß **in den Medien viele Details gebracht** werden, **aber sie werden nicht in ihren größeren Zusammenhang eingeordnet und absichtlich oft nicht auf ihren Wahrheitsgehalt hin überprüft.** So hätten die Medien in diesem Fall darüber berichten müssen, daß sich Gibson *schon seit Jahren* auf der Abschußliste einflußreicher jüdischer Verbände befindet - die ihm nicht verzeihen können, daß er einen wahrheitsgetreuen Film über Jesus Christus gedreht hat -, und daß diese nur darauf gewartet haben, ihm etwas zur Last legen zu können (man hat unter anderem auch nie erfahren, warum ihn niemand vom Alkoholkonsum abhielt, ob die Polizei über seine Fahrt möglicherweise im voraus unterrichtet worden war und ob er von den Polizeibeamten eventuell provoziert worden war, was schließlich zu seinem Ausrasten führte!).

Oft ist ein Teil der uns in Presse, Rundfunk und Fernsehen präsentierten Details zwar wahr, aber ein anderer Teil ist nur der Form nach wahr, aber nicht dem Inhalt nach. Ein sehr gutes Beispiel dafür ist der Angriffskrieg Israels auf den Libanon, der im Juli 2006 weltweit für Entsetzen sorgte und nach offiziellen Angaben der Befreiung zweier von der Hisbollah „entführter" israelischer Soldaten diente: „Die schiitische Hisbollah-Miliz hat gestern **im Norden Israels zwei Soldaten entführt** und damit eine zweite Front im Nahost-Konflikt eröffnet. Die israelischen Streitkräfte reagierten mit der massivsten Militäraktion im Süden des Libanons seit Jahren.

Bodentruppen drangen auf der Suche nach den Verschleppten in das Nachbarland ein, unterstützt wurden sie von Kampfjets, Panzern und Kanonenbooten. Mindestens zehn Menschen, darunter acht Israelis, wurden getötet. Zugleich weitete Israel seine Offensive im Gazastreifen aus: Die Luftwaffe warf eine 250-Kilo-Bombe auf ein Haus in Gaza-Stadt und tötete neun Familienmitglieder, darunter sieben Kinder. ...

Der israelische Ministerpräsident Ehud Olmert bezeichnete die Entführung der Soldaten seitens der vom Libanon aus operierenden Hisbollah als 'kriegerischen Akt'. Er machte die libanesische Regierung für die Sicherheit der Verschleppten verantwortlich und sagte, die Reaktion werde 'beherrscht, aber sehr, sehr schmerzhaft' sein. Heereschef Dan Halutz drohte, mit Attacken 'die Uhr im Libanon um zwanzig Jahre zurückzudrehen', sollten die Soldaten nicht freigelassen werden", so die „Fuldaer Zeitung" in ihrer Ausgabe vom 13. Juli 2006.

„Zusätzlich zu ihrer Offensive im Gazastreifen ist Israels Armee am Mittwoch mit Luft- und Bodentruppen in den Südlibanon vorgerückt. Zuvor hatte **die dort operierende Hisbollah-Miliz bei einem Überfall auf einen israelischen Grenzposten zwei Soldaten in den Libanon verschleppt"**, setzte die „Süddeutsche Zeitung" am 13. Juli 2006 (Herv. v. Verf.) ihre Leser in Kenntnis.

Viele andere Tageszeitungen und die Nachrichtensendungen im Fernsehen schilderten diesen Vorfall identisch. So stand auch im Videotext des ZDF unter der Schlagzeile „Soldaten-Entführung löst bewaffneten Konflikt aus" zu lesen: „Auslöser für die Auseinandersetzungen zwischen Israel und dem Libanon ist die Entführung zweier Soldaten gewesen. **Die radikal-islamische Hisbollah verschleppte die Israelis bei einem Angriff auf das nordisraelische Grenzgebiet am 12. Juli.** Anschließend forderte die Organisation, Häftlinge aus israelischen Gefängnissen freizulassen.

Die israelische Armee reagierte mit Luftangriffen und einer Seeblockade, zeitweise marschierten Soldaten in den Libanon ein. Im Gegenzug feuerte die Hisbollah Raketen auf Nordisrael ab, vor allem Haifa war betroffen." (5)

Man könnte also meinen, dieser Vorfall habe sich exakt so zugetragen, und diese Geschichte zu den Akten legen. Aber halt! Auf einer Internetseite, die sich der Aufdeckung des *wirklichen* Geschehens in der Welt verschrieben hat, stößt man auf einen Artikel des US-Amerikaners John Chuckman, in dem es unter anderem heißt, es gebe einige Hinweise, „daß die zu Beginn der gegenwärtigen Bombardierungen entführten israelischen Soldaten tatsächlich innerhalb des Libanons [!] verschleppt wurden, während sie sich auf einer provokatorischen Mission befanden. Ich habe keine Ahnung, ob dies wahr ist, aber es ist nicht sehr unwahrscheinlich. Die Entführung lieferte sicherlich eine Rechtfertigung dafür, über dem Südlibanon einen Bombenhagel niederregnen zu lassen.“ (6)

Um diese Behauptung zu verifizieren, machte sich der Autor dieses Buches sofort an die Arbeit und ist in der Tat auf eine ganze Reihe von Meldungen gestoßen, die den entscheidenden Hinweis liefern, daß die beiden israelischen Militärangehörigen *ganz woanders* gefangengenommen wurden als uns zum Beispiel die „Fuldaer Zeitung“ und diverse Fernsehsender weismachen wollen. So heißt es etwa auf der politisch völlig unverdächtigen Internetseite von „stern.de“ über den Vorfall, der den israelischen Angriff auf den Libanon angeblich auslöste: „Die libanesische Hisbollah-Miliz hat **im Südlibanon [!] zwei israelische Soldaten als Geisel genommen.** ... Der Fernsehsender der Hisbollah erklärte, die Soldaten seien an der Grenze gefangengenommen worden. Die israelischen Streitkräfte teilten mit, es bestehe ernste Sorge um das Schicksal von zwei Soldaten.“ (7)

Die „Bahrain News Agency“ berichtete am 12. Juli 2006: „Die libanesische Hisbollah-Bewegung gab am Mittwoch **die Verhaftung von zwei israelischen Soldaten in Südlibanon bekannt. Die libanesische Polizei erklärte, die beiden Soldaten seien verhaftet worden als sie in die Stadt Aitaa al-Chaab innerhalb der libanesischen Grenze eindrangen.“** (8)

Von der Internetseite „news.monstersandcritics.com“ war ebenfalls am 12. Juli 2006 zu erfahren: „Am Nachmittag veränderte sich das Bild auf den Straßen Südlibanons, die Ziel von 32 Luftangriffen wurden, die hauptsächlich die Gegend in der Nähe des Gebiets betrafen, wo **die beiden Soldaten in Aita al Chaab gefangengenommen wurden, in der Nähe der Grenze zu Israel.“** (9)

„AFP“ meldete am 12. Juli 2006: „Laut der libanesischen Polizei wurden **die beiden israelischen Soldaten auf libanesischem Territorium gefangengenommen**, im Gebiet von Aita Al-Chaab, nahe der Grenze zu Israel, wo eine israelische Einheit mitten am Morgen eingedrungen war.“ (10)

Von „chinabroadcast“ erfuhr man am 12. Juli 2006 das gleiche: „Die militante Hisbollah-Gruppe erklärte, **sie habe während Zusammenstößen ... im Südlibanon am Mittwoch zwei israelische**

**Soldaten gefangengenommen.“** (11)

Die „Asia Times“ meldete am 15. Juli 2006: „Alles begann am 12. Juli als **israelische Truppen auf der libanesischen Seite der Grenze zu Israel in einen Hinterhalt gerieten.** Die Hisbollah, die den libanesischen Süden kontrolliert, verhaftete sie unmittelbar nach ihrer Überquerung. Sie nahmen zwei israelische Soldaten gefangen ... “ (12)

Man sollte bedenken, daß die Hisbollah wiederholt angekündigt hatte, daß, „sollten israelische Soldaten die Grenze zum Libanon überqueren, sie Vergeltung üben würde, indem sie israelische Soldaten gefangennehmen und diese dann für einen Gefangenenaustausch gebrauchen würde. Israel hat ganz bewußt ein Kommando in den Libanon (Aita Al Chaab) geschickt. Dort wurde es von der Hisbollah angegriffen, die zwei seiner Soldaten gefangennahm.“ (13)

Fazit: Es stimmt zwar, daß sich zwei israelische Soldaten in Gewahrsam der Hisbollah befinden, aber sie wurden *eben nicht* in Israel ergriffen - wie etwa die „Fuldaer Zeitung“ und der Videotext des Fernsehsenders ZDF behaupten -, sondern auf dem souveränen Territorium des Libanon, wo diese Personen natürlich nichts zu suchen hatten (weshalb man eigentlich auch nicht von einer „Entführung“ sondern vielmehr von einer „Verhaftung“ sprechen müßte). Sie wurden *nicht* „in den Libanon verschleppt“, wie die „Süddeutsche Zeitung“ schreibt, sondern befanden sich bereits dort. Angesichts dessen müßte auch von einem „kriegerischen Akt“ *seitens Israels* gesprochen werden!

Was den vorgeschobenen Kriegsgrund der israelischen Regierung anbelangt, so setzt uns auch der langjährige israelische Friedensaktivist Uri Avnery darüber in Kenntnis, daß es um etwas ganz anderes geht als was Presse, Rundfunk und Fernsehen uns weismachen wollen: **„Das eigentliche Ziel des Angriffs auf den Libanon ist es, das Regime in Beirut zu stürzen und eine Marionetten-Regierung einzusetzen.** Dies war schon Ariel Scharons Ziel bei der Invasion des Libanon 1982. Es ist ihm nicht gelungen. Aber Scharon und seine militärischen und politischen Elitezöglinge haben dies nie wirklich aufgegeben. Genau wie 1982 wurde auch die jetzige Operation in vollständiger Koordination mit den USA geplant und ausgeführt. Wie damals geschieht dies auch jetzt in Übereinstimmung mit einem Teil der libanesischen Elite. Das ist die Hauptsache. Alles andere ist Lärm und Propaganda. ...

Dieses Mal ist die nötige Provokation durch die Gefangennahme zweier israelischer Soldaten durch die Hisbollah geliefert worden. Jeder weiß, daß sie nicht anders als durch Gefangenenaustausch befreit werden können. Aber **die große Militärkampagne, die seit Monaten [!] vorbereitet war, wurde der israelischen und internationalen Öffentlichkeit als Rettungsmaßnahme verkauft.** Seltsam genug geschah dasselbe zwei Wochen vorher im Gazastreifen. Hamas und seine Partner nahmen einen Soldaten gefangen - dies war dann die Rechtfertigung für eine massive **Operation, die seit langem vorbereitet war, und deren Ziel es ist, die palästinensische Regierung zu demontieren.** ...

Offiziell verlangt die israelische Regierung, daß die Regierung des Libanon die Hisbollah entwaffnet und sie aus dem Grenzgebiet entfernt. Das ist unter der augenblicklichen Regierung - einem empfindlichen Gefüge ethno-religiöser Gemeinschaften - ziemlich unmöglich. Die leichteste Erschütterung könnte das ganze Gebäude zum Einsturz bringen und **den Staat in vollkommene Anarchie stürzen - besonders, nachdem es den Amerikanern gelang, die syrische Armee zu vertreiben, mithin das einzige Element, das jahrelang für einige Stabilität gesorgt hatte.**" (14)

In einem Interview mit SPIEGEL ONLINE vertritt der israelische Historiker Tom Segev eine ähnliche Meinung wie Avnery. Auf die Frage, ob sich die Krise im Norden Israels hätte vermeiden lassen, antwortet Segev: „Ja. Die Entführung der beiden Soldaten ist keine Rechtfertigung, um so eine Krise loszutreten, und sie wird auch nicht dazu beitragen, die beiden Soldaten zu befreien. **Es sieht vielmehr so aus, als ob die Militäraktion vorbereitet war** und man bloß auf eine Gelegenheit wartete, zum Beispiel die Entführung von Soldaten." (15)

Die „Bombardierungen sind vollkommen ungeeignet, die beiden Soldaten zu befreien", gibt auch der rechtschaffene Jude Gerard Menuhin zu bedenken, und weiter: „Im Gegenteil steigt dadurch die Gefahr für sie. Und vergessen Sie nicht die Kehrseite der Medaille: Nach einem statistischen Bericht des palästinensischen 'Ministeriums für Angelegenheiten Gefangener und Inhaftierter' vom März 2006 befinden sich **mehr als 9400 Palästinenser in 28 israelischen Gefängnissen und Lagern.** Seit 1967 habe die israelische Armee mehr als 650 000 Palästinenser inhaftiert. **Allein seit** dem Ausbruch der zweiten Intifada im **September 2000** seien **mehr als 4000 Kinder in Gefängnisse gebracht** worden. **Fast alle inhaftierten Kinder seien gefoltert worden.** Niemand hat sich über die gefangenen Palästinenser aufgeregt. Warum ist jetzt die Welt in Aufruhr, da zwei israelische Soldaten entführt wurden?" (16)

*Während die internationalen Medien seit Jahren die diabolische Lüge verbreiten, George W. Bush sei ein „wiedergeborener Christ“, handelt es sich bei diesem Kriegstreiber in Wahrheit um einen talmudgläubigen Juden! Auf diesem einer jüdischen Internet-Seite der streng orthodoxen Lubawitscher entnommenen Photo winkt er auf seinem Weg zum Talmud-Unterricht. Wie der amerikanische Enthüllungsautor Texe Marrs darlegt, bestätigen zuverlässige Quellen, daß der US-Präsident ein jüdischer religiöser Fanatiker ist, aber er begreift, daß er seine Überzeugung geheimhalten muß (und die Massenmedien in Ländern wie den USA und Deutschland helfen ihm dabei!). Rechts ein Photo des Talmud, den Bush unter seinem Arm hält.*

*Dieses regierungsamtliche Photo vom 6. Dezember 2005 zeigt die Präsidentin-Gattin Laura Bush, wie sie die Küche des Weißen Haus „koscherisiert“. Anwesend ist der Rabbi der Bush-Familie zusammen mit zwei anderen Rabbinern, genehmigten jüdischen Küchenchefs und Mitarbeitern.*
(Quellenhinweise: Oben links: http://www.texemarrs.com/022006/george_w_bush_zionist_double_agent.htm; Oben rechts: ebd.; Unten: whitehouse.gov/news/releases/2005; zit. nach ebd.)

***Links:*** *George W. Bush bei der Entzündung der Menorah im Weißen Haus.*
***Rechts:*** *Bush und Rabbi Avrohom Shemtov von den Lubawitschern bei einer Chanukah-Feier im Weißen Haus.*

***Links:*** *Karl Rove, oberster Präsidenten-Berater des Weißen Hauses, und Ken Mehlman, Vorsitzender des republikanischen Nationalkomitees, treffen mit Rabbinern der einflußreichen Lubawitscher im Weißen Haus zusammen.* ***Rechts:*** *Wer eine Antwort auf die Frage sucht, warum der Krieg gegen den Irak wirklich inszeniert wurde (schließlich kostete er den US-Steuerzahler bereits mehr als 500 Milliarden Dollar; über 2600 US-Soldaten fanden durch ihn den Tod), findet sie in diesem Photo, auf dem man Oberst Jacob Goldstein sieht, den Vorsitzenden der Feldkaplane für die Nationalgarde der Armee des US-Bundesstaates New York, der auf dem goldenen Thron von Saddam Hussein Platz genommen hat. Es war das alte Babylon (der heutige Irak), das in den Tagen des Jeremias ganz Israel eroberte und die Juden in die Gefangenschaft führte. Wie der US-amerikanische Enthüllungsautor Texe Marrs darlegt, könnte der Irak-Krieg unter anderem Rache dafür gewesen sein.*
(oben links: http://www.texemarrs.com/062006/bush_pitiful_tool_puppeteers.htm; Oben rechts: Shmais.com; zit. nach ebd. Unten links: ebd.; Unten rechts: http://www.texemarrs.com/052006/zionist_objective_global_domination.htm)

*Solche vor allem in pro-israelischen Zeitungen wie der „Bild" abgedruckten Photos sollen bei den Deutschen Mitleid mit der falschen Seite erzeugen.* ***Links und oben rechts*** *sehen wir israelische Kinder, die Bilder für den Frieden gezeichnet haben. Zum Photo* ***unten rechts*** *schreibt das Blatt: „Blutüberströmt: ein israelischer Soldat nach dem Kampfeinsatz im Libanon". (In Wahrheit ist diese Person gegenüber den Tausenden von verletzten und getöteten Libanesen relativ leicht verletzt!) Vergessen wir jedoch nicht, daß die ursprüngliche Aggression nicht von den Libanesen sondern von den Israelis ausgegangen war! Es sind gerade die Menschen des Libanon, die sich nichts sehnlicher als Frieden wünschen und die deshalb unser Mitgefühl verdienen.*

(Quellenhinweise: alle Photos: Bild, 25.7.06)

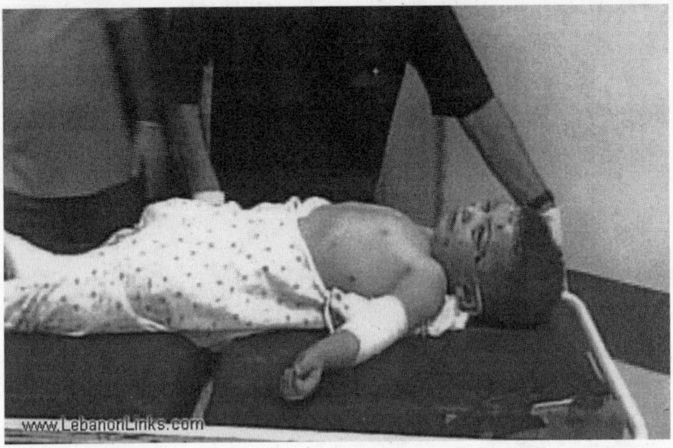


*Der israelische Angriffskrieg auf den Libanon hatte Hunderte verletzte und tote libanesische Kinder zur Folge.*

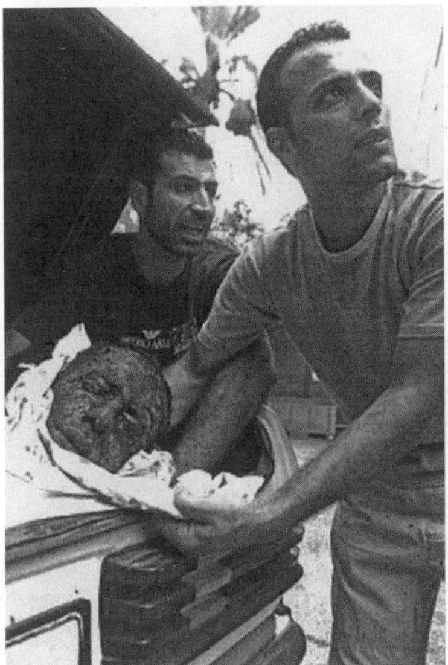

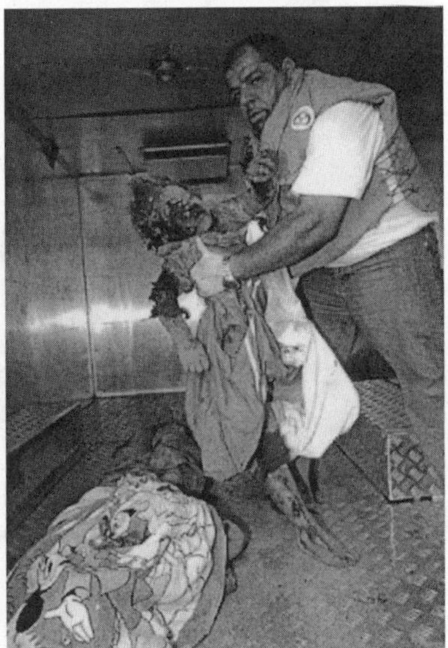

*Das Photo links vom 17. Juli 2006 zeigt Libanesen, die den Leichnam eines Mannes aus dem Kofferraum ihres Wagens heben. Rechts: Ein libanesischer Sanitäter mit dem leblosen Körper eines jungen Mädchens am gleichen Tag in einem kühl gehaltenen Lastwagen, der in der Küstenstadt Sidon als behelfsmäßiges Leichenschauhaus diente. (Die schweren Wunden des Mädchens deuten darauf hin, daß das Kind einer [international geächteten] Phosphor-Bombe zum Opfer fiel!)*
(Quellenhinweise: Oben: David Icke Website - Latest Headlines, 26.07.2006, http://www.davidicke.com/content/blogcategory/30/48; Unten links: Reuters.jpg; zit. nach http://www.uruknet.info/?p=24885; Unten rechts: http://www.uruknet.info/?p=24885)

*Bilder, die etwa Fernsehanstalten wie ARD und ZDF in ihren 20.00-Uhr- bzw. 19.00-Uhr-Nachrichtensendungen nicht bringen: radikalisierte israelische Kinder schreiben „Grüße" auf die todbringenden Bomben, die über dem Libanon abgeworfen werden. Zum Photo unten ließ der „Spiegel" lapidar verlauten: „Israelische Schülerinnen beim Beschriften von Granaten" - eigentlich müßte hier stehen: Kinder, die ganz im Geiste des antichristlichen und rassistischen Talmud erzogen werden, wurden von ihren fanatisierten Eltern dazu gebracht, todbringende Sprenggeschosse zu „beschriften". (Anhand solcher Photos sieht man, wie tief die Welt gesunken ist!)*

(Quellenhinweise: Oben: David Icke Website - Latest Headlines, 26.7.2006, http://www.davidicke.com/content/blogcategory/30/48; Unten: Der Spiegel, 24.7.06, S.89)

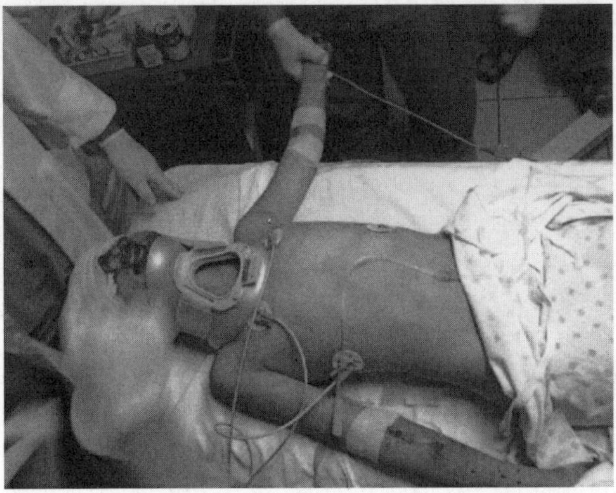

*Die Bomben mit den „Grüßen" der israelischen Kinder sind bei den Kindern des Libanon angekommen! Man schaue sich das Gesicht dieses auf einem Krankenhausbett um sein Leben kämpfenden 7jährigen Jungen an, der bei einem Luftangriff in Saida am 17. Juli 2006 schwer verletzt wurde.*

*Ein totes 18 Monate altes libanesisches Kind am 17. Juli 2006 ebenfalls auf einem Krankenhausbett in Saida, acht Stunden nachdem es einen Tag zuvor bei einem israelischen Luftangriff auf Tyrus schwer verletzt wurde.*
(Quellenhinweise: Oben: http://www.uruknet.info/?p=24885; Unten: ebd.)

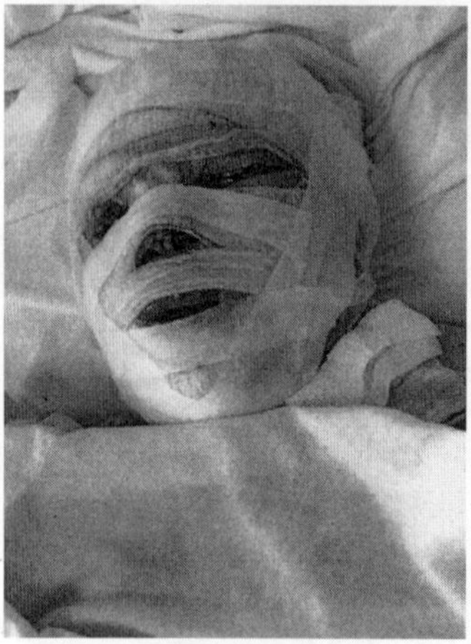 

***Links**: Ein schwerverletzter Libanese in einem Krankenhaus, nachdem sein Wohnhaus in Tyrus am 17. Juli 2006 von israelischen Bomben getroffen wurde. **Rechts:** Ein libanesischer Rettungshelfer trägt die Überreste einer Frau aus dem Schutt eines zivilen Wohnkomplexes zusammen, der einen Tag später, ebenfalls in der Stadt Tyrus, von einer israelischen Bombe getroffen wurde.*

***Links:** Ein Mitglied des Zivilschutzes mit der Leiche eines libanesischen Zivilisten, der am 17. Juli 2006 bei einem israelischen Luftangriff auf die Rmeyleh-Brücke in der Nähe von Saida getötet wurde. **Rechts:** Nach einem verheerenden israelischen Luftangriff in Tyrus im Süden Libanons, einen Tag zuvor, liegt der Leichnam eines anderen Libanesen inmitten von Schutt. (Da die Massenmedien in der westlichen Welt im Interesse der „Israel-Lobby“ solche Bilder gerne unterdrücken, beginnt man zu verstehen, warum Charles A. Lindbergh bereits am 1. Mai 1941 schrieb: „Wir sind über die Folgen des jüdischen Einflusses auf unsere Presse, unser Radio und unsere Filmindustrie zutiefst beunruhigt. Es könnte sehr ernst werden.“* Wie ernst es geworden ist, sieht man erst heute, mehr als 65 Jahren nach diesen prophetischen Worten!*

(Quellenhinweise: alle Photos: AFP; zit. nach http://www.uruknet.info/?p=24885; *: Wartime Journals; zit. nach Gary Smith, Land of the ZOG, S.29)

*Dieses am 22. Juli 2006 in Kiryat Shemona an der Grenze zum Libanon gemachte Photo zeigt einen israelischen Soldaten, der eine Geschoßhülse wegwirft. Die Organisation „Human Rights Watch" präsentierte Photos der international geächteten Streumunition aus israelischen Artilleriestellungen in dieser Gegend.*

*Laut einem US-Waffenexperten, der bereits im Irak im Einsatz war, sehen wir links eine Artillerie-Granate, die Trägermunition für eine chemische Waffe ist. Sie wird von einem Soldaten der israelischen Armee gehandhabt, und eine hebräische Beschriftung ist auf dem gepanzerten Fahrzeug deutlich zu erkennen."* Warum erfährt man aus den „deutschen" Medien nichts darüber, daß auf Dörfer im Süden des Libanon nicht nur Streu- und Phosphor-Bomben sondern sogar Giftgas (!) abgefeuert wird, das zahlreiche Zivilisten krank macht? (Während der Judenstaat ein großes Arsenal an Massenvernichtungswaffen besitzt und keine Sekunde zögert, diese auch einzusetzen, wurde der wehrlose Irak gerade unter dem verlogenen Vorwand überfallen, er besäße diese Art von Waffen, was zur Folge hatte, daß bereits mehr als 200 000 Iraker getötet wurden!) Rechts: Bei der Bombardierung Beiruter Vorstädte wurden von der israelischen Armee ganze Wohnviertel zerstört.*
(Quellenhinweise: Oben: junge Welt, 26.7.06; Unten links: Wayne Madsen Report. com; zit. nach http://www.rense.com/general72/gas.htm; Unten rechts: junge Welt, 19.7.06; *: Wayne Madsen Report.com; zit. nach http://www.rense.com/general72/gas.htm)

Tatsache ist: Kein einziges Mal hat man etwa in den „deutschen" Medien die Forderung vernommen, daß diese in israelischen Gefängnissen widerrechtlich einsitzenden Palästinenser *unverzüglich* freigelassen werden sollten! Stattdessen werden in Presse, Rundfunk und vor allem Fernsehen die Regierungen der USA und Israels immer wieder als enge Partner der Bundesregierung hingestellt, die „freiheitlich-demokratische" Grundwerte verteidigen.

Dabei konstatierte Uri Avnery: „Die amerikanische Politik ist voller Widersprüche. Präsident Bush wünscht im ganzen Nahen Osten 'Regimewechsel'. Das gegenwärtige libanesische Regime ist aber erst kürzlich von den Amerikanern [!] eingesetzt worden. Mittlerweile ist es Bush nur gelungen, den Irak zu zerbrechen und dort einen Bürgerkrieg zu verursachen. Er könnte dasselbe im Libanon veranlassen, wenn er nicht beizeiten die israelische Armee stoppt." (17) (Darauf, daß der talmudistische Jude Bush die israelische Armee aufhält, wird man lange warten können!)

Was die „Operation Frieden für Galiläa" aus dem Jahre 1982 anbelangt, so wurde der israelischen Öffentlichkeit und der Knesset seinerzeit erklärt, „das Kriegsziel sei, die Katjuschas 40 Kilometer weg ins Landesinnere abzudrängen. Das war eine bewußte Lüge; denn elf Monate lang war vor dem Krieg keine einzige [!] Katjuscha-Rakete über die Grenze geschossen worden. Von Anfang an war es das Ziel der Operation, Beirut zu erreichen und dort einen Quisling-Diktator einzusetzen. Wie ich es mehr als einmal erzählt habe, hat mir Scharon selbst dieses neun Monate vor dem Krieg erzählt, und ich habe es damals entsprechend mit seinem Einverständnis veröffentlicht", so Avnery (18).

Anhand des israelischen Angriffskriegs auf den Libanon sieht man also sehr deutlich, wie die Massen durch die Medien erfolgreich in die Irre geführt werden. Vor allem das Fernsehen verschweigt den wahren Grund für den neuerlichen Massenmord im Nahen Osten, der bislang mehr als 1000 libanesischen Zivilisten - darunter Hunderten von Frauen und Kindern - den Tod brachte, und stellt den Aggressor sogar noch als Unschuldigen dar, mit dem man Mitleid haben müßte.

Selbstverständlich erfährt man aus offiziellen Kanälen auch nichts über das eigentliche Wesen der zionistischen Kriegstreiber, die in diesem Teil der Welt *bereits seit Jahrzehnten* für immer neues Blutvergießen sorgen, da sie sich streng an den Talmud halten, der den Juden nun einmal lehrt, daß sie den anderen Völkern überlegen sind und über sie zu herrschen haben. Hören wir dazu **Menachim Begin** (1913-1992), der viele Jahre bevor er von 1977 bis 1984 israelischer Ministerpräsident war, im Juli 1946, für den Terroranschlag auf das King-David-Hotel verantwortlich zeichnete, bei dem fast 100 Menschen starben. Er hatte über das Verhältnis von Juden gegenüber Nichtjuden unter anderem folgendes zu sagen: **„Unsere Rasse ist die Herrenrasse.** Wir sind die zu vergötternden Götter dieses Planeten. Wir stehen so hoch über den minderwertigen Rassen wie diese über den Insekten. In der Tat sind im Vergleich zu unserer Rasse andere Rassen Kreaturen und Tiere. Viecher im günstigsten Fall. Andere Rassen sind wie menschliche Exkremente. **Unser Schicksal ist die Herrschaft über die minderwertigen Rassen. Unser irdisches Königreich wird von unserem Führer mit eisernem Stab beherrscht werden. Die Massen werden unsere Füße lecken und uns als Sklaven dienen.“** (19) (Daß Begin trotz dieser Aussage im Jahre 1978 gemeinsam mit dem ägyptischen Politiker Anwar as-Sadat den Friedensnobelpreis erhielt, zeigt, was von dieser „Auszeichnung“ zu halten ist!)

„Das israelische Volk ist rein, während die Araber ein Volk von Eseln darstellen. Sie sind ein schlimmes Unheil, ein böser Teufel und eine widerliche Pein. **Die Araber sind Esel und Viehzeug.** Sie wollen sich unsere Mädchen nehmen. Ihnen haftet wirklicher Schmutz an. Es gibt Reinheit und es gibt das Unreine und sie sind unrein“, behauptet **Rabbi David Batzri**, Kopf der „Magen David Yeshiva“ in Jerusalem, über seine Nachbarn laut der israelischen Tageszeitung „Haaretz“ vom 21. März 2006 (20).

Die Radikalität gewisser Kreise in Israel geht sogar soweit, daß der Parteivorsitzende der „Jüdisch-Nationalen Front“, Baruch Marsel, im Frühjahr 2006 von der Armee die „gezielte Tötung“ des israelischen Publizisten Uri Avnery gefordert hat. „Dieser sei eine ‘gefährliche Schlange’, weil er mit seinen Vorschlägen zum Ausgleich mit den Palästinensern den jüdischen Staat gefährde - ‘kaum weniger als die äußeren Feinde Israels’.“ (21)

Und über die „äußeren Feinde“ des Staates Israels hieß es bereits am 9. Oktober 1997 in der „Washington Jewish Week“: „Israel braucht sich für die Liquidierung oder Vernichtung derjenigen, die danach trachten es zu zerstören, nicht zu entschuldigen. Die wichtigste Aufgabe eines jeden Landes ist der Schutz seiner Bürger.“ (22)

Angesichts des blindwütigen Fanatismus und der beispiellosen Haßtiraden von Talmudisten bzw. Zionisten wie Begin und Marsel sollte es nicht überraschen, daß immer mehr aufmerksamen Beobachtern des Zeitgeschehens langsam aber sicher der Kragen platzt. Sie haben die Heuchelei und Verlogenheit von Medien und Politik satt und sprechen Klartext. Mike James aus Frankfurt etwa veröffentlichte am 26. Juli 2006 im Internet einen Artikel, in dem er hinsichtlich des israelischen Angriffskriegs auf den Libanon seinen Gefühlen freien Lauf läßt. Darin schreibt er, daß der Staat Israel, „habgierig im Blut der angestammten Palästinenser und in verhöhnendem Ungehorsam gegenüber Gottes biblischem Verbot im Hinblick auf eine jüdische Heimstätte [Anm.: Solange das Judentum Jesus Christus nicht als Messias anerkennt, hat es nach *biblischem* Verständnis kein Recht auf ein eigenes Land; es müßte eigentlich in der Diaspora leben!] empfangen, damit fortfährt, diese gefallene Schöpfung zu entstellen und zu verzerren. Er reichert die Welt mit einem widerlichen und zersetzenden Gestank des Todes und einer Dunkelheit an, die so verderblich sind, daß sie sogar die Untadeligsten vom Herzen her verdunkeln. Und doch ist kein einziges Land dem Libanon zu Hilfe geeilt, weder ein arabisches noch ein europäisches, weder ein asiatisches noch ein panamerikanisches. Oh, ich habe die zynisch nuancierten Forderungen nach 'Zurückhaltung' gehört und habe die mit wohlriechenden Girlanden überhäuften anrüchigen, geldbessessenen und geistesgestörten Sich-Prostituierenden gesehen, die die unverschämte Frechheit besitzen, sich selbst als nationale Führer zu bezeichnen. ...

Die britische genauso wie die amerikanische Bevölkerung hätte schon vor drei Jahren die Kriegsverbrecher Tony Blair und George W. Bush in Übereinstimmung mit Gottes ewigen Gesetzen, die uns durch Moses übergeben sind und ihre Bestätigung durch die Genfer Konvention erhalten haben, zur Rechenschaft ziehen müssen.“ James führt aus, daß deren Münder immer noch kein Maulkorb verpaßt wurde, „damit ihre gottlosen Lügen und ihre blutrünstigen Pläne abgewürgt werden.

Während auf der einen Seite teuflische jüdische Zionisten rituelles Urinieren auf christliche Bibeln sowie auf das Kreuz als Teil ihrer IDF[Israel Defence Forces = Israelische „Verteidigungs“armee]-'politischen Ausbildung' praktizieren und sie die Glieder von palästinensischen Babies zerschmettern und libanesischen Kindern - die zuvor noch in einer Welt voller Freude und Unschuld herumgesprungen waren - das Leben rauben, **erliegen Millionen schundabhängige Briten und Amerikaner** entweder **den hypnotischen Perversionen des Fernsehens** oder den gleichermaßen in Bann schlagenden Greueln der abgefallenen Christenheit - bei beidem handelt es sich um einander ergänzende Seiten einer Medaille. Beide sind Bilder des gleichen - Tieres.

Wie sehr haben sich meine Volksgenossen betrügen lassen; wie sehr stellen sie das Verwerfliche als das Gute hin und verraten sie das Gute an das Böse. In dem Maße, wie Sie jetzt möglicherweise protestieren mögen, würde ich kein Verständnis dafür aufbringen, denn **jede Nation hat diejenige Regierung bekommen, die sie auch verdient. Und wenn Ihre Regierung schlecht ist, dann sind Sie es in Ihrer Feigheit, der oder die schlecht sind.** Wenn Ihre Nation zur Abfallgrube verkommen ist, - ein Schuttabladeplatz für jede widerwärtige Kreatur aus allen Winkeln der Erde, und wenn Ihr Haus zu einem Babel verschiedenster Sprachangehöriger verkommen ist, zu einem Ort der Angst, der Konfusion, der Gewalt und der Krankheit, dann sind Sie derjenige, der darin versagt hat, den Lügen der Haß ausströmenden, multikulturalistischen zionistischen Wesenseigentümlichkeit den Kampf anzusagen ... “ (23)

„Da **das Fernsehen immer so tendenziös** - und ehrlich gesagt, bedrückend tendenziös - ist, schaue ich es mir nicht mehr so oft an. Darüber hinaus **sehe ich nicht ein, warum ich meine Zeit mit etwas verschwenden sollte, was ich in erster Linie als Propaganda wahrnehme“**, gibt der US-Amerikaner Mark Farrell am 19. Juli 2006 zu bedenken. „Es ist wenig mehr geworden als ein sklavenhafter proisraelitischer Tonangeber, geschaffen von einer Propaganda-Maschinerie, die in hohem Maße von Juden beeinflußt wird und sich fast ausschließlich in deren Besitz befindet. ...

**Ich finde es ein wenig schwer zu glauben, daß einige Leute immer noch meinen, Amerika [und der Rest der westlichen Welt] habe eine freie Presse.** Wenn sie wirklich ‘frei’ ist, dann ist sie in einem entstellten Sinne des Wortes nur frei, vorrangig israelfreundliche Propaganda zu verbreiten.

Aufgrund des Überhandnehmens solcher Propaganda schalte ich mein Fernsehgerät nur noch selten an. Ich meine, warum sollte ich meine Zeit damit verschwenden, der Propaganda-Maschine zu lauschen, wenn ich für mich selbst denken kann? Schließlich habe ich längst begriffen, daß das was sie mir erzählen, nur belangloses Geschwätz ist.

Wie dem auch sei, ich war vor einigen Tagen in einem Restaurant, wo ich einigem an im Fernsehen übertragenen Kommentaren und Berichten über den israelisch gesponserten Terrorismus etc. ausgesetzt war. Es wäre sehr schwer für mich gewesen, es auszuschalten. Also blieb ich und sah mir den Bericht an, mit den Nachrichten-Kommentatoren, die zum äußeren Schein Objektivität vortäuschten.

Als die von den israelischen Bombenangriffen verursachten Schäden kurz (sehr kurz) erwähnt wurden, konzentrierten sich die Nachrichten nur auf die Gebäude, die die Israelis beschädigt hatten.

Als hingegen die Angriffe auf Israel zur Sprache kamen (auf sie war das Hauptaugenmerk der Nachrichtensprecher gerichtet, und sie erhielten für etwa 3/4 der Sendezeit das Wort), wurde die Aufmerksamkeit der Zuschauer auf Leute gelenkt, die [bei diesen Angriffen] verletzt worden waren - infolgedessen wurde den Zuschauern der Eindruck vermittelt, daß Israel seine Bomben hauptsächlich auf leere Gebäude abwarf, wohingegen die Vergeltung [der Hisbollah] sich gegen Menschen richtete. Dies liegt von der Wahrheit weit entfernt.

Wie viele Hunderte - wenn nicht Tausende - von Leuten sind bei diesen letzten tragischen Ereignissen von den Israelis zu Krüppeln gemacht oder gar getötet worden? Die genaue Anzahl ist unbekannt; die Presse wird das ganze Ausmaß der von den israelischen terroristischen Streitkräften (ein geeigneterer Name für Israels Armee) verursachten Schäden einfach nicht ansprechen. …

**Es war genauso wie ich es von den Nachrichten erwartet hatte. Nachdem ich mir die Sendung angeschaut hatte, fühlte ich mich irgendwie selbst wie ein Opfer - von im Fernsehen übertragener israelischer Propaganda.** Alles war so verleumderisch - so einseitig pro-israelisch - daß es in mir ein Ekelgefühl hochsteigen ließ.

Welch eine kranke Welt, in der wir leben, in der Terroristen uns mit Nachrichten versorgen.“ (24)

„Tausende Zivilisten werden von Israelis im Libanon verwundet oder getötet. Die Infrastruktur Beiruts wird zerstört“, kritisiert auch die immer wieder als „rechtsextremistisch“ diffamierte NPD auf ihrer Internetseite, und weiter: **„Bilder davon kommen in den deutschen Medien kaum vor.** Der blinde Haß der israelischen Soldaten und ihre Terrorangriffe werden verniedlicht. **Wo bleibt die objektive Berichterstattung deutscher Medien?“** (25) (Man bedenke: Wenn es um Juden, den Zionismus oder den Staat Israel geht, gibt es in den entscheidenden Medien der westlichen Welt *ü berhaupt keine* „objektive Berichterstattung“ mehr, selbst wenn diese auf heimtückische Weise manchmal einen derartigen Anschein erwecken wollen!)

Tatsächlich ließe sich ein ganzes Buch darüber schreiben, wie *gerade das Fernsehen* - das schließlich die Möglichkeit hat, rund um die Uhr Zigmillionen von Menschen zu erreichen - hinsichtlich des (neuerlichen) israelischen Angriffskrieges auf den Libanon regelrechte israelische Regierungspropaganda verbreitet, wenn etwa behauptet wird, sowohl die israelischen Streitkräfte als auch die Hisbollah wären daran schuld, daß die notleidenden Menschen im Süden des Libanon nicht mit Nahrungsmitteln und Medikamenten versorgt werden könnten. Es werden Bilder von Reportern gezeigt, die sich in Flüchtlingskonvois befinden, und gleichzeitig wird davon gesprochen, daß in der Nähe der Fahrzeuge Bomben eingeschlagen sind, ohne ausdrücklich darauf hinzuweisen, daß es sich um *israelische* Bomben handelte. Und wenn zwei Wochen nach Beginn des Krieges davon gesprochen wurde, es seien *auf beiden Seiten* insgesamt 600 Seiten Menschen ums Leben gekommen, so ist zu bedenken, daß es sich tatsächlich um 60 getötete Israelis - und von diesen waren 20 Zivilisten - und 540 getötete Libanesen - in der überwiegenden Mehrzahl Frauen und Kinder - handelt. Das Verhältnis „getöteter israelischer Zivilist - getöteter libanesischer Zivilist" beträgt also 1 zu 25 (infolge der Ausdrucksweise der Medien könnte man aber meinen, es seien 300 tote Israelis und 300 tote Libanesen zu beklagen!).

Die Medien schämen sich auch nicht, oftmals unverhohlen israelische Regierungspropaganda zu verbreiten, so etwa in einer Meldung vom 30. Juli 2006: **„Bei schweren israelischen Luftangriffen** auf die südlibanesische Stadt Kana sind laut Krankenhausangaben **mindestens 51 Menschen getötet** worden.

Die Opfer sind laut libanesischem Katastrophenschutz zum größten Teil Flüchtlinge aus dem umkämpften Grenzgebiet. Unter ihnen seien 27 Kinder. **Israel gab der Hisbollah die Schuld am Tod der Zivilisten. Sie nutze Kana als Abschußbasis für Raketen.**

Zugleich schickte Israels Armee in der Nacht weitere Bodentruppen und Panzer in das südlibanesische Grenzgebiet." (26) (Warum werden die Vertreter der Hisbollah nicht gefragt, ob Kana *denn wirklich* als „Abschußbasis für Raketen" diente?!?)

Dabei ist es keine Frage, daß die israelischen Streitkräfte überhaupt keine Hemmungen haben, weite Teile des Libanon in Schutt und Asche zu legen, und dabei sogar eine gewaltige Umweltkatastrophe in Kauf nehmen: **„Nach dem israelischen Bombardement der Öltanks eines libanesischen Elektrizitätswerks droht offenbar im Mittelmeer eine nie dagewesene Umweltkatastrophe.** Das sagte Libanons Umweltminister Sarraf der Nachrichtenagentur AFP.

Bisher seien zwischen 10 000 und 15 000 Tonnen [Anm.: Wie sich nur einen Tag später herausstellte, waren es sogar bis zu 35 000 Tonnen] Heizöl ins Meer geflossen. Dies könne nicht nur 'furchtbare Folgen für unser Land, sondern für alle Länder am östlichen Mittelmeer haben'. Bisher hätten sich ähnliche Unfälle nur in offenen Ozeanen ereignet, aber nicht in einem geschlossenen Gewässer wie dem Mittelmeer", so der „ARD-Text" am 31. Juli 2006 (S. 534; Herv. v. Verf.). (Um den Staat Israel nicht in einem schlechten Licht erscheinen zu lassen, gab es im Fernsehen so gut wie keine Bilder von der Umweltkatastrophe zu sehen!)

Noch am selben Tag entnahm man der gleichen Quelle (S. 116) unter der Überschrift „Luftangriff trotz Feuerpause", was von Versprechen seitens des zionistischen Staates zu halten ist: „Die israelische Luftwaffe hat nach Armeeangaben trotz der einseitig verkündeten Waffenruhe einen Luftangriff im Südlibanon geflogen.

Der Angriff habe sich gegen Hisbollah-Stellungen gerichtet, sagte eine Sprecherin."

**„Israel hat die Bombardierung des libanesischen Dorfes Kana** in einer Untersuchung **als Versehen bezeichnet.**

Die Armee hätte das Gebäude nicht angegriffen, wenn sie von den Zivilisten darin gewußt hätte, hieß es in einem [am 3. August 2006 veröffentlichten] Untersuchungsbericht." (27)

Es ist nicht das erste Mal, daß der Judenstaat sich hinsichtlich seiner Kriegsverbrechen aus der Verantwortung stehlen will, wobei das Dorf Kana bereits vor 10 Jahren Ziel eines israelischen Angriffes wurde: „Bei israelischen Artillerie- und Luftangriffen auf einen mit Flüchtlingen überfüllten Stützpunkt der UN-Friedenstruppen und ein Wohnhaus wurden [116 Menschen] getötet. Mindestens 120 erlitten Verletzungen. **Der israelische Verteidigungsminister Ehud Barak nannte den Beschuß des UN-Stützpunktes in dem Dorf Kana [!] einen 'unglücklichen Fehler'.** Im Fernsehen erklärte Barak, er nehme an, 'daß die Operation weitergeht'. ... Vermutlich sind alle Opfer libanesische Zivilpersonen. Fünf Granaten schlugen in dem Stützpunkt Kana der UN-Friedenstruppen in Libanon ein, in den sich 500 Menschen geflüchtet hatten." (28)

Geschieht es vielleicht ebenfalls aus „Versehen" oder handelt es sich um „unglückliche Fehler", wenn israelische Mörder palästinensischer Kinder in aller Regel ungestraft davonkommen? „Ein Beispiel jüdischen Rechts liefert uns der Fall des israelischen Kommandanten, der ein 13jähriges Schulmädchen vor den Augen seiner Soldaten ermordet hat. Er hat seine Patronen auf den Körper des Kindes entladen und wurde von dem israelischen Gericht freigesprochen. **Fakt ist, daß keiner [!] der Mörder nicht-jüdischer Kinder (200 allein in den letzten drei Jahren) jemals von einem jüdischen Gericht schuldig gesprochen wurde.** Nur wenige wurden jemals vor Gericht gebracht, aber die, die tatsächlich vor Gericht gestanden haben, kamen glimpflich davon. Der Siedler Nachum Koram ermordete den 10jährigen Jungen Hilmi Susha in dem Dorf Hussan. Er wurde verhaftet, kam vor Gericht, und es wurden forensische Beweise gegen ihn vorgebracht, der Richter jedoch wies die Beweise zurück und verurteilte den Mörder zu einer Strafe von 6 Monaten Sozialarbeit. **Aber: Allein den Verdacht [!] eines Verbrechens gegen ein jüdisches Kind würde ein Goy [Anm.: Nichtjude] mit lebenslangem Zuchthaus büßen müssen.“** (29) Hat man solche Ungeheuerlichkeiten *jemals* etwa aus einem öffentlich-rechtlichen oder privaten Fernsehsender erfahren? (Allein das zeigt, in wessen Diensten diese „Informationsvermittler“ stehen!)

In seinem Artikel „Lehrstunde für Kriegspropaganda“ kritisiert auch Yavuz Özoguz die beispiellose Lügenkampagne der „deutschen“ Medien im Interesse Israels und stellt klar, was er von der fadenscheinigen Behauptung, „Israel kämpft einen gerechten Krieg“, hält: „In einer unvorstellbaren Art und Weise hat der von vielen als neues zionistisches Kampfblatt in Deutschland empfundene ‘Spiegel’ einen Artikel veröffentlicht, in dem der Überfall Israels auf den Libanon als ‘gerechter Krieg’ bezeichnet wurde. Als gerechten Krieg (lateinisch bellum iustum) bezeichnete das christliche Mittelalter einen Krieg, der nach den Hauptkriterien der kirchlichen Lehre vom gerechten Krieg geführt wird. **Es mutet geradezu menschenverachtend an, wenn ein Krieg, in dem hauptsächlich Zivilisten und für Zivilisten notwendige Infrastruktur vernichtet werden, solch eine Bezeichnung erhält.“** (30)

Hier einige Beispiele für die bereits von Beginn an festzustellende planmäßige Zerstörung beinahe der gesamten Infrastruktur des Libanons:

Am 14. Juli 2006 zerstörte die israelische Marine ein Elektrizitätswerk in Jiyyeh, einen Wassertank in Yarin, Einrichtungen für die Wasserversorgung nahe Msayleh und Hejje sowie das Elektrizitätswerk in Zahrani.

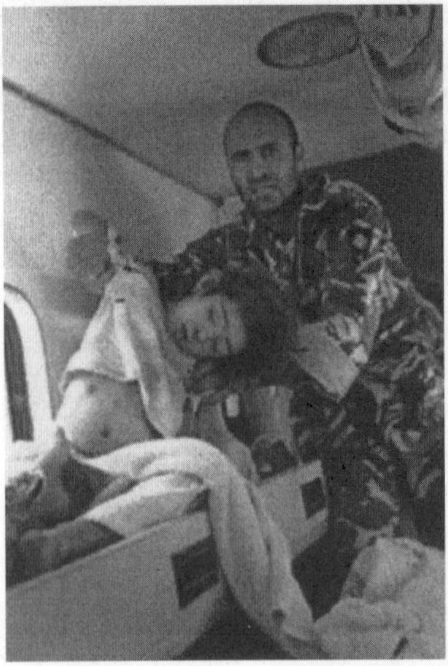

*Zwei von fast 40 Kindern, die von der israelischen Armee am 30. Juli 2006 in Kana im Süden Libanons eiskalt getötet wurden.*

*Dieses in der linken Tageszeitung „junge Welt“ abgedruckte Photo wurde am 1. August 2006, nur zwei Tage nach dem Massenmord an den libanesischen Kindern in Kana, gemacht. Es zeigt israelische Soldaten unweit der Grenzstadt Metulla vor dem Einmarsch in den Libanon. (Es sieht nicht so aus, als würden diese Herrschaften sich für den Angriffskrieg auf ihr Nachbarland mit den Hunderten von toten Kindern schämen - im Gegenteil!)*

(Quellenhinweise: Photos oben: David Icke Website - Latest Headlines, 3.8.06, http://www.davidicke.com/content/blogcategory/30/48)

*Bereits vor 10 Jahren wurde Kana Ziel eines israelischen Angriffs, bei dem 116 Flüchtlinge ums Leben kamen. Die Tageszeitung „Der Tagesspiegel" vom 31. Juli 2006 schreibt hierzu: „In Kana steht schon ein Denkmal. Photos, die unter die Haut gehen, dokumentieren ein israelisches Massaker. Am Sonntag haben sich diese Szenen aus dem Jahre 1996 wiederholt, als ob der gleiche Film nochmals abgespult worden wäre."*

*Unter den Opfern des israelischen Terrorangriffs auf das Flüchtlingslager der UNO in Kana am 18. April 1996 befanden sich vor allem Frauen und Kinder. Für diese Opfer wurde bis zum heutigen Tage niemand zur Rechenschaft gezogen!*
(Quellenhinweise: alle Photos: Resistance - Gallery of Zionist Massacres, http://resistance.jeeran.com/massacres/gallery.htm)

Am 15. Juli 2006 wurden unter anderem der Staudamm in Kahraba' el Bared, eine Schwammfabrik in Deir el Zehrani und Wassertanks in Sidon zerstört. Des weiteren gab es einen Bombenangriff auf die Docks in der nordlibanesischen Hafenstadt Tripoli.

Am 16. Juli 2006 wurde eine Kartonfabrik nahe el Housayniyye zerbombt, das Elektrizitätswerk in El Jiyyeh angegriffen und das Elektrizitätswerk in Sidon zerstört. Das Gaswerk in Chwayfet wurde ebenso von israelischen Schiffen beschossen wie ein Verpackungsbetrieb für Gemüse in Taanayel.

Am 17. Juli 2006 fielen Bomben auf eine Fabrik zur Kalenderproduktion in Baalbek. Ein Elektrizitätswerk in Seblin, ein Energiewerk in Al Jamhour und ein Gebäude der Wasserversorgung in Baalbek wurden zerstört.

Am 18. Juli 2006 gab es einen Luftangriff auf eine Kunststofffabrik in Dawras und einen Angriff auf das „Liban Lait"-Getränkewerk in Talayya in der Bekaa-Ebene.

Trotz alledem schreckt etwa ein pro-israelisches bzw. prozionistisches Propaganda-Blatt wie die Tageszeitung „Die Welt" nicht davor zurück, die Verbrechen der israelischen Streitkräfte zu rechtfertigen. Hören wir dazu Auszüge eines Kommentars von Jacques Schuster in dieser Tageszeitung vom 31. Juli 2006 über den israelischen Terrorangriff auf Kana: „Es ist in der Öffentlichkeit bekannt, daß die Hisbollah sämtliche Register der Guerilla-Taktik zieht [Anm.: Nein, es ist bekannt, daß der Staat Israel *seit Jahrzehnten* wehrlose Zivilisten abschlachtet!]. Alle westlichen Kriegsbeobachter berichten, wie ihre Kämpfer aus Privathäusern heraus israelische Städte beschießen [Anm.: Es wurden *erst* Raketen in Richtung Israel abgefeuert, *nachdem* der zionistische Staat seinen Angriffskrieg gestartet hatte!]. In Kellern und Garagen lagern sie ihre Waffen. Zuweilen nutzen sie sogar die Nähe zu den Beobachtungsposten der Vereinten Nationen, um hinter deren Schild weitere Attacken zu planen [Anm.: Scheinbar soll durch diese Aussage der Beschuß der UN-Soldaten gerechtfertigt werden!]. Einleuchtend ist damit auch, daß Israel zwangsläufig [?!?] in die Lage kommt, gegen Zivilisten vorgehen zu müssen - oder gegen Personen, die sich als Zivilisten ausgeben."

Zu solch einer Propaganda fehlen einem ebenso die Worte wie zu einer Meldung der „Bild am Sonntag" vom 6. August 2006 (Herv. v. Verf.), in der es angeblich um die Ausgewogenheit der Berichterstattung der Sender ARD und ZDF über den Konflikt [bzw. Krieg!] in

Nahost ging. Die Wochenzeitung hatte das Bonner Forschungsinstitut „Media Tenor“ mit einer Untersuchung zu diesem Thema beauftragt. Es „wertete die vier Hauptnachrichtensendungen (‘Tagesschau’, ‘Tagesthemen’, ‘heute’, ‘heute-journal’) des öffentlich-rechtlichen Fernsehens aus. Die Forscher sichteten 334 Beiträge in der Zeit vom 21. Juli bis 3. August 2006. Ihr eindeutiges Fazit: ‘In ihren Hauptnachrichtensendungen werden ARD und ZDF ihrem Auftrag der unparteilichen und unabhängigen Berichterstattung über die Vorgänge im Nahen Osten nicht gerecht.’ So werde in allen vier Sende-Formaten Gewalt ‘in erster Linie als Tat der Armee Israels vermittelt’. Und weiter: ‘Die Gewalt der Hisbollah wird erst am Ende der Beiträge erwähnt - wenn überhaupt.’

Besonders kritisiert Media Tenor die für die Medienwirkung wichtige Fragestellung Täter/Opfer. Im Bericht heißt es: ‘Täter ist in erster Linie Israel, Opfer in erster Linie die Zivilbevölkerung im Libanon.’ ...

Gestern konfrontierte BamS die Verantwortlichen von ARD und ZDF mit der Studie. Inhaltlich wollte keiner Stellung beziehen. **Klaus-Peter Siegloch, stellvertretender ZDF-Chefredakteur**, erklärte: ‘Zu Untersuchungen von Media Tenor nimmt das ZDF grundsätzlich keine Stellung, weil deren Ergebnisse in der Vergangenheit einer Überprüfung nicht standgehalten haben. Deren Methoden sind unseriös. **Die Mehrzahl der Zuschauer, die unsere Nahost-Berichterstattung kritisieren, wirft uns** [Anm.: völlig zurecht!] **eine Parteinahme zugunsten Israels vor.’“** (Schlimm genug, daß Fernsehsender wie ARD und ZDF alles tun, um das wahre Wesen von führenden israelischen Politikern, wie Baruch Marsel, und Rabbinern, wie David Batzri, zu verbergen, jetzt will uns die „Bild am Sonntag“ auch noch weismachen, diese Anstalten würden in ihren Reportagen gegenüber dem Staat Israel keine „Ausgewogenheit“ an den Tag legen. Unglaublich!)

Was aber nun die Aussage „Israel ist mit dem Einsatz einer Friedenstruppe im Südlibanon einverstanden“ anbelangt, so hat Yavuz Özoguz hierzu eine deutliche Meinung. Er behauptet, dies sei „wahrscheinlich die perfideste aller Propaganda, die völlig kritiklos weitergegeben wurde. Was würde der deutschsprachige Leser über folgende Meldung denken: ‘Libanon ist mit dem Einsatz einer Friedenstruppe im Norden Israels einverstanden’? Sofort wäre der Aufschrei groß, wie denn der Libanon dazu käme, über den Norden Israels entscheiden zu wollen. Andersherum erscheint es hingegen ‘normal’, daß Israel den Einsatz einer dritten Partei im Nachbarland verlangt. Dabei wird die NATO zur Hilfe gerufen, um die Hizb Allah [Hisbollah] zu ‘entwaffnen'. Das zeugt nicht gerade von israelischer Überlegenheit. Ist es nicht eher ein Ausdruck der Hilflosigkeit, wenn eine Armee nur noch die Zivilbevölkerung trifft und Dritte zu Hilfe ruft?“ (31)

Dabei darf man sich nicht täuschen lassen und etwa annehmen, bei dem vermeintlichen „Verteidigungsbündnis“ gehe es um die Interessen der Zivilbevölkerung irgendeines Landes. Immerhin zerstört die NATO häufig „homogene ethnische Nationen und Völker und entläßt sie anschließend, wehrlos und am Boden liegend, in den multikulturellen Völkermord; denn gerade Multikulturalismus erzeugt dauerhafte innere Spannungen, die jederzeit von den Krypto-Illuminaten [Anm: den Hintermännern der Weltpolitik!] genutzt werden können, um das Land nach Bedarf zu destabilisieren und es dann abermals unter dem Vorwand ‘Krisenbewältigung’ zu überfallen.

General Wesley Clark, früherer [jüdischstämmiger] Kommandeur der NATO-Truppen in Europa und Clinton-Spezi aus ‘Little-Rock-Zeiten’, entfuhr dazu am 24. April 1999 im CNN folgendes: ‘In einem modernen Europa ist kein Platz für «ethnisch reine» Staaten oder Völker. Das ist eine falsche Idee aus dem 19. Jahrhundert. Wenn wir ein modernes Europa in das 21. Jahrhundert hinüberretten wollen, dann werden wir dies mit multi-ethnischen Staaten vollziehen.’

Und für diejenigen, die es immer noch nicht wahrhaben wollen, gab ein hochrangiger Beamter des US-Außenminsteriums gegenüber der amerikanischen Zeitung *Spotlight* ohne Scham das hochgesteckte Endziel wie folgt zu: ‘Es ist wichtig, die NATO von den Einschränkungen ihrer eigenen Grundsätze zu befreien, damit der **Plan zu einer Weltregierung** einen Schritt weiter vorangetrieben werden kann. ... **Obwohl es gegen die Statuten der NATO verstößt, kann die NATO jetzt auf der ganzen Welt jeden [!] Staat angreifen. Damit hat sich die Rolle der NATO als UN-Weltarmee gefestigt.“** (32)

Wieviele Deutsche wissen wohl darüber Bescheid, daß es Bestrebungen gibt, eine Weltregierung zu installieren (tatsächlich existiert diese bereits seit Jahren)? Wer hat im Fernsehen schon einmal erfahren, daß die NATO im Dienste mächtiger Kreise gegen souveräne Völker eingesetzt wird, um diese dem Willen der „Staatengemeinschaft“ zu unterwerfen (wie etwa in Jugoslawien)? Wer hat etwas darüber gehört, daß im Staate Israel ein neuzeitlicher jüdischer Hohenrat installiert wurde, der zukünftig über die *ganze* Welt zu Gericht sitzen soll? Wem wir diese letztere Erkenntnis zu verdanken haben? Weder einem „antisemitischen Rechtsextremisten“ noch einem „durchgeknallten Verschwörungstheoretiker“ sondern dem rechtschaffenen Juden Israel Shamir, der sich schon lange für Wahrheit und Gerechtigkeit im Nahen Osten einsetzt.

Wie Shamir darlegt, hat das israelische Parlament (*Knesset*) vor einiger Zeit „das Besiedlungs-System für die noch nicht vollständig kolonisierte Welt erneuert: **Ein gegen Juden Verstoßender, wo auch immer er leben mag, wo auch immer er seinen Verstoß verübt hat, kann vor das jüdische Gericht gebracht werden.** Der beleidigte Jude braucht keine Beziehung zum jüdischen Staat zu haben, und der Verstoß mag vor dem einheimischen Gesetz auch nicht als solcher gelten [Anm.: Hier gibt es deutliche Parallelen zum umstrittenen „Europäischen Haftbefehl“, dessen erste Fassung vom Bundesverfassungsgericht am 18. Juli 2005 erfreulicherweise verworfen wurde!], trotz alledem **kann der gegen einen Juden Verstoßende nach Jerusalem [!] vor ein jüdisches Gericht gebracht werden. Dieses Gesetz beansprucht absolute Souveränität der Juden über die restliche Menschheit.** Dieses Gesetz verweigert die Souveränität aller Nationen außer der einen. Ein derartiger Anspruch müßte als eine kriegerische Handlung gegen die Souveränität anderer Nationen gewertet werden. Aber dieses Gesetz wurde in aller Stille verabschiedet, was der erstaunlichen jüdischen Methode, nämlich der des langsam fortschreitenden, des schrittweisen Vorangehens zuzuschreiben ist.

Diese Methode wurde von Amira Hass, einer *Haaretz*-Korrespondentin im kolonisierten Palästina erläutert. Sie schrieb: ‘Wenn Sie einen Frosch in kochendes Wasser werfen, wird er herausspringen und sein Leben retten. Ein Frosch in temperiertem Wasser, das nur schübchenweise erhitzt wird, wird sich an die Hitze gewöhnen. Zu dem Zeitpunkt, wo das Wasser kocht, ist es zu spät und der Forsch stirbt. In der Entwicklung des israelischen Systems der Kontrolle über die Palästinenser und deren Land haben die israelischen Besatzer eine geniale Stufe erreicht bezüglich dieser langsam fortschreitenden Methode, Leute an etwas zu gewöhnen.’ Dieses langsam fortschreitende Vorgehen, wurde von den Juden nicht nur hinsichtlich der Palästinenser benutzt. ...

’Wir leben in der Vollblüte der messianischen Zeit, frei von unseren politischen Gegnern und sehr bald befreit vom satanischen Goy [Anm.: Nichtjuden]’, schrieb Uriel Tal. Während die Christen in dem Glauben sind, die Wiedererscheinung Christi läute eine total neue Epoche der Wunder ein, werde - gemäß der Aussage Maimonides’ [Anm.: Der Philosoph und Talmudgelehrte Moses Maimonides wird von den tonangebenden Talmudisten aller Richtungen heute fast unisono als größter Geistesheld des mittelalterlichen Judentums hingestellt!] und jüdischer Sicht - die Welt nicht viel anders sein als während der messianischen Zeit, ausgenommen sei nur der **Triumph jüdischer Oberherrschaft**. (*Gedulath Israel*, Hilchoth Teshuva 9:2) **Aufgrund dieses Verständnisses wurde vor einem Jahr das Hohe religiöse Gericht (*Sanhedrin*) gegründet, das die Welt [!] urteilen soll. Geleitet wird dieses von Rabbiner Adin Steinzaltz**, und die Goyim, welche die noachidischen Gebote befolgen, erwiesen ihm ihre Ehrerbietung.“ (33)

Shamir schreibt, daß das ganze schließlich ungemütlich werden wird: „Jüdischer Gerichtsvollzug steht seinem nächsten Konkurrenten Dschingis Khan bezüglich Grausamkeit nicht nach. Jüdisches Gericht ist voreingenommen und stolz darauf. **Laut jüdischem Gesetz hat ein Jude gegen einen Goy immer recht, auch wenn er nicht recht hat.** Die Europäer werden der rauhen Behandlung von Juden ausgesetzt sein, dis bisher das Privileg der Palästinenser war. Es könnte aber sein, es kommt zu einer ausgleichenden Gerechtigkeit im Verlauf der Dinge.

Normale Juden werden diese neue Ordnung der Dinge nicht gutheißen. Wenn es etwas gibt, das die jüdische Justiz noch mehr mißachtet als den Goy, dann ist es ein abtrünniger Jude. Abtrünnige Juden, die Christen geworden sind, sollten laut Maimonides - getötet werden. Der überaus gnädige Rabbiner Asher riß die Nasen jüdischer Frauen, die mit einem Goy sexuellen Verkehr hatten, aus ihrem Gesicht während die Männer wegen dieser Überschreitung jüdischen Gesetzes meist verprügelt wurden. Nun, gewisse Verpflichtungen sind Teil des Status einer Oberherrschaft.“ (34)

Wenn Presse, Rundfunk und Fernsehen der Öffentlichkeit die etwa von Israel Shamir präsentierten, enorm wichtigen Informationen vorenthalten, wie sollen sich die Menschen dann über die Weltpolitik, besonders im Hinblick auf den Nahen Osten, ein der Realität entsprechendes Urteil bilden? Wie können sie dann verstehen, warum Israel praktisch schalten und wallten kann, wie es diesem Staat beliebt?

**Wir sehen also, daß die Medienschaffenden vor allem durch Unterlassungen in der Hauptsache und durch raffinierte Herstellung falscher Gesamtzusammenhänge lügen** und damit genau in den Diensten der nicht mehr ganz so geheimen Hintergrundmächte stehen, die bei so ziemlich jeder Abscheulichkeit auf die eine oder andere Weise ihre dreckigen Finger im Spiel haben (bei dem 11. September etwa handelte es sich um nichts anderes als skrupellose Menschenvernichtung vor laufenden Kameras, um die seit Anfang der

1990er Jahre bestehende antichristliche Weltdiktatur unter dem Deckmantel „Kampf gegen den Terror" *endgültig* zu zementieren!).

Wenden wir uns in diesem Zusammenhang noch dem Geschehen im Irak zu, wo es tagtäglich zu Massakern an Zivilisten kommt, und stellen die Frage: Können wir wirklich sicher sein, daß die uns von den Medien präsentierten Übeltäter die wahren Schuldigen sind? Schließlich waren wir bei dem entsprechenden Ereignis nicht *selbst* zugegen oder haben die Möglichkeit, *persönlich* mit Augenzeugen des Verbrechens zu sprechen. Wir sind also auf die Aussagen von Presse, Rundfunk und Fernsehen angewiesen, wie etwa auch im folgenden Fall: „Bei der Explosion einer Autobombe in der Nähe eines belebten Marktes in der irakischen Stadt Hilla sind mindestens 15 Menschen getötet worden.

Mehr als 30 weitere sollen verletzt worden sein. Hilla ist eine vor allem von Schiiten bewohnte Stadt südlich von Bagdad.

Fast zeitgleich wurden bei einem Bombenanschlag in der Stadt Bakuba mindestens sieben Menschen in den Tod gerissen. Andere Quellen sprechen von 20 Toten", so der Videotext von „ARD" am 27. Juni 2006 auf Seite 119.

Einerseits scheint es also eine Tatsache zu sein, daß es im Irak an besagtem Tag zu zwei schweren Anschlägen gekommen ist, bei denen zig Menschen ihr Leben lassen mußten. Andererseits wissen wir aber nicht, wer für ihren Tod wirklich verantwortlich zeichnet. Wenn in den Medien von der „El-Kaida-Organisation" oder „Aufständischen" als Urhebern diverser Attentate berichtet wird, so muß dies verständlicherweise nicht der Wahrheit entsprechen. Genausogut könnte es sich dabei um Anschläge der Geheimdienste handeln, die unter den Volksgruppen im Irak Zwietracht stiften und gleichzeitig der Weltöffentlichkeit eine Rechtfertigung für die fortdauernde Besatzung des geschundenen Landes am Euphrat und Tigris („Kampf gegen den Terror"!) präsentieren wollen.

Es sei nochmals ausdrücklich darauf hingewiesen: **Presse, Rundfunk und Fernsehen** bringen bei wichtigen Ereignissen zwar jede Menge Einzelheiten, die vollkommen wahr und richtig sind; sie **hüten sich** aber, daraus **ein zutreffendes Gesamtbild auch nur in Ansätzen anzufertigen.** Im Gegenteil, sie fertigen daraus falsche Gesamtbilder: Man will uns etwa glauben machen, die Iraker brächten sich gegenseitig um, „Schurkenstaaten" bedrohten die Sicherheit der „freien Welt", Besatzungstruppen, wie in Afghanistan, seien „Friedenstruppen", bei Widerstandskämpfern, die ihr eigenes Land schützen, handele es sich um „Terroristen", das nachchristliche (talmudgläubige) Judentum sei Gottes „auserwähltes Volk", die Israelis „verteidigten" sich durch ihre diversen Kriege und Massenmorde bloß - es werden nicht die israelischen Scharfschützen, die kleine Kinder gezielt in den Kopf schießen, als „Terroristen" hingestellt, sondern kleine Jungens, die es wagen mit Steinen auf gepanzerte Militärfahrzeuge zu werfen -, Aufdecker und Entlarver der eigentlichen Verbrecher - der „Feinde aller Menschen" (1 Thess 2, 15), wie sie der hl. Paulus zutreffend nennt - müßten als „Rechtsextremisten" und „Antisemiten" von der Öffentlichkeit geächtet werden usw.

Es läßt sich auch feststellen, daß die Massenmedien in den allermeisten Fällen zwar wahrheitsgemäß über bestimme Symptome berichten (unter anderem über die nachlassende Volksgesundheit, permanent steigende Staatsverschuldung und Verarmung weiter Teile unserer Bevölkerung), sie unterlassen es aber meist, die wahren Ursachen für die jeweiligen negativen Erscheinungen zu thematisieren.

Wie dem auch sei, was die Recherche zu diesem Buch anbelangt, so blieb dem Autor in vielen Fällen nichts anderes übrig, als sich ebenfalls auf die Veröffentlichungen in Presse, Rundfunk und Fernsehen zu beziehen. Nach Kräften hat er sich jedoch darum bemüht, bei den verwendeten Hunderten von Zitaten aus „offiziellen Kanälen" *nur solche Meldungen* aufzuführen, von denen er einigermaßen sicher sein konnte, daß es sich dabei um die Wahrheit handelt, daß also niemand ein Interesse daran haben könnte, hier Desinformation zu verbreiten (etwa bei Kriminalfällen). Wo es erforderlich war, hat er sich überdies um die Anfertigung des entsprechenden Gesamtbildes bemüht. Zudem geht es in diesem Buch vor allem um die *grundsätzlichen* negativen Auswirkungen der Medien, allen voran des Fernsehens.

Bei der Lektüre dieser Schrift bittet er seine sehr geschätzten Leser auch im Hinterkopf zu behalten: Wie das Beispiel der „International Herald Tribune" zeigt, ist nicht *jede einzelne* Meldung einer *jeden* Zeitung, des Videotextes oder im Fernsehen eine Lüge oder eine Halbwahrheit - meist kommt es auf die Brisanz des jeweiligen Themas, den Gesamtzusammenhang oder die Charakterfestigkeit des jeweiligen Redakteurs an.

*Wenn* man es (bei wichtigen Themen) *dann doch* mit Desinformation zu tun hat, so erfolgt die Manipulation etwa des Fernsehzuschauers nicht nur durch Unterdrückung und Verfälschung von Informationen und tendenziöse Kommentierung, „sondern vor allem bei den privaten kommerziellen Sendern durch eine Programmgestaltung, die gezielt die **völlige Verblödung der Massen** verfolgt. Erst **das total verblödete Volk ist auch total manipulierbar**. Die Manipulation erfolgt also in einer Doppelstrategie. Durch die ständige Berieselung mit debilen Programmen werden die Massen geistig platt gemacht, damit auf sie auch auf politischer Ebene beliebig Einfluß genommen werden kann. ...

Die Einstiegsmanipulation erfolgt bereits durch die Auswahl des Gesprächspartners. **Wir müssen immer wieder bei ARD und ZDF dieselben Gesprächspartner über uns ergehen lassen,** auch wenn diese mit ihrer Meinung in ihren jeweiligen Parteien nur eine verschwindende Mindermeinung vertreten, ganz zu schweigen von der Volksmeinung.“ (35)

Da Politiker vor allem in „freiheitlich-demokratischen“ Staaten westlicher Prägung seit (mindestens!) rund hundert Jahren nicht mehr als Vertreter ihres jeweiligen Volkes sondern als treue Vasallen der internationalen Hochfinanz agieren (siehe hierzu die entlarvende Aussage anläßlich der Gründung der internationalen Bankenallianz 1913 in Paris: „Die Stunde hat geschlagen für die Hochfinanz, öffentlich ihre Gesetze für die Welt zu diktieren, wie sie es bisher im Verborgenen getan hat ... Die Hochfinanz ist berufen, die Nachfolge der Kaiserreiche und Königtümer anzutreten, mit einer Autorität, die sich nicht nur über ein Land, sondern über den ganzen Erdball erstreckt“!), verlangt ihr Auftritt im Fernsehen, wo sie allein in Deutschland Zigmillionen von Menschen erreichen können, vor allem „darstellerische Qualitäten, die zwar in keinem Zusammenhang zu den persönlichen Leistungen stehen müssen, aber über den Erfolg beim Publikum entscheiden. Keine Frage: **Aus der Parteiendemokratie klassischen Zuschnitts ist die Mediendemokratie geworden** - nach dem Modell der USA.

Die Regeln medialer Politikdarstellung - unterhaltsam, dramatisierend, personalisiert und mit Drang zum Bild - greifen auf das politische Geschehen selbst über. Die Auswahl ‘berichtenswerter’ Ereignisse, die effektsichere Inszenierung der Medien-Profis, die Zusammensetzung von Gesprächsrunden und Talkshows - das alles ist bereits Politik. ... Sprach man früher **Presse, Rundfunk und Fernsehen** als ‘vierte Gewalt’ im demokratischen Staat an, neben Gesetzgebung, Verwaltung und Justiz, so **muß man heute wohl von der ersten, weil wichtigsten Gewalt sprechen. Ihr Einfluß auf den Meinungs- und Willensbildungsprozeß läßt eine wirklich ‘freie’ Wahl kaum noch zu.** Die Demokratie ist zur Inszenierungsgesellschaft verkommen“, klagt Marco Meng (36).

Dabei fragen sich Zeitungsleser, Fernsehzuschauer und Radiohörer oft, „weshalb deutsche Journalisten so einseitig auf das herrschende Parteienkartell verpflichtet sind. Eigene Überzeugung, Opportunismus oder Zwang? Nicht nur das. **Deutsche Medienvertreter lassen sich von deutschen Politikern gerne zu Gratis-Reisen einladen.** Das ergab jetzt eine Anfrage der baden-württembergischen REP-Landtagsfraktion", schreibt Klaus Hansen in „Nation & Europa" in der Ausgabe vom Mai 1997 (S. 30; Herv. v. Verf.).

„Aus der Antwort des Stuttgarter Staatssekretärs Lorenz Menz ergeben sich aufschlußreiche Fakten: Bei der Reise des Ministerpräsidenten Erwin Teufel (CDU) im Jahr 1995 nach Indonesien und Singapur betrug der Kostenanteil für die nicht der Landesregierung angehörenden Reiseteilnehmer 97.860 Mark [rund 50.000 Euro], darunter allein für Medienvertreter aus Bund und Land 58.000 Mark [etwa 30.000 Euro]. Die Asien-Reise kostete insgesamt rund 136 800 Mark. Neben Flug, Hotel, den Frachtkosten für deutschen respektive badischen und württembergischen Wein oder Leckereien machen sich auch Impfungen, Abendessen, Trinkgelder, Geschenke oder Repräsentationskosten auf der Ausgabenseite bemerkbar.

Knapp 180.000 Mark kostete ein Jahr später die Teufel-Reise nach Südafrika und Namibia. Der Anteil für die Reiseteilnehmer, die nicht im Stuttgarter Kabinett sitzen, lag bei 155.294 Mark, der für die Journalisten betrug rund 81.500 Mark.

**Die Übernahme der Reisekosten von Journalisten ist nach Auffassung der Republikaner eine indirekte Pressesubventionierung und damit rechtswidrig.** Zur Bekräftigung ihres Standpunktes führen die REP-Abgeordneten ein Urteil des Berliner Verwaltungsgerichtes an. Danach stellt die Kostenübernahme 'die Unabhängigkeit und Objektivität der Berichterstattung in Frage'.

Die in Stuttgart regierenden Parteien stört das überhaupt nicht. Die Landesregierung sehe 'keine Veranlassung zur Änderung der derzeitigen Praxis', erklärte Staatssekretär Menz. Dafür zollte ihm die reisende Journaille sogleich heftigen Beifall. Ein Wunder?" Wohl kaum!

Ungeheuerlich ist auch, daß öffentlich-rechtliche Sender in Deutschland fragwürdige Fördergelder aus Brüssel kassieren. So bezuschußt die diktatorische Europäische Union ihre Europa-Berichterstattung und hilft auf diese Weise, die Menschen zu beeinflussen!

Für die BBC ist die Sache indes klar: „'Wir haben eine sehr einfache Haltung gegenüber Geld von der EU-Kommission: Wir nehmen es nicht', beschied ein Vertreter des britischen Rundfunks vor wenigen Wochen in Brüssel", schreibt das Wochenmagazin „Der Spiegel" in seiner Ausgabe vom 13. Juni 2005 (S. 164; Herv. v. Verf.). „Zuschüsse der Europäischen Union für Sendungen, die sich mit ebendieser Europäischen Union auseinander setzen? Im öffentlich-rechtlichen Rundfunk undenkbar, jedenfalls in Großbritannien. Niemals werde sein Sender auch nur versuchen, Fördermittel von der Europäischen Union zu erhalten, sagte der BBC-Vertreter Phil Harding auf einer Tagung der EU-Kommission. Wer damit anfange, so Harding, 'hat seine redaktionelle Integrität verloren'.

Eindeutige Worte, die sofort auf Widerspruch eines deutschen Kollegen stießen. **Hierzulande haben viele Sender eine ähnlich einfache und doch völlig andere Haltung gegenüber dem Geld aus Brüssel: Sie nehmen es, ohne schlechtes Gewissen.**

**Bayerischer Rundfunk, SWR, MDR, ZDF, Deutsche Welle - sie alle und noch weitere Sender profitieren von Förderungen.** Mit deren Hilfe soll nach dem Willen von Kommissarin Margot Wallström 'das Image der Europäischen Union und ihrer Organe in der Öffentlichkeit verbessert werden', heißt es in einer EU-Mitteilung.

Die Sender bewarben sich mit Erfolg um Zuschüsse etwa für

* Reportagen in den Kindernachrichten 'logo!' und dem Magazin 'logo! Extra!' des ZDF (65.384 Euro);

* die Sendungen 'Auslandsreporter', 'Euro.land' und ARD-'Europamagazin' des SWR (177.132,50 Euro);

* zehn halbstündige Berichte des MDR über 'Menschen im neuen Europa' (150.000 Euro).

**Rund zweieinhalb Millionen Euro hat die Kommission nach eigenen Angaben in den vergangenen beiden Jahren deutschen Bewerbern zugesprochen**, davon mehr als die Hälfte öffentlich-rechtlichen Anstalten.

Der Rest blieb kleineren Privatsendern und Produzenten vorbehalten; nicht auf den Empfängerlisten stehen große private Sender wie ProSieben, Sat.1 und RTL. ...

Selbst wenn die Kommission den Redaktionen [Anm.: angeblich!] alle Freiheiten läßt, wirft die Förderung doch eine Frage auf: ob Sender sich zusätzlich bezahlen lassen dürfen, wofür sie bereits Gebühren kassieren - über Europa zu informieren", gibt der „Spiegel" zu bedenken.

Angesichts dieser Praxis verwundert es jedenfalls nicht mehr im geringsten, daß man im „deutschen" Fernsehen kaum etwas Negatives über die EU-Diktatur aus Brüssel zu sehen und zu hören bekommt, oder daß man dort nicht die wahren Gründe für die Unterzeichnung des Vertrags von Maastricht oder der EU-Verfassung erfährt.

Natürlich unterliegen die Massenmedien offiziell keiner Zensur. „Aber **die geschickte Auswahl der Themen unter Auslassung wichtiger Details und die strikte Beachtung der 'political correctness' kommen einer Zensur gleich.** Aufrichtigkeit? Wer wagt es noch, den Menschen in diesem Land die ungeschminkte Wahrheit bezüglich der Arbeitslosigkeit, der Staatsverschuldung, der Ausländerkriminalität u.a. zu sagen? Welcher Parteienvertreter hält sich noch an Wahlversprechen? Wer von der politischen Klasse vertritt spezifisch deutsche Interessen gegenüber dem Ausland, wie das bei Franzosen, Briten und Italienern selbstverständlich ist? Es ist leider so: **Die Verlogenheit ist in dieser Republik auf der politischen Ebene zum System erhoben worden"**, erkennt **Wilhelm von Gottberg**, Sprecher der Landsmannschaft Ostpreußen. (37)

Bereits vor rund 35 Jahren meinte Thomas Molnar: Wenn man sich unter Zensur nicht einen fleißigen Beamten vorstellt, „der mit einem Rotstift dicke Bände durchgeht, sondern die Technik, mit der die eine Seite verhindert, daß die andere zu Wort kommt, dann kann nur unterstrichen werden, daß **in den modernen Demokratien die Zensur einen Höhepunkt erreicht** hat. Der **größte Erfolg der 'neuen Zensoren' ist** jedoch, **das Publikum überzeugt zu haben, daß es keine Zensur mehr gibt."** (38)

Das Hauptproblem unserer Zeit liegt also darin, daß die allermeisten Leute *gar nicht wissen*, daß sie von den Medien rund um die Uhr manipuliert werden können, daß sie demzufolge nicht immer die Wahrheit vorgesetzt bekommen, gerade im Hinblick auf Ereignisse von weltpolitischer Bedeutung. „Die Journalisten orientieren sich aneinander und verfallen in Schweigen, wenn sie merken, daß die Mehrheit der Kollegen anderer Ansicht ist - und damit ist der Medientenor da, mit der entsprechenden Wirkung auf Politiker, aber auch auf die Bevölkerung als Ganzes. Es gibt keine Gruppe, die die Schweigespirale so vorexerziert wie die der Journalisten ... **Was Sie heute in den Köpfen der Menschen finden, ist oft gar nicht mehr die Realität,**

**sondern ist eine von den Medien konstruierte, hergestellte Wirklichkeit"**, stellte die **Professorin Dr. Elisabeth Noelle-Neumann** schon vor Jahren fest (39).

Für aufmerksame Beobachter der Zeitgeschichte ist diese Erkenntnis indes nichts Neues. Im Gegenteil, diese Praxis läßt sich bereits seit vielen Jahrzehnten beobachten, wie etwa der Eingeweihte **George Orwell**, Autor von „1984", in seinem Buch „Rückblick auf den Spanischen Bürgerkrieg" (40) festhielt: **„Schon früh im Leben habe ich begriffen, daß kein [wichtiges] Ereignis in der Zeitung korrekt wiedergegeben wird**, aber in Spanien habe ich zum ersten Mal **Zeitungsberichte** gesehen, **die überhaupt keinen Bezug zu den Fakten hatten, noch nicht einmal den Bezug, der in einer gewöhnlichen Lüge enthalten ist.** Ich habe gesehen, wie über große Schlachten berichtet wurde, die niemals stattgefunden haben, und wie geschwiegen wurde, wo es Hunderte von Toten gab. Ich habe gesehen, wie Truppen, die tapfer gekämpft haben, als Feiglinge und Verräter denunziert wurden und andere, die keinen abgefeuerten Schuß gesehen haben, als Helden imaginärer Siege gefeiert wurden; und ich habe Zeitungen in London gesehen, die diese Lügen verbreitet haben, und eifrige Intellektuelle, die einen emotionalen Überbau zu Ereignissen schufen, die nie stattgefunden haben. Alles in allem - ich habe gesehen, wie Geschichte geschrieben wurde, nicht, wie sie sich ereignet hatte, sondern, wie sie sich gemäß den unterschiedlichen Parteilinien hätte ereignen sollen."

Die Erklärung von **Thomas Jefferson** (1743-1826), einem der Gründungsväter der Vereinigten Staaten von Amerika, ist es ebenfalls wert, wiederholt zu werden: **„Der Mensch, der niemals in eine Zeitung schaut, ist besser informiert als derjenige, der sie liest, da derjenige, der nichts weiß, näher an der Wahrheit liegt als derjenige, dessen Gedanken mit Unwahrheiten und Irrtümern angereichert sind."** (41) Der jüdische Literat Kurt Tucholsky schloß sich dem an: „Die Presse hat nur einen absolut einwandfrei ehrlichen Teil: den Inseratenteil."

Der amerikanische Historiker und Nachfahre zweier amerikanischer Präsidenten - John Adams und John Quincy Adams - Henry Adams (1838-1918) klärt uns ebenfalls über die Presse auf. Seiner Meinung nach repräsentiert sie den bezahlten „Handlanger des Geldsystems [Anm.: der jüdischen Hochfinanz!] und wurde einzig und allein aus dem Grund ins Leben gerufen, Lügen zu erzählen, wenn deren Interessen beteiligt sind. Man kann nichts und niemandem trauen."

„So kommt es denn dahin, daß man der Masse nur das vorstellt, was die Geldmächte oder die politisch Allgewaltigen mitgeteilt haben wollen“, bekräftigt Emil Maier-Dorn in seinem 1974 erschienenen Buch „Welt der Täuschung und Lüge“ (Welch ein trefflicher Titel!) auf Seite 277. „Nachrichten werden vor allem von kapitalstarken Organisationen besorgt und vermittelt, die im Jahr Hunderte von Millionen DM dafür aufbringen müssen. Wer sie kontrolliert, kann bestimmen, was die Masse erfahren soll und *wie* man es ihr bewußt macht.

Bringen die Nachrichtenagenturen ‘alles’ in Erfahrung? Wohl kaum. Von dem aber, was zum Beispiel die Deutsche Presse-Agentur, dpa, an Meldungen erhält, gibt sie nur etwa ein Zehntel weiter. Da aber die Zulieferer ihrerseits nur etwa zehn Prozent ihres Materials weiterreichen, landet bei den Zeitungen etwa ein Prozent der ursprünglichen Meldungen. Die Zeitungen jedoch wählen abermals aus. Wie unumgänglich solche Beschränkung ist, machen folgende zwei Zahlen begreiflich: Bei der dpa gehen rund 500 000 Worte täglich ein, was einem etwa tausendseitigen Buch entspricht!

Wenn man bedenkt, daß zum Beispiel die ‘Neue Zürcher Zeitung’ im Jahr Textseiten mit einem Umfang bringt, der hundert Bücher mit je dreihundert Seiten füllen würde, dann begreift man leicht, daß der Leser nur einen kleinen Bruchteil des Textes wirklich lesen kann. Also werden abermals die meisten Meldungen ausgesiebt.“

Die „National-Zeitung“ widmete sich in ihrer Ausgabe vom 13. Dezember 1996 (Herv. v. Verf.) dem führenden britischen Pressebüro und titelte: „Reuters: Agentur der Weltfinanz“, wobei sie von einer „Nachrichtenvermittlung für Profitmaximierung“ sprach: „Auf ganz engen Kontakt mit den Finanzmärkten der Welt begründet die **britische Nachrichtenagentur Reuters** ihre ‘enormen Gewinnspannen’. **Profit ist die oberste Maxime.** Das gilt auch für die deutschsprachigen Dienste, die seit 25 Jahren bestehen. Seitdem ist die Bonner Zentrale ein Stützpunkt im Nachrichten-Imperium, das in erster Linie für die internationale Wirtschaft das Sprachrohr ist.

Gegründet wurde die Agentur 1849 in Aachen von P. J. Reuter, neu gegründet in London 1851 als ‘Mr. Reuter’s Office’, seit 1865 ‘Reuter’s Telegram Company’, seit 1916 ‘Reuters Ltd.’. Die 1941 gebildete ‘Reuters Trust Company’, ein Gemeinschaftsunternehmen der englischen Presse, nahm 1947 Nachrichtenagenturen von Australien, Neuseeland und 1949 auch von Indien auf. Zweigbüros gibt es heute in über 70 Staaten.

**Bestimmend für Berichterstattung von Zeitungen, Rundfunk und Fernsehen ist Reuters neben der amerikanischen AP, der französischen AFP und der Deutschen Presse-Agentur (dpa) vor allem deshalb mit Vorsprung, weil die Agentur bereits seit Beginn der [19]60er Jahre gezielt Informationsdienste über die Wirtschaft und für diese aufgebaut hat.** Der Anteil des eigentlichen Mediengeschäfts beträgt dagegen heute nur noch etwa sechs Prozent.

Zum 25jährigen Jubiläum in Deutschland gibt man sich überzeugt, daß der 'schnelle Dollar' künftig noch schneller gemacht wird, denn Reuters beherrscht die Instrumente für den Handel mit Aktien, Devisen und Optionen und 'verfeinert' sie tagtäglich. Eine weltumspannende Technologie steht dabei zur Verfügung."

Man darf also nie vergessen, daß es in Presse, Rundfunk und Fernsehen vielfach *nicht* um die (historische, politische, wirtschaftliche und wissenschaftliche) *Wahrheit* geht, sondern um Manipulation, Desinformation und Profitmaximierung, wenn mächtige Interessen, wie die der Hochfinanz, Öl-, Rüstungs- und Pharmaindustrie, betroffen sind.

Was die „politische Korrektheit", daß heißt die staatlich „verordnete" Gesinnungsjustiz anbelangt, so brachten die „Politischen Hintergrundinformationen" (42) in ihrer Ausgabe vom 31. Mai 2006 hierzu ein anschauliches Beispiel für die Tausende von Fällen, in denen die Medien Jahr für Jahr nachweislich lügen. (Wenn das schon bei kleinen Vorkommnissen geschieht, wie sieht es erst in der großen Politik aus!) „So die Pressemeldung: ' *Eine 76jährige Fahrradfahrerin befuhr am Samstag, 27.08.2005, gegen 19.05 Uhr, den kombinierten Rad- und Fußweg der Kennedybrücke aus Richtung Bertha-von-Suttner-Platz kommend in Richtung Bonn-Beuel.*

*Nach den bisherigen Ermittlungen kamen ihr auf der Mitte der Brücke zwei Fußgänger entgegen, denen sie auswich und dabei mit ihrem Fahrrad zu Fall kam. Dabei stürzte sie unter einen Linienbus der Stadtwerke Bonn, der die Kennedybrücke ebenfalls in Richtung Beuel befuhr, und die Verkehrsteilnehmerin erfaßte. Trotz sofort eingeleiteter Reanimationsmaßnahmen verstarb die 76jährige noch am Unfallort.*

*Die Verbreiterung der Brücke, wie sie etwa der Allgemeine Deutsche Fahrrad-Club (ADFC) seit Jahren fordert, ist laut Trommer in Vorbereitung. Der Regierungspräsident habe Zustimmung signalisiert, sodaß die Brücke für knapp 33 Millionen Euro von heute 18 auf dann 26 Meter Breite erweitert und saniert werden könne. Wie viel Raum*

*Fußgänger und Radfahrer dann hätten, konnte der Stadtbaurat nicht sagen. Mit einem Baubeginn rechnet er nicht vor dem Sommer 2006.*

*Die Ratsfraktion der Grünen forderte gestern eine schnelle Sanierung und Verbreiterung der Brücke. Das tragische Unglück zeige doch, 'daß hier dringender Handlungsbedarf besteht'. Enttäuscht über die Reaktion von Stadt und Polizei äußerte sich ADFC-Sprecher Axel Mörer-Funk: «Das wird der Lage nicht gerecht.»*

**Tatsache war und ist, daß die alte Dame mutwillig [!] von zwei Ausländern [!] unter den Bus gestoßen wurde und die ganze öffentliche Diskussion um die Verbreiterung der Brücke nur der Ablenkung diente, weil es ja kein [!] Unfall war.** Fahrgäste hatten den Sachverhalt beobachtet und der Polizei sofort mitgeteilt und eine genaue Täterbeschreibung gegeben, aufgrund deren die Täter auch festgenommen wurden und unter Anklage stehen."

Halten wir abschließend fest, daß die Leute nicht nur durch das Fernsehen und die Presse manipuliert werden können, sondern auch durch das Radio. Welchen Einfluß *dieses* Medium hat, zeigt ein Fall, der bereits mehr als 68 Jahre zurückliegt: „Im Jahre 1938 wurde das Radioprogramm von 151 Rundfunksendern in den USA durch eine Sondermeldung unterbrochen. Man teilte den Hörern mit, daß Wesen eines anderen Planeten in New Jersey gelandet seien und großes Unheil angerichtet hätten. Über 7000 amerikanische Soldaten wären bereits im Kampf gefallen. Es hieß ferner, daß die Bevölkerung New Yorks zur Evakuierung aufgerufen worden sei. Als am Ende der Durchsage die Mitteilung kam: 'Es ist alles nur ein Scherz!', saßen nur noch 4 Millionen an ihren Radiogeräten, über 2 Millionen Menschen waren aus ihren Häusern geflüchtet und irrten in wilder Panik durch die Straßen. **Welche Macht der Medien, die solche Panik auslösen konnte!"** (43)

# Die Sucht nach Fernsehen und die verdeckte Gehirnwäsche

Indizien lassen darauf schließen, daß gerade das Fernsehen eingesetzt wird, um den Zuschauer gezielt zu hypnotisieren, das heißt ihn in einen regelrechten Trancezustand zu versetzen. Man merkt das besonders, wenn man irgendwo zusammen mit Freunden sitzt und ein Fernseher im Hintergrund läuft. Auch wenn eine Werbung ausgestrahlt wird, die man schon 1000mal gesehen hat, muß man immer wieder darauf schauen.

Warum entwickeln viele Leute sofort Gefühle für eine Szene, von der sie eigentlich wissen müßten, daß sie nicht real ist, die manchmal sogar noch stärker sind, als im richtigen Leben? Was ist der Grund dafür, daß man wie gefesselt und in Trance auf einen Fernseher starrt?

Nun, im Verlauf der Fernsehgeschichte konnte man feststellen, „daß die **Bildfolgen immer kürzer wurden (ca. 3,5 Sekunden), mit immer weniger durchlaufenden Szenen.** Aus dem Leading-Edge-Protokoll: **'Wenn wir mit reichen visuellen Bildern bestürmt werden, werden enorme Mengen von Beta-Wellen produziert**, Alphas werden unterdrückt, durch die extreme Situation des visuellen Cortex'. Mit anderen Worten, die Rechtsgehirnfunktion, die Intuition wird ruiniert, zugunsten der Beta-logischen Denkfunktion des Linksgehirns sowie ängstlicher Gefühle.

Ironischerweise (und anscheinend hierzu leicht widersprüchlich) wird **bei einer derartigen Bildflut das Denken** auch noch **abgeschaltet**, wie Dick Sutphen herausfand (in: Shekinah 1/93: Television mind-control - Hi-Tech Brain-washing & your TV). Wie geht das? Die erste Erfahrung machte Sutphen in einem Saal mit Tausenden von Zuhörern, die wie hypnotisiert einem charmanten Redner lauschten. Er bemerkte, wie er **von einem bewußten in einen unbewußten Zustand** wechselte - hin und her - und fand heraus, daß dies [von einem] Signalgeber hinter der Klimaanlage herrührte, der einen Vibrations-Zyklus von 6:7 pro Sekunde abgab. 10 bis 25 % der Bevölkerung ist alleine [für] dieses Signal sehr empfänglich und empfindet die Botschaften des Sprechers in diesem Zustand als Befehle.

In der Stimme eines Sängers oder in der Musik wird das Vibrato genannt. Bei ELF wurden ähnliche Zyklen herausgefunden, mit noch höherer Beeinflußrate (30 % in wenigen Sekunden). Zyklen unter 6

Sekunden brachten die Menschen auf die Palme, bei 8,2/s fühlten sie sich high, emporgehoben, bei 11-11,3/s wurden sie depressiv usw. **Beim Fernsehen ist es einfach, Menschen zu hypnotisieren.** Wenn wir hier von Hypnose sprechen, ist damit nicht der Extremzustand gemeint, den die meisten aus Filmen oder Erzählungen kennen und [der] schon an ein Mysterium grenzt. **Aussetzen des Denkens und eine gewisse Willenlosigkeit ist auch eine Form der Hypnose"**, so Manuel Strapatin (1).

Man hat herausgefunden, daß die Hypnotisierung der Fernsehzuschauer geschieht, „wenn jedes 32. Bild im Film bildlos/schwarz ist. 'Dies erschafft eine 45-Schläge-pro-Minute-Pulsation, die nur vom Unterbewußtsein wahrgenommen wird. Ideal um eine tiefe Hypnose zu bewirken', während der wir aufnahmebereit werden für die gesendeten Inhalte. Und um so mehr wir fernsehen, um so tiefer geht die Hypnose, soweit, daß sogar Kinder kaum noch Fernsehentzug ertragen. An dieser Stelle sollte den meisten auffallen, daß die Fernsehsucht bei Kindern kein Trend oder Sucht nach bestimmten Sendungen, aufgrund ihres Inhaltes, ist.

**TV setzt im Körper Enkephaline und Beta-Endorphine frei, das sind Substanzen, die high machen und auch bei der Einnahme einiger Drogen freigesetzt werden.** Dieser angenehme Zustand möchte immer öfter und immer länger geschaffen werden. ... Sutphen: 'Ich habe nur die Spitze eines Eisberges angetippt. **Wenn man beginnt, die unterbewußten Botschaften hinter der Musik, unterbewußte Bilder, auf den Bildschirm projiziert, hypnotisch produzierte visuelle Effekte, Trance induzierende... zu verbinden, dann hat man eine extrem effektive Gehirnwäsche'."** (2)

Bei vielen Leuten läßt sich in der Tat beobachten, daß ihnen das Abstellen eines Fernsehers schwerer fällt als das Einschalten. Dabei fällt auf, daß das Programm Nebensache ist. James de Meo spricht hier von einem „Dauerglotzer-Syndrom": **"Wie kokainsüchtige Labormäuse können Kinder und Erwachsene von der Wirkung des Fernsehers abhängig werden."** (3)

**„Seitdem man begriffen hat, daß, wer auch immer die Medien in einem Land kontrolliert, die meisten Gehirne in diesem Land beherrscht, sind wir weit gekommen"**, stellt Richard D. Porter in seinem Artikel „The Media is the Enemy" (Die Medien sind der Feind) fest. „Heutzutage übt das **Fernsehen** als **mächtigste Massendroge in der Geschichte der Menschheit** mehr Macht und Einfluß über die Gedanken der Massen aus, als irgendein König oder Despot der Vergangenheit. Der lange Arm dieses Mediums reicht in fast jede Wohnung hinein, und Leute verbringen täglich Stunden wie gefesselt vor dem kleinen Bildschirm.

Durch einen schrittweisen Prozeß wurden die Leute dazu gebracht, Sodomie, lesbisches Verhalten, Rassenmischung, Sadismus, unnötige Gewalt, vulgäre Ausdrücke und Perversionen eimerweise zu akzeptieren. Schreiende und [auf der Bühne] herumtollende Primitivlinge, mit etwa genausoviel musikalischem Talent wie Affen in einem Käfig, unterhalten und fesseln die meisten Heranwachsenden. Zur gleichen Zeit schauen sich ihre Eltern die neueste Folge von [den britischen Seifenopern] 'Eastenders' oder 'Emmerdale' an, in der jeder mit jedem ins Bett hüpft. ...

Im Jahre 1985 schrieb Jack Bernstein, ein in Amerika geborener aschkenasischer Jude, der im Jahre 1969 nach Israel immigriert war, in seinem kleinen Buch 'Das Leben eines amerikanischen Juden im rassistischen, marxistischen Israel': 'Eine starke Auswanderung von Juden von Rußland nach Amerika begann 1831. Die meisten von diesen waren kommunistische Juden. Von diesen kommunistischen/bolschewistischen Juden siedelten so viele in der Stadt New York, daß New York als das «Moskau am Hudson» bezeichnet worden ist.' ...

'Der Kommunismus hätte nicht seinen Anfang genommen, und die meisten Probleme, denen die Amerikaner gegenüberstehen, hätten sich nicht entwickelt, wenn die Nachrichtenmedien die amerikanische Bevölkerung über die Aktionen der Zionisten/Bolschewisten auf dem laufenden gehalten hätten. Diese zionistischen/bolschewistischen (kommunistischen) Juden waren jedoch klug. Bevor sie ihre subversiven Aktionen in Amerika begannen, gewannen sie die Kontrolle über die größeren Zeitungen und besonders der Nachrichtendienste, die die kleineren Tageszeitungen mit nationalen und internationalen Nachrichten versorgen. Seitdem sie die größeren Nachrichten-Verbreitungsstellen kontrollierten und noch immer kontrollieren, einschließlich Radio und Fernsehen, sind sie in der Lage, die Wahrheit über die subversiven Handlungen zu verdrehen oder wegzulassen.'" (4)

In dem „Historisch-genealogischen Taschenbuch" aus dem Jahr 1912 findet sich auf Seite 182 die Aussage des Juden Baronet Moses Montefiore alias Blumberg (1784-1885) auf einem internationalen Oberrat leitender Weltpolitiker zu Krakau im Jahre 1840, die ein bezeichnendes Licht auf die Behauptungen Jack Bernsteins wirft: „Was faselt Ihr! Solange wir nicht die Presse der ganzen [!] Welt in Händen haben, ist alles, was Ihr tut, vergeblich; wir müssen die Zeitungen der ganzen Welt beeinflussen, um die Völker zu täuschen und zu betäuben." (5) (Jetzt haben wir die Antwort darauf, warum in Presse, Rundfunk und Fernsehen niemals irgendwelche nennenswerte Kritik an dem talmudgläubigen Judentum oder dem Zionismus geübt wird!)

**„Informierte Leute wissen auch, daß subliminale [= unterschwellige] Botschaften und Bilder - besonders in Material, das in Hollywood seinen Ursprung hat -, verwendet wurden, um dabei zu helfen, die geistige Haltung und das Denken der Massen zu gestalten und zu formen. Dadurch kann das Verhalten der Leute in die Richtung gesteuert werden, die die Manipulierer eingeschlagen sehen wollen."** (6)

In seinem Buch „Subliminal Seduction" aus dem Jahr 1973 widmet sich Wilson Bryan Key diesen unterschwelligen Botschaften, die den Betrachter auf heimtückische Weise zu beeinflussen vermögen, und schreibt hierzu auf Seite 1: „Das Konzept der erfolgreichen Anwendungen unterschwelliger Botschaften beruht auf einer umfassenden Ausnutzung all' derjenigen Techniken, die den Massenmedien heute bekannt sind, durch die [allein in den USA] täglich Zigmillionen Menschen mit Botschaften 'versorgt' und manipuliert werden, ohne daß sie sich dessen bewußt sind ... diese Techniken finden weitverbreitete Anwendung durch die Medien, Agenturen der Werbung und sonstiger sogenannter 'Öffentlichtkeitsarbeit', in Handel und Wirtschaft, sogar selbst durch die Bundesregierung, wobei dieses Geheimnis natürlich gut gehütet wird." (7)

Wie Richard D. Porter darlegt, werden dabei die subliminalen Botschaften „mit einer Geschwindigkeit von 1/25 einer Sekunde auf Kinoleinwände und den Fernsehbildschirm geblitzt.

Die entsprechenden Bilder werden vom Bewußtsein nicht gezielt wahrgenommen, aber das Unterbewußtsein sieht sie sehr wohl. Für die Gedankenkontrolleure war der große Nachteil bei dieser Methode, daß man sie entdecken konnte, indem man den Film mit einer sehr langsamen Geschwindigkeit abspielte. Oder im Falle der unterschwelligen Botschaften in der Popmusik, indem die Hörkassette sehr langsam rückwärts abgespielt wurde. Jetzt hat sich das alles geändert ...

Laut Informationen, die im Internet veröffentlicht werden, haben [die Oberen der Weltpolitik] eine in hohem Maße fortgeschrittene und sehr wirksame Art der Gedankenkontrolle perfektioniert, die praktisch nicht nachweisbar ist, indem sie die großen und kleinen Bildschirme verwenden. Offensichtlich handelt es sich dabei um unterschwellige

Botschaften mittels ‘niedrigem Licht’, das gerade unter der Schwelle der normalen Sehempfindlichkeit liegt. Diese neue ‘Niedrig-Licht’-Methode stellt einen neuen Durchbruch dar, der den Drahtziehern im Hintergrund einen gewaltigen Einfluß auf das Denken, die Gesinnungen und die Handlungen der Bevölkerung ermöglicht. Eingehende Untersuchungen haben gezeigt, daß selbst mit der Verwendung der fortgeschrittensten ultravioletten Analyse die ‘Niedrig-Licht-Bilder’ überhaupt nicht entdeckt werden konnten, weil sie aus exakt dem gleichen Farbenspektrum wie der Film selbst bestanden. ...

Zbigniew Brzezinski, Nationaler Sicherheitsberater von Jimmy Carter, hat betreffs einiger entscheidender Einflußmöglichkeiten, wie z.B. ihrer [der Drahtzieher im Hintergrund] Fähigkeit zur Wetterkontrolle, die Katze aus dem Sack gelassen. Im besonderen bezüglich der Fähigkeit einer ausgewählten Elite, die Beeinflussung und Kontrolle der Massen-Meinungsbildung in der Hand zu haben, schrieb er: ‘In der technifizierten Gesellschaft scheint die Entwicklungstendenz auf eine Vereinheitlichung und Verschmelzung der Lebensbedürfnisse von Millionen unkoordinierter Bürger hinauszulaufen, in sicherer Reichweite magnetischer und verlockender Persönlichkeiten, die die jeweils neuesten Errungenschaften der Kommunikationstechniken ausnutzen, um Gefühle zu manipulieren und den Verstand zu beherrschen.’ Man beachte die Schlüsselwörter: MANIPULIEREN und BEHERRSCHEN!“ (8)

An der Universität Yale im US-Staat Connecticut, die 1701 gegründet wurde, ist der Freimaurerorden „Skull & Bones“ angesiedelt, „aus dem Bush und andere Führungskader hervorgingen und weiter hervorgehen. In YALE begann vor über 30 Jahren unter Führung des Neuropsychiaters Dr. José Delgado das globale Bevölkerungs-Manipulationsprogramm. Delgado sagte damals: ‘Die Menschheit hat nicht das Recht, ihr eigenes Bewußtsein zu entwickeln. Wir brauchen ein psychochirurgisches Programm, mit dem man unsere Gesellschaft politisch kontrollieren kann. Der Zweck ist **die physikalische Kontrolle des Bewußtseins**. Jeder, der von der vorgegebenen Norm abweicht, kann chirurgisch verändert werden.’“ (9)

Im Jahre 1966 gestand Dr. José Delgado bezüglich seiner Experimente freimütig zu, „daß sie zu dem wenig geschmackvollen Schluß führen müßten, daß die physische Bewegung der Menschen sowie diejenige ihres Gemütes und ihr Verhalten durch elektrische Zwangsmaßnahmen vermittels pulsierender Impulsknöpfe wie Roboter kontrolliert und damit beherrscht werden können.“ (10)

Unter der Schlagzeile „Fernsteuerung für Menschen" lieferte der „ARD-Text" am 8. August 2006 (S. 533) die Bestätigung, daß es in der Tat möglich ist, ein Individuum von außen zu steuern: „Einem australisch-britischen Forscherteam ist es gelungen, Probanden mithilfe von elektrischen Impulsen in eine bestimmte Richtung laufen zu lassen. Die Wissenschaftler erreichten diesen Effekt, indem sie Nerven beeinflußten, die die sogenannten Bogengänge des Gleichgewichtsorgans mit dem Gehirn verbinden."

In seinem Buch „Secret Societies and Psychological Warfare" aus dem Jahr 1989 erklärt Michael A. Hoffman II. es für die verblüffendste Tatsache, „die beim amerikanischen Volk zu beobachten ist, daß es permanent seine schlimmsten Verräter verteidigt [Anm.: Das gleiche ist auch bei den Deutschen zu erkennen!]. Wer ist aber dann der moderne Mensch? Er ist ein bewußtseinszersplitterter Befehlsempfänger, der seine Marschbefehle über dubiose Code-Begriffe erhält, die durch die für ihn bestimmten Nachrichten über laufende Ereignisse hindurchrieseln. In gleichem Maße, wie er nach der Pfeife der Top-Manipulatoren des menschlichen Verhaltens tanzt, verhöhnt er unter lauter Spott allein den Gedanken an die Möglichkeit der Existenz einer von den Medien oder einer Regierung ausgehenden Technologie zur massenhaften Gedankenkontrolle oder deren Anwendung. Der moderne Mensch ist ja viel zu schlau, um etwas derart Abergläubisches zu denken!" (11)

„Diejenigen, die diesen unsichtbaren Mechanismus der Gesellschaft beeinflussen, bilden eine unsichtbare Regierung, die die wahre herrschende Macht unseres Landes darstellt. Unsere Gedanken werden überwiegend von Personen geformt, von denen wir noch nie etwas gehört haben", stellt der US-Amerikaner Walter Bernays fest. (12)

Dr. José Delgado: „Das Individuum ist einer direkten Manipulation des Gehirns widerstandslos ausgesetzt, weil es von seinen am stärksten verinnerlichten biologischen Reaktionsschemata immer über den freien Willen dominiert wird. Bei Experimenten mit elektrischer Stimulierung von abgestimmter Intensität dominierte diese immer den freien Willen." (13)

Wie J. F. Schapitz vom US-Verteidigungsministerium im Jahre 1974 darlegte, „kann das gesprochene Wort des Hypnotiseurs durch aufmodulierte elektromagnetische Energie direkt in den unterbewußten Teil des menschlichen Gehirns eingespeist werden - so z.B. ohne irgendwelche technische Geräte dabei einsetzen zu müssen, um die Botschaften heranzuführen oder kompatibel zu machen, auf eine Weise, daß die Person, die einem solchen Einfluß ausgesetzt ist, die Eingabe solcher Botschaften nicht bewußt zu kontrollieren vermag." (14)

**Es scheint also, daß die Hintermänner der Weltpolitik die Fähigkeit erlangt haben, die nicht-denkenden Schafe, die Stunden vor ihrem kleinen flimmernden Bildschirm verbringen, zu kontrollieren.** Mittels unterschwelliger Botschaften und elektronischer Impulse, „bestehend aus 'niedrigem Licht', die durch ihre scharf eingestellten Pupillen auf ihre Retina und tief in ihre Psyche hineingeblitzt werden, können sie Leuten jetzt suggerieren, daß schwarz weiß und weiß schwarz, Lärm Musik und Schmutz Aufklärung und eine multikulturelle Gesellschaft wunderbar ist, Drogen Spaß machen und Verkommenheit Freiheit ist, und sie werden es glauben.

Auf ihren Audiokassetten 'Conquering Confusion' erklärte die Ärztin **Lorraine Day: 'Alles im Fernsehen ist eine Lüge, außer dem Wetterbericht, und sogar der ist eine Lüge, weil sie heute das Wetter beeinflussen können.'** Sie heilte sich selbst von tödlichem Krebs durch eine vollständige Umstellung ihrer Eßgewohnheiten und durch Gebet.

**Jeder, der sich die Mühe macht, diesen Themenkomplex zu studieren, wird entdecken, daß die Version aller wichtigen [!] Ereignisse, die von den Massenmedien wiedergegeben wird, eine offensichtliche und unverbesserliche Lüge ist.** Dazu zählt etwa das Attentat auf John F. Kennedy und der Flugzeugabsturz, der seinen Sohn tötete (eine Bombe befand sich an Bord; man lese Charles Weismans Buch darüber), der 'Unfall' von Prinzessin Diana, der Flugzeugabsturz über Lockerbie, der Mord an Yvonne Fletcher außerhalb der libyschen Botschaft, der Bombenanschlag von Oklahoma City, die Ereignisse des 11.9., der Tod Arafats, Ryongchon (die Explosion in Nord-Korea), die Bombenexplosionen in Spanien, das Schulmassaker von Beslan, das iranische Erdbeben und die Zugexplosion ... der Mord an entführten Geiseln im Irak, die Anschläge in London vom 7. Juli. Die Liste ist endlos. Sehr oft, wenn Sie vom exakten Gegenteil der offiziellen Berichterstattung ausgehen, werden Sie der Wahrheit viel näher sein.

**Denken Sie immer daran, daß es ein sehr alter Trick ist, irgendeine Schandtat zu verüben - je entsetzlicher desto besser - und seinem Feind dafür die Schuld in die Schuhe zu schieben, um ihn dadurch zu diskreditieren. Der Mossad und die CIA, die beide von der gleichen Art von Leuten kontrolliert werden, sind Experten in diesem Spiel.**

*Der Newsroom (Nachrichtenraum) des weltumspannenden Medienkonzerns CNN. Der größte und einflußreichste Nachrichtensender unseres Planeten kann in 81 Millionen US-Wohnungen empfangen werden; weltweit erreicht er eine Milliarde Menschen, die rund um die Uhr mit Propaganda versorgt werden können.*

*Moderatorinnen (wie Sabine Christiansen - links im Bild - und Maybritt Illner) und Nachrichtensprecher (wie Thomas Kausch, der seit dem 30. August 2004 auf „SAT.1" moderiert - oben rechts; und Peter Kloeppel von „RTL" - unten rechts) haben die Aufgabe, die Propaganda ihrer Dienstherren zu verbreiten. Man kann sie mit Papageien vergleichen, die den ihnen vorgegebenen Text von einem kleinen Bildschirm einfach ablesen, wobei sie scheinbar in die Kamera - und damit direkt in das Gesicht des Zuschauers - blicken, was eine vertrauenswürdige Atmosphäre schaffen soll.*
(Quellenhinweise: Oben: Der Spiegel, 5.6.2000, S.89; Unten links und unten rechts: Der Spiegel, 22.8.05, S.143)

*Diese Szene stammt aus einem Exklusiv-Bericht von CNN, in dem es angeblich um ein Al-Qaida-Trainingslager in Afghanistan ging. Da man den Bildern der Medien nie trauen darf, kann es sich hier genausogut um vermummte Schauspieler handeln, die ganz woanders „Terroristen" spielen!*

*Als der jüdischstämmige US-Präsident George W. Bush vor einigen Jahren auf CNN von dem ebenfalls jüdischstämmigen Moderator Larry Zeiger alias Larry King interviewt wurde, herrschte zwischen beiden eine herzliche Atmosphäre. Man sollte sich nicht im Traum einbilden, dieser regierungstreue Sender würde sich mit der (offiziellen) Führungsspitze der USA anlegen und etwa die Wahrheit über den 11. September oder den „Krieg gegen den Terror" aufdecken. Das exakte Gegenteil ist der Fall.*
(Quellenhinweise: Oben: Der Spiegel, 2.9.02, S. 115; Unten: ebd. 30.7.01, S.93)

*Die Zentrale des öffentlich-rechtlichen Propaganda-Senders ZDF in Mainz.*

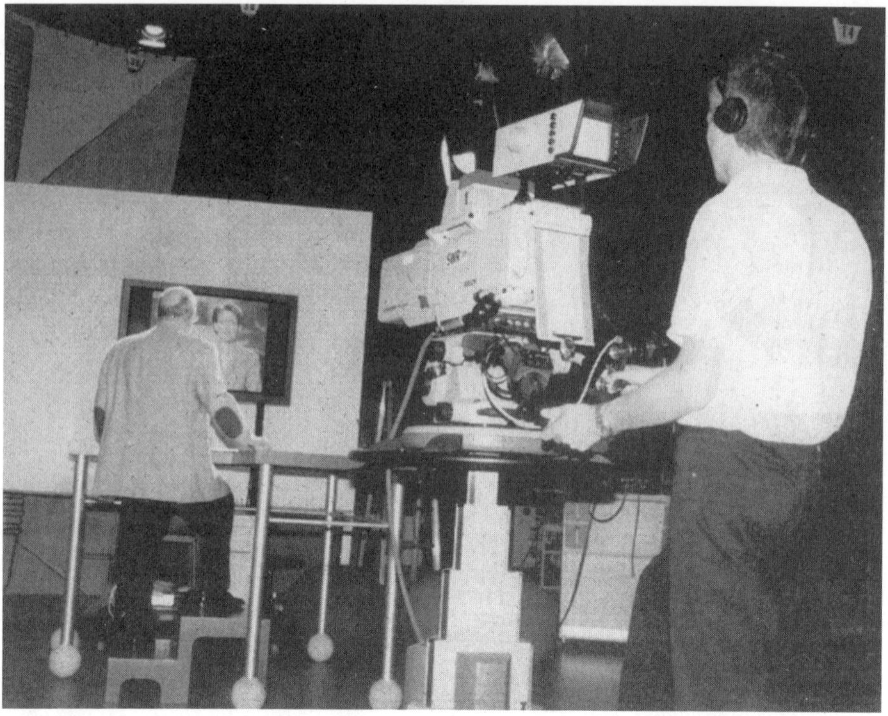

*Es bedarf nur einer Handvoll Leute, um das manipulative Fernsehprogramm zu gestalten, das dann in Zigmillionen von Haushalte ausgestrahlt wird. Dieser Blick hinter die Kulissen zeigt den Moderator Thomas Reimer (links), der die Schaltung zum ARD-Büro in Moskau erwartet.*
(Quellenhinweise: Oben: Der Spiegel, 6.10.03, S.214; Unten: Fuldaer Zeitung, 7.9.2000)

*Beinahe die ganze Menschheit befindet sich heute unter der magischen Macht des Fernsehens - oben eine Familie in Brasilien, unten TV-Zuschauer im afghanischen Faizabad. Dabei wissen nur die wenigsten Leute, daß dieses Medium nicht etwa „informieren" soll, sondern gezielt eingesetzt wird, um die Massen aller Herren Länder im Sinne der antichristlichen Oberen der immer deutlicher erkennbar werdenden Neuen Weltordnung rund um die Uhr zu manipulieren und zunehmend zu verdummen.*
(Quellenhinweise: Oben: Der Spiegel, 12.12.05, S.84; Unten: ebd. 12.8.02, S.97)

**Die ehemalige Nachrichtensprecherin und Reporterin Angela Rippon beschrieb sich selbst und andere ihrer Art als 'sehr gut bezahlte Papageien'.** Die einzige wirkliche Qualifikation, die der potentielle Nachrichtensprecher besitzen muß, ist ein Lesealter von 12 Jahren. Schließlich erscheint alles, was er zu sagen hat, auf einem Bildschirm, der sich direkt vor ihm befindet, gerade außer Reichweite des Zuschauers, und er liest lediglich die Botschaft ab. Für das bloße Vergnügen, uns mit ihrem Anblick zu beehren, bezahlt man Trevor McDonald von ITV News 600.000 Pfund [rund 1.700.000 Euro] im Jahr, George Alagiah von der BBC 175.000 Pfund [etwa 495.000 Euro] und Jon Snow von den verkommenen Channel-4-Nachrichten 350.000 Pfund [rund 990.000 Euro]. Die Geldwechsler entlohnen ihre Kreaturen - ganz gleich ob es sich dabei um Politiker oder Medienschaffende handelt - immer fürstlich. ...

Der berühmte Korrespondent von 'The Times' Douglas Reed, der zwischen den beiden Weltkriegen tätig war, enthüllte vor vielen Jahren die Wahrheit über die gekaufte Presse: **'Heutzutage handelt es sich bei der öffentlichen Meinung um ein künstlich erzeugtes Produkt, das in jede gewünschte Form umgewandelt werden kann'**, und: 'Die Zeitungen befinden sich unter einer verdeckten Kontrolle.' ...

**'Es wurde offengelegt, daß die Medien in den westlichen Demokratien eine Lügen-Maschinerie größeren Ausmaßes darstellen, als viele der vorurteilsfreien Zeitgenossen wahrgenommen haben'**, so Professor Arthur Butz." (15)

Malcolm X (1925-1965), der ermordete Führer der militanten Schwarzen in den USA, der in den frühen 1960er Jahren Konzepte des rassischen Stolzes und des schwarzen Nationalismus artikulierte, sah das ähnlich: „Die Medien sind die mächtigste Instanz auf Erden. Sie haben die Fähigkeit, den Unschuldigen schuldig und den Schuldigen unschuldig zu machen, und das ist Macht. Weil sie die Gedanken der Massen kontrollieren." (16)

Der amerikanische Werbeleiter William Bernbach (1911-1982) stimmte dem zu: „Alle von uns, die die Massenmedien professionell gebrauchen, sind die Gestalter der Gesellschaft. Wir können diese Gesellschaft erniedrigen. Wir können sie verrohen lassen. Oder wir können dabei helfen, sie auf eine höhere Stufe zu heben." (17)

„Alle Medien existieren nur, um unser Leben mit künstlichen Vorstellungen und willkürlichen Werten zu schmücken", so der kanadische Schriftsteller und Sozialreformer Marshall McLuhan (1911-1980) (18).

Als ob all das nicht bereits schlimm genug wäre, sind US-Tüftler heute sogar in der Lage, Menschen auf dem Bildschirm beliebige Sätze in den Mund zu schieben. „Steht jetzt die Glaubwürdigkeit von Filmen in Frage?“, wollte der „Spiegel“ in seiner Ausgabe vom 27. Mai 2002 in diesem Zusammenhang heuchlerisch wissen.

**„Bilder lügen immer schon, ob auf der Leinwand oder auf Papier.** Retuscheure, vor allem aber Computerprogramme wie Photoshop haben das Publikum mittlerweile an den Gedanken gewöhnt, daß ein Photo, so echt es aussieht, nicht unbedingt wahrhaftig ist. Die Haut der Models erscheint reiner, als sie je war, der Himmel blauer; Menschen lassen sich aus Bildern wegzaubern oder auf vollkommene Weise in eine fremde Szenerie montieren.

Aber nun ist auch die wohl letzte Bastion augenscheinlicher Authentizität gefallen: Nicht einmal ungeschnittenes, scheinbar objektives Videomaterial ist vor digitaler Manipulation sicher. ... **Von jetzt an sind Zweifel erlaubt - und vielleicht sogar geboten** [Anm.: Zweifel sind schon *seit Jahrzehnten* geboten!].

Schuld daran ist Tony Ezzat, ... Doktorand am berühmten Massachusetts Institute of Technology (MIT) in Cambridge bei Boston. Als eine Art Computer-Hexer hat Ezzat die Macht, Menschen am Bildschirm beliebige Worte in den Mund zu schieben - Worte, die dieser Mensch womöglich nie benutzt hat und auch niemals benutzt hätte.

Ezzat wird seine mittlerweile ausgefeilte Software im Juli im texanischen San Antonio auf der ‘Siggraph’ vorstellen, der bedeutendsten Konferenz für Computergrafik. Seinen Bilderzauber nennt er **‘videorealistische Sprachanimation’**: Auf dem Monitor passen die Mundbewegungen seiner sprechenden Köpfe auf perfekte Weise zu den Lauten, die sie von sich geben. Bei jedem ‘l’ schnellt die Zunge nach vorn, bei jedem ‘m’ schließen sich die Lippen.

Das Produkt sieht aus wie gefilmter Film - aber es ist keiner.

Die Qualität von Ezzats Arbeit geht weit hinaus über das Niveau von Synchronsprechern oder bisherigen Digitalanimationen aus Hollywood: **In Tests haben selbst aufmerksame Zuschauer Ezzats Fälschungen nicht von echten Videoaufzeichnungen unterscheiden können.** ...

*Der Videomanipulation in Film und Fernsehen sind heute keine Grenzen mehr gesetzt. So war es den Machern des US-Streifens „Forrest Gump“ bereits im Jahre 1994 möglich, den Schauspieler Tom Hanks in eine Szene mit John F. Kennedy zu versetzen, in der der Mime dem US-Präsidenten die Hand schüttelt.*

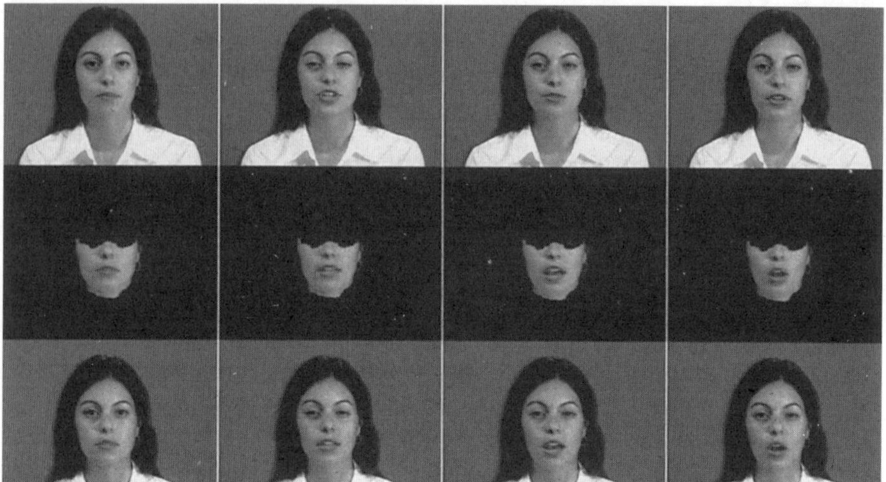

*Man kann heute Leuten Worte in den Mund legen, die sie nie gesagt haben. „Oben: authentisches Videomaterial mit natürlichen Augen- und Kopfbewegungen einer Versuchsperson. Mitte: am Computer erzeugte Folge von Mundbewegungen. Unten: synthetischer Film - die virtuelle Frau spricht Worte, die sie im ursprünglichen Video nicht sagte.“**

(Quellenhinweise: Oben: Der Spiegel, 27.5.02, S.176; Unten: ebd.; *: ebd.)

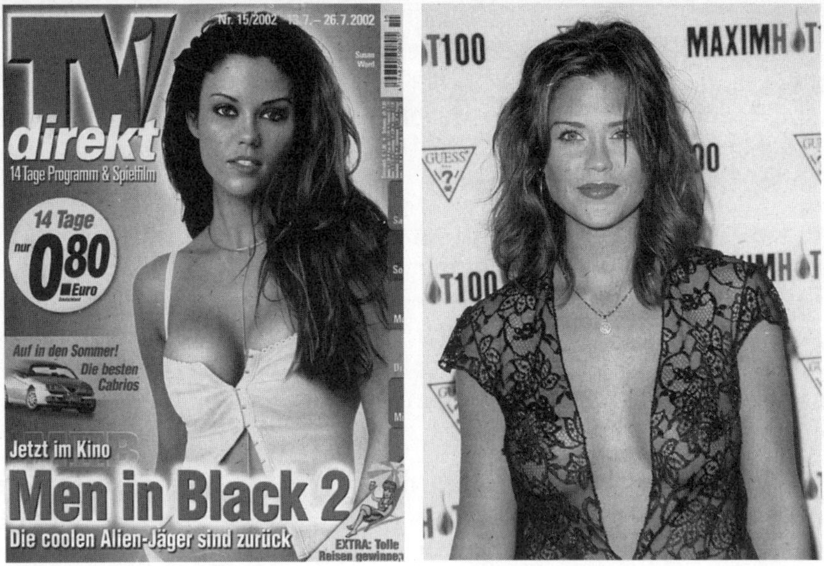


*Diese beiden Photos zeigen, wie leicht es geworden ist, eine Person am PC zu verändern: Links das Titelbild einer einschlägigen Fernsehzeitschrift, rechts sehen wir, daß das Model in Wirklichkeit eine sehr schmale Brust hat.*

*Weiß man wie einfach es ist, Bildmaterial zu fälschen, stellt sich natürlich die Frage, was es mit den Aufnahmen Osama bin Ladens auf sich hat - hier bei einem Spaziergang mit seinem Stellvertreter Al Sawahiri angeblich in den Bergen Afghanistans -, die seit den Anschlägen des 11. September 2001 vor allem durch das Fernsehen weltweit verbreitet werden.*

(Quellenhinweise: Oben links: Der Spiegel, 22.7.02, S.90; Oben rechts: ebd.; Unten: ebd. 27.10.03, S.132)

Wenn Ezzat wollte, dann könnte bald ein Video auftauchen, auf dem Helmut Kohl seine Spender nennt; oder eines, in dem O. J. Simpson verkündet, seine Frau ermordet zu haben. Rudolf Scharping könnte auf Spanisch Liebesverse säuseln, der [Schein-]Papst den Zölibat verfluchen und das ZDF mit Marilyn Monroe die Tradition der Fernsehansagerinnen wiederbeleben.

**Ezzats Technik der vollautomatischen Bildmanipulation eröffnet neue Horizonte** - für Computerspiele und Spielfilme, aber auch **für politische Propaganda**, Bloßstellung und Demontage öffentlicher Personen, für Erpressung und Betrug. Und Verschwörungstheoretiker könnten schon bald scheinbar überzeugende Videobeweise vorlegen für wahnwitzige Konstruktionen, etwa über die Hintergründe der Anschläge vom 11. September.

'Dies ist eine wirklich bahnbrechende Arbeit', lobt Demetri Terzopoulos von der New York University. Der anerkannte Experte auf dem Gebiet der Computeranimation von Gesichtern ist jedoch besorgt über ihre Konsequenzen: **'Wenn wir Leute Dinge sagen lassen können, die sie nicht gesagt haben, dann können daraus wirklich katastrophale Situationen erwachsen.' Auch Ezzat räumt Mißbrauchspotential ein: In falschen Händen könne seine Technik 'ein gefährliches Werkzeug' sein.** Gefragt, welche Reaktionen er aus Kreisen der Sicherheits- und Geheimdienste bekommen hat, sagt er nur: 'kein Kommentar'. ...

Die zwiespältige Erfindung aus dem MIT hat aufs Neue Spekulationen angeregt, ob das Amateur-Video von Osama Bin Laden, das die Amerikaner im Dezember [2001] vorführten, echt war. Der Oberterrorist scheint darin im Kreis von Getreuen seine Verantwortung für die Anschläge zu bestätigen und brüstet sich, daß die meisten Attentäter vom 11. September nicht gewußt hätten, auf was für einer Selbstmord-Mission sie sich befanden.“ (19)

**„Bildfälschungen, gefälschte Filmbeiträge, Manipulation am laufenden Band** - man kann den Medien wirklich nicht mehr trauen. Auch in den scheinbar seriösen Nachrichtensendungen wird bis zum Geht-nicht-mehr manipuliert“, kritisierte „Nation & Europa“ (20) schon vor über 10 Jahren und begründete diese Befürchtung: „So müssen die Nachrichtenstudios mit Bildschirmen und Redaktionshektik im Hintergrund, die der Zuschauer vor allem bei Privatsendern auf der Mattscheibe sieht, in Wirklichkeit gar keine Nachrichtenstudios sein. Dies räumte jetzt Sat-1-Moderator Ulrich Meyer in einem Interview ein.

Der Studiohintergrund, so Meyer, ist in Wirklichkeit ein Endlosfilm, der lediglich im Hintergrund abgespielt wird. Sat 1 habe ihn bei einem Studio in Florida gekauft. 'Das sind aber Dinge' wiegelt der virtuelle Moderator ab, 'die in anderen Redaktionen in vergleichbarer Art und Weise auch gemacht werden.'

Bleibt der Verdacht, ob nicht auch so manche Meldungen, Politikerreden und 'Informationen' in Wahrheit vom Endlos-Band laufen ... "

Seinerzeit sorgte eine mediale Schmierenkomödie für Schlagzeilen. „Der Fall Born/Jauch hat das Zeug zu einem der größten Medienskandale in der Geschichte der Bundesrepubik. Der Skandal liegt dabei weniger im großen lautstarken Flop (wie bei den gefälschten 'Hitler-Tagebüchern') als vielmehr in der Tiefendimension, die der Fall enthüllt. Nicht weniger als 22 Fälle von gefälschten Fernsehdokumentationen sind inzwischen bekanntgeworden, die der 37jährige Betrüger Michael Born in Eigenregie hergestellt und an diverse Fernsehsender verkauft hat.

Betroffen von Born-Enten sind u. a. Pro Sieben, Sat 1, das öffentlich-rechtliche Schweizer DRS, S-Zett, das Magazin der 'Süddeutschen Zeitung' bei Vox, einige öffentlich-rechtliche Sender in Deutschland sowie 'stern-tv'. Hier konnte Born, ohne auf größere Schwierigkeiten zu stoßen, auch seine dicksten Hämmer plazieren:

* einen Streifen über angebliche Umtriebe des Ku-Klux-Clans in Deutschland, wobei getürkte Kapuzenmänner ein Holzkreuz im Pfälzerwald in Flammen aufgehen ließen;

* einen Filmbericht über angebliche kurdische Bombenleger, der mit Bildern aus einem Koblenzer Asylbewerberheim angereichert war;

* Szenen vom Einmarsch der Amerikaner in Somalia - in Wirklichkeit stürmten gekaufte Schergen ein SOS-Kinderdorf;

* einen Film über angeblich kiffende, mit Mädchen poussierende deutsche Sprachschüler in England - die in Wirklichkeit junge Engländer und Norweger waren.

Der Fälscher Born hat mit seinen Enten so ziemlich alle deutschen Sender problemlos beliefert. **Der Fall zeigt einmal mehr, daß gegenüber dem TV-Bild prinzipielle Vorsicht angesagt ist.** Eine Menge Fragen bleiben: Wieviele Borns laufen noch frei herum? Wieviele Filmberichte über angebliche 'Neonazis', 'Rechtsradikale' und andere Deutsche wurden und werden gefälscht?" (21)

Nicht selten werden Leuten sogar Worte in den Mund gelegt, um sie auf diese Weise zu diffamieren. Dabei stellt sich die Frage, ob der Bürger überhaupt darauf rechnen kann, „daß Falschmeldungen und Beleidigungen, welche Presse, Rundfunk oder das Fernsehen gebracht haben, überprüft und berichtigt werden, oder kann er das nicht? Ist er in jedem Fall gezwungen, Hilfe bei den Gerichten zu suchen?

Die Erfahrung lehrt, daß der Bürger bei den Medien, vor allem den Massenmedien, mit einem Berichtigungsverlangen fast immer auf Ablehnung stoßen wird. Freiwillig gibt man in der Welt der Medien nur selten zu, etwas Falsches oder Ehrenrühriges in die Welt gesetzt zu haben.

Vom *Spiegel* ist bekannt, daß er auf Beanstandungen nicht eingeht und freiwillig nichts zurücknimmt. In seiner Schrift *Ehrenschutz heute. Die Schutzlosigkeit der Führungskräfte* (1988) hat der Verfasser auf ein Gespräch hingewiesen, das ein Vertreter der Wirtschaft Ende der fünfziger Jahre mit Rechtsanwalt Augstein, dem Bruder des [am 7. November 2002 in Hamburg verstorbenen] *Spiegel*-Herausgebers, geführt hat. In diesem Gespräch hat der Anwalt in ungenierter Offenheit erklärt, der *Spiegel* widerrufe freiwillig nie. Er lasse sich verklagen und gehe notfalls durch alle Instanzen, er habe ja die finanziellen Mittel dafür. Werde er am Ende zum Widerruf verurteilt, seien soviele Jahre ins Land gegangen, daß der Leser gar nicht mehr wisse, worum es sich handele, und der Richtigstellung keine Beachtung schenke." (22)

Wie viel Zeit aber verschwenden die Deutschen überhaupt damit, Fernsehen zu schauen? Nun, am 29. März 2001 berichtete der „hessentext" (S. 128; Herv. v. Verf.), daß **Jugendliche im Schnitt 118 Minuten täglich vor dem Fernseher** verbringen. „**Erwachsene sitzen mit durchschnittlich 203 Minuten aber noch länger davor** und erreichen damit einen Rekordwert. Dies geht aus der neuesten Ausgabe der Fachzeitschrift 'Media Perspektiven' hervor."

Seit Jahren liest man davon, daß der Medienkonsum in Deutschland kontinuierlich zunimmt: **„Der Medienkonsum der jüngeren Deutschen steigt ständig. Mittlerweile verbringt jeder Bundesbürger zwischen 14 und 49 Jahren acht Stunden pro Tag mit Fernsehen, Radio, Zeitungen und Zeitschriften sowie dem Internet.** Das ist das Ergebnis einer Untersuchung des TV-Werbezeitenvermarkters 'Seven One Media', an der 1000 Personen teilnahmen.

Die tägliche Nutzungsdauer der klassischen Medien und des Internets ist demnach seit 1999 um anderthalb Stunden gestiegen. Von den acht Stunden pro Tag entfallen 168 Minuten auf das Fernsehen (plus 22 Minuten) und 142 Minuten auf das Radio (minus eine Minute). Das Internet folgt mit 59 Minuten (plus 50 Minuten) bereits an dritter Stelle. Dahinter folgen Zeitungen mit 21 Minuten (minus 3 Minuten) und Zeitschriften (konstant 15 Minuten).

Den größten Zuwachs verbuchte das Internet. 44 Prozent der 14- bis 49jährigen sind inzwischen jeden Tag online, fünf Mal so viele wie 1999", stellte die „Fuldaer Zeitung" in ihrer Ausgabe vom 22. November 2005 (Herv. v. Verf.) fest.

Am 5. August 2006 berichtete der „ProSieben"-Videotext (S. 135), daß Fernsehen auch im Bett immer wichtiger wird. „In den ersten vier Monaten dieses Jahres sah der durchschnittliche Bundesbürger ab drei Jahren 77 Minuten im Schlafzimmer fern. 2003 waren es im Vergleichszeitraum noch 59 Minuten. Insgesamt kam der Deutsche von Januar bis April auf 213 Minuten TV-Konsum, wie aus einer Untersuchung von 'Seven One Media' hervorgeht. Besonders hoch ist die Fernsehnutzung in Schlafzimmern bei Single-Haushalten mit 168 Minuten täglich."

Die zunehmende Sucht vieler Deutscher nach der Glotze ist gerade im Hinblick auf ihr leibliches Wohl besonders kritisch zu sehen, denn es steht zweifelsfrei fest:

## Fernsehen schadet der Gesundheit

Es gibt heute nicht mehr den geringsten Zweifel, daß langes Fernsehen der Gesundheit schadet, denn wer Stunden vor dem TV verbringt, wird dick. „Und krank. **Eine Studie zeigt, daß das Glotzen in die Röhre zu Übergewicht führt und das Entstehen von Herz-Kreislauf-Erkrankungen fördert.** Statt Mattscheibe sind Sport und Bewegung angesagt.

Nach einer aktuellen Auswertung von Daten der EPIC-Norfolk-Studie ist der Zusammenhang zwischen körperlicher Inaktivität, wie sie beispielsweise viele vor dem Fernsehen ausleben, und Übergewicht mit einem zusätzlich erhöhten Risiko einer kardiovaskulären Erkrankung belegt, berichtet ... Marion Hönig, Diplom-Oecotrophologin von der Gesellschaft für Ernährungsmedizin und Diätetik in Bad

Aachen. ... Alle Sportmuffel, die täglich mehrere Stunden fernsahen, hatten einen entsprechend höheren Blutdruck, was zur Ausbildung einer Herzkreislauferkrankung führen kann.“ (1)

Auch im Buch „Esst endlich normal!“ des berühmten Ernährungsspezialisten Udo Pollmer erfährt man, daß Fernsehen fett macht, „weil es den Zuschauer aufregt und berührt. Das erhöht das Cortisol im Blut, und das macht dick.“ (2)

Kein Wunder also, wenn in den letzten Jahren mehrere Untersuchungen zu dem Ergebnis kamen, daß Kinder immer weniger fit sind! „Mit der Fitneß von Kindern und Jugendlichen in Deutschland geht es einer Studie zufolge bergab. ‘Wenn wir diesen negativen Trend nicht stoppen, wird das schlimme Folgen haben’, warnte die AOK.

Schon jetzt sei jedes fünfte Kind und jeder dritte Jugendliche in Deutschland zu dick. Bei einer Studie wurden 60 000 Kinder auf ihre Fitneß getestet. Das Ergebnis: die Leistungsfähigkeit entwickelt sich bei den 9- bis 16jährigen seit 2001 rückläufig. Zugleich steigt der Anteil der Übergewichtigen - bei den Mädchen um 5 Punkte auf 25 %, bei den Jungen um 3 auf 35 %“, hieß es im „ARD-Text“ am 24. August 2005 (S. 524).

„Die Hälfte der Deutschen ist nach Angaben von Freiburger Sportmedizinern übergewichtig. 20 % der in Deutschland lebenden Menschen müßten wegen starken Übergewichts behandelt werden, teilten Experten der Universitäts-Klinik [Anfang Februar 2006] mit.

Um dauerhaft abnehmen zu können, müsse der Lebensstil verändert werden. Mit Hilfe von psychologischer Betreuung könne im Alltag mehr Bewegung und eine individuell abgestimmte Ernährung erreicht werden. ... Bei den 40- bis 60jährigen sind sogar 60 % zu dick.“ (3)

„Immer mehr übergewichtige Kinder“ lautete eine weitere besorgniserregende Schlagzeile des „ARD-Text“ vom 6. März 2006 (S. 521). „Der Anteil übergewichtiger Kinder wird nach Einschätzung von Experten weltweit drastisch [!] ansteigen. In Nord- und Südamerika werden im Jahr 2010 fast die Hälfte der Kinder zu dick sein. Das geht aus einer neuen Studie hervor.

Sollten sich die Trends fortsetzen, könnte der Anteil in der EU demnach bei 38 % liegen. In beiden Regionen gilt bislang nur rund jedes vierte Kind als zu dick. Nach Einschätzung der Experten wird der Anteil übergewichtiger Kinder im Nahen Osten, in Lateinamerika, Südostasien und im Westpazifik ebenfalls drastisch [!] ansteigen.“

„Der moderne Lebensstil hat auch vor den Franzosen nicht haltgemacht. Vor allem der durchschnittliche Mann ist in den letzten Jahren immer dicker und größer geworden. Das ergab eine [im Februar 2006 veröffentlichte] Studie der Bekleidungsindustrie.

Danach ging die männliche Bevölkerung seit 1970 sowohl in die Höhe als auch in die Breite: 1,76 Meter mißt der Durchschnitts-Franzose und wiegt 77,4 Kilogramm. Das sind 6 cm und 5 kg mehr als vor 35 Jahren. 44 % aller Franzosen über 15 Jahren haben bereits Übergewicht. Die Durchschnitts-Französin ist 1,63 Meter groß (+ 2 cm) und wiegt 62,4 Kilogramm (+ 2 kg).“ (4)

„Um gegen die zunehmende Fettleibigkeit vorzugehen, sollen britische Kinder künftig regelmäßig offiziell gewogen werden. Kinder sollten im Alter von vier Jahren sowie bei Verlassen der Grundschule mit zehn Jahren gemessen und gewogen werden, teilte das Gesundheitsministerium [am 22. Mai 2006] in London mit. Die Ergebnisse sollten den Eltern, die das wollen, mitgeteilt werden - Hilfen für übergewichtige Kinder sind jedoch nicht vorgesehen.

Ab dem kommenden Jahr sollen Eltern dann schriftlich darüber aufgeklärt werden, wie gefährlich Übergewicht langfristig für die Gesundheit sein kann. Die Eltern können das Vermessen und Wiegen ihrer Kinder verweigern.“ (5)

„Fernsehen macht amerikanische Kinder um durchschnittlich 167 Kilokalorien pro Stunde dicker. Das haben Forscher der Harvard School of Public Health bei der Untersuchung von 548 Schülern in der Region Boston herausgefunden.

Wie die Wissenschaftler [Ende April 2006] in ‘Archives of Pediatric and Adolescent Medicine’ berichten, untersuchten sie die Schüler im Abstand von 19 Monaten und befragten sie zu Snacks, Limonaden und ihren Sportgewohnheiten. Das wichtigste Ergebnis war: Jede Stunde Fernsehen geht im Mittel mit zusätzlichen 167 Kilokalorien einher.“ (6)

„Experten sprechen von einem ‘stillen Killer’. Die Kombination aus Übergewicht und schlechten Blutwerten heißt in der Fachsprache ‘Metabolisches Syndrom’. Schon jeder dritte Deutsche leidet darunter, viele, ohne es zu wissen.“ (7)

„Was früher nur den Adel betraf, ist heute längst zur gefährlichen Volkskrankheit geworden: Bereits bis zu 30 Prozent der Bevölkerung leiden heute in Deutschland am Metabolischen Syndrom - einer gefährlichen Kombination aus bauchbetontem Übergewicht, erhöhten Blutfettwerten, Diabetes und Bluthochdruck. ‘Das ist ein stiller Killer’, warnt Professor Hanefeld, der als ‘Pionier’ im Kampf gegen die vermutlich häufigste Zivilisationskrankheit der Zukunft gilt. Und die sieht bisher düster aus.

So haben Wissenschaftler allein in den letzten fünf bis zehn Jahren einen extremen Anstieg des sogenannten Alterszuckers bereits bei Kindern und Jugendlichen festgestellt. ‘Der Begriff Altersdiabetes ist längst überholt und der Diabetes mellitus Typ 2 weiter auf dem Vormarsch’, bestätigt Professor Markolf Hanefeld. ‘Das ist eine Zeitbombe.’“ (8)

Die Zuckerkrankheit trifft nach Experteneinschätzung also immer jüngere Kinder. „Diabetes tritt wegen der stark gestiegenen Gewichtsprobleme bei Kindern immer zeitiger auf, so der Chef der Leipziger Uni-Kinderklinik.

Habe das Durchschnittsalter der jungen Patienten vor einem Jahrzehnt noch bei etwa zwölf Jahren gelegen, sei es heute unter zehn Jahre gerutscht. Bisweilen würden bereits Vorschulkinder zuckerkrank.“ (9)

„Die Anzahl der Diabetiker ist nach Angaben von Medizinern in Deutschland auf etwa sechs Millionen gestiegen“, hieß es am 23. Mai 2006 im „ARD-Text“ (S. 523). „’Es ist eine enorme Zunahme zu beobachten. Dieser Trend gilt europaweit’, sagte der Präsident der Deutschen Diabetes-Union, Professor Eberhard Standl, in Leipzig. Zugleich gebe es eine hohe Dunkelziffer.“

„Die Zahl von Diabetikern in Deutschland wird sich nach Einschätzung von Experten in den kommenden 15 bis 20 Jahren verdoppeln. Rund 300 000 Menschen erkrankten jährlich an der Zuckerkrankheit, sagte der Diabetologe Hans Hauner bei der Jahrestagung der Diabetes-Gesellschaft“ (10), die Ende Mai 2006 in Leipzig stattfand.

Weltweit hat sich die Zahl der Diabetes-Kranken in den letzten zwei Jahrzehnten knapp verachtfacht. „Nach Angaben der Internationalen Diabetes-Föderation leben derzeit 230 Millionen mit der lebensgefährlichen Krankheit. In den 1980er Jahren hatte die Zahl erst bei 30 Millionen gelegen.“ (11)

„Fernsehen ist für Kinder schädlicher als bisher angenommen, erklärte der ärztliche Direktor der Ulmer Universitätsklinik für Psychiatrie, Manfred Spitzer.

Bis zum Alter von 10 Jahren sollten Kinder gar nicht [!] fernsehen und bis zum Alter von 16 Jahren höchstens eine Stunde täglich. Spitzer hat in seine Studie auch die Schäden eingerechnet, die durch Bewegungsmangel und zusätzliches Knabbern von Süßigkeiten vor dem Bildschirm entstehen.

Abgesehen von den **Hirnschäden des Fernsehens** habe der Bewegungsmangel und der zusätzliche Genuß von Süßigkeiten Herzinfarkte und Diabetes zur Folge und [könne] damit die Lebenserwartungen erheblich herabsetzen. **Auch Aggressivität bis zur Mordlust würde durch Fernsehen ausgelöst.** Die Fernsehsendungen im Kindesalter würden sich auf die Psyche auswirken, deren Folgen erst 10 Jahre und später auftreten. ...

Die tatsächliche Tragweite des Medienterrors aber zeigt sich im Verborgenen: Neurologische Studien beweisen, daß sich **die Gehirne von Kindern, die schon von klein auf viel Zeit vor der Mattscheibe verbringen, anders entwickeln** als die Gehirne von Kindern, die wenig oder gar nicht fernsehen. Nach dem Motto 'was Hänschen nicht lernt, lernt Hans nimmermehr' werden wichtige Fähigkeiten von Anfang an nicht normal entwickelt: Das Vermögen zu riechen, zu fühlen, zu hören oder sich zu bewegen bleibt defizitär. Stattdessen entsteht eine **körperliche Abhängigkeit von den Hormonen, die beim Sehen von Gewaltszenen oder beim aggressiven Computerspiel ausgeschüttet werden. Und dieser Prozeß ist irreversibel.** ...

Die Ergebnisse von Studien in Amerika sind mehr als alarmierend: Zweijährige verbringen im Durchschnitt zwei Stunden vor dem Fernseher. Das läßt sich im Zusammenhang sehen mit der Tatsache, daß ein Drittel der Jugendlichen in den USA glaubt, daß es normal sei, keines natürlichen Todes zu sterben.“ (12)

„Fernsehen stört Schlaf von Kindern“, titelte der Videotext von „ARD“ am 1. Juni 2006 auf Seite 521 und berichtete im einzelnen: „Fernsehen kann massive [!] Schlafstörungen bei Kindern im Alter zwischen fünf und sechs Jahren hervorrufen. Insbesondere passives Fernsehen, also nebenbei laufende Programme, erhöhen die Schlafprobleme einer finnischen Studie zufolge deutlich. Besonders schlecht schliefen Kinder in Familien, bei denen sie passiv mehr als täglich zwei Stunden einem laufenden Fernseher ausgesetzt waren, so die Universität Helsinki.

Zudem wirkten sich vor allem Erwachsenenprogramme wie Filme, Serien, Krimis und Magazine deutlich negativ auf den Schlaf der Kinder aus.“

Die Internetausgabe der FAZ bekräftigte Anfang April 2004 ebenfalls, daß zuviel Fernsehen Kinder krank macht. „Je länger Kleinkinder in die Röhre schauen, desto häufiger fallen sie nach Erkenntnissen amerikanischer Forscher in den ersten Schuljahren durch Unruhe und Unaufmerksamkeit auf. Eine Studie mit 1300 Grundschulkindern in den Vereinigten Staaten zeigt einen direkten Bezug zwischen den Stunden, die Kleinkinder von ein bis drei Jahren fernsehen durften, und ihrem späteren Verhalten in der Schule auf. ... Erst vor wenigen Tagen hatte die 'National Sleep Foundation' darauf hingewiesen, daß amerikanische Kinder wegen ihres hohen Fernsehkonsums an Schlafmangel leiden. ...

Die Autoren der Studie, Dimitri Christakis vom Kinderkrankenhaus Seattle und Kollegen, verglichen das Verhalten siebenjähriger Schulkinder mit den Angaben ihrer Mütter über den Fernsehkonsum in Vorschuljahren. Dabei stellte sich heraus, daß Kinder mit dem häufigsten Fernsehkonsum unter jenen zehn Prozent der Schulanfänger zu finden waren, die die meisten Probleme mit **Konzentrationsstörungen, Impulsivität und Unruhe** hatten. Einige von ihnen litten auch unter dem sogenannten **Zappelphilipp-Syndrom** (ADHD).

**Der Studie zufolge wuchs das Risiko für Probleme mit der Aufmerksamkeit mit jeder Fernsehstunde pro Tag um zehn Prozent.** Siebenjährige, die als Kleinkinder drei Stunden vor dem Fernseher saßen, waren 30 Prozent mehr gefährdet als andere, die erst später in die Röhre schauen durften. Die Neuropsychologin Elizabeth Sowell von der Universität von Kalifornien in Los Angeles (UCLA) erklärt den Zusammenhang in der Zeitung 'USA Today' ... mit der schnellen Entwicklung des kindlichen Hirns in den ersten Lebensjahren. Von Tierstudien her sei bekannt, daß eine stimulierende Umgebung Veränderungen im jungen Hirn mit sich bringt. Das gleiche sei möglich durch die schnelle Folge der Fernsehbilder bei Kleinkindern, vermutet die Expertin." (13)

Nichtsdestoweniger hieß es am 11. Mai 2006, sogar Säuglinge (!) und Kleinkinder in den USA hätten jetzt ihr eigenes TV-Programm! „BabyFirstTV richtet sich an Kinder im Alter von sechs Monaten bis drei Jahren und deren Eltern. Es sei doch eine Tatsache, daß Babys heute bereits Fernsehen guckten, sagte die Vizepräsidentin des neuen Programms, Sharon Rechter.

Deshalb sei BabyFirstTV wichtig: 'Wir wollen völlig sichere, werbefreie und angemessene Inhalte anbieten. **In den USA schauen 68 Prozent aller Kids** [sic!] **bis zwei Jahre TV."** (14)

Laut einer in Großbritannien bereits am 3. September 2003 veröffentlichten Umfrage schaut dort eines von drei Kindern unter sechs Jahren zwischen zwei und sechs Stunden am Tag Fernsehen.

**„In einem getrennten Forschungsbericht fanden Gelehrte heraus, daß ein Drittel der Kinder unter drei Jahren ein Fernsehgerät in ihrem Schlafzimmer haben.**

Die beiden Studien, die sich mit den Seh-Gewohnheiten von Kindern beschäftigen, werden die Debatte über die potentiell schädlichen Auswirkungen, die das Fernsehen auf die geistige und emotionale Entwicklung junger Leute hat, neu eröffnen.

Ein Viertel der Kinder in der NOP-Umfrage sahen zwischen einer und zwei Stunden am Tag fern, während ein Drittel weniger als eine Stunde in die Röhre guckte.

Laut der Studie, die für das 'Early Learning Centre' durchgeführt wurde und auf Interviews mit 750 Eltern in ganz Großbritannien basierte, schauten nur sieben Prozent der Kinder überhaupt kein Fernsehen. Diese Kinder lasen, spielten Videospiele oder gebrauchten ihre Spielsachen. Die Untersuchung erfolgte nur Tage nachdem der Leiter der Schulräte David Bell Kritik daran geübt hatte, daß die Eltern ihre Kinder vor das Fernsehgerät hinsetzten anstatt mit ihnen zu sprechen oder mit ihnen zu spielen.

**Er sagte, die zunehmende Neigung von Eltern, das Fernsehen als Baybsitter zu betrachten, schädige die verbalen und Verhaltens-Fähigkeiten von Kindern.**

'Wir sollten Eltern dazu ermutigen, mit ihren Kindern zu sprechen und ihnen eine ganze Auswahl von ermunternden Dingen zur Verfügung zu stellen, mit denen sie spielen können, und nicht nur davon ausgehen, daß das Fernsehen, oder was auch immer, dies alles für sie erledigen wird', sagte er.

Zwei Drittel der befragten Eltern erklärten, sie würden gern mehr 'Mußestunden' mit ihren Kindern verbringen; bei arbeitenden Müttern und Vätern betrug diese Zahl 81 Prozent.

Sieben von 10 Befragten gaben auch zu, daß ihre Kinder mehr fernsähen als sie selbst in deren Alter es getan hätten. ... Dr. Brian Young, Kinder-Psychologe an der Universität von Exeter, erklärte, es sei offensichtlich, daß Eltern sich immer noch auf das Fernsehen verließen, damit ihre Kinder unterhalten würden." (15)

Im Frühjahr 2006 setzte sich Theresia de Jong in ihrem Vortrag „Medienverwahrlosung - wie schütze ich mein Kind“ unter anderem mit diesem Themenbereich auseinander. Darin stellte sie 10 Thesen auf, wie Fernsehen in unser Leben eingreift. Ihre erste These ist relativ provokativ, wie sie selbst ausführt: „Fernsehen und Computer machen unsere Kinder dumm“: „Normalerweise lernen Kinder ja dadurch, daß sie es tun - durchs Begreifen -, wirklich mit ihren fünf Sinnen dabei sind und ihren ganzen Körper mit einbringen. Das sind alles Dinge - so lernen Kinder.

Wenn Kinder lernen zu laufen, dann merken sie an den Reaktionen ihres Körpers, was funktioniert und was weniger gut funktioniert. Und durch diese wunderbaren Rückkoppelungen entstehen auch im Gehirn die so wichtigen Vernetzungen.

Unser Gehirn ist ja nutzungsorientiert ... Also, nur die Dinge, die wir benutzen, die ausgeprägt werden, die legen sich nachher in ein wunderschönes Wegenetz im Gehirn an. Das heißt: je ausgeprägter und vielfältiger unser Netz im Kopf ist, umso besser können wir später auch lernen. Und gerade die Gehirnstrukturen in den ersten drei bis sechs Jahren sind eben sehr stabil und prägend; prägend auch für die Persönlichkeit. Und das, was in den ersten Jahren eben nicht angelegt wurde im Gehirn, das ist später nur noch sehr schwer wieder zu verankern.

Ich vergleiche das gerne mit einem Einkaufszentrum, das Gehirn. Da können Sie die phantastischsten Juwelen haben, aber wenn Sie keine Wege haben, die da hinführen, ist das alles völlig umsonst. Das heißt, es ist unglaublich wichtig, daß Kinder sich diese Wege im Gehirn anlegen. Und das können sie eben nur in der Realität, weil - vor einem zweidimensionalen Bildschirm funktioniert das nicht.

**Ein japanischer Hirnforscher** hatte nämlich herausgefunden, das heißt er sollte eigentlich etwas ganz anderes herausfinden, er sollte im Auftrage der Computerindustrie beweisen, daß PC-Spielen gut für die Gehirnentwicklung sei. Also ist er hingegangen und hat Hirnaufnahmen von Kindern gemacht, die vor dem Computer sitzen, und hat die dann wiederum verglichen mit Hirnaufnahmen von Kindern, die leichte Brettspiele gemacht oder leichte Matheaufgaben gelöst haben. Als er sich das dann so angeschaut hat und das seinen Auftraggebern auch weitergeleitet hat, hatten die auf einmal kein Interesse mehr, diese Studie zu veröffentlichen. Er hat nämlich **herausgefunden, daß bei Kindern ... wenn sie vor dem Computer sitzen, sich im Gehirn, und zwar im Vorderhirn, überhaupt gar nichts tut. Da ist also**

**wirklich Vakuum** ... Während bei den Kindern, die leichte Brettspiele gemacht haben, da waren ganz viele Verknüpfungen zu sehen, da leuchtete hier und da was auf, da passierten Sachen.

Das heißt, da wo etwas im Gehirn passiert, da wird das Gehirn aufgebaut und gut verkabelt. **Aber bei den Kindern, die also stundenlang jeden Tag vor einem Bildschirm sitzen, der eben nur zweidimensional ist, da bildet sich das Vorderhirn nicht aus.** ... Problematisch ist nur, daß das Vorderhirn dafür zuständig ist, daß sich Kinder konzentrieren können, daß sie ihre Handlungen planen, daß sie ihre Impulse kontrollieren können - all das sind Aufgaben des Vorderhirns.

Und wenn wir heute schauen, das sind genau die Bereiche, die vielen Kindern ... fehlen, wo sie Probleme mit haben: mit Konzentration, mit Impulskontrolle, - das heißt, sie müssen erst einmal eigentlich überlegen, wie kann ich das anders regeln als sofort ... draufzuhauen. Aber **wenn diese Bereiche im Gehirn gar nicht angelegt sind, oder nicht richtig angelegt sind, dann ist es schwierig, nachzudenken** ...

Das sind sozusagen die Dinge, die die Hirnforschung herausgefunden hat. Und deswegen glaube ich auch, daß viele Kinder, die heute in die Schule kommen, schon von der Hardware her Probleme im Gehirn haben.

Schon Dreijährige, Einjährige, Babys werden ja vor dem Fernsehen geparkt. Und dann sagen Sie vielleicht: ‘Naja gut, Babys kriegen ja gar nicht mit, was da so alles läuft. Das ist für die ja nur ein Geräuschteppich.’ Aber das stimmt nicht. Es gab auch interessante Studien, die gezeigt haben, daß Kinder durchaus schon mit einem Jahr mitkriegen, was da läuft.

Und zwar wurden zwei Filme gedreht. Einer, da ging es um schönes Spielzeug; Sachen, mit denen Kinder schön spielen können, und es wurden eben Kinder gezeigt, die damit gespielt haben. Und in dem zweiten Video, das gedreht wurde, da wurde ein Spielzeug gezeigt, das potentiell gefährlich sein konnte, wo sich Kinder dran wehtun konnten.

Im Anschluß an diese Filme wurden die Kinder in die jeweiligen Räume geführt, wo genau das Spielzeug lag, das sie vorher in den Filmen gesehen haben. Und die Kinder, die das mit dem netten Spiel zeug gesehen haben, die sind drauf los, haben sofort nett angefangen zu spielen, während die anderen Kinder, die das mit dem gefährlichen Spielzeug gesehen hatten, fingen sofort an zu weinen und wollten nichts mit diesem Zeug zu tun haben.

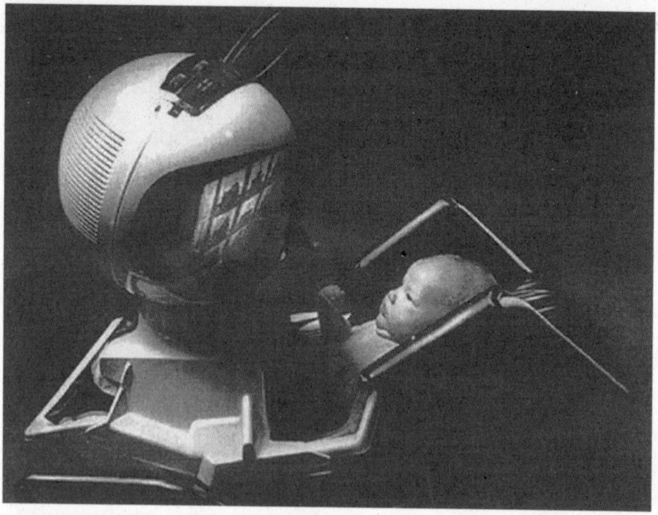

*Viele Eltern sehen das Fernsehen als „Kindermädchen" an und setzen sogar Säuglinge davor, um ihnen die Zeit zu vertreiben. Dabei wissen sie nicht, welch großen Schaden sie etwa an deren Gehirn anrichten.*

*TV-Konsum trägt nicht nur maßgeblich zum Übergewicht, und damit zu Herz-Kreislauf-Erkrankungen und Diabetes bei, sondern begünstigt auch den Ausbruch der heimtückischen Krankheit Alzheimer, wie neueste Forschungen gezeigt haben.*
(Quellenhinweise: Oben: Jean Lotus, TV 'Rewires' Children's Brains - Leads To ADD, 23.10.04, http://www.whitedot.org/issue/iss_story.asp?slug=ADHD Toddlers; zit. nach http://www.rense.com/general58/tvad.htm; Unten: Der Spiegel, 15.5.06, S.168)

*Bereits im Kindergarten finden Computerstunden statt, wodurch die Kleinen an den PC gewöhnt werden sollen (oben). Dabei gelangten Studien zu dem eindeutigen Ergebnis, daß sich bei Kindern, die eine lange Zeit vor einem zweidimensionalen Bildschirm sitzen, das Vorderhin nicht ausbildet. Deshalb sollten Eltern ihrem Nachwuchs lieber Spielsachen kaufen (unten), und sich selbst mit ihnen beschäftigen, als sie einfach vor einen Monitor oder gar ein Fernsehgerät zu setzen.*
(Quellenhinweise: Oben: Der Spiegel, 20.10.03, S.206; Unten: ebd. S.210)

**Ja, bereits Einjährige können sogar schon einen Sprachrückstand haben, wenn sie viel vor dem Fernsehen sitzen.** Das hat eine englische Sprachtherapeutin durch eine großangelegte Sprachstudie herausgefunden. Nämlich, sie hat eben zwei Gruppen von Kindern gehabt, Kinder, die vor dem Fernsehen sitzen, und welche, die eben nicht. Und **die, die vor dem Fernsehen viel saßen, haben auf einfache Worte überhaupt nicht reagiert.** Und wenn das sozusagen über die Jahre hinweg ging, die Kinder wurden also drei Jahre lang beobachtet, dann hatten nachher die Dreijährigen, die viel vor dem Fernsehen saßen, einen Sprachschatz von Zweijährigen. Und man kann annehmen, daß sich das dann sozusagen über die Zeit noch weiter addiert.

Und wenn wir uns jetzt die Untersuchungen oder die Schätzungen von Logopäden, das heißt Sprachtherapeuten, anschauen, daß **heutzutage 30 % aller Vorschulkinder Sprachprobleme haben in Deutschland**, und das vergleichen mit der Zeit **in den 80er Jahren, da waren es nämlich nur 2 bis 6 %**, dann ist das ein ganz enormer Anstieg in 20 Jahren.

In den letzten 20 Jahren hat sich im übrigen auch unsere Medienlandschaft ziemlich heftig verändert. Wir haben jetzt 20 Jahre privates Fernsehen und wir haben jetzt 20 Jahre lang rund um die Uhr Fernsehen." (16)

„Lesen, aber auch Kartenspielen, Handarbeiten oder Puzzeln - all das erhalte die Denkkraft, sagt der Neurologe Robert Friedland von der Case Western Reserve University in Cleveland, Ohio: 'Ich glaube, das alles ist irgendwie mit dem Lernen verbunden.' Ein interessanter Job hält demnach gesund - und der vorgezogene Ruhestand ist vielleicht ein fataler Schritt in die Verdummung.

**Zumindest sollte sich, wer sich zur Ruhe setzt, vorm Fernsehen hüten - es erhöht Friedland zufolge das Risiko, an Alzheimer zu erkranken.** Die Forscher befragten die Verwandten und Partner von 135 Alzheimer-Patienten nach deren Aktivitäten vor Ausbruch der Krankheit. Die Antworten verglichen sie mit Auskünften von 331 gesunden Kontrollpersonen.

Die in der Zeitschrift 'Brain and Cognition' vorgelegten Ergebnisse offenbaren, daß die Alzheimer-Kranken einen weitaus größeren Teil ihrer Lebenszeit vor der Flimmerkiste verbracht hatten als ihre gesunden Altersgenossen: **Mit jeder Stunde, die die Befragten durchschnittlich in ihrem Leben vor dem Fernseher verbracht hatten, wuchs das Alzheimer-Risiko um den Faktor 1,3.**

Das muß freilich nicht bedeuten, daß Programminhalte selbst den Geist verkümmern lassen. In jedem Fall aber ist **langer und regelmäßiger TV-Konsum Hinweis auf ein geistig träges Leben - und das wiederum macht anfällig für Alzheimer.“** (17)

Das Fernsehen wird also nicht nur gezielt zur Desinformation eingesetzt und soll dabei helfen, zahlreiche Leute körperlich krank zu machen (ein gewünschter Nebeneffekt dessen sind steigende Gewinne der Pharmaindustrie!), sondern es erfüllt noch eine ganz andere entscheidende Aufgabe für die Oberen der Weltpolitik:

## Das Fernsehen dient der gezielten Verblödung

**„Jetzt ist es erstmals amtlich: Häufiger Fernsehkonsum verschlechtert die schulischen Leistungen von Heranwachsenden.** Zu diesem Ergebnis kommt eine vom Institut für Psychologie der Universität Freiburg veröffentlichte Studie, in der die Forscher zum ersten Mal die körperlichen und emotionalen Auswirkungen von Fernsehen auf Schüler unter Alltagsbedingungen untersuchten“, schreibt „Nation & Europa“ im November/Dezember 2000 (S. 27; Herv. v. Verf.). **„‘Vielseher erbringen vor allem im Fach Deutsch schlechtere Noten’**, stellt der Psychologe Michael Myrtek fest. Als Gründe nennt der Experte die mangelnde Kommunikation und das seltenere Lesen.

Getrost darf man inhaltliche Gründe hinzufügen. Wem stundenlang gehirnferne Protagonisten wie ‘Zlatko’ [Anm.: Ein Teilnehmer der ersten „Big Brother“-Staffel!] und Konsorten als Maß aller Dinge vorgeführt werden, der gleicht sich irgendwann unwillkürlich an. **Schon jetzt wird dem deutschen Fernsehpublikum in Talkshows und Vorabendserien wie ‘Gute Zeiten, schlechte Zeiten’ jede Menge unerträglichen Sprachmülls vorgesetzt, dargeboten durchwegs von konsumgesteuerten Schmuddelkids mit Azubi-Niveau;** Ausländer der dritten und vierten Generation sind hier massiv überrepräsentiert, über deren deutsch-türkisches Mischidiom (‘Kanak-Sprak’) existieren längst die ersten wissenschaftlichen Untersuchungen.

‘Voll geil, ey’: Wer wissen will, warum es mit der deutschen Sprachnation bergab geht, muß sich nur ein wenig umhören im Techno- und Ecstasy-Milieu. Das Fernsehen gibt nur wieder, multipliziert allenfalls, was sich in Schulen und Dancefloors tut. Die originären Versäumnisse liegen ausnahmsweise einmal nicht bei den Medien, sondern bei Politikern und Sozialideologen, die der heranwachsenden Generation weder Vorbilder noch Orientierung bieten. Kein Wunder, daß die 'kids' aus dem Ruder laufen. Wobei immer schlechtere Deutschkenntnisse noch das geringere Übel sind."

**„Die These vom schlechten Einfluß hohen Medienkonsums auf die Schulleistungen von Kindern wird von einer neuen Studie untermauert"**, berichtete der „ARD-Text" am 24. September 2005 (S. 160; Herv. v. Verf.). „Nach einer Untersuchung des Kriminologischen Forschungsinstituts Niedersachsen (KFN) sind die Noten der Schüler umso schlechter, je mehr Zeit sie vor dem Fernseher oder der Playstation verbringen. Das berichtet das Magazin 'Spiegel'.

Hauptschüler sitzen der Studie zufolge mehr als doppelt so lang vor Bildschirmen wie Gymnasiasten. **Gerade Sendungen oder Spiele mit hohem Gewaltanteil senken die Lernfähigkeit."**

„Für die Untersuchung des Kriminologischen Forschungsinstituts Niedersachsen (KFN) wurden 23 000 Kinder und Jugendliche im Alter von 10 bis 15 Jahren befragt. ... Der unterschiedliche Medienkonsum liefert laut KFN-Chef Christian Pfeiffer auch einen Erklärungsansatz dafür, daß der Süden Deutschlands in der Pisa-Studie besser abschneidet als der Norden - und dafür, daß mehr Mädchen als Jungen und im Vergleich zu Ausländern überproportional viele Deutsche Gymnasien besuchen.

Denn einen eigenen Fernseher im Zimmer etwa hat nur jedes dritte Mädchen, aber fast jeder zweite Junge. Eine Spielkonsole besitzen knapp 40 Prozent der Jungen, aber nur 16 Prozent der Mädchen. Von den Migrantenkindern im Alter von zehn Jahren haben 51,3 Prozent ein eigenes TV-Gerät und 43,3 Prozent eine eigene Spielkonsole im Zimmer, bei den Deutschen sind es nur 31,9 respektive 22,3 Prozent. Und während in Dortmund mehr als die Hälfte der Kinder im eigenen Raum fernsieht, ist es in München nur ein Fünftel. **Kinder auf Hauptschulen sitzen nach der KFN-Untersuchung mehr als doppelt so lang vor Bildschirmen wie Gymnasiasten. Hinzu komme, daß Kinder mit eigenen Unterhaltungsgeräten viel häufiger verbotene Sendungen oder Spiele mit hohem Gewaltanteil sehen**, was die Lernfähigkeit ebenfalls senke. Pfeiffer: **'Ein Übermaß an Medienkonsum macht dick, dumm, krank und traurig.'"** (1)

Eine vor mehr als acht Jahren durchgeführte Projektstudie der Universität Potsdam kam zu dem Ergebnis, daß **ein deutscher Jugendlicher nach zehn Schuljahren auf ca. 18 000 Fernsehstunden zurückblicken kann, „jedoch nur auf 15 000 Deutschstunden.** Ein Zwölfjähriger ist im Durchschnitt Zeuge von rund 14 000 Fernsehmorden geworden." (2)

Jetzt haben wir also die Antwort auf die Frage, warum die heranwachsende Generation in Deutschland immer stupider wird. „Obwohl die Zahl der Abiturienten und Studenten hierzulande unablässig zunimmt, werden **die Deutschen immer dümmer**. Beim Pisa-Vergleich 2000-2003 sei der Intelligenzquotient (IQ) der bundesdeutschen Schüler durchschnittlich um zwei Punkte nach unten gerutscht, berichtet der Erlanger Forscher Siegfried Lehrl und findet das 'alarmierend'. Als Ursache wird unter anderem **übermäßiger Konsum minderwertiger TV-Programme** genannt, aber auch stundenlanges Surfen im Internet. Die Bereitschaft, sich größeren intellektuellen Herausforderungen konzentriert zu stellen und damit das Gehirn zu trainieren, nimmt offenkundig ab." (3)

In anderen Ländern, in denen das Fernsehen ebenfalls eine Schlüsselrolle im Leben der Bevölkerung einnimmt, ist das gleiche zu beobachten. So gibt es in den USA etwa 30 Millionen Menschen, die sich unterhalb der Grenze erzieherischer Verwahrlosung befinden, und darunter 11 Millionen, die Englisch nicht richtig lesen oder schreiben können, hieß es von offizieller Seite Mitte Dezember 2005.

„Sieben Millionen Individuen - 3,1 Prozent der Bevölkerung - befinden sich auf dem untersten Ausbildungsniveau und sind völlige Analphabeten.

Gemäß einer Untersuchung der Regierung, die elementare Grammatik und einfaches Rechnen testete, haben 13 Prozent der US-Bürger kaum genügend Kenntnis vom Lesen und Schreiben, um ein Dokument zu unterzeichnen. ... Laut Darlene Brown, Leiterin eines Programms pädagogischer Alternativen in Texas, verlassen jedes Jahr zwischen 33 und 38 Prozent der ausländischen Schüler die Lehranstalt, bevor sie das gesetzliche Alter erreicht haben, und diese Quote hat seit den letzten 10 Jahren zugenommen.

Die Regierung unternimmt nichts [!], um diese Situation zu bereinigen; im Gegenteil, die Schwierigkeiten werden immer größer, beschwerte sich Brown." (4)

Vor allem eine ganze Reihe Schauspieler haben sehr wohl erkannt, welche schädlichen Auswirkungen von der Glotze ausgehen, so etwa der französische Star **Alain Delon**, der bereits vor über 10 Jahren eingestand: **„Ich hasse das Fernsehen.** Ich kann dieses Programm nicht ausstehen, diese **Flut von Verdummung und Verblödung.** Es ist ganz, ganz schlimm für unsere Kinder.“ (5)

**Brigitte Bardot** geht in ihrem Bestseller „Ein Ruf aus der Stille“ mit der Mattscheibe in Frankreich ebenfalls hart ins Gericht: **„Das Fernsehen stellt ein Instrument der Verdummung dar**, ein Verbrechen gegen die Intelligenz. Man braucht nur die Programme der verschiedenen Sender zu studieren, die uns Dummköpfen dargeboten werden. Wir starren wie gebannt in die Röhre, aus der leider nur noch manipulierte Dekadenz flimmert. Den Zuschauern wird ein Niveau geboten, das nach unten zieht und degradiert und das an Gewöhnlichkeit nicht zu überbieten ist.“ (6)

Nicht viel besser ist die Situation in Deutschland, die betreffend sich der herausragende Charakterdarsteller **Götz George** Ende Mai 2005 in einem Interview mit der Zeitschrift „Max“ zu Wort meldete. „Erneut beklagte der 66jährige in dem Gespräch einen **‘ganz extremen Werteverfall’ im deutschen Fernsehen**: ‘Wir müssen eine andere Richtung einschlagen, aber **eine ganze Generation ist leider bereits verblödet’**, sagte er dem Magazin.“ (7)

„Es geht alles nur noch um Quote, nicht mehr um Qualität. Frei nach dem Motto: Millionen Fliegen können nicht irren - also **schmeißen** sie **den Leuten Scheiße vor“**, kritisierte der 79jährige **Joachim Fuchsberger** Anfang April 2006 in der „Bild“-Zeitung das Niveau im deutschen Fernsehen. (8)

Vor kurzem sorgte auch eine anti-katholische Zeichentrickserie für Schlagzeilen, die bei einigen Christen große Empörung auslöste. **„Thomas Gottschalk** hat sich unter die Kritiker der umstrittenen MTV-Serie ‘Popetown’ eingereiht. Es sei weder Quotenneid noch eine Verneigung vor dem Heiligen Stuhl, wenn er sich über die geplante TV-Satire [Anm.: Keine „Satire“, sondern eine direkte Verunglimpfung der Katholischen Kirche!] ärgere, schreibt er in seiner Kolumne für die Illustrierte ‘Bunte’.

Wer, wie in der Werbung für die Satire, **Jesus mit Dornenkrone auf einem Fernsehsessel vor dem leeren Kreuz** plaziere und dies **unter das Motto** stelle **‘Lachen statt rumhängen’**, wolle provozieren. **‘So was gehört sich nicht’**, sagte Gottschalk“ (9) völlig zurecht.

**„Das Fernsehen ist einer der schlimmsten Faktoren für den Verfall von hergebrachten, abendländischen, sittlichen Traditionen.** Da gibt es gar keinen Zweifel“, so der am 23. Dezember 1918 geborene ehemalige SPD-Bundeskanzler **Helmut Schmidt** vor über sechs Jahren (10).

Der Dramatiker und Fernsehschauspieler **Franz Xaver Kroetz** findet Anfang 2006 noch deutlichere Worte: **„Das Fernsehen** hat sich zur **größten Tötungsmaschine der Geschichte** entwickelt. Es vernichtet Gesundheit. Es vernichtet Phantasie. Es funktioniert diktatorisch ... Der Mensch ist ein Viech, so, wie man ihn erzieht, so reagiert er. Zum Ausschalten hat man ihn nicht erzogen. Das Fernsehen gaukelt ihm vor, er könne mit Heidi Klum schlafen, mit Schröder frühstücken und mit Putin über Tschetschenien reden. Alles dazu gemacht, die Leute still zu halten, von ihren Problemen abzulenken und ihr geistiges Kapital zu zertrümmern ... Lenin hat gesagt: Religion ist Opium fürs Volk. **Heute sind die Medien das Opium fürs Volk. Ohne Fernsehen könnten die Münteferings und Merkels nicht jeden Tag eine andere Volksbetrügerei aus dem Hut ziehen.** Aber die Medien gaukeln dir vor: Du bist wer, du kannst was - obwohl du ein armes Hartz-IV-Schweinchen bist, das in seiner angepinkelten Trainingshose vor dem Scheißfernseher sitzt.“ (11)

Der britische **Hollywood-Star** und Frauenschwarm **Hugh Grant** ist ebenfalls ein entschiedener **Gegner des Fernsehens**. „Wie die Programmzeitschrift ‘TV Spielfilm’ [in ihrer Ausgabe Nr. 12/2006, 10.6.-23.6.2006] berichtete, verspürt der Schauspieler sogar einen richtigen Haß auf das Medium. Grant wörtlich: **‘In meiner Fantasie explodieren alle Medien und das Fernsehen**, und ihre Zeit wird dann unwiderruflich vorüber sein. Wir werden dann gezwungen sein, wieder Bücher zu lesen und uns zu bilden. Wir wären dann wieder zivilisiert und nicht nur **bloße Medientrottel**.’“ (12)

Als der berühmte US-amerikanische Unterhalter **Bill Cosby** vor Jahren gefragt wurde, was er von der Qualität des heutigen Fernsehprogramms hält, erklärte er: „Nun, dies ist meine Antwort und sie wird sehr kurz und bündig sein: Ich stelle immer wieder fest, daß ich auf den ‘Wetterkanal’ umschalte.“ (13)

In einem Interview mit dem Magazin „Der Spiegel“ im Januar 2005 über seinen äußerst freizügigen Sex- und Rock’n’Roll-Film „9 Songs“ brachte der britische Regisseur **Michael Winterbottom** den Inhalt vieler Kino- und Fernsehfilme auf den Punkt: „ ... ich finde es notwendig, daß Filmregisseure weiterhin versuchen, Sex im Kino zu zeigen. **Wir präsentieren dauernd [!] Gewalt, obwohl wir sie eigentlich aus unserem Leben und der Welt verbannen wollen.** Sex dagegen ist für viele Menschen sehr positiv besetzt ... " (14)

Der legendäre, am 29. Juni 1920 in Los Angeles geborene Tricktechniker und Filmemacher **Ray Harryhausen** hat über die modernen Filme keine gute Meinung: **„Ich finde sie zu gewalttätig. Und man würde meinen, der Sex wäre gerade erst erfunden worden** ... Ich billige Zensur nicht, aber man muß Stoppschilder an Scheidewegen errichten." (15)

Der am 16. März 1926 in Newark im US-Bundesstaat New Jersey geborene jüdischstämmige Schauspieler und Komödiant **Jerry Lewis** bringt die schädlichen Auswirkungen des Fernsehens auf den Punkt: „Das **Fernsehen** ist zu **einer der zerstörerischsten Kräfte in unserer Gesellschaft** geworden. Fragen Sie mich nach Gewalt, und ich werde Ihnen antworten, daß das Fernsehen sie hervorgerufen hat. Das Fernsehen zerstört Träume." (16) (Da Lewis seit Jahrzehnten im Showgeschäft tätig ist, weiß er sicherlich, wovon er spricht!)

Der US-amerikanische Medien-Prominente **Steve Allen** (1921-2000), der unter anderem als Musiker und Komödiant auftrat, gilt als der Vater von Talkshows im Fernsehen. In späteren Jahren kritisierte er jedoch das Medium, das ihm seinen Erfolg beschert hatte, und behauptete: **„Das Fernsehen führt Kinder moralisch in die Gosse."** (17) (Der säkulare Humanist Allen „unterstützte den Gedanken an eine Weltregierung und war bei der 'World Federalist Association' als Berater tätig." [18])

**„Unsere Kultur steckt in großen Schwierigkeiten"**, stellt auch der am 7. Juni 1958 in Minneapolis, im US-Bundesstaat Minnesota, geborene Musiker, Komponist und Musikproduzent **Prince** (eigentlich Prince Rogers Nelson) mit Bedauern fest. **„Alles [!] was man im Fernsehen zu sehen bekommt, sind entwürdigende Bilder.** Ob man es glaubt oder nicht, Schwarze wollen keine Bilder von Leuten sehen, die kugelsichere Westen tragen." (19)

**„Der Einfluß des Fernsehens ist sicherlich weitaus größer als der Einfluß des traditionellen Christentums"**, bemerkte kein geringerer als der berüchtigte Gründer der Kirche Satans **Anton LaVey**. (20)

Dem stimmt der am 3. Dezember 1948 in Aston geborene Brite **Ozzy Osbourne** (eigentlich John Michael Osbourne), der in der Öffentlichkeit lange Jahre als wahnsinniger Rocksänger bekannt war, „der Tieren Köpfe abbeißt und unheilige Rituale betreibt“ (21), zu: **„Das Fernsehen ist das Mächtigste, was jemals [!] erfunden wurde.“** (22)

Laut der 1934 geborenen amerikanischen Schauspielerin und Buchautorin **Shirley Mac-Laine** sorgt es dafür, „daß man in seinem Wohnzimmer von Leuten unterhalten wird, die man nie einladen würde.“ (23).

Der 1939 auf die Welt gekommene US-amerikanische Publizist **David Frost** vertritt die gleiche Meinung: „Das Fernsehen versetzt uns heute in die Lage, von Leuten unterhalten zu werden, die wir nie und nimmer in unser Haus lassen würden.“ (24)

Bezeichnenderweise scheinen also eine ganze Reihe von Persönlichkeiten genau zu wissen, welche schädlichen Auswirkungen von der Glotze ausgehen. So hat etwa der berühmte Sänger **Isaac Hayes** seinen 14 Enkeln verboten, sich die Zeichentrickserie „South Park“ anzusehen. „Die Soul-Legende hat Angst, seine sexbesessene Figur Chef könnte auf sie einen negativen Einfluß haben.“ (25)

Wie der Videotext von „ProSieben“ am 8. Juli 2006 (S. 433; Herv. v. Verf.) berichtete, hat Hollywood-Star **Bruce Willis**, der im Herbst den vierten Teil von „Stirb Langsam“ drehen wird, seinen [drei zwischen 12 und 17 Jahre alten] Töchtern verboten, „diese Filme zu sehen. ‘Bisher waren sie ohnehin zu jung dafür. Ich lege Wert darauf, daß meine Kinder wegen der alltäglichen Horrormeldungen im Fernsehen sowieso keine Action-Filme sehen. **Gewaltverherrlichende Filme sollten für Kinder tabu sein’**, sagte er einer Nachrichtenagentur.“

Und das aus gutem Grund, wie die Feststellung von **Dr. Rose K. Goldsen**, Soziologie-Professorin an der Cornell University, zeigt: **„Das Fernsehen** ist mehr als nur ein wenig Spaß und Unterhaltung. Seine ganze Umgebung und was damit passiert weist eine unangenehme Ähnlichkeit mit der **Verhaltensveränderung in großem Umfang** auf.“ (26)

„Tatsächlich ist das Fernsehen der neuen universellen Religion viel näher, als es das Christentum ist“, behauptete **Anton LaVey** (ursprünglich Howard Stanton Levey). **„Wenn die ... Hohenpriester des Fernsehens es wollten und es ihrem Zweck dienen würde, könnten sie das Christentum, so wie wir es kennen, über Nacht [!] auslöschen.“** (27)

*Gab es im Jahre 1987 anläßlich der seinerzeitigen „Volkszählung“ noch einen Aufschrei des Entsetzens und zahlreiche Proteste (oben in Hamburg) gegen diese Art der staatlichen Überwachung in Deutschland, verhielten sich die allermeisten Bundesbürger verdächtig ruhig, als es am 29. Oktober 2004 im Festsaal des Kapitols in Rom zur Unterzeichnung der diktatorischen und antichristlichen EU-Verfassung kam, die Deutschland noch die letzten Reste seiner Souveränität genommen hat. (Nicht zuletzt dank einer jahrzehntelangen Berieselung durch das Fernsehen sind die allermeisten Leute in den letzten 20 Jahren immer mehr verdummt und haben es verlernt, für ihre Rechte zu streiten und ihren Oberen die Stirn zu bieten!)*

(Quellenhinweise: Oben: Der Spiegel, 26.3.05, S. 56; Unten: ebd. 29.11.04, S. 138)

*In den letzten Jahrzehnten wurde die einst stark von christlichen Werten geprägte deutsche Gesellschaft mittels eines immer niveauloser werdenden Fernsehprogramms, anrüchiger Literatur und geschmackloser Bühnen"kunst" - hier eine Szene der Mozart-Oper „Die Entführung aus dem Serail" an der Komischen Oper Berlin; eine Inszenierung von Calixto Bieito aus dem Jahre 2004 - moralisch zunehmend in die Gosse geführt.*

*Nicht zuletzt durch eine ständige Medien-Berieselung haben sich die Wertvorstellungen in Deutschland dramatisch gewandelt. So finden Mädchen etwa nichts mehr dabei, aufreizend (bzw. regelrecht ordinär) durch die Gegend zu stolzieren.*
(Quellenhinweise: Oben: Der Spiegel, 19.12.05, S. 158; Unten: ebd. 7.7.03, S. 132)

*Seit Jahrzehnten werden der Jugend irgendwelche zweifelhaften Vorbilder präsentiert: oben der amerikanische Rock“musiker“ Tommy Lee; unten der US-Rapper Snoop Dogg im Beisein leichtbekleideter Frauen. Dabei hat unter anderen die US-amerikanische Sängerin Pink die „Oberflächlichkeit und Dummheit im Musikgeschäft kritisiert. Es sei ‘verdammt armselig, daß sich viele Mädchen prostituieren, um bei MTV einmal durchs Bild laufen zu dürfen’, sagte sie in einem Interview des Magazins ‘Stern’. Besonders im HipHop gehe es zu wie ‘auf einem Betriebsfest für Zuhälter’. Frauen seien da ‘bloß Schmuckwerk wie Autos und Goldkette’.“* (Sollen solche Typen etwa Leitbilder unserer Jugend sein?!?)*

*Wenn über den vor allem bei vielen Heranwachsenden sehr beliebten 27jährigen Pete Doherty, den Sänger und Liederschreiber der britischen Gruppe „Babyshambles", „berichtet wird, geht es nur noch am Rande um Musik. ... Er saß wegen Einbruchs bei seinem besten Freund im Gefängnis, er wurde mit gestohlenem Auto erwischt und in den vergangenen Jahren immer wieder [!] wegen Drogenbesitz verhaftet. ... Was immer er anstellt, egal ob er Reporter attackiert, auf die Bühne kotzt oder einfach nur Milch kauft, jede Lokalzeitung von Bristol bis Buxtehude berichtete darüber. Pete Doherty malt Bilder mit Blut. Pete Doherty sticht einer besinnungslosen Ex-Klosterschülerin eine Spritze in die Venen. ... All das ist eine Schlagzeile wert."** (Was die freimaurerischen Hintermänner der Weltpolitik für diabolische Pläne schmieden, wird aber nicht berichtet!)*

(Quellenhinweise: Linke Seite oben: Der Spiegel, 25.7.05, S. 136; Linke Seite unten: ebd. 13.12.04, S. 154; Oben: ebd. 22.5.06, S.160; *: ARD-Text, 22.3.06, S.505; **: Der Spiegel, 22.5.06, S.160)

*Der englische Multi-Millionär Robbie Williams ist ein weiteres zweifelhaftes Idol vieler Jugendlicher. Ihm werden nicht nur zahlreiche Affären nachgesagt, er machte in den letzten Jahren auch immer wieder durch skandalöse Äußerungen auf sich aufmerksam. So hieß es am 28. September 2005 in der „Netzeitung", Williams habe der Welt seine liebste Gewaltphantasie mitgeteilt. „Dem britischen Radiosender Capital FM sagte der Popstar: 'Meine Gewaltphantasie spielt sich in Toiletten ab. Ich gehe herein. Sie haben mich nicht bemerkt. Ich gebe ihnen einen Schlag auf den Kopf, werfe sie in die Keramik. Überall ist Blut, das weinrot die Kacheln herunterläuft.' 'Sie werden ohnmächtig und fallen ins Urinal, ich trete ihnen in den Bauch, breche ihnen die Rippen - und gehe pinkeln', setzte Williams seine Skizze fort. ... Williams befindet sich ... gerade auf Interview-Tour, um sein kommendes Album «Intensive Care» zu promoten - und wer die Äußerungen des Popstars eine Weile verfolgt hat, weiß, daß so etwas immer für neue Pointen und haltlose Behauptungen sorgt."* (Wie schön!)*

*Dank des großen Einflusses der Medien interessieren sich viele Jugendliche nicht mehr für die Katholische Kirche und damit den Sinn ihres irdischen Daseins, sondern himmeln irgendwelche skandalträchtigen Prominenten an - hier Robbie Williams-Fans in London (2001).*

(Quellenhinweise: Oben: Der Spiegel, 19.12.05, S.159; Unten: ebd. 25.11.02, S.183; *: http://www.netzeitung.de/servlets/page?section=784&item=360269)

In seinem Buch „What Is Secular Humanism?“ (Worum handelt es sich bei dem säkularen Humanismus?) geht **Dr. James Hitchcock** auf die auch in der US-Gesellschaft längst vollzogene sittlich-moralische Revolution ein.

Darin schreibt er: „Das Fernsehen ist bei weitem dessen [Anm.: des säkularen Humanismus] Hauptverbreiter gewesen. Es wäre fast unmöglich, dessen Einfluß zu überschätzen.“ (28) (Siehe hierzu etwa die tagtäglichen Propaganda-Reportagen zur unwissenschaftlichen Evolutionstheorie!)

Seit wann aber spielt das Fernsehen eine immer bedeutendere Rolle im Leben der Menschen? **„Das Fernsehen trat als Massenmedium in den 1950ern in Erscheinung und nahm in einer manipulierten Kampagne, die konventionellen Moralvorstellungen und die Kultur der Mittelklasse auszurotten, sehr schnell eine Schlüsselrolle ein.**

In seiner monumentalen Studie *Tragedy and Hope* aus dem Jahre 1966 stellte der Historiker Carroll Quigley [1910-1977] von der Universität Georgetown fest: ‘Der Zeitraum seit 1950 hat den Beginn einer revolutionären Veränderung in der amerikanischen Politik gesehen. Diese Veränderung steht nicht so sehr in Verbindung mit den Veränderungen im wirtschaftlichem Leben der USA wie mit der Umformung im sozialen Leben. ... Was geschehen ist, ist eine Auflösung der Mittelklasse ... ’

Während ökonomische Faktoren bei dieser Auflösung sicherlich eine entscheidende Rolle gespielt haben, fährt Quigley fort, war die wichtigste Entwicklung die Zerstörung der ‘Ansichten der Mittelklasse ... nicht, daß sie von Erwachsenen aus der Mittelklasse aufgegeben wurden, sondern daß sie durch ein Versagen oder eine Unfähigkeit der Eltern, sie ihren Kindern weiterzugeben, eingetreten ist.’ Dies geschah teilweise aufgrund radikaler Veränderungen im amerikanischen Erziehungswesen, die vorgenommen wurden, damit die Schule dazu eingesetzt werden konnte, die Moralvorstellungen der Mittelklasse zu untergraben. Aber genauso wichtig war ‘der Kontext, innerhalb dessen das Erziehungswesen tätig war’, bemerkt Quigley, - besonders die weitverbreitete Kultur und die Unterhaltungsmedien.

‘Der externe Hauptfaktor bei der Zerstörung der Anschauungen der Mittelklasse war der ununterbrochene Angriff auf sie in Literatur und Theater fast das gesamte 20. Jahrhundert hindurch’, schrieb Quigley.

'Tatsächlich ist es schwierig, Werke zu finden, die diese Anschauungen verteidigten oder auch nur davon ausgingen, daß sie wahr seien, was noch im 19. Jahrhundert häufig der Fall war.' **Die Anti-Mittelklasse-Anschauung, die schnell vom Fernsehen übernommen wurde, verherrlichte 'Gewalt, soziale Unverantwortlichkeit, sexuelle Laxheit und Perversion ... menschliche Schwächen im Hinblick auf Alkohol, Drogen oder Sex oder auf häusliche Beziehungen und solche innerhalb des Geschäftslebens, die auf völlig unbourgeoisen Schienen liefen.'**

Andere Themen, die in eine anti-bourgeoise Propaganda in der Literatur und im Theater (einschließlich des Fernsehens) eingeflochten wurden, waren 'ein allzu vereinfachter Freudianismus, der jegliche Unterdrückung menschlicher Impulse als zur Frustration und zu psychischen Störungen führend betrachtete ... die heilsamen Folgen der Genußsucht ... [und eine] völlige Zurückweisung von Werten der Mittelklasse, darunter ... Selbstdisziplin und materielle Errungenschaft, zugunsten eines Kultes der persönlichen Gewalt ... '

'Die Folge', schloß Quigley, war 'eine völlige Umkehrung der Werte der Mittelklasse, indem die einfache Negation dieser Werte von desorientierten, antriebslosen und total verantwortungslosen Leuten als interessant oder bewundernswert hingestellt wurde.' ...

**Das Fernsehen ist der alleinige und effektivste Weg, die amerikanische [und jede andere] Bevölkerung durch den dialektischen Prozeß zu führen. Das ist der Grund, warum Amerikaner [und alle übrigen], die ernsthaft daran interessiert sind, ihre Freiheiten zu bewahren, ihren TV-Konsum stark einschränken oder völlig einstellen sollten.**" (29)

**„Für mich geht die stärkste Gefahr heute vom Fernsehen aus"**, ist sich der italienische Schriftsteller und Philosoph **Professor Dr. Umberto Eco** nicht umsonst so sicher. „Diese Gefahr beginnt schon bei dem Moderator, der nur Leute befragt, die verrückte und perverse Thesen vertreten. Dem Zuschauer wird suggeriert, daß die Perversion das Normale ist, und der eine oder andere mag verführt werden, zweifelhaften Vorbildern nachzueifern. **Fest steht, daß das Fernsehen die Macht des Wortes und damit auch die Moral [!] verändert hat.**" (30)

Der Medienexperte **Professor Dr. Jo Groebel** brachte es auf den Punkt, als er davon sprach, daß man den großen Trend im deutschen Fernsehen auch das **„ Gesindel-TV"** nennen könne, „mit Leuten, die bis Anfang der 90er Jahre nicht im Fernsehen vorkamen, weil sie zu **ordinär und** zu **primitiv** sind.“ (31)

Gerade die vor einigen Jahren angelaufene **Ekelshow „Ich bin ein Star - holt mich hier raus!“** bietet vieles frei Haus, „was es bisher im deutschen Fernsehen noch nicht zu sehen gab, **glibbrige Schlammorgien mit Würmern, Spinnen, Schlangen, Mutproben mit Insektenkübeln und Blutegeln**, dazu viel Zotiges aus Prominentenmund. Als sich Lisa Fitz weigerte, vor laufender Kamera ihre Notdurft zu verrichten, beschäftigte das die Fernsehnation mindestens ebensosehr wie die Kakerlaken-Tortur des Daniel Küblböck ein paar Tage zuvor.

Dabei ist das RTL-Dschungelcamp erst der bescheidene Anfang dessen, wozu Fernsehen noch fähig ist. In Japan ist man ein gutes Stück weiter. **Dort brechen sich in einer Show mit dem Titel ‘Takeshi’s Castle’ die Kandidaten schon mal Rippen und Knöchel** und stürzen bei Versagen in stinkende Jauchegruben. In einer Konkurrenzsendung übergießen sich Kandidaten mit heißem Wachs, bis sie bewegungsunfähig sind, und müssen dann durch Blähungen Puderzucker zerstäuben. Irrsinn pur. **Ist die Prognose übertrieben, daß wir demnächst Mord und Folter live im TV werden erleben können?**

Brot und Spiele wie im alten Rom. Die Einschaltquote als moralischer Maßstab. Für RTL-Chef Gerhard Zeiler ist seine umstrittene Dschungel-Serie ein voller Erfolg. Man habe, sagt er im ‘Spiegel’-Interview, demonstrieren wollen, ‘wo RTL wirklich steht’, ein Eingeständnis, dem schwer zu widersprechen ist. Im übrigen sei die Serie ‘ganz und gar familientauglich’. Und: ‘Wir achten die Menschenwürde.’

In solchen Äußerungen werden die Konturen einer **(Medien-)Welt** sichtbar, **die man nur als apokalyptisch bezeichnen kann.** Wenn sich enthemmte Geschäftemacher vom Zuschnitt des RTL-Chefs der ‘Menschenwürde’ annehmen, wird daraus in bester Orwell-Manier das Gegenteil. Dabei ist die **Entwicklung, die vom alltäglichen Sensationsjournalismus à la ‘Bild’ zum unverhohlenen Sadismus [!] im RTL-Dschungelcamp führt**, nur folgerichtig. Schließlich geht es zum Gutteil auf das Konto der Medien, wenn Schamlosigkeit und Idiotie heute genauso zum öffentlichen Leben gehören wie früher der Schutzmann“, kritisiert Karl Richter in „Nation & Europa“ vom März 2004 (S. 8ff).

Tatsächlich wurde das Fernsehen „für neuzeitliche Diktatoren zum Hauptinstrument, sich an der Macht zu halten. **Man setzt nicht mehr**

**Truppen ein, sondern Manipulation. Das fällt international weniger auf"**, befürchtet der österreichische Abgeordnete im Europarat Peter Schieder (32).

„Die Perfidie der 'manipulierten Gesellschaft' liegt in ihrer Allgegenwart", schreibt Karl Richter. „Die scheinbare Souveränität im Umgang mit Konsumgütern, Informationen, Kommunikationsmedien täuscht allzu leicht darüber hinweg, daß im Dauerbombardement der Angebote, Nachrichten und Botschaften kein noch so kritischer Konsument imstande ist, jederzeit Wichtiges aus Unwichtigem, Richtiges aus Falschem herauszufiltern. **Im Angesicht der permanenten Reizüberflutung verkommt die Mündigkeit des demokratischen Souveräns zur Chimäre."** (33)

Vor allem die zum Exzeß getriebene Pluralisierung aller Lebens- und Denkbereiche hilft, „Halbwissen und Desorientierung auf die Spitze zu treiben. Die wirklich bedeutsamen Informationen müssen sich aufmerksame Zeitgenossen heute oft mühsam, ja mit detektivischem Spürsinn aus einem **Wust von Belanglosigkeiten und Nebensächlichem** herausfischen. Die Kehrseite der grenzenlosen Kommunikation ist die **faktische Desinformation**." (34)

Sichten wir dazu einige in der letzten Woche des März 2006 verbreitete Informationen aus der Welt der „Reichen und Schönen":

*Montag, 27. März 2006*
„[Günther] Jauch will in Potsdam heiraten" (35)
„Neue Liebe für Desiree Nosbusch" (36)
„[Kate] Moss wieder mit Doherty liiert?" (37)
„Charles und Camilla in Indien" (38)
„Jane Fonda gegen Schönheits-OPs" (39)
„Wieder Nachwuchs für [Franz] Beckenbauer" (40)
„Fürst Albert klagt wegen Photos" (41)

*Hätten wir freie Medien, müßten die Schlagzeilen etwa folgendermaßen lauten:*
„ Angela Merkel als Bilderbergerin enttarnt"
„Bankier Jacob Rothschild trifft sich mit führenden Politikern"
„Neuer Großmeister der B'nai B'rith-Freimaurerloge in New York"
„Geheime Rituale des Ordo Templi Orientis enthüllt"
„Die Evolutionstheorie - ein einziger Schwindel"
„Neues Gesetz gegen die Meinungsfreiheit"
„Weitere Beweise für Mittäterschaft der US-Regierung am 11. September"

*Stattdessen erhalten wir unentwegt solche Meldungen:*
*Mittwoch, 29. März 2006*
„ Britneys Bodyguards wollen Geld“ (42)
„Madonna bereitet Welt-Tournee vor“ (43)
„Liz Hurley: ‘Bin nicht schwanger’“ (44)
„Drogenskandal um Whitney Houston“ (45)
„Udo Jürgens happy nach Scheidung“ (46)
„Axel Milberg war früher immer müde“ (47)
„Skulptur zeigt schwangere [Britney] Spears“ (48)

*Warum bekommen wir nicht solche Informationen zu lesen?*
„ Bürger fordern Anklageerhebung wegen Mordes an Möllemann“
„Sensationelles Buch über das Wirken von Geheimgesellschaften erschienen“
„Treffen der Trilateralen Kommission“
„El Kaida von westlichen Geheimdiensten gesteuert“
„Die Neue Weltordnung - eine Ausgeburt der Hölle“
„Globalisierung als Mittel zur Verelendung der Massen“
„EU-Osterweiterung auf Drängen der Freimaurerei“

*Man unterbreitet uns tagtäglich lieber solche Schlagzeilen:*
*Donnerstag, 30. März 2006*
„ Wieder Babygerüchte bei Beckhams“ (49)
„Teri Hatcher ist neu verliebt“ (50)
„Rapper singen für Paris Hilton“ (51)

*Freitag, 31. März 2006*
„ Schwangere Gwyneth [Paltrow] trinkt Bier“ (52)
„Tom Cruise: Eigenes Restaurant?“ (53)
„Heide Simonis führt beim Tanzen“ (54)
„Heinz-Harald Frentzen wieder Papa“ (55)
„Nick Lachey amüsiert sich“ (56)

*Auf solche Meldungen wird man im Videotext des Fernsehens vergebens warten:*
„ Neue Erkenntnisse: Arafat wurde vergiftet“
„Milosevic in Den Haag ermordet“
„Planmäßige Vergiftung unserer Nahrungsmittel“
„Völkermord in Deutschland“
„Abtreibung: Schlimmster Massenmord aller Zeiten“

Nein, die Fernsehzuschauer sollen nicht über wichtige Belange informiert werden und dadurch erfahren, was sich auf der Weltbühne wirklich abspielt, sondern gezielt dazu gebracht werden, sich für die Lebensläufe von „Prominenten“ wie etwa „Kaiser“ Franz Beckenbauer, Sänger Udo Jürgens, Schauspielerin Desiree Nosbusch, Fußballstar David Beckham oder Sänger und Schauspieler Nick Lachey zu interessieren: ist ihre Beziehung noch intakt, oder haben sie möglicherweise eine Affäre, bekommen sie etwa (wieder) Nachwuchs, wie sieht ihr Tagesablauf aus, welche Vorlieben haben sie usw. (Nach einer gewissen Zeit beginnen sich viele Leute dann in der Tat für diese oder andere „Berühmtheiten“ zu interessieren und können es kaum erwarten, tagtäglich die neueste Meldung zu „ihren“ ganz persönlichen Stars zu erfahren!)

„Man gelangt, so scheint es, bei der Diskussion über die Möglichkeiten des neuen Medienzeitalters immer wieder an den gleichen Punkt: **Das Wesentliche bleibt auf der Strecke.** Potentiell kann sich zwar jeder Benutzer eines Heimcomputers schon jetzt an (fast) jeden Punkt der Erde zappen. Aber die Probleme daheim werden dadurch nicht kleiner, eher im Gegenteil: Wer sich jederzeit per Modem in die virtuellen Gefilde noch so fremder, exotischer Welten flüchten kann, braucht sich um so nebensächliche Fragen wie die nach der Zukunft seines Landes nicht den Kopf zu zerbrechen. Die Deutschen ein aussterbendes Volk? Berlin schon im Jahre 2010 zur Hälfte türkisch? Die Renten unbezahlbar? Für den Internet-süchtigen Computerfreak alles kein Thema. **Soll man argwöhnen, auch derlei Ablenkung vom Wesentlichen habe Methode?“** (57) In der Tat!

„Der Unterschied zwischen einem ‘faschistischen’ Regime und einem Medienregime besteht darin, daß die Menschen in einem faschistischen Regime [wenigstens] wußten, daß Zeitungen und Radio nur regierungstreue Nachrichten verbreiteten ... **Wenn es heute eine Diktatur gibt, wird es eine mediale und keine politische sein“**, ist sich der italienische Philosoph und Bestseller-Autor Professor Dr. Umberto Eco sicher. (58) (Diese heimtückische Diktatur existiert in vielen westlichen Staaten bereits seit Jahrzehnten, ohne daß die meisten Leute davon Notiz genommen hätten!)

**„Das Regime der telekratischen Öffentlichkeit ist** die unblutigste Gewaltherrschaft und zugleich **der umfassendste Totalitarismus der Geschichte“**, stellt der Dramatiker Botho Strauß („Anschwellender Bocksgesang“) fest (59).

Das wird besonders deutlich beim Einfluß der Medien auf die angeblich unabhängige Justiz. Dabei gehörten Richter einmal zu den angeseheneren Berufsgruppen. „Während sich am unteren Ende der Ansehensskala traditionell Politiker, Journalisten und Gewerkschaftsfunktionäre tummeln, standen Robenträger beim Normalbürger stets hoch im Kurs. Zu Unrecht, wie sich jetzt zeigt. Denn der bundesdeutsche Richterstand ist keineswegs so objektiv und unbeeinflußbar, wie er eigentlich sein sollte.

Eine repräsentative Umfrage unter deutschen Anwälten läßt sogar ein ausgesprochen katastrophales Bild erkennen. Demnach sind nämlich **stattliche 72,1 Prozent der befragten Juristen der Meinung, daß sich Berufsrichter in der Bundesrepublik bei ihrer Urteilsfindung von den Medien [!] beeinflussen lassen.**

Auch 85 Prozent der interviewten Richter stimmen der Aussage zu, daß mit der Eröffnung eines Ermittlungsverfahrens für den Beschuldigten die **Vorverurteilung - durch Medien und 'öffentliche Meinung'** - beginne. Und 80 Prozent, immerhin vier Fünftel der Befragten, zeigen sich resigniert, daß ein 'klinisch-objektives' Urteil in Deutschland praktisch nicht möglich sei.

Wilfried Hamm, Vorstandssprecher der 'Neuen Richtervereinigung', macht geltend, daß Richter 'doch auch nur Menschen' seien. Und: **'Der Druck unter anderem der Medien ist in manchen Verfahren so groß, daß ich mir vorstellen kann, daß Richter, wenn auch unterbewußt, dadurch beeinflußt werden.'** Zwar war auch früher die Justiz von Außeneinflüssen nicht frei. Aber die sogenannte Kommunikationsgesellschaft mit ihren weithin **gleichgeschalteten Medien** setzt Richter in noch nie dagewesener Weise unter Druck. Einst hieß es: 'Fiat justitia, pereat mundi', zu deutsch: 'Gerechtigkeit soll geschaffen werden, wenn auch die Welt darüber zugrunde geht.'

**Heute fürchten viele Richter, im Medienfeuer selber zugrunde zu gehen.** Kein gutes Klima für Rechtsstaatlichkeit. Und Hauptgrund dafür, weshalb sich selbst Grundrechte wie Meinungs- und Versammlungsfreiheit bei Gericht kaum noch durchsetzen lassen.“ (60)

Infolgedessen behauptete der Würzburger Soziologe Lothar Bossle aus gutem Grund bereits vor 20 Jahren auf der Medientagung des Studienzentrums Weikersheim 1986, „die Massenmedien seien heutzutage im Gefüge unseres demokratischen Verfassungsstaates nicht vierte, sondern 'Erste Gewalt'. In diesem Sinne hat sich auf der Tagung auch Christa Meves geäußert: **'Das Fernsehen ist de facto das mächtigste Machtmittel in den Demokratien.'** Und in einem Leserbrief in der *Welt* vom 8.4.1989 hat Josef Götz sogar behauptet, wir befänden uns 'offensichtlich auf dem Weg von der Demokratie zur Mediokratie.'

Was aber verschafft den Massenmedien diese unerhörte Machtstellung? Sie beruht darauf, daß sie für die breiten Massen die wichtigste Informationsquelle bilden und daß durch diese Information Meinungen beeinflußt oder sogar umgeformt werden können, und zwar mit Hilfe **zielbewußter Selektion des Materials**, das zur Verfügung steht. Daß dabei die politische und weltanschauliche Einstellung des für die Textgestaltung Verantwortlichen eine (mehr oder minder große) Rolle spielt, ist klar", stellt Erich Schwinge (61) fest.

Der TV-Produzent Norman Lear geht sogar davon aus, daß die Macht der Medien-Konzerne in der Zukunft noch steigen wird: „Die Chefs großer Unternehmen werden weltweit mehr Einfluß auf die Werte von Menschen haben als die Oberhäupter von Regierungen." (62)

Ende 1995 plauderte einer der einflußreichsten Medienmogule der Welt aus dem Nähkästchen und bezeichnete das Fernsehen nicht ohne Hintergedanken als „Grundrecht". Dabei sollte man wissen, daß die vor allem von der internationalen Geheimgesellschaft der Freimaurerei seit Jahrhunderten angestrebte „One World" weltweit Völker, Identitäten und Traditionen bedroht. „Das ist nichts Neues. Auch wer verantwortlich ist für den scheinbar unaufhaltsamen Trend zur Globalisierung, zur 'Welt-Innenpolitik', darüber ist schon viel geschrieben worden: Internationalisten, Hintergrundmächte, Überstaatliche.

Einen solchen 'global player' hat das Nachrichtenmagazin 'Focus' [im Dezember 1995] dankenswerterweise einem breiteren Leserpublikum vorgestellt. Es handelt sich um **Ted Turner**, den **'Vater' des US-Nachrichtensenders CNN**. In geradezu idealtypischer Weise verkörpert Turner den Typus des globalen Medienmachers. Leute wie Turner sind es, die weltweit Meinungen eichen, weltweit die gleichen Bilder und Gedanken erzeugen, die Vielfalt der tausend Völker zu multikulturellem Einerlei planieren. [Anm.: Turner „erreichte mit CNN am Start 1,7 Millionen Haushalte. Heute bekommen über eine Milliarde Menschen in 212 Ländern seine Programme ins Haus", schrieb die Tageszeitung „Die Welt" am 2. Juni 2000. Am 1. Juni 1980 ging CNN als erster 24-stündiger Nachrichtenkanal der Welt auf Sendung. Im Jahre 1992 erreichte dessen Ableger CNNI (CNN International) 60 Millionen Zuschauer weltweit, „erstmals genausoviel wie CNN in den USA. Im November [des gleichen Jahres] steigt CNN zur Hälfte bei der Gründung des deutschen Nachrichtenkanals n-tv ein." (63) Im Jahre 1999 erwirtschaftete CNN insgesamt 200 Millionen Mark (rund 100 Millionen Euro) Umsatz, davon 50 Millionen Mark Gewinn. (64)]

Turner ist ein Visionär. Er glaubt an die historische Mission der Massenmedien: **'Ich bin fest davon überzeugt, daß Hitler und das Nazi-Regime niemals möglich gewesen wären, wenn es damals schon CNN gegeben hätte. Aber die Hälfte der Leute auf diesem Planeten hat immer noch keinen Fernseher! Ist das nicht schrecklich? Ein TV mit vielen internationalen Programmen ist doch heute ein menschliches Grundrecht.'**

Turner glaubt, was er sagt. Die Verwendung des Wortes 'foreigner' (Fremder) bei CNN ist ein Entlassungsgrund. Alles ist 'international' - Völker mit Identität und Traditionen stören da nur. ... **Sind Leute wie Ted Turner Kranke, Irre? Immerhin interessant zu wissen, daß der wohl einflußreichste Medienmacher der Welt an manisch-depressiven Schüben leidet.**

**Ohne seine tägliche Portion Lithium läuft bei ihm nichts.** Sein Vater erschoß sich 1963. Jetzt müssen Millionen CNN-Zuschauer sein Trauma ausbaden. Und Turner ist noch längst nicht am Ziel seiner Wünsche. Er träumt von einer Art Computer-Armbanduhr, über die weltweit jederzeit die wichtigsten Nachrichten abrufbar sind. 'Das Ding wird für den Anwender zur beruflichen Überlebensfrage.'

Schöne neue Welt? Zweifel sind erlaubt. Selbst 'Focus' rutschte am Schluß die kritische Bemerkung durch: **'Die [gottlose] Menschheit wird sich dann endgültig teilen. In Top-Informierte und in die Nichtwissenden.'“** (65)

Schon vor Jahren schenkte der einstige Medienmogul Ted Turner der UNO eine Milliarde US-Dollar. „Das Geld wird von der 'UN Foundation' verwaltet, die - entgegen ihrem Namen - den Spendern, nicht aber der UN verantwortlich ist. Über die Finanzierung von 'Entwicklungshilfe' wird knallharte Machtpolitik betrieben. Geld erhält, wer sich amerikanischen Wünschen unterwirft. Das System funktioniert global und hat viele Facetten. So erhielt jetzt Pakistan einen 135-Millionen-Dollar-Kredit des Internationalen Währungsfonds (IWF). Auch hier geben die Amerikaner den Ton an. Pakistans korrupte Regierung beugte sich umgehend den politischen und militärischen Wünschen Washingtons. Geld regiert die Welt. Dieses westlich-kapitalistische Gesetz wirkt längst auch gegenüber Rußland und China, ganz zu schweigen von kleineren Ländern, die keinen Hehl mehr aus ihrer Abhängigkeit machen (in Belgrad wurde zur Milosevic-Auslieferung offen erklärt, man erwarte dafür eine Milliarden-Belohnung). Es versteht sich fast schon von selber, daß bei solchen

*Links:* *Der notorisch antichristliche, langjährige Medienmogul Ted Turner machte aus seinen internationalistischen Ansichten nie einen Hehl. So ist es kein Wunder, daß der von ihm gegründete US-Sender CNN seit seinem Bestehen energisch für die Globalisierung eintritt (1996 verkaufte er seinen Sender an Time Warner; im Sommer 2000 teilte ihm der jüdischstämmige Time-Warner-Chef Gerald Levin mit, daß er keinerlei Entscheidungsbefugnis mehr über Turner Broadcasting haben werde).*
***Rechts:*** *So sieht es auf vielen Balkonen oder Dächern in Deutschland aus: Satellitenschüsseln gewährleisten, daß der Zuschauer auf zahlreichen Kanälen seine tägliche Dosis Propaganda direkt ins Wohnzimmer geliefert bekommt. Dabei ahnen die allermeisten Leute nicht im geringsten, welches geistige Gift ihnen damit frei Haus geliefert wird.*

*Die Fernsehzuschauer bekommen nicht die wahren Hintermänner der diversen Sender zu Gesicht, sondern in der Regel sympathisch erscheinende Moderatorinnen (links die am 25. August 1966 in München geborene Sandra Maischberger, rechts die am 20. September 1957 in Preetz geborene Sabine Christiansen), die etwa in ihren Talkshows die von den Oberen vorgegebene Propaganda verbreiten helfen sollen (zum Beispiel im Hinblick auf die multikulturelle Gesellschaft, Globalisierung, Erweiterung der Europäischen Union usw.).*
(Quellenhinweise: Oben links: The Nationalist Times, März 1999, Titelseite; Oben rechts: Fuldaer Zeitung, 2.8.03; Unten links: Fuldaer Zeitung, 1.9.03; Unten rechts: Der Spiegel; 28.7.03, S.115)

*Der Sender al-Dschasira, der als eine Art CNN der arabischen Welt gilt, erreicht 35 Millionen Zuschauer zwischen Marokko und Oman. Er wurde 1996 vom katarischen Emir Scheich Hamad Bin Chalifa al-Thani gegründet und hat seinen Sitz in Katars Hauptstadt Doha (das Emirat am Persischen Golf hat nur rund 450 000 Einwohner) - hier ein Photo der Redaktion. Bei ihm ist eine bevorzugte Behandlung durch die mysteriöse „Terrororganisation El Kaida“ zu beobachten, „deren Führer ihre Mitteilungen nahezu exklusiv über al-Dschasira verbreiten lassen“*.*

***Links:*** *Der herzliche Händedruck von Scheich Hamad und dem jüdischstämmigen US-Präsidenten George W. Bush, über den Mortimer Zimmermann, führendes Mitglied der amerikanischen Israel-Lobby, immerhin eingestand, er sei der beste Freund, „den Israel im Weißen Haus je hatte“**, erweckt den großen Verdacht, daß es sich bei al-Dschasira ebenfalls um einen Propaganda-Sender handelt, der indes die arabische Welt an der Nase herumführen soll.* ***Rechts:*** *Die beiden geheimnisumwitterten „Terroristenführer“ Al Sawahiri und Osama bin Laden dienen den Oberen der Neuen Weltordnung als Schreckgespenster, die immer dann aus der Versenkung geholt werden, wenn sie zu irgendwelchen politischen Zwecken gebraucht werden.*

(Quellenhinweise: Oben: Der Spiegel, 26.5.03, S.104; Unten links: ebd. S.106; Unten rechts: ebd. 28.11.05, S.36; *: Der Spiegel, 26.5.03, S.106, **: zit. nach Nation & Europa, Oktober 2002, S.36)

Kapitaltransfers die Politiker der Empfängerländer persönlich nicht zu kurz kommen. Über Firmenbeteiligungen, Tarnorganisationen und politische Netzwerke sichert man sich 'angemessene' Dotationen." (66)

Welche Gesinnung Turner innewohnt, zeigte sich indes auf einer ebenfalls vor Jahren abgehaltenen „Friedenskonferenz" der UNO, auf der er offen das Christentum angriff. „Jeder Einwand, daß die Weltfriedenskonferenz nichts anderes sei als ein Deckmantel für politisch links stehende Ansichten, wurde entkräftet als der amerikanische Medienmogul Ted Turner vor fast 1000 jubelnden Delegierten ... in der Halle der UN-Generalversammlung eine Rede hielt.

Der New-Age-Milliardär Maurice Strong stellte Turner vor, indem er behauptete, dieser habe mehr für den Frieden, die Umwelt und die Vereinten Nationen getan als irgendjemand anderes. Turner stolzierte in Richtung des Podiums während die applaudierenden Massen ihn wie einen siegreichen Helden willkommen zu heißen schienen.

Augenblicklich kritisierte Turner seinen eigenen christlichen Glauben aus seiner Kindheit scharf. Das Gelächter des Publikums verwandelte sich in zustimmendes Geschrei als Turner ausführte, warum er sich vom Christentum abgewandt hatte. Seiner Meinung nach sei diese [sic!] Religion intolerant, 'weil sie lehrt, daß wir die einzigen seien, die in den Himmel kommen. Das irritierte mich in hohem Maße, da das bedeuten würde, daß der Himmel ein ziemlich leerer Ort sein muß.'

Turners abschweifende, freimütige Rede lobte falsche Glaubensrichtungen als 'bodenständig' und wandte sich dann lobgesangartig den Dingen zu, die alle Menschen gemeinsam hätten: 'Kultur, Sprache, die Liebe zu Vögeln, Schmetterlingen, Frauen und Blumen'. In seiner spirituellen Rede wollte Turner zu erkennen geben, daß es nur einen Gott gebe und verschiedene Wege, auf denen er sich offenbare. Seiner Meinung nach macht es wenig Unterschied, für welchen Weg man sich letzten Endes entscheidet. Diese Einstellung ist genau das, was evangelische Christen vom Weltfriedensgipfel befürchteten.

Darren Logan, Außenpolitik-Analytiker für das in Washington ansässige 'Family Research Council', befand sich unter einer kleinen Gruppe konservativer Christen, die das Ereignis verfolgten. Er bezeichnete Turners Rede als 'die blasphemischsten Worte, die ich je in meinem ganzen Leben gehört habe.'

Logan sagte, Turner habe die Ansicht des 'Reduktionismus' vorangebracht, die andeutet, alle Religionen seien im Grunde genommen gleich. 'Turner glaubt, wahre Toleranz bedeutet, die Einzigartigkeit aller Religionen abzuschaffen und alle Glaubensrichtungen an den Rand zu drängen, die ein exklusives Element bekennen, wie das Christentum und der Islam', sagte Logan.

Im Gegensatz zu dem begeisterten Empfang, den Turner für seine links im Spektrum angesiedelten Bemerkungen einheimste, gewährten die Delegierten dem Patriarchen von Äthiopien, der Schutz für ungeborene Kinder anmahnte, einen eisigen Empfang. Die gleiche Reaktion schlug dem stellvertretenden Generalsekretär des Muslimischen Weltkongresses entgegen, als er die Delegierten drängte, eine Ehe nur zwischen 'einem Mann und einer Frau' anzuerkennen und alle 'abnormalen sexuellen Aktivitäten' zu verurteilen.

Minuten später erhielt ein buddhistischer 'Meister' eine stehende Ovation als er alle Versuche der religiösen Bekehrung - etwas, was im Mittelpunkt des Islam und des Christentums steht - verurteilte. ... Die Reaktion der Delegierten verstärkte den sich verdichtenden Verdacht, daß der permanente Berater, der hier etabliert werden soll, das Programm von Ted Turner, Maurice Strong und anderen mächtigen Linken, die innerhalb des Systems der UNO tätig sind, einfach absegnen wird." (67) Tatsächlich übt die UNO bereits eine Art Zwangsherrschaft über alle Völker der Welt aus!

Bezeichnend für eine Diktatur ist, daß die Macht in wenigen Händen liegt, was heute indes auch bei den Massenmedien zweifelsfrei der Fall ist. So offenbarte der jüdischstämmige US-amerikanische Starregisseur und Oscar-Preisträger Mike Nichols bereits vor über fünf Jahren: **„Eine Handvoll Menschen kontrollieren die Medien der Welt. Derzeit sind es etwa noch sechs solcher Menschen, bald werden es nur noch vier [!] sein - und es wird dann alles erfassen: alle Zeitungen, alle Magazine, alle Filme, alles Fernsehen.** Es gab einmal eine Zeit, da gab es verschiedene Meinungen, Haltungen in den Medien. Heute gibt es nur eine Meinung, die zu formen vier, fünf Tage dauert - dann ist sie jedermanns Meinung." (68)

In einem Gespräch in Columbus, Ohio, am 20. August 1932 enthüllte der spätere US-Präsident F. D. Roosevelt, daß diese Konzentration von Macht in wenigen Händen schon damals in der Wirtschaft anzutreffen war: „Wenn wir die Situation im bitteren Zwielicht eines kalten Morgens betrachten, was finden wir vor? **Wir finden, daß zwei Drittel der amerikanischen Industrie sich nur auf einige hundert**

**Aktiengesellschaften beschränken, die in Wirklichkeit von nur fünf [!] Männern geführt werden.** Wir finden, daß mehr als die Hälfte der Ersparnisse des Landes in Aktien und Wertpapieren angelegt sind und das Spiel an der Börse bestimmen. Wir finden weniger als drei Dutzend Privatbanken und Aktienverkäufer der Handelsbanken, die den Fluß des amerikanischen Kapitals lenken. Mit anderen Worten, wir finden **die wirtschaftliche Macht in ganz wenigen Händen**, das genaue Gegenteil des Individualismus, von dem der Präsident [Anm.: der Republikaner Herbert Hoover, der von 1929 bis 1933 an der Spitze der USA stand!] spricht." (69)

Über das Fernsehen in Deutschland urteilte der Medien-Informationsdienst „rundy" vor mehr als 10 Jahren: **„Ein TV, in dem der Kruzifix-K.o. gelobt, Christen lächerlich gemacht werden.** Eine **Antifa-Glotze, die Links liebt**, Rechts zur SS macht und die Hälfte dieses Landes unterschlägt. Für diese ARD ist jeder Pfennig zuviel." (70) Dem kann man sich nur anschließen!

## Die Hollywood-Filmindustrie – Propaganda-Metropole der ganzen Welt

Die im US-Bundesstaat Kalifornien gelegene Millionenstadt Los Angeles ist Sitz der einflußreichsten Filmmetropole der ganzen Welt: Hollywood. Es ist ein Ort, „wo Neid und Mißgunst wuchern, wo das Geld regiert, wo jeder nur sein Ego pflegt. Wir sehen die höchste Dichte an operierten und fettabgesaugten Menschen, die Gesichter zu pergamentenen Fratzen geplättet, wir sehen hündischen Starkult und feiges Lügen, wir sehen brutale Gewalt in den Slums, wo die Gangs regieren und hören künstliches Gestöhn aus aufgepolsterten Mündern dort, wo Pornos am Fließband produziert werden. ...

**Hollywood etabliert mit seinem Starkult** jedoch **eine Glitzerwelt, die sich früh in viele Köpfe nistet**, so daß manch ein Mädchen Modell statt Kindergärtnerin werden will und schließlich drogensüchtig endet, weggeworfen auf den Müll der Plastikwelt, die nur Hüllen, aber keine Menschen will. Wie es der Dichter Octavio Paz ausdrückte: ' **Die Menschen von früher hatten Visionen. Wir haben die Television.'** ...

**Hollywood putscht die Gefühlswelt der Menschheit auf.** Nur starke Reize locken die Menschen ins Kino, und so verabreicht man ihnen wahre Achterbahnen aus Liebe und Schmerz, Horror und Gewalt, Entsetzen und Erlösung und macht damit die Gefühlswelt der Zuschauer süchtig nach solchen Exzessen. ... **Hollywood propagiert nicht nur die Unmoral** - der Schlaueste gewinnt, egal mit welchen Mitteln -, es **macht nicht nur ständig [!] christliche Werte lächerlich - mit vertrottelten Priestern und ganzen Tiraden antichristlicher Flüche -, es ist auch jener Ort auf der Welt, wo am meisten gelogen wird.** ...Zitat aus der seriösen *Neuen Zürcher Zeitung:* 'In der Filmindustrie wird gelogen. David Shaw (Medienkritiker der *Los Angeles Times*) hat das Phänomen als **«Kultur der Unehrlichkeit»** beschrieben. Vertreter der Filmstudios geben freimütig zu, daß sie lügen, einige brüsten sich sogar damit, daß sie nicht die Wahrheit sagen. ... Rufschädigende Gerüchte über Konkurrenten werden verbreitet, die sich meist als Unwahrheiten herausstellen.'" (1)

Hollywood-Streifen wie „Die letzte Versuchung Christi" (1988) und „Sakrileg - The Da Vinci Code" (2006) zeigen das Ausmaß, in dem die bedeutendste Filmmetropole der Welt Lügen verbreitet und gleichzeitig das Christentum verächtlich macht. Ersteres Machwerk sorgte seinerzeit in den USA für große Empörung: „Im Juli 1988 wurden Demonstranten verbal aggressiv und im August wurden Gerüchte verbreitet, daß eine antisemitische Bemerkung irgendwo in Los Angeles aufgeschnappt worden sei. Dieses schreckliche Verbrechen gegen die Menschheit - wenn es denn wahr sein sollte - könnte mit der Tatsache in Verbindung stehen, daß Lew Wasserman (Vorsitzender von MCA-Universal), Sidney Sheinberg (Präsident), Thomas Pollack (Chef von Universal Pictures), Irving Azoff (Chef von MCA) und Garth Drabinsky, der die riesengroße Kinokette Cineplex-Odion leitet, die die *Letzte Versuchung* vorführte, ALLE zufälligerweise Juden sind." (2)

**Hollywood lügt sogar in Dokumentarfilmen.** „Doku-Dramen sind Tragödien, die das Leben schrieb. Hollywood nimmt es mit ihrer Verfilmung nicht allzu genau. Es wird, der Dramatik zuliebe, so faustdick verdreht und gelogen, daß man sagen kann, glaubwürdig ist einzig das Doku-Drama, das nie gedreht wurde. Manchmal werden die Lügen Hollywoods lebensbedrohlich: Der Film *Boys Don't Cry* zeigt eine Figur (Lana Tisdel), die Zeugin eines Mordes wird. In Wirklichkeit war Tisdel aber beim Mord nicht zugegen. Der Film indes suggeriert, daß sie den Mord hätte verhindern können. Mit fatalen Konsequenzen: Die Mutter des Ermordeten drohte Lana Tisdel mit dem Tod, zudem verlor sie aufgrund ihrer negativen Darstellung im Film, die nicht mit der Wirklichkeit übereinstimmte, ihren Job. Niemand hatte sie jemals um Erlaubnis gefragt, ihren wahren Namen benutzen zu dürfen und sie somit dem vernichtenden, aber ungerechtfertigten Urteil der Öffentlichkeit auszusetzen. Dies nur einer von vielen Fällen, wo Hollywood dem Business zuliebe beinahe über Leichen geht." (3)

Wem aber haben wir das oberflächliche und verlogene „Imperium Hollywood" überhaupt zu verdanken? Die Antwort darauf liefert das Lexikon „Wer ist wer im Judentum", wo man unter anderem erfährt, daß bereits vor mehr als 40 Jahren, am 22. Juni 1965, der **Hollywoodmogul David O. Selznick** das Zeitliche segnete. „Der **Sohn des jüdischen Filmindustriellen Lewis Selznick**, der vom Diamantenhandel ins Zelluloidgeschäft gewechselt war, und Bruder von **Myron Selznick**, **der den Einfluß des Agententums im Hollywood-Management begründete**, hatte mit 'King Kong' über ein gewaltiges Affenmonstrum im Jahre 1933 den ersten großen Erfolg als Filmproduzent. Bald darauf zählte David O. Selznick zu jenen Mächtigen des amerikanischen Films, die den Deutschen als neuen Oberbösewicht in die Fußstapfen King Kongs und der Indianer, die bis dahin Hollywoods Haut-den-Lukas machen mußten, treten ließen. Allerdings waren die antideutschen amerikanischen Filme der Kriegszeit kaum hetzerischer als das, was heutzutage viele bundesrepublikanische Filmemacher an Haßtiraden gegen die Wehrmacht und die gesamte deutsche Kriegsgeneration in Szene setzen.

Über Einflußreiche in **Hollywood, wo nach Angaben von Steven Spielberg 80 Prozent der Einwohner jüdisch sind**, schrieb das in Wien erscheinende zionistische Blatt 'Illustrierte Neue Welt': **'Juden waren die Begründer der nach wie vor bedeutendsten Hollywooder Filmindustrie. Juden schufen die Filmstudios Columbia, Universal, Warner Brothers, Paramount und MGM. In den 30er Jahren lagen sechs von den acht wichtigsten Hollywooder Filmstudios in jüdischen Händen.'"** (4)

„Als die jüdische Momme Mayer **1885 im Ghetto des weißrussischen Minsk** ihrem Mann, einem Schrotthändler, einen Knaben gebar, war kaum vorauszusehen, daß aus diesem dereinst einer der mächtigsten Hollywood-Bosse werden sollte: **Louis Burt Mayer**. Als Zweijähriger kam er mit den Eltern nach Amerika. Zunächst war auch Jung-Louis in Sachen Alteisen aktiv. Dann stieg er um und wurde Filmvorführer. Für 600 Dollar kaufte er ein Kino in Boston und stürzte sich ins Verleihgeschäft. Ein Vermögen machte er, als er die Vertriebsrechte des Films «The Birth of a Nation» (1915) für Neu-England erwarb. **Mit Marcus Loew und Samuel Goldfish-Goldwyn gründete er 1924 «Metro-Goldwyn-Mayer».** 27 Jahre war er MGM-Produktionschef. Liz-Anne Bowden schreibt in ihrem Film-Lexikon: «Er war ein engagierter Republikaner und **jahrelang der größte Geldverdiener der USA.** Das Studio leitete er mit patriarchalischer Autorität.» Mayer starb 1957 in Los Angeles. Filmhistoriker Rudolf Arnheim: «Ohne Übertreibung darf man behaupten, daß **die amerikanische Filmindustrie ein Werk der im vorigen Jahrhundert über den Ozean eingewanderten Ostjuden** ist. Dieselben Männer, die seither als Leiter weltberühmter Firmen über Riesenkapitalien und Armeen von Menschen geboten haben, **Zukor, Lasky, Goldwyn, Mayer, Warner, Schenck, Fox, Loew,** haben mit ihren armseligen Spargroschen in einer Seitenstraße begonnen.»“ (5)

„Als er seinen ersten Film («Die vier apokalyptischen Reiter») produzierte, war **Marcus Loew** (geboren 1870 in New York) noch ein «Nobody» in Hollywood. Doch als er mit «Ben Hur» einen der aufwendigsten Streifen der Filmgeschichte in Szene setzen ließ, war er zum **Zelluloid-Zaren** aufgestiegen. Loew begann 1899 mit dem systematischen Aufkauf von Filmtheatern. **In Kooperation mit den ebenfalls jüdischen Geschäftsleuten Nicholas Schenck und Adolph Zukor entstand eine Theaterkette quer über die USA.** 1920 kaufte Loew die Produktionsgesellschaft «Metro» und organisierte ihre Fusion mit den Firmen der jüdischen Hollywood-Mogule Goldwyn und Mayer. Damit war er **der «Vater» von Metro-Goldwyn-Mayer (MGM), eines Branchenriesen in Hollywood.** Loew starb 1927 in Glen Cove (New York)“, setzt uns David Korn (6) in Kenntnis.

„Im Alter von 103 Jahren starb 1976 in Hollywood **Adolph Zukor**, der mehr als fünf Jahrzehnte weite Teile der amerikanischen Filmwirtschaft kontrolliert hatte. Er war 1872 im ungarischen Ricse zur Welt gekommen. Mit den Eltern wanderte er 1888 nach den USA aus. Zunächst betätigte er sich als Pelz- und Fellhändler. Kurz nach der Jahrhundertwende erwarb er sein erstes Kino, 1904 erstand er ein Lichtspielhaus in New York, wo er sich fortan etablierte. 1912 gründete er die «Famous Player Film Corporation», deren Präsident er blieb, als sie sich unter seiner Mitwirkung 1917 in die **Produktionsgesellschaft «Paramount»** verwandelte. **Zukor gilt als eigentlicher Schöpfer des «Starsystems» von Hollywood.** Zahlreiche weltbekannte Leinwandmimen verdanken ihm ihre Karrieren, zum Beispiel Douglas Fairbanks, Rodolfo Valentino, Roscoe («Fatty») Arbuckle, Gloria Swanson, Mary Pickford, Adolphe Menjou.“ (7)

**Harry Cohn** war ein weiterer US-Filmproduzent. „Geboren 1891, gestorben 1958. Seine jüdische Familie stammte aus Galizien. 1918 kam er als Sekretär von Carl Laemmle nach Hollywood. Zusammen mit seinem Bruder Jack und Joe Brandt **gründete Cohn 1920 die CBS Sales Corporation, die sich 1924 zur Columbia Pictures erweiterte und zu einer der größten Produktionsgesellschaften der westlichen Hemisphäre wurde.** 'Er beherrschte die Columbia-Studios wie ein absoluter Diktator bis zu seinem Tod.' (Film-Lexikon). Während des Zweiten Weltkrieges war Cohn mit der Herstellung antideutscher Hetzfilme beschäftigt. Besondere Fertigkeit entwickelte er darin, aus unbekannten Schauspielerinnen Stars zu 'erschaffen', wie zum Beispiel Rita Hayworth." (8)

(In den 1940er Jahren war Hayworth das Sex-Symbol von Hollywood. „Als Margarita Carmen Cansino kommt die spätere Rita Hayworth im Oktober 1918 im New Yorker Stadtteil Brooklyn als Tochter einer aus Spanien eingewanderten Tänzerfamilie zur Welt. Nach dem Umzug nach Los Angeles entdecken Talentsucher aus Hollywood das junge Mädchen. Ab 1937 nennt sie sich Rita Hayworth nach dem Geburtsnamen ihrer Mutter." [9] Ihr Privatleben verläuft weniger erfreulich als ihre Karriere in Hollywood. „Fünf Ehen scheitern, darunter die mit dem Fimgenie Orson Welles (1943 bis 1948) und mit dem Fürsten Ali Khan (1949 bis 1953). Sie erkrankt an Alzheimer und stirbt im Mai 1987 im Alter von 68 Jahren." [10])

Der am 15. März 1913 geborene **Lew Wasserman**, Sohn jüdischstämmiger Immigranten aus Rußland, die sich in Cleveland im US-Bundesstaat Ohio niedergelassen hatten, war ein weiterer Mogul der Filmindustrie. Er war **„Chef der größten Unterhaltungsfabrik der Welt**, des Mediengiganten MCA in den USA. Ob Kojak, Columbo oder Miami Vice, ob Weißer Hai oder King Kong: Es produziert Wasserman. Er erbte ein Imperium von Hollywood-Manager Jules Stein (genannt 'Das Schlitzohr'). MCA hat einen Jahresumsatz von fünf Milliarden Mark [rund 2,5 Milliarden Euro]. Fernsehzeitschrift 'Hörzu' über Wasserman, den 'Hollywood-Boß mit dem levantinisch-verschmitzten Charme': 'Er verbirgt sich hinter seiner gigantischen Maschinerie wie der lichtscheue Krake in seinem Tintenschleier. Vergleichbar dem unheimlichen Oktopus, dessen Fangarme alles Erreichbare an sich saugen, **hat er sich Schauspieler, Autoren, Regisseure, Sänger, Komponisten und ganze Firmen einverleibt. Er schuf einen Medienmoloch, eine Art Großen Bruder, der den Geschmack des halben Erdballs auf die gleiche Welle schaltet.'** Wasserman, dessen Motto lautet: 'Was Geld bringt, ist gut', [galt] als enger Freund Ronald Reagans, dem er in den 50er Jahren etliche Rollen vermittelte. 1988 lief der von Wasserman produzierte, Christus verhöhnende Film 'Die letzte Versuchung Christi' an." (11)

Als Wasserman MCA (Universal Studios) im Jahre 1990 an das japanische Verbraucher-Elektronik-Konglomerat „Matsushita Electric" verkaufte, brachte ihm das geschätzte 350 Millionen an persönlichem Gewinn ein. Bis zum Jahre 1995, als Seagram die Kapitalmehrheit erlangte, war er in dem Unternehmen weiterhin als Manager tätig; anschließend saß er bis 1998 im Aufsichtsrat. Wasserman schied am 3. Juni 2002 im hohen Alter von 89 Jahren aus dem Leben, um vor seinen ewigen Richter zu treten.

In Hollywood üben vor allem fünf Filmstudios einen beträchtlichen Einfluß auf die Meinungsbildung aus; gemeinsam produzieren sie jährlich Hunderte von Kino- und Fernsehfilmen:

Der Chef von **Warner Bros.** ist der jüdischstämmige Barry M. Meyer mit einem Jahresgehalt von rund 15 Millionen Dollar. Besitzer: Time Warner. Im Jahre 1989 fusionierte Warner Bros. mit Time Life und wurde so zu einem der größten Medienkonzerne der Welt.

„Im Oktober 1996 fusionierte der Medienkonzern ein weiteres Mal, diesmal mit Ted Turners Turner Broadcasting System (TBS). Neben etlichen Kabelsendern (darunter CNN und Cartoon Network) brachte TBS eine [beachtliche] Filmbibliothek mit in den Konzern ein: die Warner-Produktionen von vor 1948 (diese wurden 1956 an Associated Artists Productions verkauft und sind 1958 durch den Verkauf der Associated Artists Productions an die United Artists in deren Besitz übergegangen), sämtliche Metro-Goldwyn-Mayer-Produktionen von vor 1986 sowie diverse Zeichentrick-Produktionen von William Hanna und Joseph Barbera (*Familie Feuerstein, Die Jetsons, Tom und Jerry*)". (12)

Der ebenfalls jüdischstämmige Jordan Levin ist der Vorsitzende von Warner Bros. Entertainment. Das Filmstudio machte im Jahre 2003 einen Umsatz in Höhe von 2,79 Milliarden Dollar; die Zahl der Mitarbeiter beträgt 12 000.

Die Chefin von **Columbia TriStar** ist Amy Pascal, die ein Jahresgehalt in Höhe von rund 15 Millionen Dollar hat. Besitzer ist der japanische Elektronikriese Sony, der das Studio im Jahre 1989 für 3,4 Milliarden Dollar vom Getränkekonzern Coca-Cola übernahm. Der

Umsatz betrug im Jahre 2003 2,26 Milliarden Dollar; auch hier beschäftigt das Filmstudio 12 000 Mitarbeiter.

Chef von **Universal** ist Stacey Snider, der im Jahr rund 10 Millionen Dollar verdient. Besitzer sind der US-Konzern General Electric sowie Frankreichs Vivendi, die NBC und Universal Ende 2003 zu NBC Universal verbanden. Umsatz 2003: 2,19 Milliarden Dollar; Zahl der Mitarbeiter: 11 000. (1912 von dem deutschen Juden Carl Laemmle ins Leben gerufen.)

Robert Harper ist der Boß von **20th Century Fox** (Jahresgehalt rund neun Millionen Dollar). Besitzer dieses Filmstudios ist der jüdischstämmige australische Medienzar Rupert Murdoch, der mit seiner News Corp. im Jahre 1985 die 20th Century Fox für 575 Millionen Dollar erwarb. (Die Jüdin Sandy Grushow ist die Vorsitzende von Fox Entertainment, während die Jüdin Gail Berman die Präsidentin ist.) Murdoch hat bei diversen jüdischen Wohltätigkeitsveranstaltungen zahlreiche Auszeichnungen erhalten. Im Jahr 2003 machte das Studio, das 10 000 Mitarbeiter hat, einen Umsatz in Höhe von 1,78 Milliarden Dollar.

Sherry Lansing ist die Chefin von **Paramount Pictures** (Jahresgehalt rund 10 Millionen Dollar). Der jüdischstämmige Viacom-Chef Sumner Redstone übernahm Paramount Pictures im Jahre 1984. Redstone (Murray Rothstein) hat 8 Milliarden Dollar in Viacom investiert, was ihm eine Mehrheitsbeteiligung an CBS, Viacom und dem weltweiten Musiksender MTV verleiht. (Der Jude Brian Graden ist der Präsident von MTV). Der Umsatz von Paramount Pictures betrug im Jahre 2003: 915 Millionen Dollar, die Zahl der Mitarbeiter: 8000 Personen.

Es ist aber nicht nur eine Tatsache, daß die Gründung Hollywoods auf Juden zurückgeht und daß die wichtigsten Filmstudios bis zum heutigen Tag fest in jüdischer Hand liegen, sondern auch, daß viele der bedeutendsten Schauspieler der letzten 80 Jahre dem israelitischen Volk entstammen, wobei dieser Umstand aus deren jeweiligen Namen nicht immer ersichtlich wird. Schließlich haben sich nicht wenige dieser Persönlichkeiten einen nicht-jüdischen Künstlernamen zugelegt, wie mehr als 70 repräsentative Beispiele zeigen:

| Angenommener christlicher Name: | Wahrer jüdischer Name: |
|---|---|
| Joey Adams | Joseph Abramowitz |
| Jason Alexander | Jay Scott Greenspan |
| Eddie Albert | Eddie Heimberger |
| Woody Allen | Allen Königsberg |
| Pamela Anderson | Joan Goldstein |
| Fred Astaire | Friedrich Austerlitz |
| Lauren Bacall | Joan Perske |
| Jack Benny | Benjamin Kubelsky |
| Joey Bishop | Joseph Abraham Gottlieb |
| Ernest Borgnine | Effron Borgnine |
| George Burns | Nathan Birnbaum |
| Mel Brooks | Melvin Kaminsky |
| Charles Bronson | Charles Buchinsky |
| Phoebe Cates | Phoebe Katz |
| Andrew 'Dice' Clay | Andrew Silverberg |
| Lee J. Cobb | Leo Jacoby |
| Ricardo Cortez | Jacob Krantz |
| Tony Curtis (Tochter: Jamie Lee Curtis) | Bernard Schwartz |
| Joan Crawford | Lucille Le Sueur |
| Dyan Cannon | Samile Friesen |
| Rodney Dangerfield | Jacob Cohen |
| John Denver | Henry John Deutschendorf Jr |
| Marlene Dietrich | Maria Magdalena von Losch |
| Kirk Douglas (Sohn: Michael Douglas) | Isadore Demsky |
| Bob Dylan | Robert Zimmermann |
| Douglas Fairbanks, Jr. | Douglas Ullman |
| John Forsythe | John Freund |
| Zsa Zsa Gabor | Sara Gabor |
| Greta Garbo | Greta Gustafsson |
| Judy Garland | Frances Gumm |
| Paulette Goddard | Paulette Levy |
| Elliott Gould | Elliott Goldstein |
| Cary Grant | Archibald Leach |
| Lee Grant | Lyova Rosenthal |
| Lorne Greene | Chaim Leibowiz |
| Joel Grey (Vater von Jennifer Grey) | Joel Katz |
| Rita Hayworth | Rita Cansino |
| Pee Wee Herman | Paul Reubenfeld |
| Barbara Hershey | Barbara Herzstein |
| Rock Hudson | Roy Scherer |

| | |
|---|---|
| Jill St. John | Jill Oppenheim |
| Madeline Kahn | Madeline Gail Wolfson |
| Danny Kaye | David Daniel Kaminsky |
| Alan King | Irwin Kniberg |
| Boris Karloff | William Henry Pratt |
| Cheryl Ladd | Cheryl Stoppelmoor |
| Diane Ladd | Rose Diane Ladner |
| Ann Landers | Esther Friedman |
| Dorothy Lamour | Dorothy Kaumeyer |
| Michael Landon | Mike Orowitz |
| Steve Lawrence | Sidney Leibowitz |
| Hal Linden | Hal Lipshitz |
| Jerry Lewis | Joseph Levitch |
| Karl Malden | Maiden Sekulovitch |
| Walter Matthau | Walter Matasschanskayasky |
| Yves Montand | Ivo Levy |
| Zero Mostel | Samuel Mostel |
| Lilly Palmer | Maria Peiser |
| Jan Pierce | Pincus Perelmuth |
| Stephanie Powers | Stefania Federkiewicz |
| Joan Rivers | Joan Molinsky |
| Tony Randall | Leonard Rosenberg |
| Edward G. Robinson | Emanuel Goldenberg |
| Roy Rogers | Leonard Slye |
| Mickey Rooney | Joe Yule, Jr. |
| Jane Seymour | Joyce Penelope Wilhelmina Frankenberg |
| Dinah Shore | Fanny Rose |
| Jack Warden | John H. Lebzelter |
| Gene Wilder | Jerome Silberman |
| Shelly Winters | Shirley Schrift |
| Natalie Wood | Natasha Gurdin |

Viele der oben und weiter unten aufgeführten Schauspieler waren bzw. sind steinreich. So ließ Frederic Prinz von Anhalt über seine (am 6. Februar 1917, 1918 oder 1919 in Budapest geborene) Frau Zsa Zsa Gabor im März 2006 verlauten, sie „besitze Häuser und Firmen im Wert von rund 300 Millionen Dollar“ (13)!

Daß in Hollywood nicht nur der Mammon regiert, sondern auch die Moral bloß eine untergeordnete Rolle spielt und man es dort etwa mit der Institution der Ehe nicht so ernst nimmt, zeigt das Beispiel der Zsa Zsa Gabor, die einen hohen Verschleiß an Angetrauten hat, was schließlich zu ihrem hohen Vermögen maßgeblich beitrug: Burhan Belge (1937-1941), der Gründer der Hilton-Hotel-Kette Conrad Hilton (1942-1947), George Sanders (1949-1954), Herbert Hutner (1962-1966), Joshua S. Cosden Jr. (1966-1967), der Entwickler der Barbie-Puppe Jack Ryan (1975-1976), Michael O'Hara (1976-1982), Felipe de Alba (1982, für einen Tag; die Ehe wurde annulliert, da Gabor immer noch mit Michael O'Hara verheiratet war!). Seit 1986 schließlich ist Gabor, die am 6. Juli 2005 einen Schlaganfall erlitt, mit Frederic Prinz von Anhalt verheiratet.

Die am 27. Februar 1932 in Hampstead, London, geborene, weltberühmte US-amerikanische Schauspielerin Elizabeth Taylor hat einen ähnlich dramatischen Lebenslauf wie Gabor, was Ehemänner anbelangt: „Sehr früh, mit 18, heiratete sie ... den Hilton-Erben und Milliardär Conrad Nicholson ('Nicky') Hilton, Jr.. Die Ehe wurde aber schon nach neun Monaten wieder geschieden. Dennoch diente ihre Traumhochzeit im vom Kommerz bestimmten Hollywood als Vorlage für die Filme *Vater der Braut* und *Ein Geschenk des Himmels*. 1952 spielte Liz Taylor im Film *Ivanhoe, der schwarze Ritter* mit und heiratet den 20 Jahre älteren britischen Schauspieler Michael Wilding. ... Aus dieser Ehe gehen zwei Söhne hervor ... Doch auch diese Ehe scheitert und 1957 wird Liz Taylor wieder geschieden. Sie heiratet im selben Jahr erneut, aber ihr dritter Ehemann, der Filmproduzent Mike Todd, dem zuliebe sie zum jüdischen Glauben übertritt und mit dem sie eine Tochter namens Elizabeth Frances Todd ... bekam, stirbt am 22. März 1958 bei einem Flugzeugabsturz. Liz Taylor wendet sich wenig später ihrem Trauzeugen zu, dem Sänger Eddie Fisher, der noch mit Debbie Reynolds verheiratet ist, was in der Öffentlichkeit einen Skandal hervorruft. Sie heiratet ihn 1959. 1964 leiten sie und Fisher das Adoptionsverfahren für eine Tochter ein, Maria Burton ... , die sie mit ihrem nächsten Ehemann später adoptiert, Richard Burton. ...

1963, auf dem Höhepunkt ihrer Karriere, dreht Liz Taylor zusammen mit Richard Burton einen der damals teuersten Monumentalfilme: *Cleopatra*. Bei den Dreharbeiten zu diesem Film stirbt sie fast an einer Lungenentzündung und kann nur durch einen Luftröhrenschnitt vor dem Erstickungstod bewahrt werden. Die Drehzeit zieht sich wegen ihrer Krankheit, aber auch wegen ihrer Starallüren lange hin. Der Film erweist sich als finanzieller Flop und spielt die Kosten nicht wieder ein.

Am 18. März 1950 gibt es in Kairo ein Aufführungsverbot für Filme mit Elizabeth Taylor, da sie an einer Galaveranstaltung zur finanziellen Unterstützung Israels teilgenommen hat.

Die private Affäre, die sich zwischen ihr und ihrem Filmpartner Richard Burton am Rande der Dreharbeiten entwickelt, mündet 1964, nach ihrer Scheidung von Eddie Fisher im selben Jahr, in die Heirat. Beide drehen in den 60er Jahren, ihren schauspielerisch stärksten Jahren, sieben weitere Filme miteinander ... Es entwickelt sich eine Art Haßliebe zwischen den beiden Weltstars. Beide sorgen mit ihrem Ehestreit über zehn Jahre lang für Schlagzeilen in der Regenbogenpresse. 1974 lassen sich sich scheiden, doch bereits 1975 heiraten sie erneut, doch die zweite Ehe mit Richard Burton hält nur bis 1976. Noch im gleichen Jahr heiratet Liz den Anwalt und Lokalpolitiker John Warner, für den sie sich im Wahlkampf engagiert. Die Ehe wird 1982 wieder geschieden. ... Heute ist Elizabeth Taylor eine der berühmtesten Schauspielerinnen der westlichen Welt. Trotz, oder gerade wegen ihrer vielen Affären und Skandale ist Elizabeth Taylor eine lebende Legende und gilt als 'Hollywood-Diva'; von der britischen Königin wurde sie zur Dame (weiblicher Pendant zu Sir) Elizabeth geadelt." (14)

Wie die „National-Zeitung" ihre Leser am 15. Dezember 1995 (S. 9) in Kenntnis setzte, ist es für jüdische Persönlichkeiten gar nichts Ungewöhnliches, sich einen anderen Namen zuzulegen: „Der berühmte Schauspieler und Gründer des Deutschen Theaters in Berlin, Adolf L'Arronge, hieß eigentlich Aronsohn. 'Kosmetik-Königin' Estée Lauder kam (vermutlich) 1908 als Josephine Esty Mentzer auf die Welt. Ihr Sohn Ronald Lauder avancierte zum Vize-Verteidigungsminister der USA und war in den 90er Jahren US-Botschafter in Österreich. Der eigentliche Name der auch in Deutschland beliebten Schauspielerin, Sängerin und Tänzerin Daliah Lavi lautet Lewinburg. Sie fordert die Deutschen auf, ihr deutsches Vaterland so zu lieben wie sie selbst Israel liebe.

Der langjährige Fernsehdirektor beim Bayerischen Rundfunk Robert Lembke, vor allem bekannt geworden mit der Ratesendung 'Was bin ich?', kam 1913 als Sohn des jüdischen Geschäftsmannes Weichselbaum in München zur Welt. Nach der Scheidung der Eltern wurde aus Robert Weichselbaum Robert Lembke. ... Der wahre Name des Schriftstellers Viktor Leon war Hirschfeld. Leon-Hirschfeld schrieb das Libretto zu Franz Lehárs 'Die lustige Witwe', Hitlers Lieblingsoperette.

An der Spitze der kommunistisch-anarchistischen Rätediktatur in München 1919 stand der Berufsrevolutionär Eugen Leviné (eigentlich Nissen-Berg). ... Der tatsächliche Familienname des Regisseurs und Theaterleiters Leopold Lindtberg, der in der Züricher Emigration Stücke von Bert Brecht und Friedrich Wolf uraufführte, lautete Lemberger. Meier Henoch Wallach-Finkelstein legte sich als Bolschewist den Decknamen Maxim Litwinow zu, organisierte im englischen Exil den Waffenschmuggel für die Revolution und stieg zu Stalins Außenminister auf. Schauspieler Peter Lorre war niemand anderes als Laszlo Löwenstein. Der mysteriöse Journalist und Nachrichtendienstler Victor Louis hieß in Wahrheit Vitaly Levin. Bis zu seinem Tode 1992 bewohnte er eine feudale Datscha in Moskau-Peredelkino und ein Haus im Nobelviertel von London."

Der Schriftsteller Nathanael West (1903-1940), der unter anderem „Miss Lonelyhearts" (1933) und „The Day of the Locust" (1939) verfaßte, hieß tatsächlich Nathan Wallenstein Weinstein, und „Amerikas Tanz-Meister" Arthur Murray (1895-1991) - prominente Schüler von ihm waren unter anderem Eleanor Roosevelt, die Ehefrau des kriegstreiberischen US-Präsidenten jüdischer Abstammung Franklin Delano Roosevelt, der Duke of Windsor und John D. Rockefeller Jr., - hieß in Wahrheit Moses Teichman.

In der Musikbranche das gleiche: Der US-amerikanische Rocksänger Iggy Pop kam 1947 in Ann Arbor als Jim Osterberg auf die Welt, der 1933 geborene US-Sänger Robert Goulet heißt in Wahrheit Robert Applebaum, und Gene Simmons, der am 25. August 1949 in Haifa/ Israel das Licht der Welt erblickende Sänger der US-amerikanischen Rock-Gruppe KISS, hieß ursprünglich Chaim Witz. „Die Sängerin Paula Abdul hatte behauptet, sie sei spanischer, puertoricanischer und libanesischer Abstammung. Wie dem auch sei, in der 'Montreal Gazette' vom 8. Mai 1992 hieß es, sie sei eine Jüdin aus Winnipeg und ihr tatsächlicher Name laute Paula Rykiss." (15)

Auch in der Politik trifft man auf eine Reihe von Juden, die ihren ursprünglichen Namen abgelegt haben: Der ehemalige russische Außenminister Primakow, der im März 1997 in der Frage einer Osterweiterung der NATO mit US-Präsident Bill Clinton verhandelte, hieß in Wahrheit, wie unter anderem die „Jerusalem Post" enthüllte, Finkelstein, „bevor seine jüdische Mutter, eine geborene Kirschenblatt, einen Armenier heiratete. Originell ist, daß als Verhandlungspartnerin auf amerikanischer Seite Finkelstein die tschechische Jüdin Albright, geborene Korbel, gegenübertritt, während Großbritannien durch Außenminister Rifkind vertreten wird, dessen Judentum unlängst in der 'Frankfurter Allgemeinen Zeitung' erwähnt wurde. Dies führte in London zu einem Proteststurm, obgleich jüdische Medien gern stets solche Abstammungserkenntnisse groß herausstellen", so die „National-Zeitung" am 28. März 1997.

In seiner Ausgabe Nr. 38/1998 enthüllte auch das Hamburger Magazin „Der Spiegel“, daß der seinerzeit „amtierende russische Ministerpräsident Jewgenij M. Primakow ... als ‘Finkelstein’ geboren wurde: ‘Mit diesem Namen wäre er im latent antisemitischen [sic!] Sowjetstaat zu nichts gekommen; er konnte auch nicht den Namen seiner Mutter, geborene Kirschenblatt, für sich wählen, wie es Vorgänger Kirijenko tat, dessen Vater Israitel heißt. Primakows Mutter heiratete später einen Arzt, dessen armenischer Name ebenfalls nicht karrierefördernd war. So entschied sich der Stiefsohn denn, sich so zu nennen, wie auf ukrainisch Stiefsohn lautet: Primak.’

Der vom ‘Spiegel’ geschilderte Sachverhalt ist neu. Der Ex-KGB-Mann Primakow rangiert zum Beispiel im Internationalen Biographischen Archiv Munzinger, auf das sich Journalisten bei ihren Recherchen zu stützen pflegen, als ‘Russe’ (‘der Nationalität nach’). Von jüdischer Herkunft, wie sie in anderen Fällen ausgewiesen ist, keine Rede. Dagegen vermerkt Munzinger über Primakows Amtsvorgänger Kirijenko: ‘Sohn eines jüdischen Vaters ... Später tauschte er den eher karriereschädlichen Nachnamen seines Vaters Israitel gegen den Geburtsnamen der Mutter.’“ (16)

Sogar der einst als „Russen-Hitler“ titulierte Wladimir Schirinowskij ist angeblich Jude! Wie die Politischen Hintergrundinformationen bereits im Jahre 1990 berichteten, soll der „russische Politclown“ dem israelitischen Volk angehören. „PHI hatte das in Moskau von echten russischen Patrioten erfahren. Jetzt stellen israelische Zeitungen die Sache so dar, als ob dieser Schirinowskij dieses seinerzeit selbst nicht gewußt habe und erst elf Jahre später, also 2001, bei einer Reise nach Israel entdeckt hätte. Der Name seines Vaters war Wolf Edelstein. Jetzt behauptet Schirinowskij in einer israelischen Zeitung, daß er letzte Gewißheit erst bekommen habe, als er vor einigen Tagen das Grab seines Vaters in Israel fand und einen in Israel noch lebenden Cousin fand.

Das wahre Motiv seiner Selbstenthüllung ist mit großer Wahrscheinlichkeit, daß er Besitzansprüche auf ein Sägewerk seines Vaters in der Ukraine erheben will. So erklärte Schirinowskij in Israel: ‘Wenn Timoschenko und Juschtschenko so für das Privateigentum sind, dann sollen sie mir mein Eigentum zurückgeben. Die Fabrik (Anm. PHI: Das Sägewerk) gehört mir’. Auch sein in Israel als einziger entdeckter lebender Verwandter, sein Cousin Izchak sei bereit, als Miteigentümer den Besitz zu übernehmen, erklärte W. Schirinowskij. (Anm. PHI: Wie freundlich von dem Cousin!)

Darüber hinaus solle die deutsche Regierung ihm je eine Million Euro für jeden 1941 ermordeten Familienangehörigen zahlen, so der Politiker. Abgesehen davon sei er jetzt, als neu enthüllter Sohn eines echten Agrarwissenschaftlers, ja auch für alle Bauern in Rußland wählbar, fabulierte Schirinowskij", so die PHI (Deutschlanddienst) in ihrer Ausgabe vom 18. Juli 2006.

Zurück nach Hollywood, wo es also eine unumstößliche Tatsache ist, daß Hunderte von Filmschaffenden, darunter Komponisten (wie Trevor Rabin und Ira Newborn), Ausstatter (wie Philip Rosenberg), Maskenbildner, Kameraleute (wie Stephen M. Katz und Stephen Goldblatt) und Drehbuchautoren (wie Harris Goldberg, Gary Goldman, John Hamburg, Jim Herzfeld, Larry Katz, Larry Levin, Randy Pearlstein und Sam Rappaport) jüdischer Abstammung sind. Greifen wir zum Beweis dessen weitere mehr als 170 Schauspieler der Vergangenheit und Gegenwart auf: F. Murray Abraham, Jon Abrahams, Adam Arkin, Alan Arkin, David Arquette, Rosanna Arquette, Ed Asner, Dan Aykroyd, Alec Baldwin, Ellen Barkin, Roseanne Barr, Jason Bateman, Warren Beatty, Richard Benjamin, Jeannie Berlin, Jason Biggs, Eric Bogosian, Lisa Bonet, Bruce Boxleitner, Matthew Broderick, Adrien Brody, Yul Brynner, Ellen Burstyn, Scott und sein Vater James Caan, James Cagney (1899-1986; war der klassische Hollywood-Gangster im Schwarzweißfilm der 30er und 40er Jahre), Neve Campbell, Seymour Cassell, Charles Spencer Chaplin, Lee J. Cobb, Scott Cohen, Mindy Cohn, Joan Collins, Jennifer Connelly, Kevin Costner, Peter Coyote, James Cromwell, Jon Cryer, Billy Crystal, Jean Claude van Damme, Ted Danson, Stephen Dorff, Robert Downey, Jr., Richard Dreyfuss, David Duchovny (Fernsehserie „Akte X"), Peter Falk (Fernsehserie „Columbo"), Herb Edelman, Lisa Edelstein, Marty Feldman, Corey Feldman, Sally Field, Harvey Fierstein, Carrie Fisher, Harrison Ford, Sarah Michelle Gellar (Fernsehserie „Buffy - Im Bann der Dämonen"), Richard Gere, Gina Gershon, Estelle Getty (Fernsehserie „Golden Girls"), Melissa Gilbert, Paul Michael Glazer, Adam Goldberg, Jeanette Goldberg, Jeff Goldblum, Herbert Goldstein, Jenette Goldstein, Seth Green, Charles Grodin, Michael Gross, Steve Guttenberg, Jake und seine Schwester Maggie Gyllenhaal (Jake spielte einen der beiden homosexuellen Cowboys in dem Streifen „Brokeback Mountain", der im Jahr 2006 weltweit für Furore sorgte), Goldie Hawn, Robert Hays, Audrey Hepburn, Charlton Heston, Judd Hirsch, Dustin Hoffman, Judy Holliday, Bob Hoskins, Amy Irving, Scarlett Johansson, Buster Keaton, Howard Keel, Harvey Keitel (der 1939 in New York geborene Keitel, der in dem blasphemischen Film „Die letzte Versuchung Christi“ den Judas spielte, ist in zweiter Ehe mit der 1961 in Tel Aviv geborenen Daphna Kastner verheiratet), Lainie Kazan, Sir Ben Kingsley, Mia Kirshner, Kevin Kline, Richard Kline, Jack Klugman (Fernsehserie „Quincy“), Walter Koenig, Lisa Kudrow, Lorenzo Lamas, Martin Landau, Audrey Landers, Piper Laurie, Ron Leibman, Ted Levine, Eugene Levy, Daniel Day Lewis, Elina Löwensohn, Julia Louis-Dreyfus, Jon Lovitz, Dom DeLouise, Natasha Lyonne, Howie Mandel, Richard Masur, Marlee Matlin, Dina Meyer, Bette Midler, Liza Minelli, Rick Moranis, Judd Nelson, Paul Newman, Leonard Nimoy (Fernsehserie „Raumschiff Enterprise“), Jerry Orbach, Gwyneth Paltrow (Steven Spielberg, den sie liebevoll „Morty“ nennt, ist ihr Patenonkel; ihrem im April 2006 geborenen Sohn gab sie den Namen „Moses“), Sarah Jessica Parker (Fernsehserie „Sex and the City“), David Paymer, Gregory Peck, Ron Perlman, Bronson Pinchot, Oliver Platt, Kevin Pollak, Tracy Pollan, Natalie Portman, Gilda Radner, Paul Reiser, Alan Rickman, John Ritter, Cliff Robertson, Michael Rosenbaum, Jennifer Rubin, Saul Rubinek, John Rubinstein, Zelda Rubinstein, Wynona Ryder, Katey Sagal, Adam Sandler, Telly Savalas (Fernsehserie „Kojak“), Roy Scheider, Rob Schneider, David Schwimmer, Steven Seagal, Kyra Sedgwick, George Segal, Jerry Seinfeld, Peter Sellers, William Shatner (Fernsehserie „Raumschiff Enterprise“), Ben Shenkman, Pauly Shore, Elizabeth Shue, Ron Silver, Sarah Silverman, Alicia Silverstone, Lori Singer, Marc Singer, David Soul, Sissy Spacek, Jerry Springer, Rod Steiger, Daniel Stern, Howard Stern (der hebräische Name des 1954 in Jackson Heights, New York, geborenen Stern lautet Tzvi; er ist die am besten bezahlte Radio-Persönlichkeit in den USA - sein 5-Jahresvertrag bringt ihm 100 Millionen Dollar ein, was etwa 385.000 je Woche und ungefähr 77.000 Dollar am Tag entspricht), Ben und sein Vater Jerry Stiller, Peter Strauss, Meryl Streep, Barbra Streisand, Jessica Tandy, John Turturro, Peter Ustinov, Eli Wallach, David Warner, Lesley Ann Warren, Robin Williams, Bruce Willis, Debra Winger und Henry Winkler.

Eine ganze Reihe vorwiegend in Hollywood anzutreffender Regisseure (der Vergangenheit und Gegenwart) sind ebenfalls jüdischer Abstammung, darunter mehr als 70 nachfolgende Persönlichkeiten: J.J. Abrams, Darren Aronofsky, Peter Berg, Andrew Bergman, Adam Bernstein, Peter Bogdanovich, James L. Brooks (erhielt 1983 den Oskar für „Terms of Endearment“), die Brüder Joel und Ethan Coen (ihr Werk „Barton Fink“ aus dem Jahr 1991 war der erste Film, der beim Filmfestival in Cannes alle drei Hauptpreise abräumte: beste Regie, John Turturro als bester Hauptdarsteller und die Goldene Palme als bester Film), Rob Cohen, Steve Cohen, David Cronenberg, George Cukor (für seinen Film „My Fair Lady“ erhielt er 1964 den Oskar), Michael Curtiz (1943 gewann er einen Oskar für seinen Film „Casablanca“), Robert Dornhelm, Nora Ephron, John Frankenheimer, William Friedkin, Jean-Luc Godard, Eric Goldberg, Mark Goldblatt, Jason Gould, Bud Greenspan, Charles Guggenheim, Davis Guggenheim, Amy Heckerling, Norman Jewison, Lawrence Kasdan, Stanley Kramer, Stanley Kubrick, Barry Levinson (für seinen Streifen „Rain Man“ bekam er 1988 den Oskar), Ernst Lubitsch, Sidney Lumet, David Mamet, James Mangold, Michael Mann, Paul Mazursky, Mike Nichols, Michael Oblowitz, Alan J. Pakula, Sean Penn, Sydney Pollack, Roman Polanski, Otto Preminger, Sam Raimi, Brett Ratner, Rob Reiner, Ivan Reitman, Martin Ritt, Mark Rosenberg, Rick Rosenthal, Eli Roth, John Schlesinger (bekam für „Midnight Cowboy“ im Jahre 1969 den Oskar), Liev Schreiber, Joel Schumacher, Adam Shankman, Don Siegel, Joan Micklin Silver, Barry Sonnenfeld, Steven Spielberg (er bekam gleich für zwei antideutsche Machwerke die höchste Auszeichnung Hollywoods verliehen: 1993 den Oskar für „Schindler’s List“ und 1998 den Oskar für „Saving Private Ryan“), Josef von Sternberg, Oliver Stone, Billy Wilder, Robert Wise (erhielt zusammen mit Jerome Robbins im Jahre 1961 einen Oskar für den Film „West Side Story“), Frederick Wiseman, Len Wiseman, William Wyler (bekam 1959 für „Ben-Hur“ einen Oskar), Robert Zemeckis (bekam 1994 für „Forrest Gump“ einen Oskar), Fred Zinnemann, der unter anderem die Klassiker „Zwölf Uhr mittags“ (1952) und „Verdammt in alle Ewigkeit“ (1953) drehte, sowie die Brüder David und Jerry Zucker.

Führen wir abschließend mehr als 40 Hollywood-Produzenten, Co-Produzenten und ausführende Produzenten jüdischer Abstammung (erneut der Vergangenheit und Gegenwart) auf: Marc Abraham, Avi Arad, Jerry Bruckheimer, Jay Cohen, Boaz Davidson, Moshe Diamant (im Jahr 2001 produzierte er gemeinsam mit Rudy Cohen den Christus-verhöhnenden Film „The Body“ bzw. „Das geheimnisvolle Grab“), Jason Friedberg, David Geffen, Henry Ginsberg, Menahem Golan (1929 im palästinensischen Tiberias, dem heutigen Israel, geboren; seine Eltern stammen aus Polen), Yoram Globus (1941 wie sein Cousin M. Golan ebenfalls in Tiberias geboren), Leonard Goldberg, Phillip B. Goldfine, Bernie Goldmann, Akiva Goldsman, Gary Goldstein, Brian Grazer (der 1951 in Los Angeles geborene Grazer ist Produzent des üblen Machwerks „The Da Vinci Code“ bzw. „Sakrileg“, in dem die blasphemische Behauptung aufgestellt wird, Jesus Christus habe mit Maria Magdalena Geschlechtsverkehr gehabt und Nachfah-

*Viele Hollywood-Stars aus Vergangenheit und Gegenwart waren bzw. sind jüdischer Abstammung: hier die Schauspiel-Legenden James Cagney und Rita Hayworth (im Film „Gilda“).*

*In Hollywood gibt es nur ganz wenige Katholiken; die allermeisten Filmschaffenden sind Juden, Atheisten, Agnostiker, Buddhisten oder gehören der Scientology-„Kirche“ an, wie der beliebte Mime Tom Cruise (links). Rechts sehen wir die drei milliardenschweren jüdischstämmigen Gründer des Filmstudios DreamWorks David Geffen, Jeffrey Katzenberg und Steven Spielberg im Jahre 2004 beim Börsengang von DreamWorks Animation in New York. (Allein ihr Animationsstreifen „Shrek 2“ - der Name ist jiddisch - spielte an der Kinokasse weltweit mehr als 920 Millionen Dollar ein!)*

(Quellenhinweise: Oben links: Fuldaer Zeitung, 23.3.06; Oben rechts: ebd. 9.2.06; Unten links: Der Spiegel, 25.4.05, S.144; Unten rechts: ebd. 19.12.05, S.98)

ren gezeugt), Alan Greenspan, Michael Herz (Vater der Schauspielerin Sloane Herz), Marty Katz, Jeffrey Katzenberg, Lloyd Kaufman, Avi Lerner, Lloyd Levin, Gary Levinsohn, Larry Levinson, Lawrence Levy, Hal Lieberman, Bergman Lustig, William Lustig, Lee Rich, Daniel Rosenberg, Tom Rosenberg, Scott Rubin, Haim Saban, Richard Saperstein, Aaron Seltzer, Joel Silver, Joseph M. Singer, Aaron Spelling, Joel Stillerman, die Brüder Bob und Harvey Weinstein (diese beiden Herrschaften sind für die anti-katholischen Machwerke „Priest" [1994] und „Dogma" [1999] verantwortlich) und Charles Weinstock.

Wer also wissen will, warum er in Kino- und Fernsehfilmen sowie in Serien, die in Hollywood ihren Ursprung haben, etwa keine Szenen über die Kriegsverbrechen der israelischen Armee, die Folterungen in israelischen Gefängnissen, die Schandtaten des Mossad oder den von jüdischen Bolschewisten an Russisch-Orthodoxen und Katholiken durchgeführten zigmillionenfachen Massenmord zu sehen bekommt, hat in der völligen jüdischen Dominanz über die wichtigste Filmmetropole der Welt die Antwort darauf!

Des gleichen weiß er jetzt, warum praktisch ununterbrochen Machwerke über die Judenverfolgung im Dritten Reich produziert werden, in denen die Deutschen als schlimmste Halunken aller Zeiten, und andere, in denen Araber immer wieder als gemeingefährliche Terroristen dargestellt werden. Er weiß auch, warum das Christentum, und näherhin die Katholische Kirche, in Hollywood-Streifen (und auf Sendern wie MTV) ständig verächtlich gemacht wird. Schließlich stand in der jüdischen Publikation „Jewish Sentinel" am 26. November 1920, also bereits vor über 85 Jahren wortwörtlich zu lesen: **„ Unser einziger [!] großer historischer Feind, unser gefährlichster [!] Gegner ist Rom in jeglicher [!] Gestalt** und in allen seinen Abzweigungen. Jedes Mal, wenn sich die Sonne Roms zu verbergen beginnt, geht der Stern Jerusalems auf." (17)

Kein Wunder also, daß gerade der vom Gottessohn Jesus Christus höchstpersönlich gestiftete katholische Glauben in vielen Filmen und Fernsehserien, die in Hollywood ihren Ursprung haben, Ziel des Angriffs ist.

Was aber die eigentliche Religion des nachchristlichen Judentums anbelangt, so steht nicht das Alte Testament, sondern etwas ganz anderes im Mittelpunkt dieses Kultes: **„Das Herz der jüdischen Eigenart und das Wesen des jüdischen Volkes liegt in einem Werk ver-**

**borgen, das als Talmud bekannt ist. Der Talmud ist der Kern des Judentums. Verständnis des Talmud ist Verständnis des Judentums ... "** (18)

Der **Rabbiner Dr. M. Cahn** hatte über Juden, die eine andere Religion annehmen, übrigens eine ganz besondere Meinung: **„Seines jüdischen Charakters kann überhaupt ein Jude, der als solcher geboren ist, nicht entkleidet werden.** Und wenn er sich sämtlichen jüdischen Pflichten entzieht, und wenn er sie mutwillig verletzt, ja selbst wenn er den Übertritt in eine andere Konfession vollzieht, so **bleibt** er, wenn auch in mannigfacher Hinsicht nicht mehr der Berechtigung, so doch **der Verpflichtung [!] nach ein Jude."** (19)

Als Katholik versucht man natürlich stets, das Gute im Menschen zu sehen. So will man selbstverständlich auch nicht *einem jeden* etwa zum Christentum bekehrten Juden *grundsätzlich* eine böse Absicht unterstellen, wie die Aussage des Rabbiners Cahn vermuten läßt. Vielmehr gilt es immer, einen Menschen nach dessen *persönlichen* Worten und Taten zu beurteilen, getreu der Aussage unseres Herrn und Erlösers: „An ihren Früchten werdet ihr sie erkennen."

Der historischen Wahrheit zuliebe muß jedoch gesagt werden, daß man bei einem gewissenhaften Studium der Bedeutung des nachchristlichen Judentums in der Geschichte, im Laufe der Jahrhunderte immer wieder auf Aussagen stößt, die keinen Zweifel daran lassen, daß ein nicht unerheblicher Teil dieses Volkes weiterhin mit der Wahnvorstellung von vor Tausenden von Jahren behaftet ist, es sei ihre ureigenste Bestimmung, ein weltumspannendes Reich auf Erden zu gründen, an dessen Spitze *sie selbst* zu stehen hätten. Greifen wir dazu etwa die Aussage Baruch Levys auf, eines Korrespondenten von Karl Marx, der die marxistische These in einer treffenden Art und Weise formulierte: **„ Das jüdische Volk insgesamt genommen soll sein eigener Messias sein. Seine Herrschaft über das Universum [!] soll durch das Zusammenschweißen der anderen Rassen erlangt werden, dank der Abschaffung von Grenzen** und Monarchien, die das Bollwerk der nationalen Besonderheiten bilden. **Auf diese Weise soll eine Universelle Republik errichtet werden.** ... In dieser neuen Organisierung der Menschheit sollen die Söhne Israels, die jetzt über die Fläche des Globus zerstreut sind, ... allerorten das beherrschende Element ohne jegliche Opposition werden. Dies wird besonders leicht werden, wenn sie dabei Erfolg haben, den Massen der arbeitenden Klasse die Führung von einigen aus ihren Reihen aufzubürden. Die Regierungen der Nationen, die die Weltrepublik bilden, sollen auf diese Weise alle

[!] ohne große Mühe in jüdische Hände fallen, dank dem Sieg des Proletariats. Das Privateigentum kann dann durch die jüdischen Herrscher abgeschafft werden, die überall die öffentlichen Angelegenheiten unter ihrer Aufsicht haben werden. **Dadurch wird das Versprechen des Talmud erfüllt werden, daß, wenn die messianische Epoche angebrochen ist, die Juden über die Reichtümer aller [!] Nationen der Erde herrschen werden.“** (20)

Gerade unter diesem Gesichtspunkt stimmt es dann doch nachdenklich, daß von den rund 290 000 000 Einwohnern der USA bloß 2 % - rund 6 000 000 - Juden sind, aber daß *fast alle* jene Männer, die im Kino und Fernsehen das Konzept des amerikanischen Volkes von der Wirklichkeit, von Gut und Böse, von zulässigem und unzulässigem Verhalten gestalten, bloß zufälligerweise dem „auserwählten Volk“ entstammen sollen.

Dessen ungeachtet gibt es in Hollywood natürlich eine ganze Reihe begnadeter Künstler, die in ihren Filmen wichtige Themen aufgreifen, so etwa Daniel Day Lewis als Hauptdarsteller des Streifens „In the Name of the Father“ aus dem Jahr 1993. Darin geht es um die „Guildford Four“: „Als ‘Guildford Four’ wurden **vier unschuldig als Terroristen verurteilte Nordiren** (Paul Hill, Gerry Conlon, Patrick [Paddy] Armstrong und Carole Richardson) bekannt.

Das Attentat am 15. Oktober 1974 in Guildford ging auf das Konto der IRA. In zwei Pubs wurden durch Bomben fünf Menschen getötet und etliche verletzt.

Erst während der Revisionsanträge stellte sich heraus, daß die Angeklagten von den Ordnungshütern während der Untersuchung mit Folter zu Falschaussagen gezwungen worden waren, um sie in das Attentat zu verwickeln. Verurteilt wurden sie zu lebenslanger Haft. Auch einige Familienangehörige von Gerry Conlon wurden verurteilt, darunter sein Vater Giuseppe, der später im Gefängnis gestorben ist.

Erst 1989 wurde der Fall neu aufgerollt und sie wurden als unschuldig entlassen. ... Die Autobiographie ‘Proved Innocence’ von Gerry Conlon wurde 1993 verfilmt: *Im Namen des Vaters* ... “ (21)

Der Film schildert die Geschichte von Conlon und seinen Freunden sehr eindringlich: „Wegen Zwischenfällen mit der IRA zieht Gerry Conlon mit seinem Freund Paul Hill nach London. Die beiden fühlen sich in der Londoner Hippie-Szene wohl und kommen in einer Kommune unter. Dort lernen sie Carole Richardson und Paddy Armstrong kennen. Bei einem ihrer nächtlichen Streifzüge durch London rauben Hill und Conlon die Wohnung einer Prostitutierten aus und treffen danach auf einen Obdachlosen in einem Park. Während die beiden mit dem Bettler sprechen, explodieren zwei Pubs.

Aufgrund einer fälschlichen Beschuldigung kommen Gerry und Paul in Verdacht und werden inhaftiert. **Die neuen Antiterrorgesetze der britischen Regierung geben der Polizei die Möglichkeit, die Beschuldigten sieben Tage ohne Anklage festzuhalten. In dieser Zeit werden Geständnisse erzwungen** und weitere Personen festgenommen. Aufgrund der Geständnisse der vier Hauptangeklagten Hill, Conlon, Armstrong und Richardson erfolgt eine Verurteilung zu lebenslänglicher Haft. Aus dem Gefängnis heraus versuchen Gerry und sein Vater, der ebenfalls verurteilt wurde, das Verfahren wieder aufzurollen. Während dem Aufenthalt im Gefängnis stirbt Gerry's Vater (Giuseppe Conlon).

Eine Anwältin hilft Gerry, indem sie Akten außerhalb des Gefängnisses zusammensucht und lange recherchiert. Der Aktenherausgeber des Gefängnisses ist einmal krank und wird durch einen anderen Buchhalter ersetzt. Als jetzt die Anwältin diesen Buchhalter nach der Akte von Gerry Conlon fragt, bekommt sie sie ausgehändigt, auf dieser Akte steht wortwörtlich: 'Not to be shown to the defence', also: 'Darf nicht der Verteidigung gezeigt werden'. In dieser Akte befinden sich schließlich viele Beweise zugunsten von Gerry und der anderen drei fälschlicherweise Verhafteten. Nun werden alle vier freigelassen, jedoch wird der Vater noch nicht für unschuldig erklärt, woraufhin Gerry in die Menge schreit, daß er im Namen seines Vaters weiter kämpfen, also die Unschuld des Vaters beweisen wird. ...

Der Film von Jim Sheridan wurde für sieben Oscars nominiert, darunter Bester Film, Beste Regie und Bester Hauptdarsteller. Jedoch konnte der Film [Anm.: wie nicht anders zu erwarten!] keine der begehrten Trophäen gewinnen." (22)

Der 1945 in London geborene jüdischstämmige Roland Joffé (er ist der Enkel des berühmten Bildhauers Jacob Epstein) hingegen drehte den Film „The Killing Fields", der im Jahre 1984 Premiere feierte. Darin widmete er sich dem Völkermord in Kambodscha unter dem Terror-Regime des Pol Pot, bei dem laut Inhaltsangabe des Werbetextes zu diesem Streifen zwei Millionen Zivilisten starben. (Man sieht dieses wichtige Werk höchst selten im „deutschen" Fernsehen, wo viel lieber Propaganda über die tatsächlichen und erfundenen Verbrechen der Nationalsozialisten gezeigt wird!)

Andere Hollywood-Stars wiederum engagieren bzw. engagierten sich für soziale Zwecke, wie etwa der auf Sachalin (Sibirien) geborene Yul Brynner (1917-1985) für Kinder, „die Opfer des Biafra- und Vietnam-Krieges geworden waren.“ (23).

Mimen wie Dustin Hoffman und Barbra Streisand sprachen sich mit aller Deutlichkeit gegen den von US-Präsident George W. Bush im Auftrag seiner nicht mehr ganz so geheimen Hintermänner angezettelten dritten Irak-Krieg aus, der bislang (nach offiziellen Angaben!) mehr als 2500 US-Soldaten und über 200 000 Iraker das Leben kostete (unmittelbar vor Kriegsausbruch reiste Sean Penn sogar in das Land am Euphrat und Tigris, um sich selbst ein Bild vom Leiden des irakischen Volkes zu machen; auch er stellte sich vehement gegen das Massenmorden).

Der in Kansas City in den USA im Jahre 1929 geborene Produzent und Schauspieler **Ed Asner** sorgte jüngst Ende März 2006 für Aufsehen, als er während einer Radiosendung dem Moderator unterbreitete, er glaube, hinsichtlich des 11. September 2001 werde von der US-Regierung noch vieles vertuscht. Er ist ein weiterer Prominenter, „der seine Unterstützung für Charlie Sheens Haltung zum 11.9. zum Ausdruck zu bringt und seine eigene Besorgnis über den 9.11., den Krieg im Irak und die Neonkonservativen öffentlich mitteilt [Anm.: Der Schauspieler Sheen sorgte in den USA im März 2006 für Aufsehen, als er mehrere Aspekte des 11. September 2001 öffentlich kritisch hinterfragte!]

Asner, der am meisten für seine Rolle als Lou Grant in ‘The Mary Tyler-Moore Show’ bekannt ist, für die er einen Emmy erhielt, sprach mit Alex Jones in dessen Sendung und wiederholte Charlie Sheens Ansichten, indem er klarstellte: **‘Die Ereignisse des 11.9. kamen mir noch am selben Tag verdächtig vor.’**

‘Es wird mir immer verdächtig vorkommen und ich werde verschiedene Aspekte davon immer wieder in Frage stellen und sie herausfordern’, sagte Asner.

**Asner stimmte zu, daß die offizielle Version des 11.9. und die Untersuchung der Kean-Kommission ein Märchen und ein Schwindel ist.**

‘Ich glaube nicht daran und ich würde es hinterfragen, ich kenne all diese Punkte ... das Am-Boden-Bleiben [der Flugzeuge]’, sagte Asner.

Asner wollte wissen, warum keine Verantwortlichen, aufgrund deren Unfähigkeit, den 11.9. zu verhindern, gefeuert wurden.

'Niemand, der ein hohes Amt bekleidet, hat jemals die Schuld daran bezahlt, daß wir am 11.9. unvorbereitet waren, und ich erwähne die Tatsache, daß Abu Ghraib ein weiteres typisches Beispiel der Art und Weise ist, wie diese Regierung arbeitet', erklärte Asner.

'Es ist sehr leicht vom 11.9. als einem weiteren künstlich herbeigeführten Grund auszugehen, wegen dem dieses Land sich in die Lage versetzt, Krieg zu führen', sagte Asner als er den 11.9. mit vergangenen Fällen künstlich erzeugter Provokationen, wie etwa dem Vorfall im Golf von Tonkin [Anm.: dieser hatte die US-Beteiligung am Vietnam-Krieg zur Folge!], dem Angriff auf die Maine [Anm.: Die Explosion dieses Schlachtschiffes 1898 im Hafen von Havanna gilt als der Anlaß für den Spanisch-Amerikanischen Krieg!] und Pearl Harbor verglich.

**'Viele der angeblichen Entführer sind anderenorts noch am leben', sagte Asner** und hob eine Geschichte hervor, die von der BBC und anderen berichtet wurde, daß nämlich mehrere der sogenannten Täter des 11.9. anschließend ihre Botschaften aufsuchten und dagegen protestierten, daß man sie als Terroristen hingestellt hatte.

Als er gefragt wurde, wer aus dem 11.9. einen Nutzen zog, antwortete Asner: 'Sicherlich das Militär, Halliburton, Brown and Root, Herr Cheneys alte Mannschaft ... die Ölunternehmen natürlich, die jetzt Rekord-Gewinne verbuchen, und das Weiße Haus natürlich, das mit dem Öl und dem Militär in direkter Verbindung steht, wie es immer schon der Fall gewesen ist.' ...

Asner wollte wissen, warum CNN sich dazu entschloß, seinen programmgemäßen Auftritt in [der Sendung] 'Showbiz Tonight' zu streichen. Nachdem wir mit vertraulichen Quellen innerhalb von CNN gesprochen hatten, waren wir in der Lage zu bestätigen, daß der Befehl zum 'Abwürgen' der Geschichte von einem übergeordneten Büro ausgegangen war. Und das trotz der Tatsache, daß dieses Thema das meiste Interesse erzeugt hatte, auf das 'Showbiz Tonight' jemals gestoßen ist", schreiben Paul Joseph Watson und Alex Jones auf ihrer Internetseite (24).

**„Als wahrer Menschenfreund und Aktivist setzt sich Asner auf folgenden Gebieten ein: Aufklärung des Verbleibs verschollener US-Kriegsgefangener, - Verbot von abgereichertem Uran als**

**Kriegsmittel - wobei Asner behauptet, daß es sich bei seiner Verwendung um eine Methode gezielter Bevölkerungsreduzierung handele. Weiter kämpft er dafür, die FDA [Food and Drug Administration] dazu zu bewegen, schweflig-saures Quecksilber aus den Zusatzstoffen, die sich in Impfstoffen befänden, zu beseitigen.**

Seine öffentliche Haltung hinsichtlich des 11.9. und seine Unterstützung von Charlie Sheen hilft in der fortdauernden Bemühung, Persönlichkeiten mit einer großen Medienplattform zu ermutigen, ebenfalls hervorzutreten und zu bedeutenden Stimmen für die Wahrheitsbewegung des 11.9. zu werden"! (25)

Der bekannte Schauspieler **Richard Dreyfuss**, der in den 1970er Jahren in Klassikern wie „Der Weiße Hai" und „Unheimliche Begegnung der Dritten Art" mitwirkte, teilte einem Publikum in Washington D.C. im Februar 2006 mit, „daß 'es Dinge gibt, für die es sich zu kämpfen lohnt', und eines davon ist der Versuch, Anklage wegen Amtsvergehen von Präsident George W. Bush zu erheben.

'Es gibt Gründe, die es wert sind, dafür zu kämpfen auch wenn man weiß, daß man verlieren wird', sagte Dreyfuss während einer Rede, die er vor dem 'National Press Club' hielt. **'Außer man ist willens, Folter als Teil eines normalen amerikanischen politischen Lexikons zu akzeptieren,** außer man findet es ganz in Ordnung, daß die Genfer Konvention beiseitegelegt wird, außer man akzeptiert die Ausdehnung von Abhörmaßnahmen [gegen die Bürger] als ganz normale Sache, **besteht der einzige Weg, alledem entgegenzutreten, in dem schwierigen und möglicherweise peinlichen Prozeß, jetzt ein Amtsenthebungsverfahren in die Wege zu leiten.'**

Kenntnis nehmend von der Tatsache, daß diese Möglichkeit von den Gründern des Landes eingerichtet wurde, 'die wir hochhalten, um dem Mißbrauch der Exekutive durch ein Gleichgewicht des Kongresses entgegenzuwirken', sagte Dreyfuss, die Amtsenthebung sei 'eine Erklärung dafür, daß wir uns weigern, schlechtes Verhalten gutzuheißen.'

'Wenn wir uns weigern, über die Angemessenheit des Amtsenthebungsprozesses zu diskutieren, unterstützen wir dieses Verhalten [unseres Präsidenten] und stimmen der Ausdehnung der Exekutivgewalt zu', unabhängig davon, wer auch immer in Zukunft im Weißen Haus sitzen wird', sagte er." (26)

Andere jüdischstämmige Hollywood-Stars verteidigten in den letzten Jahren das Recht auf den privaten Besitz einer Schußwaffe, so etwa Anfang Mai 2006 der Actionheld **Bruce Willis**. Er **„unterstützt das verfassungsrechtliche Privileg für Amerikaner, Waffen zu besitzen.** Jeder sollte sich selbst verteidigen dürfen, sagte der Schauspieler im Interview. Wer ein Gewehr trage, sei nicht automatisch gewalttätig.

'Wenn man legalen Besitzern ihre Waffen wegnimmt, dann haben nur noch die bösen Jungs Pistolen', betonte Willis. 'Sogar ein Pazifist würde gewalttätig werden, wenn jemand versucht, ihn umzubringen." (27) (Der legendäre Schauspieler Charlton Heston war lange Jahre Vorsitzender der *National Rifle Association*, der größten Schußwaffenlobby in den USA, bis er aufgrund seiner Alzheimer-Erkrankung von diesem Posten zurücktreten mußte!)

„Das Magazin 'Vanity Fair' brachte im Januar 2005 ein Interview mit **Michael Ovitz**, der einst die 'Artists Management Group' [AMG] leitete, wobei es sich um die Talent-Agentur für Top-Stars wie Leonardo DiCaprio, Cameron Diaz und Robin Williams handelte.

**Ovitz teilte 'Vanity Fair' mit, daß die Filmindustrie beschlossen hatte, mit ganzer Energie die Homosexualität zu fördern.** Er erwähnte homosexuelle Produzenten wie David Geffen von Dream Works, Ron Meyer von Universal, Bryan Lourd von Disney und Jeffrey Katzenberg ebenfalls von Dream Works.

All diese Personen - wie auch Ovitz - sind Juden. Er sagte, daß sie sehr wohl über seine ablehnende Haltung gegenüber ihrem 'Lebensstil' Bescheid wüßten. Aus diesem Grund machten sie sich mit anderen unter einer linken Ideologie stehenden Studios an die Arbeit, ihm seine Klienten zu entfremden und sie dazu zu bringen, sich ihrer eigenen CAA-Schauspieler-Agentur anzuschließen. Das hatte zur Folge, daß sein Geschäft mehr als 200 Millionen Dollar verlor.

Darauf war er gezwungen, AMG für eine unbedeutende Summe zu verkaufen. Ovitz teilte 'Vanity Fair' mit, daß seine *'ehemaligen Freunde'* gegen ihn eine hinterhältige Kampagne der Verleumdung und des Hasses geführt hätten. Er klagt: *'Hollywood ist eine erbarmungslose Stadt. David Geffen hat mich immer gehaßt. Sie wollten Michael Ovitz töten. Wenn sie mir meine Frau und meine Kinder hätten wegnehmen können, sie hätten es getan.'*

Einst hatte Ovitz 70 % der Top-Stars bei seiner Talent-Agentur unter Vertrag. Er war ... in der Lage, finanziell sehr ertragreiche Verträge für seine Stars auszuhandeln. Ovitz sagt, daß dies noch ein weiterer

Grund gewesen war, warum sie sich gegen ihn verschworen hatten, um sein Geschäft zu ruinieren.

**Ovitz klagte an, daß Hollywood von einer *'Homo-Kabale'* geleitet werde und daß ihr Ziel in der Unterminierung der traditionellen Moralvorstellung der Amerikaner bestehe.** Er lamentierte, daß der einflußreiche Unterhaltungsredakteur der 'The New York Times', Bernie Weinraub, einen Schmähartikel gegen ihn verfaßt hatte, der den Zusammenbruch seiner Agentur beschleunigte. Er fügte hinzu: *'David Geffen versuchte alles was mir lieb ist zu zerstören. Er stellte meinen Kindern nach. Er verbreitete schlechte Gerüchte über sie. Der Typ ist völlig unmoralisch.'*

David Ovitzs Anklagepunkte können nicht als Meinungsverschiedenheit unter den Juden Hollywoods abgetan werden. Was er vor mehr als einem Jahr voraussagte, ist durch solch anstößige Filme wie [der Schwulen-Western] 'Brokeback Mountain' und [das Transsexuellen-Drama] 'Transamerica' eingetreten. Hauptsächlich junge Leute sehen sich solche Streifen an.

Dies ist eine Fortsetzung der Gehirnwäsche Amerikas [und des Rests der Welt]!" (28) (Nur am Rande sei angemerkt, daß David Geffen mit einem Vermögen von rund 4,5 Milliarden Dollar einer der reichsten Männer der USA ist!)

„Unsere Gesellschaft wird homosexualisiert", bekräftigt der evangelische Pressedienst „idea". „Selbst Cowboy-Filme, bislang eine Domäne herkömmlichen Rollenverständnisses von Mann und Frau, propagieren neuerdings die gleichgeschlechtliche Liebe [sic!] und werden dafür mit Auszeichnungen überhäuft wie jetzt das Hollywood-Epos 'Brokeback Mountain'."

Das Fernsehen zieht nach. In 'Pro 7' läuft die Schwulen-Soap 'Queer as Folk', dem sich im Herbst die Lesben-Serie 'The L-Word' anschließen wird. **'Die Homosexuellen-Bewegung scheint Leinwände und Bildschirme fest im Griff zu haben'**, schreibt 'idea'.

Noch kürzer und bündiger liest es sich in einer 'Welt'-Überschrift: 'Schwul gewinnt'. Da wollte im Januar [2006] auch das Europaparlament nicht zurückstehen. Mit 468 gegen 149 Stimmen verabschiedete es einen Beschluß gegen 'Homophobie', definiert als 'Furcht vor und Abneigung gegen Homosexualität'", so „Nation & Europa" im März 2006 (S. 31; Herv. v. Verf.).

*Der widerliche Hollywood-Film „Brokeback Mountain" fördert die Homosexualität auf äußerst subtile Weise (unter anderem findet die „Liebe" zwischen den beiden Cowboys in grandioser Natur statt, während das Eheleben mit Frau und Kindern sich meist in - dunklen - Räumen abspielt!). Dank einer gewaltigen Medien-Propaganda erwies der Streifen sich auch noch als voller Erfolg: Bei Produktionskosten von nur 14 Millionen Dollar spielte er weltweit mehr als 180 Millionen Dollar ein. (Der seelische Schaden, den er bei vielen seiner Zuschauer anrichtete, läßt sich nur erahnen!)*

*Eine ganze Reihe von Prominenten im „deutschen" Fernsehen sind homosexuell bzw. lesbisch, wie etwa die am 2. Februar 1959 in Gummersbach geborene Hella von Sinnen (links), die mit richtigem Namen Hella Kemper heißt. Das führt dazu, daß sich viele Zuschauer mit der Zeit an deren „Lebensstil" gewöhnen. Rechts: Daß gerade eine Reihe von Prominenten die „multikulturelle Gesellschaft" vorleben (hier die 24jährige deutsche Schauspielerin Josefine Jacob und ihr Ehemann, der 39jährige gebürtige Jamaikaner Roger Cross, der ebenfalls als Mime tätig ist), hilft den Geheimen Oberen, den Plan zur Errichtung eines neuzeitlichen Turmbaus zu Babel schneller in die Tat umzusetzen. Schließlich nehmen sich viele Leute ihre Idole aus Film und Fernsehen zum Vorbild und gehen möglicherweise ebenfalls multikulturelle (und interreligiöse) Ehen ein. (Man beachte: Während es aus katholischer Sicht natürlich überhaupt keine Rolle spielt, welche Hautfarbe ein Mensch hat - alle Menschen stammen schließlich von Adam und Eva ab -, so wirken die „Feinde aller Menschen" ganz gezielt für eine Gesellschaft, in der ein „buntes Treiben" unter den Rassen stattfindet!)*

(Quellenhinweise: Linke Seite: Der Spiegel, 6.3.06, S.168; Oben links: Fuldaer Zeitung, 26.6.06; Oben rechts: ebd. 16.6.06)

Was die US-Serie „The L Word - Wenn Frauen Frauen lieben“ anbelangt, so sind alle (!) Hauptpersonen darin lesbisch. „Als die Serie vor zwei Jahren in den USA startete, gab es gehörige Proteste - und zwar von beiden Enden des Spektrums. Erwartungsgemäß empörte sich die religiöse Rechte [sic!]. **‘Homosexuelle Aktivisten, von denen es in Hollywood jede Menge gibt, wollen Homosexualität zum amerikanischen** [und letzten Endes auch zum europäischen] **Mainstream erheben’**, wetterte Robert Knight, Direktor eines konservativen ‘Instituts für Familie und Kultur’. **‘Ein wesentlicher Bestandteil dieser Strategie ist es, die Medien mit positiven Bildern von Homosexuellen zu überfluten.’** Weniger vorhersehbar war die Kritik feministischer Gruppen, die der Serie vorwarfen, nur weiße Frauen aus der Oberschicht mit Model-Look zu zeigen“, berichtete die „Fuldaer Zeitung“ in ihrer Ausgabe vom 29. Mai 2006 (Herv. v. Verf.).

Beleuchten wir noch den moralisch verwerflichen US-Streifen „Transamerica“ aus dem Jahr 2005, in dem es um Bree Osbourne geht, der gerade eine schwere Zeit durchmacht. „Der Transsexuelle leidet seit Jahren unter Depressionen, weil er sich als Frau im falschen Körper eingesperrt fühlt. Nach vielen Sitzungen stimmt Therapeutin Margaret ... endlich einer Geschlechtsumwandlung zu. Doch da erhält Bree die unerwartete Nachricht, daß sein siebzehnjähriger Sohn Toby ... in New York im Gefängnis sitzt.

Toby entstammt einer Beziehung, die Bree führte, als er noch Stanley hieß. Da die Psychologin ihre Zustimmung für die anstehende Operation nur dann erteilt, wenn Bree sich endlich der Vergangenheit stellt, macht er sich auf, Toby aus dem Gefängnis zu holen. Doch der Junge hat große Probleme. Er ist sehr einsam und befindet sich in einem Teufelskreis aus Drogen und Prostitution: Toby braucht also dringend Hilfe. Erst will Bree den Jungen so schnell wie möglich wieder loswerden, doch auf dem Weg nach L.A. kommen sich die beiden näher.“ (29)

„Transamerica“ befindet sich im Verleih von „The Weinstein Company“, also der beiden Brüder Bob und Harvey Weinstein, die bereits mit mehreren antikatholischen Machwerken von sich reden machten. (Für ihre Rolle des Transsexuellen Stanley/Bree wurde der Schauspielerin Felicity Huffman im Jahre 2005 übrigens eine Oscar-Nominierung als beste Hauptdarstellerin zuteil!)

Der 2006 in deutschen Lichtspielhäusern angelaufene US-Streifen „Capote“, der dem am 30. September 1924 in New Orleans geborenen „tragischen Genie“ Truman Streckfus Persons (am 25. August 1984 starb der Drogenabhängige, der in der New Yorker High Society ein gern gesehener Gast war, an einer Überdosis Tabletten!) ein Denkmal setzt und seinem Hauptdarsteller Philip Seymour Hoffman einen „Oscar“ als bester männlicher Hauptdarsteller bescherte, ist ebenfalls äußerst kritisch zu bewerten. Darin wird die Entstehungsgeschichte des Buches „Kaltblütig“ aus dem Jahr 1966 geschildert, das auf eine Episode im Leben des von der US-Presse gefeierten Autoren und Journalisten zurückgeht: Im November 1959 erfährt Truman Capote von einem brutalen Mord an vier Menschen in Kansas und macht sich gemeinsam mit seiner langjährigen Freundin und Kollegin Harper Lee umgehend auf die Reise an den Ort des Geschehens.

„Im provinziellen Kansas angekommen, heften sich die beiden Großstädter an die Fersen des ländlichen Polizeichefs Alvin Dewey ... , der die Fahndung nach den Tätern leitet. Als diese in Las Vegas gefaßt werden, wittert Truman mehr als nur eine Story für eine Tageszeitung. Nach dem Prozeß, bei dem die Killer Dick Hickock ... und Perry Smith ... zum Tode verurteilt werden, begreift Truman, daß er in einer Gesellschaft lebt, in der Parallelwelten existieren.

Die eine wird von rechtschaffenen Menschen bewohnt, in der anderen leben Mörder wie Hickock und Smith. Das Aufeinanderprallen beider Welten in der Mordnacht und dessen schreckliche Folgen lassen Capote nicht mehr los.

Im Zuge seiner Recherche freundet sich Truman mit einem der Verurteilten, dem jugendlichen Perry, an. Capote verspricht ihm bessere Anwälte für die Berufung und erwirkt zunächst tatsächlich einen Aufschub der Hinrichtung. Im Gegenzug verlangt Truman von Perry Informationen über dessen Leben und Gedankengänge, um ihn im geplanten Buch als Mensch und nicht als Bestie darstellen zu können.

Bei ihren Gesprächen in der Zelle entwickelt der homosexuelle [!] Capote Gefühle für den jungen Mann, die ihn in eine emotionale Zwickmühle bringen. Der Abschluß seines Romans wird erst durch den Tod der Häftlinge möglich.“ (30)

Dank Ovitz haben wir also die Antwort darauf, warum von Hollywood immer mehr propagandistische Machwerke wie „Brokeback Mountain“ auf den Markt gebracht werden, die gerade unter den Jüngeren die Unmoral fördern sollen, und weshalb diese Streifen von der Film- und Musikindustrie mit Preisen überhäuft werden, wie auch eine Veranstaltung von Anfang Juni 2006 zeigt: „Die mutigen [sic!] Kuß-Szenen von Jake Gyllenhaal und Heath Ledger in dem Cowboy-

Drama ‘Brokeback Mountain’ sind bei den MTV Movie Awards mit einer Trophäe belohnt worden. Sie setzten sich in der Kategorie ‘Bester Kuß’ durch.

Gyllenhaal gewann für die Darstellung eines schwulen Cowboys zudem die Trophäe als bester Schauspieler.“ (31)

Es gibt in Hollywood jedoch nicht nur homosexuelle Produzenten, sondern auch eine ganze Reihe von Schauspielern, die offen für die gleichgeschlechtliche „Liebe“ werben, darunter die 1958 geborene Hauptdarstellerin des berühmt-berüchtigten Erotik-Thrillers „Basic Instinct“ aus dem Jahr 1992. Sie erfuhr Mitte November 2005 eine besondere „Würdigung“, wie man unter der Schlagzeile **„ Sharon Stone ist Homo-Verbündete“** erfahren mußte: „Das Homosexuellen-Magazin ‘Out’ hat den Hollywood-Star Sharon Stone und die [lesbische] US-Sängerin Melissa Ethridge geehrt. Das Blatt wählte die beiden Frauen unter die Ikonen der homosexuellen Szene. Stone ist demnach der ‘Straight Ally 2005’ - also die ‘heterosexuelle Verbündete des Jahres’. Ethridge wurde zum ‘Entertainer Of The Year’ [Unterhalterin des Jahres] erkoren. Melissa Ethridge heiratete [sic!] im September 2003 Freundin Tammy Lynn Michaels.“ (32)

Im Jahr 1984 ehelichte Stone den Fernsehproduzenten Michael Greenburg während der Dreharbeiten von „The Vegas Strip War“, „einem TV-Film, den er produzierte und in dem sie zusammen mit Rock Hudson und James Earl Jones mitspielte. Die kontroverse Partnerschaft (Greenburgs erste Ehe ging aufgrund der Affäre mit Stone in die Brüche) brach schnell wieder auseinander; sie trennten sich drei Jahre später, und ihre Scheidung wurde 1990 endgültig gemacht.

Am 14. Februar 1998 heiratete sie Phil Bronstein, den [jüdischstämmigen] Herausgeber des ‘San Francisco Chronicle’. Im Januar 2004 ließen Stone und Bronstein sich scheiden“. (33)

In den frühen 1990er Jahren trat Stone der umstrittenen Scientology-Kirche bei. Sie „blieb der Religion bis vor kurzem treu, als sie zum Buddhismus konvertierte, nachdem Schauspieler-Kollege Richard Gere ihr den Dalai Lama vorgestellt hatte.“ (34)

**Im April 2006 wurde die 30jährige Oscargewinnerin Charlize Theron vom amerikanischen Homosexuellen-Verband GLAAD für ihren Kampf für die Rechte von Lesben und Schwulen mit dem Vanguard Award geehrt.** Ihren Oscar erhielt sie für ihre Rolle in ‘Monster’, wo sie eine lesbische Mörderin verkörpert.

'Bringt euren Kindern Toleranz und Akzeptanz bei, denn am Ende sind wir alle gleich', so Theron in ihrer Dankesrede. Theron kündigte auch an, ihren Freund erst dann zu ehelichen, wenn auch Schwule und Lesben in den USA heiraten dürfen." (35) „'Die Oscar-Gewinnerin hat sich für ein besseres Verständnis der lesbischen, schwulen, bi- und transsexuellen Gesellschaft eingesetzt', sagte ein Sprecher der Organisation." (36)

Wie es am 16. August 2006 (S. 155) auf „RTLtext" hieß, träumt US-Schauspielerin Eva Longoria von einer lesbischen Erfahrung: „'Ich wünschte mir, ich könnte eine richtige homosexuelle Erfahrung machen. Ich denke, Frauen sind wunderbare Geschöpfe. Sie sind nackt viel schöner als Männer. Sex mit einer Frau muß einfach Spaß machen', schwärmt die Mexikanerin gegenüber 'Femalefirst'.

'Ich habe einmal eine Frau geküßt', so Eva: 'Es war definitiv ein richtiger Kuß: sanft, weich und süß.'"

Weisen wir noch darauf hin, daß der gleichgeschlechtliche Sex nicht nur von Filmschaffenden, sondern auch von Musikern massiv gefördert wird. So zeigte sich etwa die portugiesisch-kanadische Sängerin Nelly Furtado Mitte Juli 2006 überzeugt, „daß alle [!] Menschen in Wirklichkeit bisexuell sind. Sie selbst fühlt sich nach eigener Aussage zu Männern und zu Frauen hingezogen. Wie das europäische Magazin 'GUS' berichtet, hat die Sängerin damit gar kein Problem. Nelly sagte dazu: 'Ich glaube an Kurt Cobains Aussage, daß im Endeffekt jeder homosexuell ist [Anm.: Furtado hätte darauf hinweisen sollen, daß der am 20. Februar 1967 in Hoquiam bei Aberdeen im US-Bundesstaat Washington geborene Cobain, Sänger der Gruppe Nirvana, ein bekennender Satanist war, der das Christentum abgrundtief haßte. So hatte er eine Vorliebe dafür, Kirchen zu schänden und Abscheulichkeiten wie „GOTT IST SCHWUL" und „TREIBT CHRISTUS AB" auf Wände zu schmieren. Er forderte seine zahlreichen Anhänger ausdrücklich auf: „Bekifft Euch und betet Satan an" (37). Am 5. April 1994 setzte der bisexuelle Cobain, der auf der Bühne auch schon mal in Frauenkleidern auftrat, seiner gepeinigten Existenz ein Ende, indem er sich auf dem Dachboden seiner Garage in Seattle mit einer Schrotflinte erschoß. „In seinem Blut wurde eine dreifache Überdosis Heroin nachgewiesen." (38)]. Jeder sollte die Freiheit haben, zu experimentieren. Ich glaube, sexuelle Experimente sind ein Teil der menschlichen Geschichte." (39)

Nur eine Woche später hieß es, die US-amerikanische Interpretin Christina Aguilera präsentiere sich in einem neuen Werbespot extrem sexy. „Wie die Jugendzeitschrift ‘Bravo’ berichtet, will die Sängerin damit nicht nur Geld verdienen, sondern auch eine Botschaft übermitteln. Christina wörtlich: ‘Ich will damit für eine offene Sexualität werben. Ich liebe Sex, er macht Spaß und ist vor allem die natürlichste [sic!] Sache der Welt.’ Außerdem wolle sie Frauen wachrütteln und motivieren, sich selbst mehr lieben zu lernen und so zu akzeptieren, wie sie sind.“ (40) (Man bedenke, daß Prominente wie Furtado und Aguilera *gerade von Kindern und Jugendlichen* als Vorbilder angesehen werden und daß sie mittels solcher Aussagen einen kaum zu überschätzenden negativen Einfluß ausüben!)

(Neuerdings werden sogar Comics mißbraucht, um die Homosexualität vor allem unter den Heranwachsenden salonfähig zu machen, wie eine Meldung vom Videotext des Musiksenders „VIVA“ vom 1. Juni 2006 [S. 122] beweist: „An der Seite ihres Supergatten Batman führte Kathy Kane alias Batwoman ein eher konventionelles Eheleben, trug eine Handtasche und paßte auf die Nichte Batgirl auf. Nach 27 Comic-Jahren ‘starb’ sie 1979 bei einem Attentat. Nun kündigte Dan DiDio, Vize-Chef des Comic Verlags DC an, daß Batwoman wiederauferstehen wird - diesmal als wohlhabende Geschäftsfrau, die nachts auf Verbrecherjagd geht und lesbisch ist. Ihr erster Auftritt im Heft 52 ist für Juli geplant.“)

Beim Aufzeigen der jüdischen Dominanz über Hollywood geht es also nicht um die Wertschätzung etwa *eines jeden einzelnen* Schauspielers, Regisseurs oder Produzenten (man kann die Filmschaffenden genausowenig über einen Kamm scheren, wie etwa die [Konzils-]Katholiken oder irgendeine andere Personengruppe), sondern einzig und allein um die elementare Erkenntnis, *daß die* US-Filmwirtschaft, die schließlich auf die Meinungsbildung im Rest der Welt maßgeblichen Einfluß hat, zu 80 bis 90 % aus Juden besteht. So erklärte auch die „Jewish Post And Opinion“ vom 6. Dezember 1974 völlig unverhohlen: „Juden dominieren Hollywood im gleichen Maße wie bei seiner Gründung durch Juden. **Die jüdische Präsenz in Hollywood ist eine historische Tatsache.** Der Großteil der Produzenten und Regisseure sowie **alle** Finanziers sind jüdisch. Die ‘Writers Guild’ (Gewerkschaft und Mitglieder der Autorengemeinschaft) ist praktisch zu 70 bis 100 % jüdisch.“ (41)

Fast auf den Monat genau 30 Jahre später bestätigte der verdienstvolle israelische Friedensaktivist Uri Avnery (42) diese Behauptung: „Es stimmt, daß die Juden einen großen [!] Einfluß sowohl auf die Politik der Vereinigten Staaten, der einzigen Supermacht, als auch auf die amerikanischen und internationalen [!] Medien ausüben.“

„Es gibt keinen wichtigen Medienkanal in den USA, der sich nicht im Besitz von Juden befände oder von ihnen kontrolliert würde", konstatiert auch der russisch-israelische Journalist Israel Shamir in seinem Artikel „Midas Ears" (43).

Etwas diplomatischer drückte sich da der ehemalige FDP-Landtagsabgeordnete in Nordrhein-Westfalen Jamal Karsli Mitte Mai 2002 aus: „Man muß zugestehen, daß der Einfluß der zionistischen Lobby sehr groß ist: Sie hat den größten Teil der Medienmacht in der Welt [!] inne und kann auch jede noch so bedeutende Persönlichkeit 'klein' kriegen." (44)

Bereits am 4. April 1994 berichtete die im US-Bundesstaat Connecticut erscheinende Zeitung „American View": „Jeder, der jemals mit dem Filmgeschäft zu tun hatte, weiß, daß Juden Hollywood kontrollieren. Jüdische Autoren haben sogar Bücher verfaßt, in denen sie damit prahlen, wie ihresgleichen Tinsel Town [Anm.: eine amerikanische Bezeichnung für die Filmmetropole Hollywood!] beherrschen. Jetzt aber behaupten die ADL [Anm.: die jüdische Anti-Diffamierungsliga] und andere völkische Propagandisten, dies entspreche nicht der Wahrheit. Sie müssen wohl annehmen, wir seien dumm." (45)

Obwohl der jüdischstämmige US-Historiker Alfred Lilienthal Absolvent der *Cornell University* und der *Columbia Law School* ist, handelt es sich bei ihm um einen anti-zionistischen Gelehrten. Um keinen Zweifel an der fast vollständigen jüdisch-zionistischen Dominanz über die Medien (nicht nur!) in den USA aufkommen zu lassen, geht er in seinem 904seitigen Buch „The Zionist Connection II" auf Dutzenden von Seiten auf dieses Thema ein.

„Er widmet allein der 'New York Times' ein ganzes Kapitel. In einem anderen Kapitel, das die Überschrift trägt: 'The Jewish Connection: Numbers Don't Count' [Die jüdische Verbindung: Zahlen spielen keine Rolle], behauptet er, daß 'die effektivste Komponente der jüdischen Verflechtung wahrscheinlich die der Medien-Kontrolle ist.'

**Von Tageszeitungen, Büchern und Magazinen bis hin zum Radio, Fernsehen und zu den Kinofilmen entfernt Lilienthal den äußeren Anstrich vordergründiger Konkurrenz und Verschiedenheit, um das fast vollständige Monopol der Zionisten auf die Medien zu enthüllen.** Man sollte daran denken, daß die Anzahl [von Juden] dabei unerheblich ist. Und während der offene jüdische Besitz der Medienanstalt oft genug der Fall ist, 'der entscheidende Faktor ist immer schon die Kontrolle gewesen, und nicht der Besitz.'

*Die Medien der ganzen Welt werden von einigen wenigen Konzernen geleitet, die sich im Besitz milliardenschwerer (überwiegend jüdischstämmiger) Magnaten befinden: hier das Time-Warner-Center in New York.*

*Der 1944 in Alexandria in Ägypten geborene Haim Saban, der sowohl die israelische als auch die amerikanische Staatsbürgerschaft besitzt, „ist einer der größten Medienunternehmer der Welt und Milliardär. ... Durch die Übernahme von Anteilen der KirchMedia Gruppe ... im August 2003 gehörte er auch zu den einflußreichsten Personen in der deutschen Medienlandschaft, - er ist unter anderem Hauptaktionär der ProSiebenSat.1 Media AG. ... In der Zeit bis August 2005 machte Sabans Medienkonzern ein gewaltiges Plus, das dem Medienmogul und ehemaligen Bassisten einer unbekannten Band einen großen Gewinn eingebracht hat ... 'Sabans Entourage rühme sich gern ihrer Verbindungen zum israelischen Geheimdienst Mossad, erinnert sich ein Insider.' ('Der Spiegel' 12/2003, S. 87)"**
(Quellenhinweise: Oben: Der Spiegel, 13.2.06, S.74; Unten: ebd. 24.10.05, S.226; *: Haim Saban - Wikipedia, http://de.wikipedia.org/wiki/Haim_Saban)

*Die allermeisten Deutschen glauben, im Fernsehen und in den Tageszeitungen (oben die Redaktion der „FAZ“ in Frankfurt; unten die Springer-Zentrale in Berlin) bekämen sie die Wahrheit über das aktuelle Tagesgeschehen präsentiert. In Wirklichkeit existieren die Massenmedien nur, um die öffentliche Meinung zu formen und zu gestalten, weshalb einige Wissende auch von einer (einzigen!) veröffentlichten Meinung zu sprechen pflegen. Von daher erfährt man weder in als seriös geltenden Tageszeitungen wie der „FAZ“ noch in Boulevardblättern wie der „Bild“ etwa die Wahrheit über den 11. September oder über den großen Einfluß der okkulten Freimaurerei auf die Weltpolitik, insbesondere auf die Europäische Union.*
(Quellenhinweise: Oben: Der Spiegel, 24.2.01, S.126; Unten: ebd. 28.11.05, S.200)

*In aktuellen Kino- und Fernsehfilmen wird eine beispiellose Gewalt zelebriert, wobei nicht selten Bösewichte dargeboten werden, die auch von den Hintermännern der Weltpolitik als Feinde angesehen werden, so beispielsweise „Antisemiten", „Rechtsextremisten" und (muslimische oder christliche) „Fundamentalisten". Dadurch sollen die zumeist leicht beeinflußbaren Zuschauer dazu gebracht werden, solche Individuen und Gruppen ebenfalls zu verabscheuen. In dem französischen Streifen „Das Imperium der Wölfe" aus dem Jahr 2005 etwa ist dies der türkische nationalistische Geheimbund „Die grauen Wölfe", über den es in TV-Dokumentationen hieß, er sei „antisemitisch" geprägt. (Dieses Photo zeigt den Hauptdarsteller Jean Reno als Ex-Polizist Schiffer - der in Paris einen Massenmörder jagt - bei einem Kampf auf Leben und Tod.)*

*Der äußerst brutale US-amerikanische Folter-Streifen „Hostel" (ebenfalls aus dem Jahr 2005) liefert den vorläufigen Höhepunkt eines seit Jahren zu beobachtenden Trends zunehmender Gewalt im Kino - hier der ahnungslose Rucksacktourist Paxton (Jay Hernandez, rechts), der in einem slowakischen Dorf in einer Kammer des Schreckens gelandet ist.*

(Quellenhinweise: Oben: TV Movie, Nr. 17/2005, S.200; Unten: ebd. Nr. 9/2006, S.224)

*In Ländern wie den USA und Deutschland verbringen Kinder tagtäglich mehrere Stunden wie gebannt vor der Glotze. Dabei muß nicht darüber diskutiert werden, was für vielfältige negative Auswirkungen es hat, wenn sich bereits Kinder und Jugendliche im Fernsehen die brutalsten Szenen anschauen können und auf diese Weise mit Gewalt in den Medien praktisch aufwachsen. Nicht nur senken Sendungen mit hohem Gewaltanteil die Lernfähigkeit von Heranwachsenden - sie machen also dumm -, sie sorgen unter anderem auch für eine graduelle Abstumpfung der Zuschauer was Grausamkeiten anbelangt. Das wiederum hat zur Folge, daß praktisch eine ganze Generation gewissenloser Zeitgenossen „herangezüchtet" wird.*
(Quellenhinweise: Oben: Der Spiegel, 26.9.05, S.20; Unten: ebd. 25.6.01, S.16)

All die führenden Magazine ... haben Juden in Schlüsselpositionen als Herausgeber, Redakteure, oder leitende Redakteure. Allermindestens haben diese Leute die Macht, darüber zu entscheiden, was in ihren Veröffentlichungen erscheinen darf. ... Es wäre müßig, die Anzahl führender jüdischer Redakteure und Autoren im ganzen Land aufzulisten. Viele von den größten Verlagen ... befinden sich in jüdischem Besitz, entweder direkt oder durch jüdische Interessenvertretungen (dazu zählt CBS, RCA, Music Corporation of America, Litton's und Gulf & Western) ...

Eine zusätzliche Quelle zionistischer Macht stellt die Kontrolle des Absatzmarktes von Taschenbüchern, Magazinen und Tageszeitungen dar ... Wiederum trifft man im Radio und im Fernsehen erneut auf eine fast überwältigende Präsenz von Juden in Schlüsselpositionen. Vorstandsvorsitzender von **CBS** bis vor kurzem war William Paley [jetzt Lawrence Tischman, der auch Loew's Hotels besitzt]; David und Robert Sarnoff von RCA leiteten eine lange Zeit ihre Tochtergesellschaft, die **National Broadcasting Company (NBC)** deren gegenwärtiger Vorsitzender Julian Goodman ist; und Leonard Goldenson leitete die **American Broadcasting Company (ABC)** bis ihm Fred Silverman nachfolgte ... **Praktisch alle nationalen und internationalen [!] Nachrichten werden von diesen drei Unternehmen gefiltert, bearbeitet und gesendet.**

Nicht nur ist das Fernsehen gerammelt voll von jüdischen Produzenten, auch viele Kommentatoren, Nachrichtensprecher, Redakteure und Regisseure von Nachrichtenprogrammen sind Juden ... Man braucht wohl nicht auf die vollständige [!] Kontrolle über die Filmindustrie hinweisen...'

Das sind die Tatsachen, meine Herrschaften, die ihnen ein jüdischer Historiker und Autor mitteilt. Hören wir die Meinung eines weiteren Juden, Ben Stein. Stein, der Sohn von Herbert Stein, dem wichtigsten Wirtschaftsberater von Präsident Nixon, hat ein Filmstudium absolviert und trachtet danach, den Reihen seiner Glaubensgenossen in Hollywood beizutreten. Er gibt an, er sei der Meinung, sie seien nette Leute, und daß er ihre Arbeit bewundere. Es gebe bloß Meinungsverschiedenheiten bei Ansichten. Stein sagt: ' **Eine deutliche Mehrheit [von Drehbuchautoren und Produzenten], besonders die Drehbuchautoren von Fernsehkomödien, sind jüdisch ... Viele von ihnen stammen aus New York City.'**" (46)

Joseph Sobran schrieb in der römisch-katholischen Wochenzeitung „The Wanderer" ebenfalls darüber, daß Hollywood eine jüdisch kontrollierte Stadt sei. „Darauf sind die Juden auch augenscheinlich stolz - sobald aber aufgefordert, dafür auch Verantwortung zu zeigen, wird schon die bloße Andeutung davon als Bigotterie diffamiert." Sobran fügt hinzu: „Man stelle sich diesen Einfluß einmal vor: **Jüdische Macht schreibt so ziemlich genau vor, was wir in der Öffentlichkeit sagen können und was wir nicht sagen können.** Aber selbstverständlich wird von uns erwartet, auch und gerade über diese Tatsache nicht zu sprechen." (47)

Dabei geht es nicht mehr nur darum, was man sagen darf, sondern bereits darum, was man überhaupt noch *denken* darf. Bestes Beispiel dafür ist eine Aussage von Charlotte Knobloch, der seinerzeit stellvertretenden Vorsitzenden des Zentralrats der Juden in Deutschland, am 23. Mai 2002 im „n-tv"-Gespräch mit der Moderatorin Maischberger: „Herr Möllemann [Anm.: Der ehemalige FDP-Politiker Jürgen W. Möllemann, der am 5. Juni 2003 bei einem Fallschirmsprung in Marl bei Recklinghausen höchstwahrscheinlich ermordet wurde; siehe hierzu mein im Verlag Anton A. Schmid erschienenes Buch: „Das Globale Killernetzwerk" auf Seite 112 bis 188!] bleibt bei seiner Einstellung, daß die Zeiten vorbei sind, wo das Denken verboten wird.

Damit verunglimpft [!] er die ganze jüdische Gemeinschaft, und ich meine, das ist eine Äußerung, die uns zutiefst empört hat und die wir ganz entschieden zurückweisen.

Und deswegen muß sich Herr Möllemann gefallen lassen, daß er absolut als Antisemit [!] bezeichnet werden kann." (48) (Am 7. Juni 2006 wurde Knobloch zur Vorsitzenden des Zentralrats der Juden in Deutschland gewählt und sprach sich in einem Interview mit der „Bild"-Zeitung, das einen Tag später veröffentlicht wurde, sogleich für „neue Gesetze gegen Fremdenhaß" aus: „Rechtsradikalismus und Fremdenhaß sind eine Katastrophe, die alle Demokraten aufs energischste bekämpfen müssen, mit allen rechtlichen Mitteln! Und wenn die nicht reichen, muß man eben neue Gesetze schaffen." Dabei sollte Knobloch genau wissen, daß es kein Land auf Erden gibt, in dem größerer Fremdenhaß und schlimmerer Rassismus herrscht als im Staate Israel; siehe unten!)

Es ist eine immer wieder aufs Neue festzustellende Tatsache, daß *gerade in Deutschland* bereits seit langer Zeit eine regelrechte Meinungsdiktatur herrscht. So sollten Meinungs-, Presse- und Wissenschaftsfreiheit dem deutschen Buchhandel eigentlich ganz besonders am Herzen liegen. „Doch die Wirklichkeit sieht anders aus. Jürgen Boos, Direktor der Frankfurter Buchmesse, forderte jetzt vom 'Simon-Wiesenthal-Zentrum' eine Liste von Werken an, 'die von der Bücherschau im Oktober ausgeschlossen werden sollen'. Shimon Samuels, der Direktor jenes Zentrums, benannte daraufhin sieben angeblich antisemitische Werke aus vier arabischen Verlagen. Sie waren dem Publikum auf der letzten Buchmesse im marokkanischen Casablanca vorgestellt worden.

Die bundesdeutsche Zensur-Aktion löste in der arabischen Verlagswelt Empörung aus. Im jüngsten Streit über Mohammed-Karikaturen war von westlicher Seite die Meinungsfreiheit als höchster Wert herausgestellt worden. Dies wird von orientalischen Stimmen nun als Heuchelei bewertet. **Darüber hinaus spreche es nicht gerade für deutsche Souveränität, wenn ausgerechnet eine israelitische Lobbyisten-Gruppe wie das Wiesenthal-Zentrum in den Rang einer Zensurbehörde erhoben werde.** Umgekehrt habe die Frankfurter Messeleitung noch nie bei arabischen Stellen nachgefragt, welche israelischen Bücher zu indizieren seien", gab „Nation & Europa" in seiner Ausgabe vom Mai 2006 auf Seite 36 (Herv. v. Verf.) zu bedenken.

„'Our Film Folk', eine Kolumne von Herbert Luft, erscheint nur in jüdischen Publikationen. Seine Beschreibung der Feier zur Oscar-Verleihung des Jahres 1982 gilt exemplarisch für alle derartigen Veranstaltungen: 'Juden zeichnen Juden für Filme aus, die sich mit jüdischen Themen auseinandersetzen! 'Reds' glorifizierte die Sowjetische Revolution, 'Chariots of Fire' flößte Nichtjuden aufgrund der Diskriminierung von Juden ein Schuldgefühl ein. 'Genocide' wurde als bester Dokumentarfilm über den deutschen Holocaust an den Juden geehrt.' Im Film 'Holocaust' werden sowohl Polen als auch Ukrainer als 'schlimmer als Nazis' beschrieben. In 'The Eye' verraten die Franzosen die Juden während des Zweiten Weltkriegs.

In dem berühmten Interview im Magazin 'Playboy' vom Januar 1979 erläutert Schauspieler Marlon Brando dieses Phänomen: 'Man hat gesehen, wie jede einzelne Rasse besudelt wurde, aber man hat niemals ein unvorteilhaftes Bild des Kike zu Gesicht bekommen, weil die Juden ein wachsames Auge darauf hatten. Sie erlaubten es nie, daß so etwas auf der Filmleinwand gezeigt wurde!'

**Kein Filmemacher würde es wagen, Kritik an Juden, Israel oder dem Zionismus zu üben.“** (49) (Das gilt übrigens auch für Länder wie Deutschland, Frankreich und England.)

Und hier liegt der entscheidende Punkt! Während nämlich etwa in den USA im Kino und im Fernsehen Juden als solche *niemals* als Bösewichte in Erscheinung treten, haben sie keinerlei Hemmungen, in ihren Machwerken immer wieder etwa (christliche) Deutsche und (muslimische) Araber als Übeltäter zu präsentieren.

Gegen diese Heuchelei wandte sich Marlon Brando Jahre später nochmals entschieden. Er „erklärte im Fernsehen gegenüber 'dem legendären Interviewer Larry King von *CNN*, der selbst Jude ist: **'Hollywood wird von Juden kontrolliert. Es gehört Juden, und sie sollten größere Sensibilität für die Gefühle von Leuten haben, die leiden.'** Anschließend lieferte er eine Reihe rassistischer Schimpfworte, um sein Argument zu unterstreichen: 'Wir haben [in Hollywood-Filmen] den «Nigger» gesehen, wir haben den «Greaseball» (Italiener) gesehen, wir haben den «Chink» (Chinesen) gesehen, den schlitzäugigen, gefährlichen «Jap» (Japaner) - aber nie den «Kike»'. Das ist ein Schimpfwort für Juden, das etwa der Schmähung 'Itzig' aus der deutschen Nazi-Zeit entspricht und Schockwellen auslösen muß, wenn es ein Prominenter vor laufender Fernsehkamera benutzt. 'Die Juden' in Hollywood bauten 'die Wagenburg' auf, wenn es um negative Darstellung von Juden gehe, meinte Brando - ein immer wieder benutztes Western-Klischee aus den Kämpfen gegen die Indianer benutzend.' (Helmut Räther in: DT, 13.4.96; Herv. v. Verf.)“ (50)

Was hatte diese keineswegs böswillig gemeinte Äußerung des legendären Mimen zur Folge? „Jüdische Gruppen fielen über Brando her und erklärten in ihren Pressemitteilungen, sie würden dafür sorgen, daß er 'nie wieder arbeiten werde'. Niemand in der jüdischen Presse schien zu bemerken, daß die Drohung Brandos Feststellung betreffs ihrer konkurrenzlosen Medienmacht schlicht bestätigte. Brando wurde so eingeschüchtert, daß er sich um eine Audienz bei Wiesenthal höchstpersönlich bemühen mußte. Brando heulte, fiel auf die Knie und küßte Wiesenthals Hände, wobei er um Vergebung für sein Aussprechen der Wahrheit bettelte. Wiesenthal absolvierte ihn von seiner Sünde, und Brando hat [bis zu seinem Tod am 1. Juli 2004] nur noch Positives über die Juden gesagt.“ (David Duke, My Awakening. A Path To Racial Understanding [Mein Erwachen. Ein Weg zu rassischem Verstehen], 2. Aufl. Covington/Louisiana 1999, S. 305) (51)

Daß in Hollywood schon seit Jahrzehnten ein unterschwelliger Rassismus herrscht, bekam auch eine bekannte mexikanische Mimin zu spüren: **„ In Hollywood regiere der Rassismus, empört sich Schauspielerin Salma Hayek.** Sie habe es als Mexikanerin nicht leicht, ihren 'Außenseiter'-Status in der US-amerikanischen Filmindustrie abzuschütteln. 'Ich weiß noch, wie ich bei einem Vorsprechen für einen Science Fiction-Film war. Das Studio war schon beim Gedanken an eine Mexikanerin im All bestürzt. Der Akzent ist ein ziemliches Problem. Ich hatte es schwer, mich als Filmstar zu etablieren.'" (52)

Welchen Einfluß haben das jüdisch dominierte Hollywood und Sender wie ABC, CBS und NBC aber auf das deutsche TV-Programm? „Wie alle anderen kulturellen Bereiche unterliegt auch das Fernsehen einer totalen Amerikanisierung. Vor etwas über einem Jahr war ich in den USA und habe beim Fernsehen gedacht, daß es solche Sendungen bei uns niemals geben wird. Heute sind sie bereits Realität. Ich finde das sehr bitter", bedauerte die deutsche Schauspielerin und seinerzeitige Moderatorin von „Bravo-TV" (RTL II) Heike Makatsch bereits vor über 10 Jahren. (53) (Heute ist der kulturell-moralische Verfall im Fernsehen natürlich noch viel dramatischer!)

Man bedenke: „Völker, die sich fremden Einflüssen allzu willfährig öffnen, riskieren dabei den Verlust der eigenen Identität. Eben dieser Zustand ist bei uns bereits eingetreten. Wir haben uns zumindest kulturell aus der Geschichte abgemeldet. Walt Disneys Micky-Mouse hat verständlicherweise deutschen Tiefsinn aus dem **Programm des Amüsierpöbels** verdrängt. ... Man konsumiert inzwischen im Land der Dichter und Denker die gleichen seichten Bücher, wenn man überhaupt noch nach Gedrucktem greift, **man hört die gleiche Musik und sieht die gleichen Filme aus der Giftküche Hollywoods."** (54)

„Kein Feind hat Deutschland je so gehaßt und für immer [!] seine Vernichtung gewünscht wie die USA", stellte der am 7. August 1988 mit nur 65 Jahren verstorbene US-amerikanische Historiker David L. Hoggan, Autor so brisanter Bücher über den Zweiten Weltkrieg wie „Der erzwungene Krieg - Die Ursachen und Urheber des Zweiten Weltkrieges" (über 900 Seiten) und „Das blinde Jahrhundert - Erster Teil: Amerika" (über 600 Seiten), fest. „Die geistige Krankheit und Verwirrung, die in Deutschland vorherrschen, gehen auf die Unfähigkeit zurück, in US-Amerika seinen schlimmsten [!] Feind zu erkennen." (55) (Wegen seiner Bücher wurde Hoggan „aus den amerikanischen Hochschulen herausgedrängt und mußte viele Angriffe erdulden. Diese trugen wesentlich mit dazu bei, daß sein Herz so früh versagte." [56])

„Inzwischen ist die Überlebensfrage der Deutschen von einer kompakten Abwehr gegen den Amerikanismus, der uns um Kopf und Kragen zu bringen droht, einfach nicht mehr zu trennen", konstatiert Gustav Sichelschmidt folgerichtig und erläutert: „Es ließe sich mühelos ein ansehnlicher Katalog von Symptomen unseres kulturellen Defizits aufstellen, der nur im Zusammenhang mit der nicht abreißenden Infiltration amerikanischer Subkultur zu sehen ist und von dem jedes eigentlich bereits von tödlicher Wirkung sein könnte. Zu diesen negativen Phänomenen, die über den Ozean zu uns herübergeweht sind und von denen jedes einzelne schon eine schwere Bedrohung unserer völkischen Existenz bedeutet, gehören etwa ... Alkoholismus, antiautoritäre Erziehung, Drogensucht, Jugendsekten, Gewaltkriminalität, Mafia, Kulturverfall, Pornographie, Scheidungsrekorde, Sexismus ... Neurosen und Zivilisationsschäden aller Art, um nur einige von ihnen aufzuführen.“ (57)

Die letzten Jahre haben gezeigt, daß diese schändlichen Auswüchse der USA die Mehrheit der Deutschen keineswegs zu stören scheinen. Vielmehr passen sie sich dem Lebensstil der Amerikaner immer mehr an, etwa was die Gesundheit anbelangt: „Das Durchschnittsgewicht der Deutschen und anderer Europäer wird in den kommenden Jahren weiter steigen.

‘Wir werden erleben, daß das Übergewicht so zunimmt wie in den USA, weil **der Lebensstil immer weiter amerikanisiert** wird’, glaubt der Professor für Ernährungswissenschaften, Ristow. ‘Die gesundheitlichen und volkswirtschaftlichen Folgen von Übergewicht werden hierzulande unterschätzt.’

Dem Statistischen Bundesamt zufolge werden die Deutschen immer dicker“, berichtete der Videotext von „n-tv“ am 11. Juni 2006 (S. 128; Herv. v. Verf.) und bestätigt somit uns bereits vorliegende Erkenntnisse.

## Fernsehen als trügerische Schmerztablette in Zeiten des Niedergangs

Das Erscheinungsbild Deutschlands im Jahre 2006 ist geprägt von Politikverdrossenheit, Bildungsnotstand, Lehrstellenmangel, Massenarbeitslosigkeit, zunehmender Verarmung des Volkes, horrender Staatsverschuldung, Ausländerkriminalität, Korruption bis in die höchsten Spitzen des Staates und linkslastiger Gesinnungsjustiz (näheres hierzu siehe in meinen drei im Verlag Anton A. Schmid erschienenen Büchern: „Deutschland im Würgegriff seiner Feinde", „Die Liquidierung Deutschlands" und „Deutschlands Zukunft - Hoffnung oder Untergang?"!).

Wichtig für uns ist in diesem Zusammenhang die entscheidende Frage, wie sich die Medien, allen voran das Fernsehen, angesichts des fortschreitenden Niedergangs unserer Heimat verhalten. Steuern sie dem etwa entgegen, indem sie die öffentliche Meinung mobilisieren? Mitnichten! **Gerade die Glotze trägt entscheidend dazu bei, die Aufmerksamkeit und die Energie der Leute auf nutzlose Zerstreuung zu fokussieren!**

So kommt es, daß die meisten Bundesbürger, obwohl sie tief in ihrem Innern sehr wohl spüren, in welchem Ausmaß sie von der Politik betrogen werden, sich lieber diversen Lastern zuwenden, als gegen den völligen finanziellen, gesundheitlichen, moralischen und sittlichen Verfall ihres Volkes anzukämpfen.

Wie etwa Anfang Juli 2005 zu erfahren war, sind **immer mehr Menschen in Deutschland Glücksspielen verfallen.** „Im vergangenen Jahr sei die Nachfrage nach Therapien für Spielsüchtige im Vergleich zum Vorjahr bundesweit um fast 30 Prozent gestiegen, sagte ein Bremer Suchtexperte der dpa. Er bezog sich dabei auf die Statistik der Beratungsstellen für Suchtkranke.

Gründe sieht der Experte vor allem in den attraktiveren Angeboten. Er forderte die Bundesländer auf, deutlicher auf die Gefahren von Glücksspielen hinzuweisen." (1)

Interessanterweise trägt gerade das Fernsehen zur Spielsucht der Deutschen maßgeblich bei. So **stieg der Bezahlfernsehsender Premiere im Sommer 2005 ins Geschäft mit Sportwetten ein**: „Am 1. August starte der interaktive Sender Premiere Win mit Live-

Pferdewetten, Gewinnspielen und Sportnachrichten, teilte das Unternehmen mit.

Über ein neues Internetangebot könnten sich die Abonnenten zudem auch zu einem Forum für andere Sport-Wetten des Anbieters Betandwin weiterleiten lassen. **Das Programm** des neuen Kanals **umfasse zunächst sechs Stunden täglich** und starte um 16 Uhr [Anm.: Also zu der Zeit, in der viele Deutsche von der Arbeit nach Hause kommen!].

Mit dem Schritt kommt Premiere dem Deutschen Sportfernsehen zuvor, das ebenfalls auf Sportwetten setzt und ein konkretes Konzept dafür noch in diesem Jahr vorlegen will.

Premiere-Chef Georg Kofler erwartet ein lukratives Geschäftsfeld und bis zum Jahr 2008 **Gesamt-Umsätze aus Sportwetten, Gewinnspielen und Lotterien von über einer Milliarde Euro.** Je nach Wett- und Spieltyp verblieben davon aber nur 5 bis 15 Prozent beim Unternehmen.

Über Fernsehen und Internet hinaus plane man auch die Einrichtung stationärer Wettannahmestellen. 'Mit über 11 000 Premiere-Sportsbars verfügen wir über eine ideale, flächendeckende Infrastruktur'", erklärte Kofler laut „Fuldaer Zeitung" vom 30. Juli 2005 (Herv. v. Verf.).

Das Fernsehen hat auch entscheidenden Anteil daran, bei vielen Leuten eine weitere Sucht hervorzurufen bzw. die bereits vorhandene noch zu verstärken: **„Seit 1993 präsentiert das ZDF alljährlich in den Monaten Juli und August seine Spielfilmreihe zum Thema Liebe, Laster, Leidenschaft.** 'Intelligente, spannende, moderne, freche und **sinnliche Kino-Erotik**' , sagt Manfred Etten vom Programmbereich Spielfilm. **'Filme mit und über Sex**, aber keine Sexfilme; nackte Tatsachen, aber mit Witz, Gefühl und Seele.'

Den Anfang macht der von Bertrand Blier 1995 gedrehte Film 'Mein Mann' mit Anouk Grinberg, Gérard Lanvin, Valéria Bruni-Tedeschi und Olivier Martinez in den Hauptrollen. Marie ist eine Pariser Hure, die ihrem Gewerbe mit Liebe [!], Wollust und Gewinn nachgeht. Als die gutherzige Frau in dem Penner Jeannot ihre große Liebe entdeckt, verwandelt sich Jeannot unter ihrer Obhut bald zum eleganten Mannsbild und in ihren Zuhälter. Das Geschäft floriert. Doch dann dreht Jeannot ein paar krumme Dinger und landet im Gefängnis. Enttäuscht und desillusioniert gibt Marie ihren Beruf auf und entscheidet sich für ein braves Familienleben. ... **Für ihre Darstel-**

**lung der Prostituierten Marie wurde Anouk Grinberg bei den Berliner Filmfestspielen 1996 mit einem Silbernen Bären ausgezeichnet. ...**

Das ZDF hat sich schon häufiger den Vorwurf gefallen lassen müssen, in die **'Sommernachtsphantasien'** Filme aufzunehmen, die anderswo kaum einen Platz fänden. Der Sender reagiert mit einer Umfrage an die Zuschauer. 'Wie gefallen Ihnen die Sommernachtsphantasien?', fragte der Sender im vergangenen Jahr. Mehr als 1500 Zuschauer antworteten online - das Ergebnis: 32 Prozent mögen die Reihe so, wie sie ist. 62 Prozent sind der Meinung, daß sie ruhig noch mehr Erotik präsentieren sollte. **Für die Antwort 'Zu gewagt - so etwas sollte im ZDF nicht gezeigt werden', stimmten lediglich ein Prozent; fünf Prozent plädierten dafür, daß erotische Filme gar nicht im Fernsehen gezeigt werden sollten."** (2)

„Wie versaut ist unser Fernsehen?", wollte die „Bild" in ihrer Ausgabe vom 6. Oktober 2005 provokant wissen: „Ein entblößter Hoden bei Pro7, Vergewaltigungsszenen im ARD-'Polizeiruf 110', Sadomaso-Sex beim NDR. Wie versaut ist das deutsche TV? ...

Eltern sind besorgt: Kann man Kinder überhaupt noch unbeaufsichtigt vor den Fernseher setzen? Experten schlagen Alarm!

**'Die Freizügigkeit hat in den vergangenen Jahren stark [!] zugenommen'**, sagt Medienforscher Prof. Dr. Jo Groebel. **'Heute verwischen die Grenzen zwischen normaler Nacktheit und Pornographie immer mehr.** Bei Kindern und Jugendlichen, die sexuell noch nicht aufgeklärt [sic!] sind, kann ein übermäßiger Konsum solcher Bilder die Entwicklung erheblich gefährden.' ...

**Im 'Polizeiruf 110', den die ARD am 20. Februar [2005] ausstrahlte, wird eine Frau vergewaltigt und gedemütigt - sechs Minuten lang.**

**Der NDR zeigte letztes Jahr den Sex-Film 'Romance': onanierende Männer, Sadomaso-Sex, eine Vagina in Großaufnahme, ein erigierter Penis.** ... Was gezeigt werden darf, ist gesetzlich nicht genau geregelt, sondern Ermessenssache der TV-Sender.

Susanne Grams (56), Sprecherin der Landesmedienanstalt Berlin-Brandenburg: 'Man kann einen nackten Penis auch am Nachmittag zeigen, beispielsweise in einer Wissenschaftssendung. Es kommt darauf an, in welchem Kontext man solche Bilder zeigt und welche Wirkung sie auf Kinder und Jugendliche haben können." (3)

„Trotz anfänglicher Zensurschwierigkeiten wurden von Mitte der 1960er bis Mitte der 80er Jahre in Deutschland, Österreich und der Schweiz unzählige Filme erotischen Inhalts produziert.

Daß ein nach heutigen Maßstäben harmloser [sic!] Erotikstreifen wie 'Die Nichten der Frau Oberst' in seinem Erscheinungsjahr 1968 genug Sensationswert hatte, um in Deutschland den Schmachtfetzen 'Dr. Schiwago' vom ersten Platz der Kinocharts zu verdrängen, illustriert, daß die Aufklärungswelle [sic!] mit Vehemenz in die deutschen Kinosäle geschwappt war. Damit hatte **die sexuelle Befreiung nicht nur einen sozialen Umbruch bewirkt, sondern auch einen höchst profitablen Markt für Filmemacher geschaffen.**

Von künstlerisch ambitionierten Kommentaren zur neuen Freizügigkeit meist weit entfernt, wurden nach dem Vorbild der bereits florierenden skandinavischen Erotikfilmszene eine Vielzahl frivoler Leinwand-Spielarten auf das (wiß)begierige Publikum losgelassen: Halbwegs seriöse Aufklärungsfilme [sic!] und Adaptionen erotischer Literatur gaben sich ein lustvolles Stelldichein mit derben Sexkomödien, zotigen Heimatfilmparodien und den pseudo-dokumentarischen Report-Filmen." (4)

Die spätere gezielte Ausrichtung auf Zuschauergelüste bedeutete, „daß der deutsche Sexfilm langsam, aber sicher vom Pornofilm abgelöst wurde, der ab Mitte der 70er Jahre seinen Siegeszug antrat. Der Effekt war, daß es auch im Erotikmetier bis zu seinem Verschwinden Mitte der 80er zusehends explizierter zur Sache ging." (5)

Es ist kein Geheimnis, daß die **Porno-Industrie seit vielen Jahren boomt. „Pro Monat kommen allein in Deutschland 160 neue Filme auf den Markt** [Anm.: Macht im Jahr rund 2000 neue Pornos allein in der Bundesrepublik; in den USA im kalifornischen San Fernando Valley, wo sich das Zentrum der weltweiten Sex-Industrie befindet, werden *jede Woche* über 200 Filme gedreht, also mehr als 10 000 Streifen im Jahr!] Nach einer [']repräsentativen['] Umfrage [einer einschlägigen Zeitschrift] kann inzwischen fast jede zweite Frau bei dem Thema mitreden. Nur 52 Prozent der befragten Frauen sagten, sie hätten noch keine Erfahrungen mit Sexfilmen.

17 Prozent erklärten, daß sie Pornos mögen und sich dadurch angeregt fühlten. Nach Überzeugung von 46 Prozent der befragten Frauen zeigen die Filme aber typische Männerphantasien." (6) (Über die Theken der deutsche Videotheken gingen bereits im Jahre 1999 insgesamt 78 Millionen Sexvideos!)

Allein in den USA setzt die Porno-Industrie jährlich über 12 Milliarden Dollar um, „ein Drittel mehr als die Traumfabrik Hollywood, ein gutes Drittel mehr als Rock- oder Countrymusik. Amerikaner geben für **Porno in Shops, auf 70 000 [!] Websites oder mit Pay-per-View** mehr Geld aus als für alle kulturellen Events wie Konzerte, Ausstellungen und Shows zusammen. **Allein der Verkauf und Verleih von DVDs und Videos erlöst jährlich über vier Milliarden Dollar**, mehr als die drei größten US-Profiligen im Football, Basketball und Baseball zusammen. Tausend Filme ... werden dafür monatlich produziert. Von **rund fünfzig Firmen, die 20 000 Menschen beschäftigen, darunter 1500 Darsteller, so genannte Sexworker**, deren männliche Vertreter seit [der Potenzdroge] Viagra zudem rund um die Uhr einsatzbereit sind." (7)

„Europäer werfen Amerikanern immer wieder gern deren angebliche Prüderie vor", heißt es in einem Artikel zur Dokumentation „Inside Deep Throat", die sich mit einem ganz besonders üblen pornographischen Machwerk von Anfang der 1970er Jahre beschäftigt. „Sex findet dort hinter geschlossenen Türen und keinesfalls in der Glotze statt. So heißt es zumindest. Die Zahlen der amerikanischen Porno-Industrie sprechen allerdings eine ganz andere Sprache. **Allein im Jahr 2002 wurden in den USA 11 303 Hardcore-Streifen produziert. Sämtliche Hollywoodstudios zusammen brachten es im gleichen Zeitraum auf gerade einmal 467 Spielfilme** [Anm.: In den USA wurden seit 2002 mehr als 50 000 Pornofilme gedreht!].

**Den Startschuß** für diesen gigantischen Erotikmarkt **gab 1972 eine Billigproduktion.** Zum Dumping-Preis von 25.000 Dollar kurbelte der damals völlig unbekannte Gerard Damiano 'Deep Throat' herunter. Die hirnrissige Story einer Frau mit einer Klitoris im Hals [!] und die von Hauptdarstellerin Linda Lovelace ausgeführte Tiefen-Fellatio trafen die zu diesem Zeitpunkt noch ziemlich verklemmte [sic!] und unaufgeklärte [sic!] Mittelklassegesellschaft der USA ins Mark.

Der Film löste in der Zeit der sexuellen Revolution diverse Dispute aus und wurde zum Phänomen. **Zum ersten Mal stellten sich Hausfrauen, Eheleute und Rentner vor Pornokinos an.** Der Kauf einer Kinokarte kam einem politischen Statement gleich. **Das geschätzte Einspielergebnis von 'Deep Throat' in den Vereinigten Staaten wird mit 600 Millionen Dollar beziffert.** So viel schaffte danach nur [der Film] 'Titanic'." (8)

Die am 10. Januar 1949 in New York geborene Linda Lovelace (eigentlich Linda Boreman) „war eine der bekanntesten US-amerikanischen Pornodarstellerinnen der 1970er. Nach ihrer Karriere wurde sie zu einer engagierten Kämpferin gegen Pornographie. ...

Viele Jahre nach ihrer Scheidung von ihrem ersten Ehemann Chuck Traynor 1973 behauptete Lovelace, er habe sie mit Waffengewalt zur Pornographie getrieben. 1980 schrieb sie in ihrer Autobiographie *Ordeal*, die Beziehung sei von Gewalt, Vergewaltigung, Prostitution und dem Pornogeschäft geprägt gewesen.

Boreman sagte vor einem Ausschuß des US-Kongresses aus, der sich mit Pornographie befaßte und hielt zahlreiche Vorträge an Hochschulen. Dabei setzte sie sich stets kritisch mit den harten und ausbeutenden Praktiken in der Pornoindustrie auseinander.

Am 3. April 2002 zog sie sich bei einem Unfall schwere Verletzungen zu, als sie von ihrem eigenen Geländewagen überrollt wurde. Am 23. April 2002 wurden die lebenserhaltenden Geräte abgeschaltet und Lovelace starb im Alter von [nur] 53 Jahren“, erfährt man im Internet-Lexikon „Wikipedia“ (9).

Daß gerade freizügige Streifen von der Filmwirtschaft gefördert werden, zeigte sich auch im Frühjahr 2004 als dem Filmemacher Fatih Akin (türkischer Herkunft, geboren 1973 in Hamburg-Altona) auf der Berlinale der „Goldene Bär“ verliehen wurde. „Die Entscheidung der Berliner Jury für den Akin-Film ‘Gegen die Wand’ kam zur richtigen Zeit. Die politische Kampagne für die EU-Vollmitgliedschaft der Türkei bedurfte kultureller Impulse im Mediensektor. Und so war es kein Zufall, daß **der im deutsch-türkischen Milieu spielende Film mit seinen Sex- und Gewalteinlagen hochgejubelt** wurde“, schreibt Manfred Müller und führt aus: „Die Hauptdarstellerin **Sibel Kekilli ist als Hardcore-Porno-Darstellerin bekannt.** In dem preisgekrönten Film über eine Schein-Ehe geht es hauptsächlich um **Partys, Drogen, Sex**. ‘Ich will frei sein’, sagt Sibel Kekilli in ihrer Rolle, ‘ich will fi... - und nicht nur mit einem Mann.’“ (10)

„Abstieg in die Verkommenheit“ lautete eine passende Schlagzeile des US-Magazins „The New American“ vom 17. November 2003 (S. 9) über die aktuellen Zustände in den USA: „‘Die Kultur ist weitaus porno-risierter geworden’, stellt die Herausgeberin Judith Regan fest. Als Beispiele führt sie den zunehmend unanständigen Ton der Werbung im Fernsehen und die Uraufführung von *Skin* im Oktober an, wobei es sich um eine TV-Serie auf dem Kanal Fox handelt, in der einer der zentralen Charaktere ein Porno-König ist. Er wird vom CFR[Council on Foreign Relations]-Mitglied Ron Silver verkörpert. Und Regans eigenes Verlagshaus, HarperCollins ReganBooks wird unseren Rutsch in die Gosse nächstes Frühjahr durch die Herausgabe des Buches *How to Make Love Like a Porn Star* - die Memoiren des Pornostars Jenna Jameson - noch beschleunigen.

Das Magazin *Entertainment Weekly* bezeichnete Jameson in seiner Ausgabe vom 24. Oktober als 'die Königin einer florierenden Industrie, die niedrig geschätzt 10 Milliarden Dollar im Jahr einnimmt.' Die 29jährige Jameson, Tochter eines Sheriffs und einem mittlerweile verstorbenen Revuegirls aus Las Vegas nimmt durch ihr persönliches Handelsunternehmen schätzungsweise 5 bis 15 Millionen Dollar ein. Sie hatte einen Auftritt in der Sendung *Mister Sterling*, die von NBC ausgestrahlt wird - wo sie natürlich eine Pornodarstellerin spielte. ...

Der Abstand zwischen Hollywood und der Schmuddel-Industrie wird immer geringer. Weitere Beweise dafür findet man in einer Geschichte des *Salon* vom 23. Oktober, in dem tonangebende bevorstehende Filme behandelt werden, die pornographisch explizite Szenen beinhalten. ... Jameson ist gegenwärtig mit Jay Grdina verheiratet, ihr Regisseur und 'Schauspiel'kollege. (Sie war kurzzeitig mit einem anderen Pornofilm-Regisseur verheiratet.) Grdina erklärte: 'Unser Job ist, wie Krapfen herzustellen. Man kommt zur Arbeit, betätigt die Stempeluhr, und geht dann wieder heim.' Ihr Arbeitsplatz zieht die Aufmerksamkeit einiger VIPs [Very Important Persons - sehr einflußreiche Persönlichkeiten] auf sich: 'Leute wollen hierher kommen und zusehen. Sie würden nicht glauben, welche Politiker sich unter ihnen befinden.'"

Gut zwei Jahre später erhielt man die Bestätigung, daß es sich bei Jenna Jameson in der Tat um den erfolgreichsten Erotikstar überhaupt handelt. Sie „gilt als die größte Sex-Expertin unserer Zeit - ihre Autobiographie *How to Make Love Like a Porn Star* stand sechs Wochen auf Platz eins [!] der Bestsellerliste der *New York Times*. Jetzt erscheint das Buch unter dem Titel *Pornostar* ... auch in Deutschland. Die meisten Männer, die ihr begegnen oder über sie schreiben, verlieren vorübergehend die Fassung und lassen sich zu hymnischen Komplimenten hinreißen. 'Sie ist die Julia Roberts der Porno-Industrie', schwelgte der *stern*. Die hochgeachtete *Neue Züricher Zeitung* meinte gar, sie bedeute für den Sex das Gleiche wie Madonna für die Musik. Doch Jameson verdient nicht nur Anerkennung, sondern auch Geld. Eine Menge Geld.

Mehr als 50 Pornos hat Jameson gedreht. 50 Dollar kostet so ein Streifen. Einige von ihnen gingen ein paar Millionen [!] Mal über die Ladentheke. Ein fast unverschämter Erfolg. Die meisten Filme bringen es in diesem Business auf nicht mehr als 3000 Kopien. Doch das ist noch nicht alles. Den größten Gewinn erzielt ihre Firma ClubJenna: Wer die 35 US-Dollar Monatsbeitrag überweist, kann auf der von ihr und ihrem Mann Jay G. Grdina betriebenen Internetseite Hardcorebilder und Filme herunterladen. Jennas Stöhnen ist als Klingelton erhältlich. Und ihre wichtigsten Körperteile werden im Jenna-Webshop als anatomisch korrekte Nachbauten aus weichem Silikon angeboten. 79,90 Dollar kostet der Mund, stolze 279 Dollar das komplette Untergeschoß. Das vibriert dann aber auch. 30 Millionen US-Dollar Umsatz erzielte das Imperium 2004, berichtet das renommierte Wirtschaftsmagazin *Forbes*. 15 Millionen Dollar bleiben nach Steuern übrig.“ (11)

„Das Video *I Dream of Jenna* ist mit über 6,5 Millionen verkauften Exemplaren der erfolgreichste Porno aller Zeiten. In Cannes wird Jenna Jameson Dauer-Abonnentin für den «Hot d'Or»-Award, wie die Goldene Palme der Sex-Industrie heißt.“ (12) Mehr als ein Drittel des 30-Millionen-Umsatzes erzielt Jamesons Porno-Imperium mit Sex-Videos. „Den Rest besorgen Merchandising, Mitgliedsbeiträge und die Verkäufe ihres Buches *How to Make Love Like a Porn Star*. Der inzwischen ein paar Millionen Mal verkaufte Bestseller liest sich wie eine Art Leitfaden für junge Berufseinsteigerinnen - Jameson führt durch jedes Detail des Pornogeschäfts und zeigt sogar Musterverträge ... “ (13)

Die ständige Verbreitung von Sex, vor allem durch Kino und Fernsehen, hat indes verheerende Folgen für unsere ganze Gesellschaft. So deckte eine Studie Anfang Juli 2005 auf, daß **schätzungsweise 500 000 Deutsche unter einer ernstzunehmenden Krankheit leiden: der Sexsucht.**

„Sexsüchtige zeigen Auffälligkeiten, die sonst nur an Drogenabhängigen beobachtet werden. 'Die Menschen haben die Kontrolle über ihr Verhalten verloren, brauchen eine immer höhere Dosis und zeigen Entzugserscheinungen', erläutert Psychologin Sabine Grüsser im 'Focus'.

Eine wirkungsvolle Behandlung ist meist langwierig und schwierig - oft zieht sie sich sogar über mehrere Jahre hin. Laut dem auf Sexsucht spezialisierten Psychotherapeuten Kornelius Roth sei Abstinenz das Nahziel der Therapie. Der Patient müsse 'herunterkommen von einer Frequenz von mehreren Höhepunkten pro Tag'.

*Einige Deutsche sind so sexbesessen, daß sie es kaum erwarten können, jährlich auf die Erotikmesse „Venus" nach Berlin zu fahren, wo sie „ihren" Porno-Stars ganz nah sein können. Es geht ihnen nicht mehr um Liebe, sondern nur noch um nackte Haut, nicht mehr um den Menschen an sich, sondern bloß um ein Stück Fleisch, das sie lüstern mit Blicken verschlingen können.*

***Links:** Auch mittels US-amerikanischer Fernsehserien wie „Desperate Housewives", in denen leichtbekleidete Frauen in amoralischen Geschichten zu sehen sind, werden bei vielen Zuschauern niedere Gelüste geweckt. In dieser Serie mit „null Tabus"* geht es um „verzweifelte Hausfrauen" in einer US-amerikanischen Vorstadt: die schlüpfrige Seifenoper, die der Fernsehsender ABC „immer sonntags zur besten Sendezeit serviert, begeisterte die Amerikaner! Die Sexmonster aus Suburbia werden mit durchschnittlich mehr als 25 Millionen Zuschauern pro Woche regelmäßig Quotensieger. Da nützt es wenig, daß die christlich-konservative American Family Association (AFA) lautstark schimpft und zum Boykott aufruft - die Nation guckt weiter begeistert zu!"* Mitte April 2005 lief die Serie auch in Deutschland an.*
***Rechts:** Man kann Erotik und Pornographie kaum noch entfliehen! Hier sehen wir den australischen „Popstar" (und die Schauspielerin) Kylie Minogue bei einer Wäschepräsentation für das Unternehmen Figleaves im Januar 2005.*
(Quellenhinweise: Oben: Der Spiegel, 20.10.03, S.112; Unten links: ebd. 13.2.06, S.82; Unten rechts: ebd. 24.1.05, S. 150; *: „Hurende Heimchen", http://www.freenet.de/freenet/film_und_musik/tv/desperate_housewives/index.html)

*Die tagtägliche Reizüberflutung vor allem im Fernsehen mit den Themen Erotik und Sex hat für viele verhängnisvolle Folgen. So sind sich Experten sicher, daß in Deutschland mittlerweile täglich bis zu eine Million (!) Männer ins Bordell gehen (oben ein Puff in Hamburg; unten ein solches Etablissement in Bochum). Dabei ist es den allermeisten von ihnen völlig egal, daß zahlreiche Frauen von brutalen Zuhältern zur Prostitution erst gezwungen werden. Insgesamt soll es in Deutschland 400 000 Huren geben, deren Jahresumsatz auf 14 Milliarden Euro geschätzt wird. (Zu allem Überfluß stellen Politik und Medien die Prostitution seit einiger Zeit als ganz normalen „Beruf", als eine „traditionsreiche Dienstleistung" dar!)*

(Quellenhinweise: Oben: Der Spiegel, 3.5.04, S.20; Unten: ebd. 13.3.06, S.59)

Aber der Weg zur Abstinenz ist für den Sexsüchtigen schwierig. Viele Patienten leiden unter massiven Entzugserscheinungen wie Angstzuständen, Weinkrämpfen oder Wutausbrüchen. ...

Erschütternd: **Ähnlich wie die Spiel- oder Kaufsucht kann die Sexsucht systematisch ganze Existenzen zerstören und den Erkrankten sogar zu schlimmen Straftaten wie Vergewaltigung oder sexueller Nötigung treiben.**

Den Betroffenen fällt es meist sehr schwer, über ihr Problem zu sprechen. Denn die Sexsucht ist in Deutschland wesentlich stärker tabuisiert und schambesetzt, als andere Formen der Abhängigkeit.“ (14)

Wie drastisch die Sexsucht bei vielen ausufert, zeigen einige repräsentative Meldungen der Sommermonate Juni bis August 2005:

„Weil ein 60jähriger mehrere ältere Frauen auf einem Gießener Friedhof sexuell belästigt hat, ist er vom Amtsgericht [am 14. Juni 2005] zu einer Bewährungsstrafe von eineinhalb Jahren verurteilt worden. Der alkoholkranke Mann muß zudem eine Therapie machen. Der Angeklagte hatte 2004 sechs Frauen im Alter von damals 66 bis 86 Jahren überfallen, unsittlich berührt und sexuell beleidigt.“ (15)

„Ein 72jähriger Renter aus Witzenhausen soll eine Vielzahl von Kindern sexuell mißhandelt und teilweise vergewaltigt haben. Gegen den Mann wurde [am 8. Juli 2005] Haftbefehl wegen sexuellen Mißbrauchs in sechs Fällen erlassen, drei davon schwer, wie die Staatsanwaltschaft Kassel mitteilte. Die jüngsten Oper sollen erst vier Jahre alt gewesen sein.

Dabei handelt es sich nach Angaben von Behördensprecher Hans-Manfred Jung um drei Opfer, an denen sich der Beschuldigte jeweils zwei Mal vergangen haben soll. Man erwarte, daß sich die Zahl der Opfer weiter erhöhe.

Die Zahl der betroffenen Kinder lasse sich noch nicht absehen, weil man erst am Anfang der Ermittlungen stehe. Alle Opfer stammten aus dem Wohnumfeld des ehemaligen Krankenpflegers. Die Mißhandlungen erstreckten sich über die Jahre 1999 bis 2005. Die Ermittlungen seien durch einen anonymen Hinweis ins Rollen gekommen.“ (16)

„Eine Gruppe etwa 12jähriger Jungen hat ein Mädchen in einem Freibad im nordrhein-westfälischen Versmold zu sexuellen Handlungen genötigt und dies mit der Handy-Kamera gefilmt. Laut Gütersloher Polizei ereignete sich der Übergriff bereits Ende Juni.

Die Jungen hatten ihr 13jähriges Opfer aufgefordert, mit in den Sanitärbereich des Freibads zu kommen. Dort mußte das Mädchen sexuelle Handlungen an einem der Jungen vornehmen", berichtete „SAT.1" am 13. Juli 2005 (S. 118).

(Am 8. Mai 2006 ereignete sich im Jungfernheidepark in Berlin-Charlottenburg ein noch schlimmeres Verbrechen, an dem ebenfalls jugendliche Täter beteiligt waren. Dort sollen vier Jungen - ein 14jähriger Deutsche-Angolaner, ein ebenfalls 14jähriger Deutsch-Russe und zwei 13 und 15 Jahre alte Deutsch-Türken - eine 16jährige Schülerin angepöbelt haben: „'Was ist los, fi ... oder was?' Sie ließen das leicht sprach- und lernbehinderte Mädchen vorbei. Eine Stunde später begegnete die Schülerin den Jungs erneut. Diesmal blieb es nicht bei Anmache!

'Sie haben mich ins Gebüsch gezerrt', sagte Christina [Anm.: Name geändert] der Berliner 'Sonntags-BZ'. Und weiter: 'Sie fielen über mich her. Ich war wie gelähmt, konnte nicht schreien.'

Nacheinander sollen sich die vier Jungen an ihr vergangen haben. Dabei sollen sie gelacht, ihr Opfer verhöhnt und der jüngste Täter die brutale Vergewaltigung mit einem Video-Handy gefilmt haben! Fast zwei Stunden soll das gedauert haben, was die Berliner Polizei als 'Gruppenvergewaltigung' einstuft.

Erniedrigt, verletzt und gedemütigt stellte sich Christina zu Hause unter die Dusche. Dann ging sie ins Bett. Ihrer Mutter vertraute sie sich zunächst nicht an: 'Ich hatte Angst, daß sie schimpft.' Erst einen Tag später beichtete sie alles einer Freundin, dann der Familie. Sie kam ins Krankenhaus. Dort stellten Ärzte Verletzungen im Intimbereich fest und sicherten DNA-Spuren (Sperma). ...

Die Beschuldigten sollen währenddessen auf dem Schulhof mit den Videoaufnahmen vor ihren Kumpels geprahlt haben", so die „Bild"-Zeitung in ihrer Ausgabe vom 15. Mai 2006.

Nur Wochen zuvor hatten zwei Mädchen an einer Augsburger Schule zwei 13jährige Jungen vor ihren Mitschülern sexuell gedemütigt und einem der Opfer ein Hakenkreuz auf den nackten Rücken gemalt. „Dem anderen wurde unter Zwang der Hosenschlitz geöffnet und mit einem Klebestift über die Unterhose gefahren. Zu dem Vorfall war es während einer Kunststunde gekommen. Der Lehrer hatte eine weitere Klasse beaufsichtigen müssen. Die Staatsanwaltschaft nahm die Ermittlungen auf." [17])

„Alsfeld: Wegen sexuellen Mißbrauchs einer geistig behinderten 18jährigen ist ein 67jähriger Mann zu zwei Jahren Haft auf Bewährung [!] und 450 Euro Geldstrafe verurteilt worden. Er hatte [am 14. Juli 2005] vor Gericht ein umfassendes Geständnis abgelegt und so dem Opfer eine Aussage erspart.“ (18) (Wie schön!)

(Dieser Freispruch eines Sexualstraftäters ist im modernen Deutschland kein Einzelfall: „Wegen des jahrelangen [!] sexuellen Mißbrauchs eines Mädchens hat das Amtsgericht Frankfurt [am 27. September 2005] einen 56 Jahre alten Mann zu zwei Jahren Haft auf Bewährung [!] verurteilt.

Der Mann hatte die heute 18 Jahre alte Tochter seiner Lebensgefährtin seit ihrem zehnten Lebensjahr mißbraucht. Maßgeblich für das milde Urteil war laut Gericht das umfassende Geständnis des Angeklagten. Er hat bereits acht Monate in Untersuchungshaft gesessen.

Die 18jährige hatte sich auf offener Straße einem Passanten anvertraut, der dann die Polizei einschaltete.“ [19]

„Mehr als zehn Jahre nach der Vergewaltigung seiner Tochter ist ein Vater [am 11. Januar 2006] zu einer zweijährigen Bewährungsstrafe verurteilt worden.

Das Frankfurter Landgericht begründete sein vergleichsweise mildes Urteil damit, daß der heute 66jährige mit seinem Geständnis der psychisch kranken Tochter einen Auftritt als Zeugin in dem Prozeß erspart habe. ... Der Diplom-Volkswirt hatte gestanden, Anfang der 90er seine damals 16jährige Tochter mehrfach sexuell mißbraucht und vergewaltigt zu haben.“ [20]

„Eine Mutter, die ihre Tochter schwer [!] sexuell mißhandelt hat, ist von einem Amtsgericht in Hamburg zu einer Freiheitsstrafe von zwei Jahren auf Bewährung [!] verurteilt worden. Die 34jährige hatte gestanden, sich drei Mal an der zum Tatzeitpunkt zehnjährigen Tochter vergangen zu haben.

Die Staatsanwaltschaft hatte zweieinhalb Jahre Haft ohne Bewährung gefordert. Das Gericht verhängte aber eine Bewährungsstrafe, auch weil die Tochter darum gebeten hatte. Sie wollte ihrer Mutter so den Abschluß einer bereits begonnenen Therapie ermöglichen.“ [21]

Wie der „hr-text“ am 21. April 2006 [S. 130] berichtete, muß ein 24jähriger aus Peine für den jahrelangen [!] sexuellen Mißbrauch seiner minderjährigen Schwester ebenfalls nicht ins Gefängnis. „Das

Landgericht Braunschweig verurteilte den Mann zu 21 Monaten Haft auf Bewährung.

Er hatte gestanden, sich zwischen seinem 14. und 18. Lebensjahr in rund 440 [!] Fällen an seiner Schwester vergangen zu haben. Zu Beginn des Martyriums im Jahr 1995 war das Mädchen acht Jahre alt. Strafmildernd wertete das Gericht vor allem das umfassende Geständnis des Mannes."

In anderen Ländern beobachtet man die gleiche Milde mit Vergewaltigern. So sorgte etwa Mitte Februar 2006 in Italien ein Skandal-Urteil für Aufsehen: „Ein Gericht in Rom hat einem Vergewaltiger mildernde Umstände zuerkannt, weil sein minderjähriges [!] Opfer keine Jungfrau mehr war. Die Folgen sexueller Gewalt seien als geringer einzuschätzen, wenn das Opfer zuvor bereits sexuellen Kontakt mit anderen Männern hatte, entschieden die Richter.

Es handelte sich um einen 40jährigen, der seine 14jährige Stieftochter vergewaltigt hatte. Diese sei 'sexuell weit erfahrener gewesen, als man es von einem Mädchen ihres Alters erwarten kann'." [22])

„Ein 64jähriger soll zwei Jahre lang Toiletten auf einem Autobahnparkplatz bei Misburg in Niedersachsen verriegelt haben, um Frauen bei [der Verrichtung] ihrer Notdurft [!] im Gebüsch zu beobachten. Ein anonymer Hinweis brachte die Ermittler auf die Spur des Mannes.

Der Mann hatte offenbar Toilettentüren an der A 7 mit einem Vierkantschlüssel verschlossen und Klebeband mit der Aufschrift 'defekt' angebracht. Frauen, die ins angrenzende Gebüsch gingen, beobachtete der Mann aus einem Versteck." (23)

Einen seit Wochen gesuchten Sittenstrolch hat die Polizei in Darmstadt festgenommen. „Der 71jährige steht im Verdacht, sich im Schwimmbad und auf einem Spielplatz vor Kindern entblößt zu haben. Der einschlägig vorbestrafte Mann habe auch heimlich badende Kinder gefilmt und gemalt", teilte der „hr-text" am 21. Juli 2005 auf Seite 130 mit.

„Ein Mann, der als Schwimmlehrer und Babysitter [!] arbeitete, hat den Mißbrauch von acht Kleinkindern im Alter zwischen einem und fünf Jahren gestanden. Er sei krankhaft pädophil und hoffe auf eine Therapie, sagte der 41jährige vor dem Frankfurter Landgericht. Aus diesem Grunde habe er alle Mißbrauchs-Taten gestanden.
Einen der Jungen soll der Angeklagte mehr als 400 [!] Mal mißbraucht haben. Bei den mißbrauchten Kindern handelt es sich um sieben Jungen

und um ein Mädchen.“ (24) Der Mann wurde entlarvt, nachdem eine Mutter an den Genitalien ihres Kindes Verletzungen entdeckt hatte.

„Zwei Männer sollen in einem Hotel in Helmstadt (Niedersachsen) mindestens 10 Jungen im Alter von 13 bis 17 Jahren sexuell mißbraucht haben. Die Staatsanwaltschaft erhob Anklage gegen zwei Männer. Diese legten Teilgeständnisse ab. Sie sollen die Jungen in einer Diskothek angesprochen und mit Geschenken in das Hotel gelockt haben.“ (25)

„Ein 58 Jahre alter Mann aus dem Odenwald soll zehn Jahre lang Kinder mißbraucht haben. Der Mann sei [am 22. Juli 2005] festgenommen worden und habe die Vorwürfe in ersten Vernehmungen eingeräumt, teilte die Polizei mit. In seinem in Weiterstadt abgestellten Wohnwagen soll er zu etwa zehn Jungen im Alter zwischen 11 und 14 Jahren sexuellen Kontakt gehabt haben.“ (26)

„Eine Schülerin [!] aus Dortmund hat mit einer ungewöhnlichen Sex-Wette für Aufsehen gesorgt. Wie die ‘Bild’-Zeitung berichtete, hatte die 19jährige Nathalie zusammen mit einer 29jährigen Freundin [am 8. August 2005] zwei Zimmer in einem Kölner Bordell gemietet und über das Internet angekündigt, Sex mit möglichst vielen Männern haben zu wollen. Für jede Nummer zahlten die Frauen [!] 50 Euro und die Männer standen Schlange!

Zum Schluß hatte es Nathalie fast 100 Mal getan, ihre Freundin kam nur knapp auf die Hälfte.“ (27)

„Kelsterbach (Groß-Gerau): Wegen des Mißbrauchs eines sieben Jahre alten Jungen ermittelt die Polizei gegen einen 61jährigen. Nach Angaben eines Sprechers [vom 19. August 2005] hat der Mann zugegeben, das Kind in seine Gartenhütte gelockt und sich vor [dessen] Augen selbst befriedigt zu haben. Die Polizei prüft, ob dem Beschuldigten weitere Straftaten anzulasten sind.“ (28)

Zu zwei Jahren Haft auf Bewährung wegen sexuellen Mißbrauchs hat das Amtsgericht in Gießen am 23. August 2005 einen 89 (!) Jahre alten Mann verurteilt. „Er hatte sich in einem Schwimmbad und in seiner Wohnung an zwei minderjährigen Mädchen vergangen. Der Rentner war bereits zweimal wegen sexuellen Mißbrauchs von Kindern verurteilt worden.“ (29)

Wie es bereits am Dienstag, den 2. Dezember 2003, hieß, hatten in einem Zug von Kassel Richtung Fulda sechs Männer eine 15jährige massiv sexuell belästigt. „Die etwa 40 Jahre alten Männer hätten die

Schülerin auf der Heimfahrt am Montag in einem Abteil eingekeilt, begrapscht und zunächst am Aussteigen gehindert, teilte die Polizei mit. Erst nach heftiger Gegenwehr sei das Mädchen eine Station später aus dem Zug gelangt." (30)

Unglaublich auch, was sich am frühen Abend des 31. August 2004 in der Landeshauptstadt Baden-Württembergs abspielte. Dort wurde von einem „bizarren Sex-Alarm" gesprochen: „In einer Einkaufspassage hatte ein Mann (38) 'Sex' mit einer aufblasbaren Gummipuppe. Polizisten konnten ihn nur mit Mühe von seiner 'Geliebten' trennen. Die Polizei: 'Er hatte bei der Festnahme noch die Hose offen.' Ein Alkoholtest ergab einen Wert von 4,1 Promille." (31)

Ein ähnlicher Fall ereignete sich am Abend des 8. Oktober 2005 in der bayerischen Landeshauptstadt, als eine 16jährige Münchnerin beobachtete, wie ein offensichtlich stark alkoholisiertes Pärchen neben einem Spielplatz in Freimann den Geschlechtsverkehr ausübte. „Das Pärchen hatte sich neben dem Spielplatz in einen Grünstreifen gelegt und war ab der Hüfte abwärts nackt. Herbeigerufene Polizeibeamte konnten die beiden Münchner noch bei ihrer Tätigkeit antreffen und festnehmen. Die 16jährige Zeugin gab an, daß auch mehrere Kinder, die sich zum Tatzeitpunkt auf dem Spielplatz ... aufgehalten hatten, dem 'Treiben' zugeschaut haben." (32)

Nur einen Tag später die nächste schockierende Nachricht: „Ein Familienvater aus Gummersbach ist wegen sexuellen Mißbrauchs seiner Stieftochter, seines Pflegekindes und seines Patenkindes zu einer vierjährigen Freiheitsstrafe verurteilt worden. Das Kölner Landgericht sah es als erwiesen an, daß der geständige 56jährige zwischen 1994 und 2001 seine körperbehinderte [!] Stieftochter und sein Pflegekind immer wieder sexuell mißbraucht hatte.

Der Verurteilte hatte in zwei Fällen zudem sein damals zehnjähriges Patenkind mißbraucht. Es handelte sich um insgesamt 266 Fälle." (33)

Was ist bloß aus unserem Land geworden?!? (Es fehlen einem die Worte!) Fest steht, der Verlust der Scham macht unser öffentliches Leben nicht gerade attraktiver. „Vielleicht ist es in der Tat nur noch eine Frage der Zeit, wie ein bekannter, jederzeit zu zeitkritischen Marginalien aufgelegter Theologe sarkastisch bemerkte, bis homosexuelle und heterosexuelle Partner in einem Eisenbahnabteil kopulieren, während die übrigen Reisenden dabei seelenruhig ihre Zeitung lesen. Unter diesem Aspekt partieller Verblödung ist auch eine falsch verstandene Freikörperkultur zu werten, die bereits einen bemerkenswert hohen Stand eines progressiven Schwachsinns indiziert. Im Sommer stehen nämlich Alte und Junge, Männer und Frauen, Häßliche und Hübsche in abgebrühter Nacktheit vor dem Strandkiosk Schlange, um ein Eis zu schlecken. Der 'reale sexuelle Sozialismus', so der genannte Theologe, hat bereits in Deutschlands Betten seinen Einzug gehalten", beklagte Gustav Sichelschmidt in seinem 1995 erschienenen Buch „Deutschland verblödet" auf Seite 147 f die modernen Verfallserscheinungen.

Angesichts der regelrechten Besessenheit vieler Deutscher von Fleischeslust ist es übrigens kein Wunder, daß eine Reihe von Geschlechtskrankheiten in unserem Lande seit Jahren beständig zunehmen: „Die **Syphilis ist in Deutschland weiter auf dem Vormarsch** und bedroht besonders die Gesundheit von Schwulen. Wie das Berliner Robert Koch Institut (RKI) in seinem neuesten Epidemiologischen Bulletin berichtet, wurden 2004 insgesamt 3345 neue Infektionen mit dieser lange Zeit schon als besiegt angesehenen Geschlechtskrankheit gemeldet. Das war gegenüber dem Jahr zuvor eine Steigerung um mehr als 400 Fälle oder 14 %. **Am höchsten ist die Zahl der Erkrankungen nach sexuellen Kontakten zwischen Männern"**, berichtete der „ARDtext" am 5. Juli 2005 (S. 527; Herv. v. Verf.).

Nicht umsonst lautete eines der Themen in der Sendung „GesundheitsTREND", die am 21. November 2005 um 23:30 Uhr auf „RTL" ausgestrahlt wurde: „Tripper, Syphillis und Chlamydien: Warum die alten Geschlechtskrankheiten wiederkommen"!

Man sollte bedenken, daß es bereits Heranwachsende sind, die in den letzten Jahren in einer Reihe westlicher Länder vermehrt als Sexualstraftäter in Erscheinung traten, nicht selten sogar als Serien-Vergewaltiger: „Ein 14 Jahre alter Schüler aus Philadelphia im US-Bundesstaat Pennsylvania soll mehrere Mädchen und Frauen vergewaltigt haben. Der Junge war bereits im März wegen Vergewaltigungen zu einer Bewährungsstrafe verurteilt worden.

Nun wurde er erneut wegen des gleichen Delikts festgenommen. Dem Schüler werden acht weitere Fälle zur Last gelegt. Im Sommer soll er mindestens [!] acht Mädchen und Frauen im Alter zwischen 16 und 32 Jahren angegriffen und meist zum Sex gezwungen haben", so der „RTLtext" am 18. November 2005 (S. 135).

Wegen des Verdachts der Vergewaltigung sind ein 14- und ein 18jähriger in Pfungstadt in Untersuchungshaft genommen worden. „Sie werden beschuldigt, am vergangenen Wochenende eine 16jährige unter einem Vorwand in den Keller eines Mietshauses gelockt und dort mehrfach [!] mißbraucht zu haben", berichtete der „hr-text" am 23. November 2005 (S. 130).

Ein etwa 15jähriger Jugendlicher hat am 13. Februar 2006 in Hamburg einen Zehnjährigen mißbraucht. „Der Täter lockte den Jungen auf dem Heimweg von der Schule zu abgelegenen Müllbergen und drohte, ihn umzubringen.

Dann kam es laut Polizei zu der 'schweren sexuellen Mißhandlung des Kindes'. Anschließend ließ der Täter sein Opfer frei. Das Kind vertraute sich zu Hause seiner Mutter an, die sofort die Polizei alarmierte. Eine Großfahndung mit Hubschrauber und Streifenwagen blieb erfolglos." (34)

Am 25. Juli 2006 berichtete der Videotext von „ProSieben" (S. 131) über einen ähnlichen Fall aus Versmold, bei dem ein 15jähriger sich mehrere Monate lang an zwei Mädchen und einem Jungen im Alter zwischen acht und zehn Jahren sexuell vergangen haben soll. „Der Jugendliche sei nach intensiven Recherchen als dringend tatverdächtig ermittelt worden, erklärte die Polizei. Unter anderem habe der 15jährige ein achtjähriges Mädchen auf einem Abenteuerspielpaltz in Harsewinkel in ein Gebüsch gedrängt, es gezwungen, sich auszuziehen, und mit einem Handy photographiert."

„Sechs Schüler einer Clique aus dem niedersächsischen Hildesheim sollen ein 13jähriges Mädchen mehrfach sexuell mißbraucht und vergewaltigt haben. Die 14 bis 17 Jahre alten Verdächtigen sitzen nach Angaben der Staatsanwaltschaft in Untersuchungshaft. Sie wurden zum Teil in ihren Schulen festgenommen.

Das Mädchen hatte einen der Jungen über das Internet kennengelernt. Schon beim ersten Treffen habe er mehrere Freunde mitgebracht. Sie hätten das Mädchen zum Geschlechtsverkehr gezwungen. Mit der Drohung, Photos der Vergewaltigung zu zeigen, sei es gefügig gemacht worden", schilderte der „ARDtext" am 19. Mai 2005 (S. 162).

Woher das alles kommt? Tatsache ist: **„Nie waren die jungen Deutschen so stark frühsexualisiert wie in unserer Zeit.** 'Rein bleiben und reif werden', dieses Ideal der frühen deutschen Jugendbewegung ist nur zu begreifen vor dem Schmutz, dem die Jugendlichen in den ersten Jahrzehnten des 20. Jahrhunderts in ihrer Gesellschaft begegneten. Und doch: Von so vielen sexuellen Impulsen und Reizen wurden die damaligen jungen Menschen im bürgerlich-städtischen, proletarischen und ländlichen Milieu nicht überschüttet, wie dies heute der Fall ist: **von den BRAVO-Ratschlägen, der kommerziellen Werbung mit Sex-Motiven und -Symbolen, den nachmittäglichen Quassel-Sauereien im Fernsehen bis hin zu den regelmäßigen Koitus-Einlagen in Spielfilmen und Serien der Abendprogramme. Hedonismus pur ist der rote Faden, der sich durch die kommerzielle Werbung und die Unterhaltungsprogramme der Massenmedien zieht.** Entsprechendes findet sich, für Jugendliche leicht zugänglich, im riesigen Angebot von Videos und Internet. (Anm.: Das könnte einer der Hauptgründe dafür sein, warum die Jugendlichen in Deutschland immer früher in die Pubertät kommen, wie der „ARD-Text" am 27. Mai 2006 [S. 535] berichtete. „Dieser Trend, der bereits seit 140 Jahren beobachtet wird, habe sich in den vergangenen Jahren fortgesetzt. Darauf weist der Landauer Sexualwissenschaftler Norbert Kluge hin.

Lag das Durchschnittsalter bei deutschen Mädchen zum Zeitpunkt der ersten Periode im Jahr 1860 noch bei 16,6 Jahren, so lag es 1950 bei 13,1 Jahren und 1994 bei 12,2 Jahren. Die Geschlechtsreife bei Jungen setzte 1994 bereits im Alter von 12,6 Jahren ein, während es 1980 noch bei 14,2 Jahren lag.")

**Die Familienzerstörung mag in der Flimmerwelt weiter fortgeschritten sein als in der gesellschaftlichen Wirklichkeit. Jugendliche sind mit beidem ständig [!] konfrontiert** und erleben so die schlimmste Form moderner Dekadenz." (35)

Besonders schlimm ist, daß keine Korrektur der verkommenen Fernseh-Moral durch ein positives Vorbild der Erziehenden zu beobachten ist. Schließlich gehen vom Kino und Fernsehen immer größere Angriffe auf die Familie aus. Hören wir dazu die Inhaltsangabe der in den USA überaus erfolgreichen Serie „Six Feet Under" aus dem Jahr 2001 (deutscher Titel: „Six Feet Under - Gestorben wird immer"): „Ausgerechnet an Heiligabend kommt Bestattungsunternehmer Nathaniel Fisher bei einem Autounfall ums Leben. Seine Frau, seine Kinder und die Mitarbeiter der Firma sind geschockt, versuchen aber trotzdem das Geschäft am Laufen zu halten. So beginnt die erste Folge von SIX FEET UNDER, einer der ungewöhnlichsten Serien, die je über die US-Bildschirme flimmerte.

Denn was sich wie eine neue, schmalzige Familiensoap anhört, entpuppt sich bei näherem Hinsehen als **schriller und subversiver Abgesang auf ... Heile Welt-Phantasien** ... Schon der Unfall an sich ist ein Witz: Nathaniel greift nach einer heruntergefallenen Zigarette und wird mitsamt seinem neuen Leichenwagen bei strahlendem Sonnenschein von einem Bus zermalmt. Autsch!

**Mutter Ruth**, ein absoluter Kontrollfreak, flippt bei der Todesnachricht völlig aus. Bei der Beerdigung **gesteht** sie **ihren Söhnen, daß sie ein außereheliches Verhältnis hatte**, was den spießigen David entsetzt aufstöhnen läßt: 'Meine Mutter ist eine Hure!'

**David** hat aber keinen Grund andere mit Dreck zu bewerfen, denn hinter der Fassade des biederen Spießbürgers, der in die Fußstapfen seines Vaters treten soll, versteckt sich Abgründiges. So **ist** er **stockschwul und hat ein Verhältnis mit einem schwarzen Polizisten,** der ausgerechnet bei der Beerdigung seines Vaters auftaucht. Das sieht **seine Schwester Claire**, die sich ein Grinsen nicht verkneifen kann. Sie selbst ist aber auch kein Kind von Traurigkeit, war sie doch **gerade dabei, unter Drogen an einer Orgie teilzunehmen, als sie vom Tod ihres Papis erfuhr. Eine verkommene Gesellschaft, diese nach außen so braven Fishers!**

Vielleicht war das mit ein Grund, warum **der älteste Sohn Nate** sich von der Familie gelöst hat. Bei seiner Rückkehr zu Weihnachten **vögelt** er **gerade seine Sitznachbarin aus dem Flugzeug in einer Abstellkammer auf dem Flughafen, als ihn die Nachricht vom Dahinscheiden seines Vaters per Handy erreicht.** Koitus interruptus!

Nate darf die Leiche identifizieren und erfährt, daß er die Hälfte des Familienunternehmens geerbt hat. Sein Bruder David flippt bei der Testamentseröffnung völlig aus ...

Das war nur ein kurzer Einblick in die erste Folge FISHER UND SÖHNE. Was in den anderen zwölf Geschichten der ersten von bis heute drei Staffeln alles auf die Fishers und den staunenden Zuschauer einprasselt, würde für ein ganzes Buch reichen. **Da werden Silikonbrüste bestattet, Pos tätowiert und da entdecken ältere Frauen die späten Freuden des Sex.** SIX FEET UNDER ist phantastische Fernsehunterhaltung (Vater Nathaniel macht als fröhlicher Geist die Runde), die beweist, daß Autoren nicht immer dieselben ausgelutschten Klischees hervorbringen müssen. Erfrischend frech erzählen die dreizehn Episoden vom ganz normalen Wahnsinn in den Vereinigten Staaten. Dabei bekommt jeder sein Fett weg und **keine von verstockten Puristen als Geschmacklosigkeit bezeichnete Panne wird ausgelassen.“** (36)

Ebenfalls als „rabenschwarze Komödie“ wird der von Steven Spielberg produzierte Streifen **„American Beauty“** ausgegeben: „Die Kamera gleitet über ein gleichförmiges amerikanisches Vorortidyll. Weiße Reihenhäuser, geleckte Straßen, manikürte Vorgärten. ‘Mein Name ist Lester Burnham’, legt sich aus dem Off die sanfte Stimme des Erzählers über die Bilder. ‘Das ist meine Nachbarschaft. Das ist meine Straße. Das ist mein Leben. Und dann, in nicht minder gleichmütigem Tonfall: ‘Ich bin 42 Jahre alt. In weniger als einem Jahr werde ich tot sein. Natürlich weiß ich das noch nicht. Eigentlich bin ich jetzt schon tot.’

Es ist ein Morgen wie jeder andere. **Lester Burnham onaniert unter der Dusche.** ‘Sie werden es nicht glauben, aber **das ist schon der Höhepunkt meines Tages’,** lautet dazu der lakonische Kommentar aus dem Jenseits. Lester macht keine Witze: **Seine Ehe ist zerrüttet**, sein Job steht auf der Kippe, seine Frau Carolyn und seine halbwüchsige Tochter Jane halten ihn für einen ‘gigantischen Verlierer’, und wenn er auf schicken Partys Leuten begegnet, die vergessen haben, wer er ist, entschuldigt er dies mit der Bemerkung ‘Ich würde mich an mich auch nicht erinnern.’ ...

Die schwarze Komödie ‘American Beauty’ ist ein Film über Menschen, die verzweifelt bemüht sind, die **Fassade eines intakten Familienlebens** aufrecht zu erhalten, obwohl dahinter alles in Scherben liegt. Lester wird sich in die Freundin seiner Tochter verlieben. Seine Frau wird sich einem schleimigen Immobilienmakler an den Hals werfen. Seine Tochter wird sich in den gestörten Drogenhändler von nebenan verknallen - es ist, als würde sich eine giftige schwarze Blume zu einer bösen Seifenoper entblättern ... “ (37)

Man sollte bedenken, daß Hollywood *schon seit Jahrzehnten* derlei moralisch verwerfliche Filme hervorbringt, wobei der 1979 entstandene Streifen **„ Manhattan“** als Bestätigung dessen dienen mag, hat er doch einen ganz ähnlichen Inhalt wie „American Beauty“: „Fernsehautor Isaac (Woody Allen) hat kein Glück in der Liebe. **Seine Frau** (Meryl Streep) **hat ein lesbisches Verhältnis**. Trost findet er nur bei der 17jährigen Schülerin Tracey (Mariel Hemingway). Da lernt er die Journalistin Mary (Diane Keaton) kennen - und **läßt sich auf eine Affäre mit ihr ein.“** (38)

„Ganz schön gewagt: In ‘Manhattan’ verliebt sich Woody Allen in eine Schülerin, gespielt von Mariel Hemingway. ‘Ich bin 42, und sie ist 17. Mein Gott, ich bin älter als ihr Vater!’, stöhnt seine Figuar

Isaac Davis. Ahnt Allen den Skandal voraus, der ihn 13 Jahre später einholt? Er verliebt sich in seine 17jährige Adoptivtochter Soon-Yi, liefert sich eine Scheidungsschlacht mit seiner Frau Mia Farrow. Aber dem Erfolg von 'Manhattan' schadet es nicht, daß Mariel Hemingway bei den Dreharbeiten erst 17 ist - der Film spielt weltweit über fünfzig Millionen Dollar ein." (39) (Mit seinem Werk „Der Stadtneurotiker" gewann Woody Allen nur zwei Jahre zuvor vier Oscars!)

Ebenfalls aus dem Jahr 1979 stammt der Hollywood-Streifen **„Kramer gegen Kramer"** mit den beiden Hauptdarstellern Dustin Hoffman und Meryl Streep. Er „gewann fünf Oscars, darunter jene in den Kategorien 'Bester Film', 'Bester Hauptdarsteller' und 'Bestes Drehbuch', und auch heute noch ist er ebenso bewegend wie zu der Zeit als er in die Kinos kam. Dies liegt an der einfachen Tatsache, daß die dramatische Handlung auf Ehepaare jeder Generation zutreffen kann. **Regisseur Robert Benton** ... adaptierte den Roman von Avery Corman und **schuf** damit **den vielleicht besten und ausgewogensten Film, der je über das Scheitern einer Ehe und den turbulenten Wechsel der elterlichen Rollen gedreht wurde. ... Weil Benton es sich versagt, Schuldzuweisungen zu machen und die beiden Seiten in diesem furchtbaren Dilemma fair behandelt** [Anm.: Ein Christ hätte die dringende Verantwortung, den Schuldigen beim Namen zu nennen und scharf anzuprangern!], **zeigt der Film einander ebenbürtige Grade des Schmerzes, der persönlichen Entwicklung** und der Redlichkeit unter dem Druck emotionell belastender Lebensumstände", schreibt Jeff Shannon in seiner Rezension (40). (Nicht selten geht es in Hollywood-Streifen um freie Liebe, Ehebruch und Scheidung, wobei der eigentliche Geschlechtsakt natürlich nicht zu kurz kommen darf!)

„So viel Sex war noch nie", stellte „Der Spiegel" bereits vor Jahren in seiner Ausgabe vom 27. Dezember 1999 (S. 121; Herv. v. Verf.) über die moderne „Kultur" fest: „am Kiosk von den 'St. Pauli-Nachrichten' bis zu 'Penthouse', im Fernsehen auf allen [!] Kanälen - vom Arte-Themenabend 'Erotik' bis zu 'Strip!' beim Schmuddelsender RTL 2. Magazine wie 'Playboy' und 'Max' liefern sich einen Wettlauf um die nächste Prominente, die nackt ihr Cover ziert. Viele neue Medien sind erst mit Schlüpfrigem richtig groß geworden - von den ersten Bildplatten über Super 8, Video, CD-Rom und Bildschirmtext bis zur Video-CD. Und auch dem Mega-Medium Internet half erst Seichtes so richtig auf die Sprünge: Auf den ersten Websites, die kommerziell erfolgreich waren, gab es vor allem viel Busen und Bein. Und auch heute noch könnte das 'E' in 'E-Commerce' für Erotik stehen: **Statistisch gesehen ist jeder dritte Surfer im Netz auf der Suche nach Sex**, entsprechende Sites machten laut Forrester Research 1998 einen Umsatz von einer Milliarde Dollar. **Längst ist das Netz zum Sex-Seller der Superlative geworden**: von sinnlich bis hardcore, vom Hochglanz-Produkt bis zu Amateur-Aufnahmen, von einschlägigen Diskussionsforen bis zum Sex-Spielzeug-Versand - es gibt nichts mehr, das es nicht gibt. Und den Deutschen gefällt's: Mehr als die Hälfte aller auswärtigen Besucher von US-Sex-Seiten wählen sich aus Deutschland ein, und es sind nicht nur die üblichen Verdächtigen - rund ein Viertel der Sex-Surfer sind Frauen."

Der eine Weg, auf dem das Fundament unserer einstmals katholisch geprägten Gesellschaft ausgehöhlt wird, besteht also in der zunehmenden Sexualisierung, das heißt in der Verbreitung obszöner Bilder und Szenen, was bei vielen Leuten mit der Zeit eine regelrechte Abstumpfung zur Folge hat. Genügte ihnen einst ein entblößter Busen oder ein blanker Po, um ihre Triebe zufriedenzustellen, sehnen sie sich schon lange nur noch nach immer neuen Höhepunkten pornographischer „Unterhaltung".

Eine andere Taktik antichristlicher Filmschaffender ist es, abgrundtief böse Charaktere als „sympathisch" erscheinen zu lassen und so eine Verbindung zwischen dem Zuschauer und dem Übeltäter herzustellen, geschehen etwa bei dem US-Streifen „The Devil's Rejects" aus dem Jahr 2005: „Ausgangspunkt der Geschichte ist die Jagd von Sheriff John Wydell ... , der den Tod seines Bruders rächen will, den die durchgeknallte Familie Firefly auf dem Gewissen hat. Dabei geht der Gute nicht zimperlich vor, doch auch der Firefly-Clan hinterläßt eine Blutspur, wenn er mordend durch die Lande zieht. Wydell bevorzugt, obwohl Gesetzeshüter, bei seiner Verfolgung unorthodoxe Methoden und begnügt sich nicht damit, Otis [Anm.: Der sadistische Massenmörder Otis wird von dem jüdischstämmigen US-Schauspieler Bill Moseley gespielt!], Baby Firefly ... und Spaulding ... zu verhaften - er hat sich für sie etwas anderes ausgedacht! ...

**Rob Zombies filmisches Weltbild** ist nicht nur bewußt düster ('Alle meine Charaktere sind böse'), es **gründet auch auf der Tatsache, daß es gerade die Fieslinge im Kino sind, denen unser** [Anm.: Sofern wir uns ein solches Machwerk überhaupt anschauen!] **besonderes Interesse gilt und auch unser Mitgefühl [!] wenn es ihnen** dann doch (oftmals ja verdientermaßen) **an den Kragen geht.** ...

Wie in Tobe Hoopers BLUTGERICHT IN TEXAS (dem originalen 'Kettensägenmassaker' aus dem Jahr 1974) organisiert Rob Zombie seine merkwürdig sympathischen Bösewichte nach einem ähnlichen Prinzip: **Die Psychos mögen vielleicht durchgeknallte Spinner sein, aber wenigstens halten sie in ihrer Familie auch dann zusammen, wenn es ihnen einmal schlecht geht. Daß dabei eine Bande von gestörten Serienkillern letzten Endes zu den eigentlichen Identifikationsfiguren [!!!] wird, ist keine neue Idee**, erweist sich durch ihre Ambivalenz aber als wirksam, weil sich der Film so einer konventionellen Rollenverteilung verweigert." (41)

„Unterm Strich bleibt ein sehr unterhaltsames Splatter-Roadmovie, schön skurril, mit gesunder [?!?] Härte und dabei ausreichend genug von seinem Vorgänger entfernt, so daß der Verdacht der Eigenkopie gar nicht erst entsteht. Jetzt liegt es nur noch an der FSK [Anm.: Freiwillige Selbstkontrolle], ihr Placet zu geben, und hier dürfte wohl das größte Problem liegen, denn **der Film macht wenig Kompromisse und enthält so einiges an Derbheiten, die bei anderen Streifen schon für größere Probleme gesorgt haben.** Vielleicht sollte man sich auf Seiten der Jugendschützer einfach jenes alte Credo ins Gedächtnis rufen, das seinerzeit bereits skandalträchtige Streifen wie Wes Cravens LAST HOUSE ON THE LEFT [aus dem Jahr 1972] begleitete: It's only a movie! [Es ist nur ein Film!]" (42) (Anm.: Daran sieht man wieder einmal, wie unterschwellig subversiv und gleichzeitig scheinheilig eine Filmrezension auf den Zuschauer verführerischen und damit negativen Einfluß nimmt [resp. nehmen kann].)

Der Film „The Devil's Rejects" ist die Fortsetzung des widerlichen Machwerks „House of 1000 Corpses" (Das Haus der 1000 Leichen), dessen Inhalt sich wie folgt liest: „1977, ein Tag vor Halloween. Irgendwo in einer einsamen Gegend Amerikas hält ein Auto mit zwei jungen Pärchen an der Tankstelle des obskuren Captain Spaulding ... Dieser verkauft nicht nur Benzin, sondern betreibt nebenbei sein 'Museum der Monstren und komplett Irren'.

Neugierig läßt sich das Quartett auf eine Führung ein und erfährt nebenbei von der Legende des Dr. Satan [!]. Bei dem Vorhaben, diesem Mythos auf den Grund zu gehen, geraten die Jugendlichen in die Hände einer geisteskranken Hinterwäldler-Familie.

Das Subgenre des 'Hinterwaldhorrors', in dem sich eine Gruppe Teenies stets in einer abgelegenen, ländlichen Gegend verirrt und dort massakriert wird, erlebte u.a. mit 'Wrong Turn' oder 'Michael Bays Texas Chainsaw Massacre' ein Comeback. Auf Rob Zombies Beitrag 'Haus der 1000 Leichen' hätte man durchaus verzichten können", schreibt „DVD Vision" im Dezember 2004 (S. 60) und spricht völlig zurecht von einem „menschenverachtenden Genre-Stück“. (Auf der US-amerikanischen DVD-Hülle findet sich die Kritik von Kevin Thomas von der „Los Angeles Times“: „Ein Werk dämonischer Großartigkeit!“)

Die US-DVD gibt den Inhalt dieses Films folgendermaßen wieder: „Auf ihrer Suche nach einer örtlichen Legende, die als Dr. Satan bekannt ist, verfahren sich zwei junge Paare auf den abgelegenen Landstraßen Amerikas. Verloren und hilflos, fallen sie einer bizarren Familie von Psychopathen in die Hände. Mord, Kannibalismus und satanische Rituale [!] sind nur wenige der mehr als 1000 Horror, die sie erwarten.“ (Dieser Film wurde von Andy Gould - Goldstein? - produziert!)

Es ließe sich eine Fülle von Filmen mit ähnlich widerwärtigem Inhalt anfügen, wie etwa der Steifen „Feed“ (Füttern), der im April 2006 in Deutschland auf DVD seine Premiere feierte. Darin geht es um den Internet-Polizisten Jackson, der einem unfaßbaren Verbrechen auf die Spur kommt: „Ein perverser Serienkiller füttert übergewichtige Frauen zu Tode. Bei der Jagd überschreitet der Ermittler die Grenzen des Vorstellbaren.“ (43)

„Vorsicht: Der australische Schocker ist provokant, verstörend, extrem eklig. ‘Feed’ macht da weiter, wo [der Serienkiller-Film] ‘Sieben’ aufhörte“, warnt die Fernsehzeitschrift „TV Movie“ in ihrer Ausgabe Nr. 7/2006 (S. 266).

Äußerst makaber auch der chinesische Film „Dumplings“ aus dem Jahr 2004, der ebenfalls im Frühjahr 2006 in Deutschland auf DVD erschien: „Die ehemalige Schauspielerin Lee Ching ... leidet darunter, daß sich ihr Mann immer häufiger mit jüngeren Frauen vergnügt. Deshalb sucht sie die attraktive Mei ... auf, die für ihre ganz besonderen Teigtaschen berühmt ist. Auf den Konsumenten sollen diese angeblich eine verjüngende Wirkung haben. **Als Lee entdeckt, daß die mysteriöse Köchin abgetriebene Föten für ihre Gerichte verwendet, ist sie zunächst [!] schockiert.** Doch ihr verzweifelter Wunsch nach ewiger Jugend überwiegt ... “ (44)

Nach einer gewissen Zeit werden die meisten Filme, die im Kino oder auf DVD Premiere feierten, dann einem größeren Publikum im Fernsehen dargeboten. Dabei bedarf es keiner allzu großen Vorstellungskraft, um zu erahnen welche Folgen es hat, wenn Kinder und Jugendliche ständig mit „aufwühlenden Schockern“ konfrontiert werden, die „menschenverachtend“, „verstörend“ und „extrem eklig“ sind.

**Das Programm im deutschen Fernsehen wird also nicht nur immer niveauloser und freizügiger, sondern auch immer brutaler.** Es ist heute keine Seltenheit mehr, daß darin Mordszenen bis ins letzte Detail gezeigt werden. So sorgte im Januar 2004 die Folge „Bitteres Brot" der erfolgreichen Krimireihe „Tatort" für Diskussionen: „Ein Mädchen verbrennt bei lebendigem Leib im Ofen einer Backstube. Kommentar des Pathologen: 'Die Leiche sieht aus wie Ötzi.' ... **'Mit jedem Jahr sinkt die Hemmschwelle im TV.** Nicht nur bei Filmen und Serien, auch bei den News', sagt Wilfried Hendricks (60), Leiter des 'Instituts für Bildung in der Informationsgesellschaft', Berlin. Seit Jahren durchforstet er das Programm auf Gewaltszenen. Seine Bilanz: **'Die Sender meinen, einen Kitzel bieten zu müssen, um im Quotenkrieg bestehen zu können. Das Fatale: Die Bilder stumpfen uns langsam ab!'"** (45), was selbstverständlich auch das eigentliche Ziel dieser Praxis ist. Nach und nach sollen die Menschen immer verblendeter und rücksichtsloser gemacht werden, damit sich eines Tages kein Widerstand mehr gegen die brutale Verfolgung der letzten glaubenstreuen Katholiken regen wird (mehr dazu in Band 2!).

**„Gefahr durch Gewaltbilder"** titelte die „Fuldaer Zeitung" in ihrer Ausgabe vom 12. August 2006 (Herv. v. Verf.) und berichtete im einzelnen darüber, daß Jugendschützer erneut die nachmittäglichen Gerichtsshows der privaten Sender RTL und Sat 1 kritisiert haben. „Neuerdings würden verstärkt 'reißerische Filme' eingespielt, in denen **blutbefleckte Opfer oder Gewaltszenen** gezeigt würden, sagte die Leiterin der Landesstelle Jugendschutz Niedersachsen, Andrea Urban, dem 'Focus'. Dies sei 'höchst problematisch'.

Solche Bilder ängstigten Kinder mehr als die bloße Verhandlung von Gewalttaten im Gerichtssaal. Im Schnitt sehen laut 'Focus' täglich 170 000 Kinder und Jugendliche die Shows [sic!]. Eine Inhaltsanalyse von 46 Sendungen wie 'Richter Alexander Hold' bei Sat 1 oder 'Das Familiengericht' bei RTL ergab laut 'Focus', daß **in fast jeder dritten Episode Vergewaltigung, sonstiger sexueller Mißbrauch oder Voyeurismus** eine Rolle spielten. Oft seien am Nachmittag auch Figuren aus dem Rotlichtmilieu zu sehen."

„650 000 amerikanische Kinder zwischen zwei und elf Jahren, so *Newsweek*, sehen jeden Nachmittag vergleichbare sensationsgeile Schund-, Horror-, Obszönitäten-, Anormitäten-, Freak-, Klatsch- und Tratschshows, die häufig an die niedrigsten Instinkte im Menschen appellieren. Die triviale Dauerberieselung produziert beliebig manipulierbare Kretins am laufenden Band", beklagt Conrad C. Stein in seinem Buch „Die Geheime Weltmacht" auf Seite 278 über die angeblich „puritanischen" USA, wo dasselbe erschreckende Bild - was Sex und Gewalt im Fernsehen anbelangt - auszumachen ist.

Mitte November 2005 war sogar zu erfahren, daß **Sex im amerikanischen Fernsehprogramm offenbar eine immer größere Rolle spielt.** „Nach einer Studie der Universität von Arizona kommen in 70 Prozent aller Sendungen **Sexszenen** vor, von Küssen und Gesprächen über Sex bis zum Geschlechtsverkehr. **Seit 1998 habe sich die Zahl dieser Szenen fast verdoppelt**, fand das Untersuchungsteam heraus." (46)

Es ist auch zu beobachten, daß Sex-Programme in den USA immer früher ausgestrahlt werden: Bizarre Erotiksendungen, „knapp geschürzte Quiz-Modelle, Sex in allen Lagen - bisher wurden Programme wie 'Playboy-TV' oder 'Spice' im amerikanischen Kabelfernsehen erst spät am Abend gezeigt. Nun aber dürfen die Sendungen mit dem Segen von Amerikas Oberstem Gerichtshof auf bessere Sendeplätze vorrücken. Zum Schutz von Kindern und Jugendlichen hatte der Kongreß 1996 verlangt, Kabelanbieter müßten Sexfernsehen in verschlüsselter Form ausstrahlen. Weil die Filme aber oft nur ungenügend verzerrt und auch von Fernsehzuschauern zu sehen und zu hören sind, die solche Erotikprogramme gar nicht abonniert haben, verbannte die Aufsichtsbehörde deren Ausstrahlung auf die Zeit zwischen 22 Uhr und 6 Uhr morgens. Diese Auflage, so entschieden die Obersten Richter nun auf eine Klage des Playboy-Fernsehens, sei 'ein Verstoß gegen das Recht auf freie Meinungsäußerung', so wie sie im ersten Zusatzartikel der US-Verfassung beschrieben ist", berichtete „Der Spiegel" am 29. Mai 2000 (S. 171).

Wie in Deutschland werden den Zuschauern in den USA ebenfalls immer häßlichere Gewaltszenen dargeboten. **Es besteht kein Zweifel, daß ultra-brutale Greueltaten die moderne Kultur durchtränken** - Filme und das Fernsehen liefern brutale Szenen mit möglichst viel Blut, weil sie niemand daran hindert und weil ein guter Umsatz garantiert ist. Unter der Schlagzeile „Grüße vom Schlachthaus, das die moderne Kultur ist" klärt uns der US-Amerikaner David Hiltbrand Ende Oktober 2005 über dieses Phänomen auf:

**„Unsere beliebtesten Arten der Unterhaltung - TV, Filme und Bücher - sind den Videospielen in einen grausamen neuen Bereich der Ultra-Gewalt gefolgt, der durch zunehmende graphische Darstellungen der Brutalität gekennzeichnet ist.**

Man sollte folgendes bedenken:

* In einer Episode der Sendung 'Killer Instinct' des Kanals 'Fox TV' wacht ein Opfer, das [von einem Unbekannten] zuhause operiert wurde, auf seiner Veranda auf und sieht, wie seine Leber auf dem Gas-Grill kocht.

* Im Film 'Domino', der jetzt in den Kinos läuft, schießen Kopfgeldjäger einem Mann den Arm ab und tragen das abgetrennte Körperteil anschließend mit sich herum.

* In dem sadistischen Film 'Saw', der letztes Jahr im Kino ausgestrahlt wurde - die Fortsetzung, Saw II, lief [am 28. Oktober 2005] an - schneidet sich ein Mann mit einer stumpfen Metallsäge seinen eigenen Fuß ab.

* In Stephen J. Cannell's neuem Roman 'Cold Hit' schießt irgendjemand Obdachlose in den Kopf, schneidet ihnen die Finger ab, und ritzt anschließend Runen-Symbole in ihre Brust.

Man würde meinen, man hätte bereits ein Übermaß an Gewalt aus Hollywood erhalten, zum Beispiel von [dem Streifen] 'Psycho' [aus dem Jahr 1960] bis hin zu 'Pulp Fiction' [aus dem Jahr 1994]. Aber **viele Experten der modernen Kultur stimmen darin überein, daß die üppige Intensität des heutigen Gemetzels jenes aus vorangegangener Zeit 'alt aussehen' läßt.**

**'Allein in den letzten paar Jahren gab es eine stetige Zunahme in der Amplitude'**, sagte Stephen Prince, Professor für Kommunikationsstudien an der 'Virginia Tech' und Präsident der Internationalen Gesellschaft für Kino und Medienstudien. 'In D.W. Griffiths Film «Intolerance< aus dem Jahre 1916 wurden Charaktere zwar geköpft, aber dies wurde schnell und aus der Entfernung gezeigt.

Heutzutage sieht man solche Szenen möglicherweise in Zeitlupe und Nahaufnahme aus mehreren Einstellungen, angereichert mit aggressiver Ton- bzw. Geräuschkulisse, um das Ganze noch aufgereizter und schmerzgepeinigter erscheinen zu lassen. Sie werden hören, wie das Blut aus den Arterien spritzt. Die ganze Bearbeitung ist viel detaillierter und liebevoller.'" (47)

Auch in Romanen finden sich immer drastischere Gewaltdarstellungen. **„'Ich habe festgestellt, daß grundlose, willkürliche Gewalt zugenommen hat, eine Verrohung durch Gewalt'**, schrieb der langjährige ... Kolumnist für die South Florida Sun-Sentinel Oline Cogdill in einer E-mail. ‘Einige Schriftsteller glauben, weil Kinofilme und das Fernsehen mit so schlechtem Beispiel vorausgegangen sind, müßten sie das gleiche tun, um ihre Leserschaft zu erreichen.’

Die Kritikerin für die ‘Toronto Globe and Mail’ Margaret Cannon stimmte dem per E-mail zu: ‘In den alten Tagen des Thrillers war ein Mord das schlimmste Verbrechen, aber es war normalerweise nur Mord. **Heutzutage haben wir ... sexuelle Verbrechen, Folter, wirklich scheußliche Sachen, zusammen mit Mord.’** ...

**‘Es steht außer Frage, daß Gewalt in den Fernsehprogrammen auf dramatische Weise zunimmt’**, schrieb [der demokratische Senator aus dem US-Bundesstaat West-Virginia John D. ‘Jay’ Rockefeller] in einer E-mail. ‘Rundfunksender suchen zunehmend nach Wegen, um ihre Einschaltquoten zu erhöhen, aber bedauerlicherweise scheint ihre Antwort darin zu bestehen, gewalttätigen Inhalt zu steigern.’ ...

**Eine der in den populären Unterhaltungsmedien beliebte Verzerrung ist die maßlos übertriebene Zahl von Serienmorden.** In der ‘Literatur’, im Fernsehen oder dem Film gibt es massenhaft Geschichten über Serienmörder wie Ted Bundy, die die Gesellschaft unsicher machen. ... ’Das erschreckt uns zu Tode - der Gedanke, zufällig von irgend jemandem getötet zu werden, den wir nicht einmal kennen’, sagt Poland [Anm.: Scott Poland, Psychologie-Professor an der Nova Southeastern University!]. ‘Das paßt nicht in das tatsächliche Muster von Gewalt in Amerika, wo Serienmörder außerordentlich selten sind. Aber solche Geschichten steigern die Auflage.’ ...

Die Verwirklichung von hohen Einschaltquoten immer im Auge, sind die Fernseh- und Filmgesellschaften als selbstregulierende und selbstgesetzgebende Institutionen wenig zimperlich, denn diese Mechanismen tendieren dazu, immer undurchschaubarer und inkonsistenter zu werden. ...

Wie weit wird dieser **Trend in Richtung Ultra-Gewalt** gehen? Die einzige logische Antwort lautet: ‘noch weiter’. **Wenn einmal die unterste Schwelle des Geschmacks als Richtschnur oder ein Mindestmaß an Zurückhaltung unterschritten ist, erfolgt eine Umkehr nur selten.**

Wir könnten uns dem Unterhaltungswert ergeben haben, wie er von Mandy Patinkins Figur in einer kürzlich ausgestrahlten Episode von ‘Criminal Minds’ beschrieben wird: **‘Wir sind wirklich gut darin, uns ständig neue Wege auszudenken, wie wir einander Schmerzen**

**zufügen können.'"** (48)

„Folter und Massaker als Unterhaltung? Mit den sadistischen Schockern THE HILLS HAVE EYES und HOSTEL erreicht der moderne Genrefilm eine neue Dimension des Grauens", schreibt die Filmzeitschrift „Cinema" in ihrer Ausgabe vom April 2006 (S. 18) über zwei US-amerikanische Kinostreifen, die im Frühjahr 2006 in den deutschen Kinos starteten.

Gerade in diesen beiden Machwerken wird eine Gewalt zelebriert, die noch vor 15 Jahren im Kino undenkbar war. Nicht ohne Grund haben nach dem Start von „Hostel" amerikanische Sittenwächter die **Zurechnungsfähigkeit einer Gesellschaft in Frage gestellt, „die sich beim Popcorn-Verzehr im Kino anschaut, wie jemand zu Tode gefoltert wird.** Für [den jüdischstämmigen Regisseur von „Hostel"] Eli Roth ein verlogener Vorwurf: 'Gewalt wird doch schon seit Menschengedenken als Unterhaltung inszeniert. Heute sind wir nur nicht mehr bereit zuzugeben, daß wir beim Betrachten von Gewalt der dunklen Seite der eigenen menschlichen Natur ins Antlitz schauen.' [Anm.: Diese „dunkle Seite" im Menschen existiert aber erst nach dem Sündenfall unserer Stammeltern und sollte durch die Medien nicht noch gefördert werden; im Gegenteil!]

Wohl aus diesem Grund sind es keine Monster oder Untote mehr, die im modernen Terror-Kino wüten, sondern (im Verfremdungshöchstfall degenerierte) Menschen, die anderen Menschen die Hölle auf Erden bereiten und die Überlebenden dazu nötigen, in härtester Survival-Horror-Manier zurückzuschlagen. So kennt in 'The Hills Have Eyes' der an sich friedliebende Schwiegersohn auf der Suche nach seinem von den Mutanten entführten Baby keine Gnade. Und auch in 'Hostel' hat einer der Folterer nichts zu lachen, als einem der Jungs doch die Flucht gelingt.

**'Viele Leute beichteten mir nach der Vorstellung, daß sie am meisten über sich selbst schockiert waren, weil sie zu Beginn des Films von den Folterungen angewidert waren, das Blutbad am Ende aber bejubelten'**, erinnert sich Roth und ergänzt: 'Vor einem unsterblichen Typen mit Eishockey-Maske und Schlachtermesser habe ich keine Angst. Mir eingestehen zu müssen, daß ich unter bestimmten Umständen jemanden töten könnte, ist hingegen höchst erschrekkend.'" (49)

Seit einigen Jahren werden immer mehr Filme gedreht, die sinnlose Gewalt mittels Folter und Mord zum Inhalt haben: **„Eine Familie**

**wird** von zwei Fremden in ihrem Ferienhaus **festgehalten und gefoltert.** In seinem **aufwühlenden Schocker** gibt Regisseur Michael Haneke der Brutalität ihren Schrecken zurück", schreibt etwa das Magazin „Cinema" zu dem österreichischen Film FUNNY GAMES aus dem Jahr 1997.

Der Inhalt dieses Machwerks liest sich wie folgt: „Sie sind eben erst angekommen. Anna bereitet das Abendessen vor, Georg und Schorschi sind unten am See und machen das Boot startklar. Plötzlich steht ein junger Mann in der Tür: 'Könnten Sie uns mit ein paar Eiern aushelfen?' Daß er mitten im Sommer Handschuhe trägt, fällt Anna nicht auf.

Die 'Funny Games' sind eröffnet. Ein zweiter junger Mann wird sich dazu gesellen. Das Duo, das sich Peter und Paul nennt, wird ein lustiges Spiel mit der Familie spielen: 'Wetten, daß Sie in zwölf Stunden nicht mehr am Leben sind?' Annas Mann wird sie fragen: 'Warum tun Sie das?' Und Paul wird ihm lächelnd antworten: 'Warum nicht?' ...

'Funny Games' ist ein provokativer Kommentar zur Verrohung unserer Sehgewohnheiten - fast unerträglich spannend, weil er buchstäblich die **Schmerzgrenze überschreitet. Er manipuliert den Zuschauer, macht ihn zum Komplizen**, wenn Paul verschwörerisch in die Kamera zwinkert." (50) (Anm.: Und das sogar noch bei der ohnehin weit fortgeschrittenen Abgestumpftheit des Glotzpublikums!)

Angesichts der zunehmenden Brutalität in Kino und Fernsehen scheint unsere Gesellschaft dunklen Zeiten entgegenzugehen, wie auch eine Aussage des Hollywood-Eingeweihten David Puttnam vermuten läßt. Der Produzent von Filmen wie „Chariots of Fire" (1981) und „The Mission" (1986) bringt nämlich die Folgen all der filmischen Auswüchse mit einer entlarvenden Feststellung auf den Punkt: „Wenn wir heute an die Exzesse der römischen Zirkusse denken, in denen am Ende Hunderttausende Menschen starben, sollten wir bedenken, daß diese Veranstaltungen nicht auf diese Art und Weise begonnen hatten. Sie begannen legitim als Zirkusse, sehr leichte Unterhaltung. Aber das Verlangen der Zuschauer nach mehr und mehr hatte zur Folge, daß diese Form der Unterhaltung zunehmend grotesker wurde.

Möglicherweise fing es damit an, daß eine Frau von einem Zenturio öffentlich vergewaltigt wurde. Ein Jahr später wurde dann eine Frau öffentlich von einem Esel vergewaltigt, und 10 Jahre später waren es dann zehn Frauen, die vor allen Leuten von einhundert Eseln vergewaltigt wurden. Das Verlangen der Zuschauer nach solchen Dingen geht weit zurück, tief in die Geschichte hinein.

Irgend jemand muß endlich sagen: Genug damit! Es ist schlecht für uns. Wir schädigen uns selbst. Wir schnüren die Struktur unserer Gesellschaft auf.“ (51)

**„Das Leid von Leuten ist zur Unterhaltung geworden, das ist das Gefährliche.** Und das scheint die Richtung zu sein, in die wir uns bewegen. Ich mache mir über das Fernsehen Sorgen“, so der international bekannte US-Schauspieler **George Clooney** (52).

In den letzten Jahren gab es eine ganze Reihe besonders sadistischer Action- und Horrorfilme, die in einschlägigen Zeitschriften beworben wurden und einen neuen Standard setzten, was Grausamkeiten und die Lust am Foltern anbelangt: The Punisher, Kill Bill 1 & 2, House of 1000 Corpses, Dawn of the Dead, Michael Bay’s Texas Chainsaw Massacre, High Tension, Wake of Death, Saw, The Devil’s Rejects, Saw II, Hostel, The Hills Have Eyes, The Texas Chainsaw Massacre: Prequel und Saw III sind einige der schlimmsten solcher Machwerke.

Dabei werden nicht nur Kinostreifen, sondern auch die Filme und Serien im Fernsehen immer brutaler, wie die „Washington Post“ am 18. September 2005 (53) darlegte: „Generationen von Zuschauern sind es gewohnt, im Herbst die neuen Serien zu sehen, die Sendungen beinhalten, die leicht als abartig eingestuft werden könnten, aber die Saison 2005/06 wird von einer relativ neuen Art dominiert. Sendungen, die absichtlich schrecklich gemacht sind, mit Blut, das so real und grausig dargestellt wird, so wie in vielen scheußlichen Kinofilmen.“

Eine Meldung der „Fuldaer Zeitung“ vom 22. November 2005 (Herv. v. Verf.) unter der Schlagzeile „Immer mehr Gewalt auf US-Bildschirmen“ bestätigt die zunehmende Verrohung der Sitten im „Land der unbegrenzten Möglichkeiten“: „Im amerikanischen Fernsehen wird zur Hauptsendezeit immer mehr Gewalt gezeigt. Dies geht aus einer Untersuchung der Elternorganisation ‘Parents Television Council’ hervor. Demnach waren in der letzten Septemberwoche in den sechs großen US-Sendern insgesamt 63 Leichen zu sehen. 2004 waren es in der gleichen Woche 27 Leichen gewesen. **Während Erwachsene inzwischen so an die Gewalt im TV gewöhnt seien, daß sie diese gar nicht mehr wahrnähmen, seien Kinder davon gefährdet.“**

Werfen wir einen Blick nach Rußland, so stellen wir dort interessanterweise das gleiche fest. Unter der Schlagzeile „Ein Kult von Gewalt“ berichtete „die tageszeitung“ in ihrer Ausgabe vom 8. November 2005 (Herv. v. Verf.) wie die dortigen Zustände im Fernsehen zitiert werden: „Der Text läßt an Deutlichkeit nicht zu wünschen übrig. **Die nationalen Fernsehsender beschädigten die öffentliche Moral.** Sie sollten Maßnahmen ergreifen, um die Verbreitung zynischer und verletzender Informationen zu verhindern, die einen **Kult von Gewalt und Grausamkeit** propagieren, heißt es in einem Papier, das das russische Parlament vor wenigen Tagen mit 417 Stimmen bei einer Gegenstimme verabschiedete.

**Stein des Anstoßes war eine Reportage über Kannibalismus in Rußland, die der Sender NTV Ende vergangenen Monats ausgestrahlt und damit hohe Einschaltquoten erzielt hatte. ‘Blut, verstümmelte Körper - das war widerliches Filmmaterial. Solche Sendungen können nicht nur die Psyche von Kindern, sondern auch von Erwachsenen schädigen’**, zitierte die Zeitung *Gaseta* die Abgeordnete Ljubow Sliska von der kremltreuen Partei Vereinigtes Rußland.

Sliska, die das Duma-Papier initiiert hatte, forderte die nationalen Fernsehsender auf, sich an die ‘Charta gegen Gewalt und Grausamkeit im Fernsehen’ [Anm.: einen Papiertiger!] zu halten. Das Dokument geht auf eine Initiative des Kreml zurück und war von den Chefs der sechs nationalen TV-Sender am 7. Juni 2005 unterzeichnet worden. Darin verpflichten sich die Programmacher, ‘freiwillig’ auf die Ausstrahlung von extremistischen Aufrufen sowie Beiträgen mit gewalttätigem oder pornografischem Inhalt zu verzichten.“

Was die Programmgestaltung in Ländern wie den USA und Deutschland anbelangt, so zeigen sowohl Mary Lewis Coakleys Buch „Rated X“ aus dem Jahre 1977 als auch Wildmons „The Home Invaders“ (1985) in zahlreichen Beispielen „von den ‘Seifenopern’ und den Fernsehkomödien zur Hauptsendezeit bis zu Fernsehfilmen, daß **der Animalismus mit seinem unmoralischen Sex und seiner endlosen Gewalt der gemeinsame Nenner der meisten Programme ist.** Wildmon zitiert Red Skelton: ‘[Fernsehsender] verkaufen Gewalt. Sie behaupten zwar, dies habe in keiner Art und Weise irgendwelche Auswirkungen auf das Denken, aber **wenn man die Zuschauer [durch die Werbung] auf unterschwellige Art und Weise innerhalb von 30 Sekunden so manipulieren kann, daß ein Produkt besser verkauft wird, welchen Schaden tut dann erst eine Stunde**

**an Schmutz oder Gewalt ihrem Gehirn an?'"** (54)

„Kinofilme verleiten zum Rauchen" titelte der Videotext von „RTL" am 14. November 2005 (S. 413; Herv. v. Verf.) und lieferte erstaunliche Erkenntnisse, die uns zu denken geben sollten: „Je mehr Kinofilme mit Rauchern ein Jugendlicher sieht, desto wahrscheinlicher fängt er selbst mit dem Rauchen an. Das haben US-Forscher herausgefunden.

**Bei Jugendlichen, die viele Rauchszenen im Kino gesehen hatten, war es demnach 2,6 Mal wahrscheinlicher, daß auch sie rauchten, als bei Jugendlichen, die wenig Rauchszenen gesehen hatten.** Im Durchschnitt hatten 38 von 100 Jugendlichen, die mit dem Rauchen begonnen hatten, dies auf Grund von Kinobildern getan!" (Wer also wollte ernsthaft behaupten, gerade *gewalttätige* und *sexistische* Szenen hätten auf Kinder und Jugendliche *keinen* Einfluß?!?)

In der Filmzeitschrift „Cinema" (55) kommentiert der unabhängige Filmemacher Wolfgang Büld im April 2006 den aktuellen Terror-Boom im Kino: „Bei den heutigen Horrorfilmen habe ich ... das Gefühl, daß **eine detaillierte Grausamkeit nach der anderen abgefeiert** wird, **was dem Rezeptionsschema der Pornographie nahekommt. Der Tabubruch ist schlicht salonfähig geworden."**

Dabei ist sich unter anderem der ehemalige Medienmogul Ted Turner sicher, daß Filme gewalttätige Neigungen wie ein Pulverfaß entzünden: „Man weiß, daß alles, dem wir ausgesetzt sind, uns beeinflußt. **Diese gewalttätigen Filme beeinflussen uns. Und die TV-Programme, die wir uns anschauen, beeinflussen uns.** Je schwächer die eigene Familie ist, desto mehr beeinflussen sie jemanden. Die Probleme mit Familien in unseren Städten sind katastrophal. Aber wenn man brutale Programme Leuten vorsetzt, die nicht genug Liebe in ihrem Leben erfahren haben, die ohnehin bereits zornig sind, ist es als würde man Benzin ins Feuer gießen." (56)

Es steht übrigens außer Zweifel, daß einige Filmschaffende eine besondere Faszination für Gewalt empfinden, wie etwa der am 18. Juli 1938 in Holland geborene international bekannte Regisseur Paul Verhoeven, der unter anderem brutale Zukunftsfilme wie „Total Recall" (1990) und „Starship Troopers" (1997) drehte: „Ich gebrauche [in meinen Filmen] Gewalt, weil ich Gewalt mag. Ich bin nicht jemand, der vor Gewalt zurückschreckt. Es gefällt mir, wenn Dinge zerstört werden. Ich mag es, zu sehen was geschieht, wenn man jemandem etwas Gewalttätiges antut." (57) (Eltern sollten sich fragen, ob sie

*Eltern wissen nicht, welchen Schaden sie anrichten, wenn sie ihren Sprößlingen einen Fernseher ins Zimmer stellen. Dieses Photo aus den USA zeigt einen 12jährigen starr vor der Glotze, während er sich die Rockgruppe „Green Day" anschaut. Woanders in diesem Haushalt sehen sich seine Eltern auf einem anderen Apparat gerade ein Konzert des ehemaligen „Beatle" Paul McCartney an. Solche Szenen sind in vielen Ländern in Familien, in denen das TV eine Schlüsselposition einnimmt, alltäglich.*

*Wenn Kinder und Jugendliche im Kino bzw. Fernsehen ständig mit gewalttätigen Szenen konfrontiert werden, braucht man sich nicht darüber zu wundern, daß sie immer aggressiver werden. Diese Szene stammt aus dem deutschen Film „Knallhart", der im Frühjahr 2006 auf der Leinwand Premiere feierte. Darin geht es um einen 15jährigen ohne Perspektive in Berlin-Neukölln, der eine Karriere als Drogenkurier beginnt. „Das ist von Regisseur Detlev Buck so brutal, verstörend und realistisch gemacht, daß der Streifen ["Get Rich Or Die Tryin'" aus dem Jahr 2005] von [dem US-Rapper] 50 Cent dagegen wie ein Ausflug nach Disneyland wirkt."**

(Quellenhinweise: Oben: The New American, 17.11.03, S.20; Unten: Der Spiegel, 3.4.06, S.29; *: FHM, April 2006, S.43)

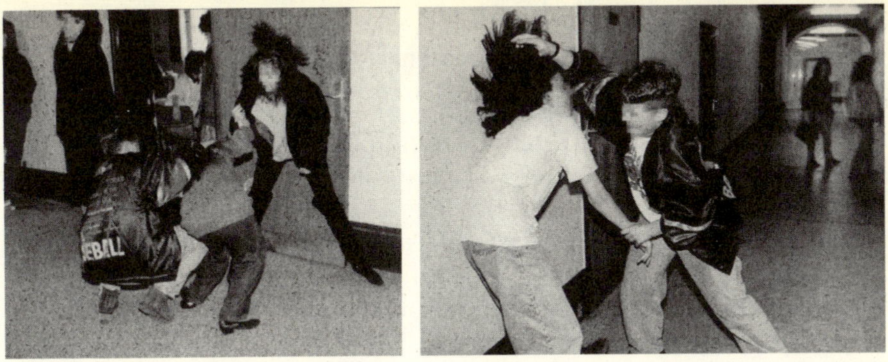

*Diese dokumentierten Prügelszenen an der Rütli-Schule in Berlin aus dem Jahre 1992 entstammen der Reportage einer Berliner Photographin. Sie zeigen, welche Aggression unter Heranwachsenden seit langem herrscht.*

*Seit neuestem werden Gewaltvideos mit dem Photohandy aufgenommen und dienen Kindern und Jugendlichen als Tauschobjekt auf dem Schulhof.*

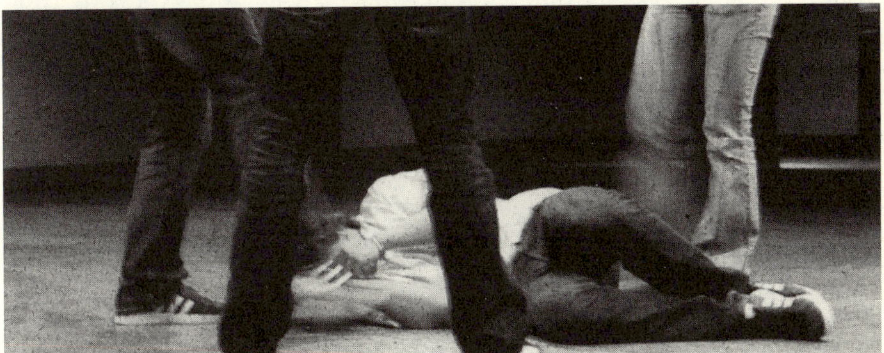

*Das sogenannte „Happy Slapping“ (fröhliches Schlagen) schwappte vor einiger Zeit aus England nach Deutschland über. Dabei prügeln Jugendliche unvermittelt auf einen anderen ein und filmen das Verbrechen mit dem Handy fürs Internet oder den Pausenhof.*

(Quellenhinweise: Oben links: Der Spiegel, 3.4.06, S.24; Oben rechts: ebd. S.25; Mitte: ebd. S.28; Unten: Fuldaer Zeitung, 17.3.06)

möchten, daß Leute wie Verhoeven als ihr Babysitter fungieren, etwa wenn sie ihren Kindern einen Fernseher ins Zimmer stellen, auf dem sie dann die entsprechenden Filme Verhoevens anschauen können!)

„Aufgrund grausamer Taten, die durch die Leinwand angeregt wurden, sind zahllose unschuldige Leute gestorben, während andere ihre Liebsten verloren haben“, ist sich Dr. Jason Kovar sicher. „Die Botschaften - wie die von Clive Barker [Anm.: Der am 5. Oktober 1952 in Liverpool, England, geborene Schriftsteller und Regisseur Barker wurde durch Horror- und Fantasy-Romane bekannt!] -, die viele der Regisseure Hollywoods ihren Fans übermitteln, enthalten herzzerreißende Verwüstungen und Schmerzen.

Wie dem auch sei, Clive Barker entgegnete darauf: ‘Das ist meine Verantwortung: so viele Leute wie möglich, zu töten. Und einiges von dieser Wahrheit mag nicht annehmbar für irgend jemanden sein. Meine Verantwortung ist es, mich einen Dreck darum zu scheren. Meine Verantwortung ist es, mich keinen Deut darum zu kümmern.’

Diesen Urhebern [filmischen] Schmutzes kann es egal sein, welche visuellen Seuchen sie dem Gehirn ihrer Fans einflößen. Die Philosophie von Oliver Stone birgt eine ähnliche und heimtückische Neigung: ‘Ich denke, Amerika muß bluten. Ich denke, der Leichenberg muß anwachsen. Ich denke, amerikanische Jungs müssen wieder sterben. Laßt die Mütter weinen und jammern.’“ (58)

Der „Spiegel“ beschäftigte sich in seiner Ausgabe vom 5. Juli 1999 mit der brisanten Frage: „Machen Mord und Totschlag im Film Minderjährige zu kaltblütigen Verbrechern?“, und schilderte in diesem Zusammenhang eine ganz besonders brutale Bluttat aus den USA, die seinerzeit weltweit für Schlagzeilen sorgte und interessanterweise gerade mit Oliver Stone in direkter Verbindung zu stehen scheint: „Sie hatten sich ein paarmal ‘Natural Born Killers’ angesehen, sie hatten LSD geschluckt, sie hatten zu Hause einen Revolver herumliegen - und so zogen Sarah Edmondson, 18, und Benjamin Darras, 19, aus Muskogee im US-Bundesstaat Oklahoma eines Tages im März 1995 los und setzten ihrem Lieblingsfilm [!] ihr ganz persönliches Denkmal.

Darras hielt einem Farmer die Waffe vors Gesicht und drückte ab; der Mann war sofort tot. Edmondson, Tochter eines Richters und Nichte des Generalstaatsanwalts von Oklahoma, schoß eine Verkäuferin zum Krüppel. Darras droht wegen des Verbrechens die Todesstrafe, Edmondson wurde zu 35 Jahren Gefängnis verurteilt.

Derzeit hat ein US-Gericht in Amite, Louisiana, darüber zu befinden, ob noch einer Person eine Mitschuld am Amoklauf der beiden Jugendlichen zukommt: dem Regisseur von ‘Natural Born Killers’, Oliver Stone, 52. Die Angehörigen der mittlerweile verstorbenen Verkäuferin haben ihn auf 20 Millionen Dollar Schadensersatz verklagt. ... Anfang Juni [1999] erklärte US-Präsident Bill Clinton: ‘Wir können die unbestreitbare Verbindung zwischen der Gewalt in den Medien und ihrer Auswirkung auf das Verhalten von Kindern nicht länger ignorieren.’ ...

**Rund 40 000 Kino- und TV-Morde und 200 000 andere Gewaltszenen sieht jeder Durchschnittsamerikaner bis zu seinem 18. Geburtstag** [Anm.: Einige Studien gehen sogar von noch viel höheren Zahlen aus; siehe unten!]. **Allein das ‘Natural Born Killers’-Amok-Pärchen bringt in 120 Minuten 52 Leute zur Strecke.**

**Weltweit soll ‘Natural Born Killers’**, einer der erfolgreichsten Filme der Kinosaison 1994/95, **für mindestens zehn reale Mordserien die Vorlage geliefert haben.** Steckt also in jedem Kinobesucher ein potentieller ‘Natural Born Killer’? Erzeugt die Zurschaustellung von Gewalt nahezu zwangsläufig echte Gewalt?

Die Diskussion um solche Fragen ist weit älter als das Kino. Schon in der Antike hatte der Philosoph Platon die düsteren Dramen seiner Zeitgenossen als gemeingefährlich kritisiert. Sein Kollege Aristoteles hielt dagegen, die blutrünstigen klassischen Tragödien dienten der seelischen Reinigung (‘Katharsis’) der Zuschauer.

Über die Richtigkeit der einen oder der anderen (oder gar beider) Thesen streiten die Wissenschaftler bis heute. ... Mit Fragen der Wirkung medialer Gewalt müssen sich längst auch deutsche Gerichte befassen. So hatte das Landgericht Passau im sogenannten Zombie-Prozeß über die Tat des 14jährigen Christian zu befinden. Der Junge hatte sich über Jahre fast täglich diverse Gewaltvideos angesehen, die ihm ein Onkel besorgt hatte. Im März 1996 spielte Christian dann eine Szene nach: **Maskiert wie sein Vorbild ‘Jason’ aus dem indizierten Horror-Schocker ‘Freitag, der 13. - Ein neuer Anfang’, verletzte er eine 69jährige Nachbarin mit einem Buschmesser und spaltete seiner Kusine, 10, mit einer Axt den Schädel.** Das Mädchen schwebte tagelang in Lebensgefahr. Die Tat, stellten die Richter fest, sei ‘wesentlich durch den Konsum von Horror-Videos beeinflußt’ worden.“ (59)

Immer wieder liest man davon, daß sich Leute von den Bildern auf der Leinwand bzw. im Fernsehen beeinflussen lassen und ihren „Idolen“ nacheifern. „Schlechtes Kino-Vorbild“ titelte etwa der „hr-text“ am 28. April 2006 (S. 126) hierzu und schilderte, wie die Polizei in Frankfurt einen 19jährigen geschnappt hat, „der mit seinem Mofa 20 Platten Haschisch transportierte. Der Mann erklärte bei seiner Festnahme, er habe vor einiger Zeit einen Film gesehen, in dem Johnny Depp einen Kokain-Dealer spielt. So wolle er auch werden.“

’Ich will mit jedem schlafen dürfen, den ich mir aussuche’, bekennt [die US-Schauspielerin] Lindsay Lohan. Ihre Pubertät sei stark von der Serie ‘Sex And The City’ geprägt worden.

Zwar sei sie damals erst 12 Jahre alt gewesen, als die Sendung mit Sarah Jessica Parker in den USA anlief, doch habe die Serie sie offensichtlich schon damals stark beeinflußt. Folge: Nun hat sie offene und zwanglose Beziehungen wie ihre Serienvorbilder [!] auch.

Lohan gegenüber der Nachrichtenagentur WENN: ‘«Sex And The City» hat alles für mich verändert, weil diese Mädchen einfach mit so vielen Leuten geschlafen haben.’

Doch gleiches Recht für alle ist mit Lohan nicht zu machen! Für ihren Freund gilt: „‘Wenn ich mich jemandem hingebe, möchte ich lieber nicht, daß er mit anderen zusammen ist. Aber ich will es (machen können), wenn ich jemand anderen mag’“, berichtete der „RTLtext“ am 16. August 2006 (S. 701).

Im Hinblick auf brutale Szenen auf der Leinwand argumentiert man in Hollywood, „Gewalt habe im Kino die ‘Funktion eines legitimen Irrsinns’, so der Horrorfilm-Regisseur Wes Craven (‘Scream’). Quentin Tarantino (‘Pulp Fiction’) drückt es deutlicher aus: ‘Kino und Gewalt gehören zusammen. Es ist nun mal interessanter zu sehen, wenn ein Auto explodiert, als wenn es geparkt wird.’

Offenbar war das schon in den frühen Tagen des Kinos so. ‘Einbruch, Giftmischerei, Brandstiftung, Bombenattentate, Wahnsinn, Ehebruch, Verführung, Verbrecherkneipen und Hochgericht sind der eigentliche Stoff des Kinos’, schrieb der Kritiker Julius Bab - anno 1912. Ob ‘Dr. Mabuse’ (1922; Regie: Fritz Lang), ‘Scarface’ (1932; Howard Hawks) oder ‘Die Sieben Samurai’ (1954; Akira Kurosawa), ob ‘The Wild Bunch’ (1969; Sam Peckinpah), ‘Terminator’ (1984; James Cameron) oder ‘Reservoir Dogs’ (1991; Quentin Tarantino): **Mord und Totschlag haben in der Filmgeschichte eine lange Tradition.“** (60)

Als der Schauspieler Julian McMahon über seine Rolle als Facharzt für plastische Chirurgie in einer der sexuell freizügigsten, vulgärsten und gewalttätigsten Sendungen in der Geschichte des amerikanischen Fernsehens - „Nip/Tuck“ [2004] - sprach, wurde auch er (wie Clive Barker und Oliver Stone) sehr deutlich: „Es würde mir gefallen, noch brutaler [!] und bizarrer zu sein. In unserer Sendung sind die Sex-Szenen sehr ungewöhnlich und stehen in Verbindung mit dem, was die Charaktere gerade durchmachen. Ich bin sehr glücklich, daß wir mit all diesen Dingen durchkamen, aber ich würde noch weiter gehen.“ (61)

Ein entscheidender negativer Aspekt der modernen Medien ist also die Fülle an sexuellen und gewalttätigen Bildern „verbreitet mittels TV, Kinofilmen, ultra-brutalen Videospielen, wie *Mortal Kombat*, und Musik mit gewalttätigem/sexuellen ‘Gangsta’ Ghetto-Rap. **Es gibt viele Studien, die belegen, daß, wenn das Fernsehen in einer Gesellschaft eingeführt wird, sich die Zunahme von gewalttätigen Handlungen im Verlauf von ein paar Jahren verdoppelt.“** (62).

Kein geringerer als der berüchtigte, am 24. November 1946 geborene US-amerikanische Massenmörder Ted Bundy, der in den Jahren 1974 bis 1978 insgesamt 38 Frauen ermordet hatte, machte in der Nacht vor seiner Hinrichtung am 24. Januar 1989 dem Leiter der christlichen Organisation „Focus on the Family“ Dr. James Dobson ein überraschendes Geständnis: „Heutzutage gibt es in Ihren Städten und in Ihren Gemeinden Leute wie ich, deren gefährliche Impulse tagein und tagaus genährt werden durch Gewalt in den Medien in ihren unterschiedlichsten Formen, insbesondere durch sexualisierte Gewalt.

Was gegenwärtig passiert, erschreckt mich, denn das worüber ich spreche, geschah vor 20 oder 30 Jahren ... und was mich erschreckt und entsetzt, Dr. Dobson, ist, wenn ich sehe, was im Kabelfernsehen läuft, einige der Filme, ich meine einiges an Gewalt in den Filmen, die heute in die Wohnungen kommt, waren Sachen, die sie vor 30 Jahren nicht einmal in einem Kino nur für Erwachsene gezeigt hätten.

Diese Dinge [Horrorfilme, in denen Massenmörder vorkommen, die ihre Opfer mit Messern grausam niedermetzeln] - ich spreche aus persönlicher Erfahrung -, das heißt Gewaltdarstellungen auf der Leinwand, besonders wo sie zu Kindern in die Wohnung kommen, die möglicherweise nicht beaufsichtigt werden oder denen nicht bewußt ist, daß sie wie Ted Bundy sein könnten, wenn ihnen diese Verwundbarkeit innewohnt, wenn sie empfänglich sind für diese Art von Film, für diese Art von Gewalt, und davon beeinflußt werden.

Es gibt Kinder da draußen [außerhalb des Gefängnisses], die spät in der Nacht das TV-Gerät einschalten, oder ich weiß nicht wann sie [die Filme] gezeigt werden, aber sie werden gezeigt, und es ist ihnen möglich, sich diese Sachen anzuschauen. Es ist beängstigend, wenn ich darüber nachdenke, was mit mir geschehen wäre, hätte ich sie [diese Streifen] gesehen. Ich meine, es war so schon schlimm genug." (63)

Zum Thema „mediale Gewalt und Nachahmung" gibt es indes viele Beispiele. Greifen wir dazu ein Verbrechen auf, das in Verbindung mit einem der bekanntesten Horror-Streifen der letzten 30 Jahre zu stehen scheint: „Es ist grotesk und schrecklich: Die letzte Szene aus *Halloween I.* Der Killer schleicht mit Totenkopfmaske die Treppe hoch. Ein junges Mädchen schreit voller Todesangst: 'Nein! Nein! Nein!'. Noch schrecklicher und grotesker ist, daß ein junger Mann genau diese Szene Wirklichkeit werden ließ. Der 20jährige Mörder Michael W. [mußte sich vor einigen Jahren] vor dem Augsburger Landgericht für den Mord an dem schlafenden Nachbarskind verantworten. Er hatte eine Totenkopfmaske übergezogen und stach 27mal mit einer 30 Zentimeter langen Klinge auf das Kind ein. In seiner Wohnung fand die Polizei 72 Gewaltvideos, von denen allein 60 wegen ihrer besonderen Brutalität auf dem Index stehen." (64)

„Jugendlicher mordete wie im Horrorfilm" titelte der „Weser Kurier" am 5. Juni 2002 und berichtete über einen 17jährigen aus Nantes, der, nachdem er den Schocker „Scream" gesehen hatte, ein Mädchen mit mehreren Messerstichen ermordete. „Er habe vor zwei Wochen den Horrorfilm geguckt und beschlossen, jemanden zu töten, erklärte der Jugendliche der Polizei. Der Täter hatte die 15jährige bei einem gemeinsamen Spaziergang mit mehreren Stichen verletzt und war geflüchtet. Vor ihrem Tod im Krankenhaus konnte die 15jährige ihren Angreifer identifizieren. In dem Horrorfilm werden Studenten von maskierten Kommilitonen erstochen." (65) (Kino- und Fernsehfilme verleiten zu Mord und Totschlag!)

Dank dem freimütigen Eingeständnis von Ted Bundy wissen wir also jetzt nicht nur, warum solche bestialischen Morde geschehen, sondern warum seit Jahren auch eine *grundsätzliche* stetige Verrohung der Sitten gerade unter Heranwachsenden - und zwar keineswegs nur in den USA und Deutschland! - zu beobachten ist. Sehen wir dazu einige mittlerweile leider nur zu alltägliche repräsentative Meldungen des letzten Jahres:

„Wegen einer Zigarettenkippe wurde ein Berufsschüler (16) zum Killer", hieß es in der „Bild"-Zeitung am 10. Oktober 2005. „Tatort

Autoscooter: Die Elektroautos sind die Attraktion des Oktoberfestes in Braunschweig (Niedersachsen). Jugendliche lungern mit ihren Mädchen herum. 'Nirgendwo anders ist das Imponiergehabe so groß', sagt ein Ermittler.

Am Abend schnippt Berufsschüler Alexander L. (16) lässig seine Zigarette weg. ... Er trifft den gleichaltrigen Erdal B.

Der Jugendliche ist polizeibekannt. Einen 'Intensivtäter' nennt ihn die Kripo. Auf sein Konto gehen ein Raub und mehrere Schlägereien.

Erdal geht auf Alexander los - und unterliegt. Der kräftige Alexander wirft ihn auf den Boden. Plötzlich holt Erdal aus seiner Hosentasche ein Messer, rammt die Klinge mehrmals in den Oberkörper und den Kopf [!] seines Gegners. Ein Stich trifft Alexander mitten ins Herz. Er verblutet neben dem Autoscooter."

Am 4. November 2005 verletzte ein 13jähriger in einer Hamburger Schule einen 15jährigen Mitschüler durch Faustschläge gegen den Kopf schwer. „Er schwebt in akuter Lebensgefahr. Laut Polizei schwelte zwischen den beiden schon seit längerem ein Streit. Der 13jährige wurde in ein geschlossenes Heim gebracht", berichtete die „Fuldaer Zeitung" seinerzeit (66).

„Im Streit hat in Gelsenkirchen [einen Tag später] ein 14jähriger einen 13jährigen niedergestochen. Wie die Polizei mitteilte, waren sich die beiden Jungs beim Spielen auf einem Hinterhof in die Haare geraten. Dabei hatte der Jüngere den Älteren zu Boden geworfen. Der 14jährige zog daraufhin ein Fischmesser und stieß es seinem Kontrahenten in den Oberkörper. Nach einer Notoperation ist der Junge außer Lebensgefahr." (67)

In seinen Kurznachrichten schilderte das ARD-Magazin „Brisant" am 20. März 2006 (17.15-17.47 Uhr) einen ähnlichen Fall: „Blutiger Streit unter Schülern - In Hamburg hat ein 15jähriger seinen Schulkameraden heute morgen mit einem Messer attackiert. Das Opfer kam schwerverletzt ins Krankenhaus und mußte sofort operiert werden. Der mutmaßliche Täter war zuerst geflüchtet, konnte aber wenig später festgenommen werden. Nach ersten Zeugenaussagen hatten sich die beiden Jungen an [einer] Bushaltestelle lautstark gestritten, dann zückte einer der beiden plötzlich das Messer und stach es dem anderen Jungen zweimal in den Bauch. Bis jetzt hat sich der mutmaßliche Täter noch nicht zu den Vorwürfen geäußert."

Am 9. Mai 2006 informierte der Moderator von „Brisant“ Alexander Mazza seine Zuschauer über ein fast identisches Verbrechen: „Immer wieder schockieren uns Meldungen über Gewalttaten an Schulen, und die Hemmschwelle der jugendlichen Täter - die scheint ins Bodenlose zu sinken. Heutzutage müssen Schüler offenbar sogar um ihr Leben fürchten, wie dieser Fall an einer Hauptschule im westfälischen Hamm beweist. Dort hat ein 15jähriger auf seinen Mitschüler eingestochen und ihn dabei lebensgefährlich verletzt.“

Im anschließenden Bericht hieß es, der Täter habe seinem 14jährigen Klassenkameraden mit dem Messer mehrmals in den Rükken gestochen. „Die Tat war nicht vorhersehbar, das bestätigt auch die Staatsanwältin. Der Junge war zwar bei der Polizei bekannt, wegen Schwarzfahrens und kleineren Diebstählen, aber gewalttätig sei er bis gestern nicht gewesen.

‘Über das Motiv rätseln wir nach wie vor. Der Junge hat die Tat nicht abgestritten, aber irgendwie eine nachvollziehbare Vorgeschichte, die zu einer solchen Gewalttat Anlaß gibt, ist für uns nicht erkennbar.’ (Ina Holznagel, Staatsanwaltschaft Dortmund)

Daß der Junge es ernst gemeint hat, zeigen die schweren Verletzungen seines Opfers.“

In Kassel hat eine prügelnde Mädchen-Gang Ende März 2006 zwei 14jährige Schülerinnen auf offener Straße ausgeraubt und dabei verletzt. „Zwei etwa gleichaltrige Türkinnen, die einer Gruppe von sechs Jugendlichen angehörten, hätten die Schülerinnen nach Polizeiangaben [vom 29. März 2006] ins Gesicht geschlagen und in den Unterleib getreten. Sie raubten einen MP3-Player.“ (68)

Die Nachrichtensendung „RTLaktuell“ vom 8. Mai 2006 (18.45-19.05 Uhr) beschäftigte sich mit dem Phänomen der zunehmend vom weiblichen Geschlecht ausgehenden Gewalt, über die der Moderator Peter Kloeppel ausführte, jeder zehnte Raub und jede sechste gefährliche Körperverletzung in Deutschland gingen mittlerweile auf das Konto von Frauen. „Besonders alarmierend dabei ist, daß die kriminellen Karrieren nach einer Untersuchung des Bundesfamilienministeriums immer früher beginnen. Schon Mädchen organisieren sich in Gangs und werden dabei auch immer brutaler.“

Schläge mitten ins Gesicht gehörten bei Mädchen-Banden noch zu den harmloseren Taten, heißt es im anschließenden Bericht, in dem eine Szene gezeigt wird, die mit einem Videohandy festgehalten wurde, in der eine 16jährige so brutal auf eine 15jährige Mitschülerin eintritt, „daß das Opfer mehrere Tage ins Krankenhaus muß.

Diese Mädchenkriminalität nimmt nach einer Untersuchung des Bundesfamilienministeriums deutlich [!] zu.“ Es wird Yasmin aus dem Berliner Stadtteil Neukölln, die Mitglied einer solchen Mädchenbande ist, vorgestellt. Die 16jährige raubt, schlägt und prügelt - aus reinem Zeitvertreib.

„Ohne ihr ‘Werkzeug’ - ein 15 Zentimeter langes Klappmesser - geht Yasmin nicht mehr aus dem Haus. ... Meistens ... geht es den jungen Täterinnen nicht so sehr um die Wertsachen, die sie erbeuten, sondern um die pure Machtausübung; und die führt oft so weit, daß sie ihren Opfern den Kiefer oder das Nasenbein brechen.“

In dem Beitrag kommt auch die Justizsenatorin von Berlin, Karin Schubert, zu Wort: „Die Hemmschwelle ist sicherlich gesunken, denn die Brutalität, anderen ins Gesicht zu schlagen, das war bisher etwas, was Mädchen nicht gemacht haben. Aber schlichtweg Gewaltanwendung, das ist schon eine neue Kategorie.“

„Um die Kriminalität unter Mädchen in den Griff zu bekommen, hat die Polizei in einigen Städten bereits eigene Sonderkommissionen gebildet“, heißt es abschließend.

Am 31. März 2006 schilderte die Moderatorin der ebenfalls auf RTL ausgestrahlten Nachrichtensendung „Punkt 12“ (12.00-13.00 Uhr) ein weiteres kaum begreifliches Gewaltverbrechen: „Weil er sein Handy nicht herausgeben wollte, wäre der 16jährige Patrick aus Berlin fast gestorben. Mitten am Tag auf einer belebten Straße überfallen Jugendliche den Schüler und wollen sein Handy. Doch als Patrick sich weigert, das Telephon abzugeben, zieht einer der Jugendlichen ein Messer und sticht zu.“

Im anschließenden Bericht erfährt man weitere Einzelheiten zu diesem grausigen Verbrechen: „Drei Messerstiche in den Bauch, drei in den Rücken, einmal erwischt man ihn am Bein - Patrick kann froh sein, daß er noch lebt. In einer Notoperation müssen ihm die Ärzte sogar einen Teil seiner Lunge entfernen. Das alles, weil Patrick den Jugendlichen sein Handy nicht geben will. ... Mit zwei Freunden ist Patrick ... auf einer belebten Berliner Straße unterwegs, als ihn zwei Jugendliche überfallen. Sie wollen ihm sein Handy wegnehmen, seine beiden Freunde laufen weg.

*Am 20. März 2004 fand in Padua das Thaibox-Spektakel „Superleague" statt. Hierbei handelt es sich um eine ganz besonders brutale „Sport"art, bei der die Kämpfer an moderne Gladiatoren erinnern. Rechts: Auch bei Boxkämpfen geht es nicht gerade zimperlich zur Sache - hier der „Tiger" Dariusz Michalczewski vor einigen Jahren (nach seiner K.o.-Niederlage gegen Fabrice Tiozzo am 26. Februar 2005 trat er vom Boxkampf zurück). Viele solcher Veranstaltungen werden im Fernsehen direkt übertragen und erreichen somit ein Millionenpublikum!*

*Die Werner-von-Siemens-Schule in Hildesheim sorgte im Februar 2004 bundesweit für Schlagzeilen. Dort wurde von „bestialischen" Berufsschülern gesprochen, die einen 17jährigen Klassenkameraden grausam mißhandelt hätten: Vier Jugendliche, „zwei Rußlanddeutsche, ein Türke und ein Deutscher im Alter von 16 beziehungsweise 17 Jahren, sollen von September 2003 an mehr als vier Monate lang einen Mitschüler regelmäßig verprügelt haben. Unter anderem stülpten sie ihm einen Metalleimer auf den Kopf und prügelten dann mit Fäusten und Knüppeln darauf. Die Klasse soll dabei tatenlos zugesehen haben. Das Opfer mußte sich zudem ausziehen und seinen mit Wundmalen übersäten Körper vor laufender Videokamera zeigen. Der Film sollte offenbar im Internet verkauft werden", schildert André Klohn* das unfaßbare Geschehen. (Man vergleiche das linke Photo mit dem Bild oben links!)*
(Quellenhinweise: Oben links: Der Spiegel, 25.4.05, S.136; Oben rechts: ebd. 25.11.02, S.127; Unten: ebd. 24.5.04, S.58; *: http://www.lichtblick-newsletter.de/ticker113_04.html)

*Auch bei Fußballspielen zeigt sich die zunehmende Aggressivität vieler Leute (hier randalierende Hooligans aus Cottbus am 1. April 2005 in Aue).*

*Nicht nur Kino und Fernsehen, sondern auch (brutale) Videospiele und polemische Musik sorgen dafür, daß Kinder und Jugendliche zunehmend rücksichtsloser werden. Dabei geht es gerade im neuen Deutsch-Rap „immer derber und vulgärer zur Sache. Sexuelle Gewalt [!], Verherrlichung von Drogen, perverse Herabwürdigung von Frauen und offener Rassismus sollen provozieren. Die Hardcore-Texte des Berliner Labels Aggro Berlin mit dem Erfolgsrapper Sido überschreiten selbst unterste Grenzen des sonst Üblichen im Hip-Hop - und werden von Schulkindern im typischen Sprechgesang nachgeahmt", schreibt die „Fuldaer Zeitung" in ihrer Ausgabe vom 29. Juni 2005 zu dem Photo rechts, das den „Künstler" Paul Würdig alias Sido zeigt.*
(Quellenhinweise: Oben: Der Spiegel, 24.4.06, S.78; Unten links: ebd. S.58)

Noch bevor Patrick die Situation richtig einschätzen kann, sticht einer der beiden siebenmal mit dem Messer auf ihn ein.“ Beinahe wäre der Junge wegen eines einfachen Mobiltelephons gestorben!

Patricks Mutter wollte wissen, was ein Handy gegen ein Menschenleben sei und fragte: „Wie sind die Jugendlichen heutzutage drauf, daß sie zu so etwas überhaupt in der Lage sind? Ich kann es einfach nicht begreifen.“

„Nur eine Notoperation rettete dem Schüler das Leben. Mit Vertrag hat sein Handy noch nicht einmal Geld gekostet, aber weil er es trotzdem nicht freiwillig hergeben wollte, wäre Patrick beinahe gestorben.“

In Belgien ereignete sich keine zwei Wochen später ein ähnliches Verbrechen, das indes ein schlimmeres Ende nahm: „Im Streit um seinen MP3-Player ist ein Junge in Brüssel getötet worden. Er hatte seinen Musikspieler gegen zwei jugendliche Räuber verteidigt, die ihm das Gerät im Hauptbahnhof entreißen wollten. Einer der beiden Täter - wie das Opfer etwa 16 bis 17 Jahre alt - stach den Jungen mit einem Messer nahe dem Herzen in die Brust.

Mehrere Stunden nach der Tat erlag das Opfer in einem Krankenhaus seinen Verletzungen, wie die Staatsanwaltschaft mitteilte. Die Täter konnten entkommen“, so der Videotext von „RTL“ am 13. April 2006 (S. 129).

Unter Ausschluß der Öffentlichkeit hat am 3. April 2006 „vor dem Berliner Landgericht der Prozeß gegen einen 16jährigen Vater wegen brutaler Mißhandlung seiner schwangeren Ex-Freundin begonnen. Er und ein Freund sollen die 15jährige in den Bauch getreten haben, um das Kind zu töten. Sie sollen das im siebten Monat schwangere Mädchen gezwungen haben, von einer drei Meter hohen Skulptur zu springen. Mutter und Kind konnten gerettet werden. Der Schüler soll die Tat inzwischen gestanden haben.“ (69)

„Die Polizei ermittelt gegen zwei 14 und 15 Jahre alte Jugendliche wegen gefährlicher Körperverletzung und Freiheitsberaubung.

Sie sollen einen 13jährigen mißhandelt, in eine Plastikplane gewikkelt und ihn mit Softair-Waffen beschossen haben. Der Übergriff soll sich am Wochenende in einem leerstehenden Haus zugetragen haben, berichtete ein Sprecher am Montag.

Der Junge erlitt Blutergüsse, Kratz- und Schürfwunden. Polizeiangaben zufolge haben die beiden Täter bereits Geständnisse abgelegt“, setzte der „hr-text“ am Dienstag, den 4. April 2006 (S. 121) seine Leser in Kenntnis.

„Nach dem Tod des Babys einer 13jährigen in Krefeld hat die Polizei nun den mutmaßlichen Vater ermittelt“, gab der „ARD-Text“ am 13. April 2006 (S. 161) bekannt. „Gegen den 17jährigen sei ein Verfahren wegen Kindesmißbrauchs eingeleitet worden, berichtete die Staatsanwaltschaft. Die Schülerin hatte gestanden, daß sie ihr Baby sterben ließ, nachdem sie es zur Welt gebracht hatte.

[Da] sexuelle Handlungen mit unter 14jährigen als Kindesmißbrauch gelten, ermitteln die Behörden nun gegen den Jugendlichen. Die Mutter des Kindes wird dagegen straffrei bleiben, da sie noch nicht strafmündig ist.“

Am 16. April 2006 (Ostersonntag!) wurden im brandenburgischen Rüdersdorf die Leichen zweier Schüler entdeckt. „Einer der beiden Jungen, ein 18jähriger, wurde erstochen in einer Hochhauswohnung entdeckt, der andere (16) auf dem Parkplatz vor dem Haus.

Der jüngere der beiden war nach Angaben der Polizei wahrscheinlich aus einem Fenster im 5. Stock gestürzt. Die Beamten vermuten, daß die Schüler einen heftigen Streit miteinander gehabt hatten. Einzelheiten sowie das genaue Motiv seien noch unbekannt.“ (70)

Der Videotext von „RTL II“ schilderte schließlich am Freitag, den 19. Mai 2006 (S. 145), daß ein 17jähriger Tatverdächtiger, nach dem Mord an einem 16jährigen Internatsschüler in Schelklingen bei Ulm, in Haft sitzt. „Nach den bisherigen Ermittlungen hat bei der Bluttat offenbar Streit um Geld eine Rolle gespielt.

Der 17jährige, der wegen Gewaltdelikten vorbestraft ist, hat das Opfer im Schlaf überrascht. Der 16jährige wurde am vergangenen Mittwochmorgen mit mehreren Messerstichen getötet.“

„Die Beweislast ist überwältigend. Dagegen [gegen die Verbindung zwischen Gewalt in den Medien und der von Jugendlichen ausgehenden Gewalt] zu argumentieren, ist gleichbedeutend damit, gegen die Erdanziehungskraft zu argumentieren“, stellte Jeffrey McIntyre von der „American Psychological Association“ bereits vor über sechs Jahren klar. (71)

„Wie in [Robert Borks Buch] ‘Slouching Towards Gomorrah’ dokumentiert wird, liegen diejenigen, die die Augen davor verschließen, daß es eine Verbindung zwischen dem gebe, was unsere Kinder sehen und hören und wie sie sich verhalten, völlig falsch. **Studien zeigen eine direkte, ursächliche Verbindung zwischen der Gewalt, die in Filmen, Magazinen und der Musik dargeboten wird, und gewalttätigem Verhalten.** Wie dem auch sei, der gesunde Menschenverstand sollte genügen.

Beruhend auf der Prämisse, daß das Verhalten [der Konsumenten] beeinflußt wird, werden jedes Jahr Milliarden von Werbe-Dollars ausgegeben. Wie Bork bemerkt, wird Musik 'überall eingesetzt, um ein bestimmtes Verhalten hervorzurufen - Armeen gebrauchen martialische Musik, Paare lauschen romantischer Musik, Kirchen verwenden Orgeln, Chöre und Chorals. Wie kann irgendjemand annehmen, daß Musik (zuzüglich der Bilder im Fernsehen, Kinofilmen und der Werbung) über Sex und Gewalt keine Auswirkung haben?'", möchte der US-Amerikaner Hank Hanegraaff gerne wissen. Er stellte eine Studie zusammen, die der Frage nachging, welche Auswirkungen die amerikanische Medienkultur auf Jugendliche hat. (72)

„Jeder der glaubt, die Medien hätten nichts mit Jugendgewalt zu tun, ist ein Idiot", befand der Präsident des Fernsehsenders CBS, Les Moonves, in der „Washington Post" vom 19. Mai 1999. (73)

Eine Untersuchung der „Kaiser Family Foundation" vom Frühjahr 2003 bestätigt ebenfalls die negative Auswirkung des TV-Konsums. „Dem Fernsehen während der Jugendzeit ausgesetzt gewesen zu sein, wurde auch mit nachfolgenden Aggressionen im jungen Erwachsenenalter in Zusammenhang gebracht. Laut einer 17jährigen Langzeitstudie war es für Teenager, die mehr als eine Stunde am Tag fernsahen, fast viermal wahrscheinlicher, daß sie als Erwachsene aggressive Taten verübten, als für andere Heranwachsende." (74)

Angesichts des ständig steigenden Medienkonsums gerade unter Kindern und Jugendlichen ist es also kein Wunder, daß in der Bundesrepublik *seit Jahren* immer mehr **Gewaltkriminalität** zu verzeichnen ist, was indes bei vielen Experten langfristig für einen „blinden Fleck" sorgt. Sie erreichte im Jahre 2004 laut Gewerkschaft der Polizei (GdP) den **höchsten Stand seit zehn Jahren**. „Wie die GdP [Mitte Juni 2005] in Berlin berichtete, wurden 2004 mehr als 210 000 Delikte registriert. Das sei ein Anstieg von 3,5 Prozent.

Die Zahl der Fälle von gefährlicher und schwerer Körperverletzung habe sogar um 5,4 Prozent zugenommen, hieß es. **Schwere sexuelle Nötigung und Vergewaltigungen** haben **deutlich zugenommen."** (75) **„Vor allem die Gewaltbereitschaft Jugendlicher** sei **gestiegen**, teilte GdP-Chef Freiberg mit." (76) (Als am 15. Mai 2006 die Kriminalstatistik 2005 vorgestellt wurde, hieß es erneut, die Täter würden immer brutaler; es gab *abermals* einen Anstieg bei schwerer und gefährlicher Körperverletzung - bei Körperverletzung +4,0 % gesamt, bei gefährlicher und schwerer Körperverletzung +5,3 %!)

Ist das deutsche - überwiegend aus den USA übernommene - Fernsehprogramm etwa dafür zumindest mitverantwortlich, daß **türkische Jugendliche, je länger sie sich in Deutschland aufhalten, um so häufiger** in den zwölf Monaten vor ihrer Befragung **Gewalttaten begangen haben? „Am höchsten fällt die Gewaltrate bei denen aus, die in Deutschland geboren wurden"**. Zu diesem Ergebnis jedenfalls kommen Professor Christian Pfeiffer, der Direktor des Kriminologischen Forschungsinstituts Niedersachsen, und sein Kollege Dr. Peter Wetzels. (77)

Bezeichnenderweise hat mittlerweile jeder dritte Schüler Angst vor Gewalt an der Schule, **„ jeder fünfte wurde dort selbst schon einmal angegriffen.** Das ergab eine repräsentative Umfrage bei 1000 Schülern in Deutschland im Alter von 12 bis 17 Jahren, die das Meinungsforschungsinstitut Emnid im Auftrag der Zeitschrift 'Bravo' [im März 2006] durchführte.

Weitere Ergebnisse der Befragung: Jeder dritte Schüler hat Angst, dem Opfer eines Angriffs zu helfen. Jeder vierte meint, daß seine Mitschüler bei Gewalt wegsehen." (78)

Bereits am 18. September 2004 hieß es, in Deutschland würden „nach einer Studie 37 Prozent der Frauen Opfer körperlicher Mißhandlung. Dies berichtete das Nachrichtenmagazin 'Focus' unter Berufung auf eine Erhebung im Auftrag des Bundesfamilienministeriums.

Etwa 13 Prozent und damit fast **jede siebte Frau erlebten sexuelle Gewalt in der Form einer Vergewaltigung**, versuchten Vergewaltigung oder Nötigung zu sexuellen Handlungen." (79)

Nicht nur viele Frauen, sondern auch eine steigende Anzahl von Kindern werden in unserem Lande malträtiert: **„In Deutschland werden offenbar immer mehr Kinder mißhandelt.** Wie 'Die Welt' unter Berufung auf Statistiken des Bundeskriminalamts berichtet, **stieg die Anzahl der gemeldeten Fälle seit 1996 um etwa 50 Prozent.** Damals wurden 1971 Fälle von Mißhandlungen an Kindern bis zu 14 Jahren registriert, im vergangenen Jahr seien es dann 2916 gewesen", hieß es hierzu im Videotext von „SAT.1“ am 30. Dezember 2005 (S. 115; Herv. v. Verf.).

In der Bundesrepublik gibt es immer mehr Gewalt in den Familien. So ist die Zahl der festgestellten **Straftaten im Bereich „Häusliche Gewalt“** etwa im Bundesland Hessen **im Jahr 2003 stark [!] gestiegen.**

Das berichtete Innenminister Bouffier am 27. Oktober 2004. „Insgesamt wurden 5159 zu 90 Prozent männliche Tatverdächtige ermittelt, ein Drittel stand unter Alkoholeinfluß. Die Zahl der Opfer nahm um gut 20 Prozent auf 5163 zu, in 2680 Fällen waren im Haushalt lebende Kinder Opfer oder Zeugen von Gewalttaten.“ (80)

Sogar die Gewalt gegen Polizeibeamte nimmt ständig zu! **„Kriminelle** in Deutschland gehen **mit wachsender Brutalität gegen Polizisten** vor. Nach Erkenntnissen des Polizeiunterstützungsfonds ‘Grüner Stern’ **erleiden Beamte im Einsatz immer häufiger schwere Verletzungen.** ‘Bei einem Routineeinsatz wegen ruhestörenden Lärms bekommt ein Polizist heute schnell einmal eine Faust ins Gesicht’, sagte der Chef des Berliner Vereins, Laube.

**Viele Straftäter hätten im Gegensatz zu früher keine Hemmung, auch auf bereits liegende Polizisten einzuprügeln.“** (81)

Sehen wir hierzu einen Fall, der sich nur Tage später in Hessen zutrug: Bei einer Verkehrskontrolle in Wiesbaden am 2. April 2006 sind „fünf Polizisten von einem [!] Randalierer verletzt worden. Eine Streife hatte ein Auto gestoppt, das über ‘Rot’ gefahren war. Die Insassen reagierten so aggressiv, daß eine weitere Streife gerufen werden mußte. Einer der Männer verletzte die Beamten mit Kickbox-Attacken. Ein Polizist mußte im Krankenhaus behandelt werden.“ (82)

Bereits am 12. November 2005 titelte die „Bild“-Zeitung: „Radler beißt Polizist in den Oberschenkel“! „Eine Polizeistreife wollte in Malchin (Mecklenburg-Vorpommern) den Ausweis eines Radfahrers (37) kontrollieren. Der Mann wollte ihn aber nicht zeigen. Er beleidigte die drei Beamten, schubste zwei zu Boden. Als dem Radfahrer Handschellen angelegt werden sollten, biß er einem Polizisten (32) in den Oberschenkel.“

„Ein 53jähriger Mann hat zwei Polizeibeamtinnen am Herrentag auf ihrem Dienstboot im Spreewald angegriffen und verletzt“, berichtete der Videotext des Privatsenders „ProSieben“ am 26. Mai 2006 (S. 132). „In Lehde sprang er unvermittelt in das Boot und schlug einer Beamtin eine Bierflasche an den Kopf. Der anderen Polizistin trat er mehrfach in den Rücken. Zwei junge Männer kamen den Frauen zu Hilfe, so daß der Täter überwältigt werden konnte. Der Mann, der einen Alkoholgehalt von 1,73 Promille hatte, wurde vorläufig festgenommen."

Ende März 2006 sorgte die Rektorin einer Schule im Berliner Bezirk Neukölln bundesweit für Schlagzeilen, da sie die Schulverwaltung wegen **nicht mehr kontrollierbarer Schülergewalt** um die Auflösung ihrer Schule gebeten hatte. „In einem Brief, den die Gesamtkonferenz der Schule beschlossen habe, erbitte die Schulleiterin sofortige Hilfe, so der 'Tagesspiegel'.

Ein geordneter Unterricht finde nicht mehr statt. **Die Stimmung sei geprägt von Zerstörung, Gewalt und menschenverachtendem Verhalten.** Lehrer würden völlig ignoriert und zum Teil attackiert. Die Schulbehörde lehnte das Ansinnen der Rektorin der Zeitung zufolge ab." (83)

„Nach den Lehrern der Rütli-Hauptschule in Berlin-Neukölln haben einem Magazinbericht zufolge auch Pädagogen einer Schule im Bezirk Wedding einen Brief verfaßt, um auf ihre Probleme hinzuweisen. Das berichtet 'Der Spiegel' unter Berufung auf einen Entwurf.

Danach beklagen die Lehrer der Theodor-Plievier-Oberschule über eine **'anarchische Situation'. Ein Großteil der Schüler habe 'keinerlei [!] Empfinden für allgemeine Werte, Normen und Grenzen'.** Gewaltbereite Intensivtäter hätten 'erheblichen Einfluß'. Es gebe menschenverachtendes und demütigendes Verhalten." (84)

An Hessens Schulen war zum selben Zeitpunkt das gleiche zu beobachten. „Die Lehrer des Kreises und der Stadt Offenbach haben in einer Resolution das Staatliche Schulamt beschuldigt, Probleme an den Schulen zu verschleiern.

In einem Schreiben, das dem hr [Anm.: Hessischer Rundfunk] vorliegt, heißt es, dem Gesamtpersonalrat seien mehrfach **körperliche Übergriffe gegen Schüler und Lehrer** gemeldet worden, **auch mit Waffeneinsatz.**

Der stellvertretende Vorsitzende des Gesamtpersonalrats, Köditz, bestätigte gegenüber der 'Hessenschau' körperliche Übergriffe an den Schulen: **'Der Krankenwagen muß recht häufig gerufen werden'**, sagte er." (85)

Es gibt viele Beispiele für die mittlerweile alltägliche Schülergewalt in der Bundesrepublik: „In einer Realschule in Tempelhof-Schöneberg bricht ein Schüler einem anderen bei einer Rangelei den Unterarm. In Charlottenburg-Wilmersdorf wehren sich drei Grundschülerinnen gegen ein Mädchen aus einer Oberschule und reißen ihr dabei den Ohrring heraus. Wegen eines Euros wird ein Hauptschüler von zwei Schulkameraden getreten und mit einer Zigarette verletzt.

Das sind drei Vorfälle aus dem vergangenen Jahr an Berliner Schulen. Die Gewalt hat zugenommen, sagte Bildungsstaatssekretär Thomas Härtel (SPD) ... bei der Präsentation der Jahresstatistik. Vor allem die Fälle gefährlicher Körperverletzung - das Opfer wird dabei mit einer Waffe oder einem waffenähnlichen Gegenstand angegriffen und verletzt - habe besorgniserregend von 84 Fällen im Schuljahr 2002/2003 auf jetzt 182 zugenommen“, so die „Berliner Zeitung“ am 10. November 2004 (86).

Wie man in einer Studie der Unfallkassen Anfang Juni 2005 erfahren konnte, wurden im Jahr 2003 insgesamt 93 295 Raufunfälle gemeldet, „dabei wurden etwa 250 Schüler pro Tag verletzt. Die meisten Unfälle passieren während der Pause auf dem Schulhof, aber auch Zwischenfälle beim Schulsport wurden mit in die Studie einbezogen. Der höchste Anteil von Rangeleien mit Folgen ist bei 11- bis 15jährigen Jungen auszumachen. Die Quote der gewalttätigen Jungen liegt mit 15,1 doppelt so hoch wie bei Mädchen (7,1).“ (87)

Am 9. November 2005 wurde erneut von einer steigenden Gewalt unter Schülern gesprochen: „Die Gewaltbereitschaft unter Berliner Schülern hat zugenommen. Im Schuljahr 2004/05 meldeten die Schulen insgesamt 894 gewaltbelastete Vorfälle. 2003/04 waren es hingegen 560 Meldungen. Im Vergleich zum Vorjahr entspricht das einer Zunahme von 60 Prozent, heißt es im jährlichen Gewaltbericht von Bildungs- und Innensenatsverwaltung. Den höchsten Anteil an Gewaltmeldungen hatten die Bezirke Mitte (205) und Neukölln (135). ...

**Als ernstzunehmendes Problem wird im Bericht Gewalt gegen Lehrer bezeichnet.** Kamen vor drei Jahren Körperverletzungen dabei in einem Viertel der Fälle vor, so beträgt dieser Anteil heute 68 Prozent von 196 gemeldeten Vorfällen.“ (88)

Am 15. März 2006 entnahm man der „Fuldaer Zeitung“ (Herv. v. Verf.), „daß **an jedem Schultag** [mittlerweile] **480 Schüler so schwer verletzt werden, daß sie zum Arzt müssen.“**

Halten wir fest, daß *seit Jahren* eine beständige Zunahme der Gewalt unter Kindern und Jugendlichen zu verzeichnen ist, die in erster Linie auf die unentwegt steigende Brutalität in den Medien zurückzuführen ist. Sehen wir dazu abschließend das Bundesland Brandenburg, wo die Zahl der Gewalttaten von 2002 bis 2004 um 94 auf 838 polizeilich gemeldete Fälle zunahm. „Auch in Berlin wurde von einer Erhöhung der Übergriffe von einem Drittel im vergangenen Jahr [Anm.: 2004] berichtet." (89)

Und die Meldungen werden immer unglaublicher: „Nach dem Erstellen einer sogenannten **Todesliste an einem Gymnasium** in Heringsdorf (Mecklenburg-Vorpommern) hat die Staatsanwaltschaft [am 14. April 2006] Anklage gegen einen 16jährigen erhoben.

Der Schüler hatte im Jahrgangsbuch 2004/2005 die **Bilder von 206 Schülern und Lehrern** mit Kreuzen und Kreisen gekennzeichnet. Zudem hatte er vermerkt, daß er für deren Tod 206 Kugeln brauche. In Vernehmungen gestand der Junge, daß er seine Lehrer und Mitschüler umbringen wollte." (90)

Nur vier Tage später erfuhr man von einem ähnlichen Fall aus den Vereinigten Staaten, wo es hieß, zwei Jugendliche seien im US-Staat Missouri unter dem Verdacht festgenommen worden, „in ihrer Schule ein Blutbad nach dem Muster des Massakers von Columbine geplant zu haben. Den beiden 17jährigen droht eine Anklage wegen Aussprache einer Terrordrohung, wie die Staatsanwaltschaft in Platte City, einem Vorort von Kansas City, mitteilte.

Die Jugendlichen hatten ihren Mitschülern mit einer Schießerei am siebten Jahrestag des Blutbads an der Columbine High School gedroht. In Columbine hatten am 20. April 1999 [Anm.: unter anderem; siehe meine im Verlag Anton A. Schmid erschienene Schrift: „Der private Schußwaffenbesitz - Band 2"!] zwei Schüler, 12 Mitschüler sowie einen Lehrer erschossen" (91).

Am 22. April 2006 hörte man sogar von *mehreren* geplanten Schul-Massakern, die von den US-Behörden gerade noch rechtzeitig verhindert wurden. „Genau sieben Jahre nach dem Blutbad an der Columbine High School hat die US-Polizei mehrere mutmaßliche Verschwörungen zu neuen Massakern an drei Schulen vereitelt. Laut dem Fernsehsender ABC wurden in Riverton im Bundesstaat Kansas fünf Schüler im Alter zwischen 16 und 18 Jahren festgenommen.

In Kansas City ... nahm die Polizei zwei 17jährige fest, die ein Massaker in der Turnhalle ihrer Schule planten. Das dritte Komplott wurde an der Red Lake High School aufgedeckt, an der im vergangenen Jahr ein Schüler Amok gelaufen war.“ (92)

Zwei Tage später auf „RTLtext“ (S. 130) sogleich die nächste Schreckensmeldung: „Die Polizei im US-Bundesstaat Alaska hat ein Massaker an einer Schule verhindert. Sechs Jungen hätten in der Stadt North Pole Mitschüler und Lehrer, die sie nicht leiden konnten, mit Messern und Schußwaffen töten wollen.

Die Eltern eines der Siebtklässler [!] hätten der Polizei einen Tag vor der geplanten Tat den Tip gegeben. Danach wollten die Schüler die Telephonleitungen und die Stromversorgung in der Schule unterbrechen, um genügend Zeit zum Töten und für die Flucht zu haben.“

In einer Berliner Schule ist am 23. Mai 2006 „eine Schülerin mit einer scharfen Schußwaffe festgenommen worden. Das Mädchen aus der 10. Klasse der Realschule im Stadtteil Tiergarten habe nicht geschossen, niemand sei verletzt worden, teilte die Polizei mit.

Die Hedwig-Dohm-Schule war im Dezember vorigen Jahres in die Schlagzeilen geraten. Ein 15jähriger hatte auf dem Schulhof mit einem Freund seine von ihm schwangere Freundin in den Bauch getreten und geschlagen, um das Baby zu töten.“ (93)

In seiner Studie „Violence and Terror in the Mass Media“ (Gewalt und Terror in den Massenmedien) stellt der US-Amerikaner George Gerbner fest, daß „wenn man ständig Geschichten und Szenen von Gewalt und Terror ausgesetzt ist, aggressive Neigungen mobilisiert, einige abgestumpft, andere zu Außenseitern gemacht, viele dagegen eingeschüchtert - und bei einigen gewalttätige Handlungen ausgelöst werden können.“ (94)

„Gewalt in Kinofilmen ist, wie Salz zu essen“, beschreibt es der am 19. November 1998 bei einem tragischen Verkehrsunfall ums Leben gekommene US-Regisseur Alan J. Pakula. „Je mehr man davon ißt, desto mehr muß man zu sich nehmen, um es überhaupt zu schmekken.“ (95) Zu dieser Aussage paßt das Fazit von „Cinema“ zu dem US-Horrorstreifen „Hostel“, der am 27. April 2006 im deutschen Kino startete:
**„Eine neue Ära des Gewalt-Kinos ist angebrochen. Ein apokalyptischer Trip durch die Abgründe der menschlichen Seele, der zu Diskussionen führen wird.“** (96)

Tatsächlich deutet einiges darauf hin, daß wir bereits an dem Punkt angelangt sind, an dem die tagtäglich auf Kinoleinwände und Fernsehbildschirme projizierten Gewaltdarstellungen vielen Heranwachsenden nicht mehr reichen. Sie sind von den „gestellten" Handlungen derart abgestumpft, daß sie nach *echter* Brutalität dürsten.

Das könnte der Grund dafür sein, warum in jüngster Zeit auf Mobiltelephonen von Jugendlichen Videos mit realen Grausamkeiten kursieren. „'Es sei doch nur darum gegangen, wer cool ist', sagt ein 14jähriger Hauptschüler aus Immenstadt im Allgäu. Und cool ist in dem idyllischen Urlaubsort in den Bergen längst nicht mehr einer, der nur eine angesagte Skaterhose über den Schulhof schleift. **Cool ist, wer in der Pause die krassesten Horror- und Gewaltvideos auf dem Handy-Display herumzeigen kann.**

Ganz oben auf der Hitliste in deutschen Schulen steht derzeit unter anderem ein wohl authentischer Clip, auf dem eine Frau von der U-Bahn überrollt wird. **Ganz nah dran ist man da, hört die Schreie, sieht das Blut. Kult ist auch eine [reale] Hinrichtung: Einem wehrlosen Opfer wird ein Messer in den Hals gerammt.** Wer es nicht so blutig mag, der labt sich neben dem Pausenbrot an Hardcore-Pornos, manche sogar mit Tieren.

Nicht jeder ist freilich cool, und weil einigen Immenstädter Kids bei der Pausenunterhaltung schier schlecht wurde, schlugen Eltern Alarm. Daraufhin beschlagnahmte die Polizei kürzlich in der Kleinstadt wie im nahen Kaufbeuren mehr als 200 Schüler-Handys - und auf 19 davon fanden sich **Filmszenen, die Lehrer und sogar hartgesottenere Ermittler nur mit Mühe ertragen konnten. ... Morde oder schwerste Mißhandlungen via Handy wie live [!] mitzuerleben, steht in anderen Bundesländern ebenfalls hoch im Kurs**, wenngleich die Polizeiaktion im Allgäu klarmacht, wie weit das Phänomen schon um sich gegriffen hat. ...

Im baden-württembergischen Eberbach wurde kürzlich eine 14jährige Schülerin fünf Tage vom Unterricht ausgeschlossen, weil sie einige der sogenannten Snuff-Videos herumgezeigt hatte, woraufhin ein Sechstklässler nicht mehr schlafen konnte und die Eltern einweihte.

Im hessischen Wettenberg bei Gießen wurden vergangenen Herbst 13jährige erwischt, die sich mit einem besonders rabiaten Filmchen amüsierten: **In Großaufnahme ist darin zu sehen und zu hören, wie ein Soldat einem anderen bei lebendigem Leib den Kopf abtrennt.** Das von den Lehrern eingeschaltete Landeskriminalamt hält die grausame Mordszene für einen authentischen Mitschnitt aus dem Tschetschenien-Krieg“ (97), war Ende März 2006 zu erfahren.

Gewaltszenen auf Mobiltelephonen von Schülern gehören in Deutschland offenbar längst zum Alltag, wie man auch am 8. April 2006 erfahren mußte: „In Bayern sind wieder pornographische und gewaltverherrlichende Inhalte auf einem Schülerhandy gefunden worden. Einem 15jährigen aus Kempten im Allgäu wurde das Handy nach einem Hinweis auf solche Szenen abgenommen.

**Der Handybesitzer revanchierte sich bei einem Mitschüler für das vermeintliche Verpetzen beim Lehrer, indem er ihn so verprügelte, daß dieser nicht zur Schule gehen konnte.** Der 15jährige wird wegen gefährlicher Körperverletzung, Bedrohung und Beleidigung angezeigt.“ (98)

Am 29. April 2006 haben dann zwei unbekannte Jugendliche in Osnabrück „Grundschüler mit Mordszenen auf dem Handy schockiert. Die beiden Täter im geschätzten Alter zwischen 14 und 16 Jahren hatten die Kinder auf der Straße angesprochen und sie zum Anschauen der Videos gedrängt.

Eine Taxifahrerin hatte den Vorfall beobachtet. Sie täuschte Interesse vor und ließ sich den Film auf ihr Handy überspielen. Anschließend ging sie zur Polizei. Der Film zeigte, wie einem Mann der Kopf abgeschnitten wird.“ (99)

Wie die „Fuldaer Zeitung“ am Donnerstag, den 4. Mai 2006 berichtete, hat eine Gruppe Jugendlicher in einem Wald bei Traunstein die Leiche eines Selbstmordopfers geschändet und damit einen brutalen Mord vorgetäuscht. „Wie die Polizeidirektion Traunstein gestern mitteilte, traf sich die Gruppe von zehn Jugendlichen im Alter zwischen 13 und 17 Jahren in der Nacht zum 1. Mai zu einer ‘Walpurgisnachtfeier’ in dem Wald bei Traunreut. Ein 15jähriger habe dabei zufällig die Leiche des 49jährigen Mannes gefunden, der offenbar bereits zweieinhalb Monate zuvor Suizid begangen und dann wochenlang unter einer Schneedecke gelegen hatte.

Nachdem der Jugendliche die Leiche seinen Freunden gezeigt habe, hätten sich nach ersten Ermittlungen vier ... Jungen im Alter von 15 bis 17 Jahren an der Leiche zu schaffen gemacht und sie mit im Wald gefundenen Schnüren gefesselt. ‘Die Leiche wurde etwa 20 Meter weiter gezogen und mit einer Hand an einen Ast gebunden’, erklärte Polizeisprecher Franz Sommerauer. ‘Mit einem Eisenrohr und anderen

Gegenständen wurde auf den Toten eingeschlagen.'

Als ein Radfahrer zufällig am Montagnachmittag die entstellte gefesselte Leiche entdeckte, erlitt er einen Schock. Die Polizei ging zunächst von einem Mord aus und schaltete Experten des Landeskriminalamtes ein. Allerdings fanden die Ermittler zugleich in dem Waldstück auch Abschiedsbriefe des 49jährigen. Eine noch am Montag durchgeführte Obduktion brachte keine Klarheit über die Todesursache.

Erst am Dienstag kam die Polizei dem tatsächlichen Ablauf auf die Spur: Jugendliche aus der Gruppe hatten am Vortag, kurz bevor die Leiche von dem Radfahrer gefunden wurde, eine unbeteiligte 15jährige zum Tatort geführt, um ihr den Toten zu zeigen. Am Dienstag wandte sich das Mädchen über eine Vertrauensperson an die Polizei, die daraufhin auf die Spur der zehn Jugendlichen kam. ...

Gegen die vier 15 bis 17 Jahre alten Haupttäter ermittelt die Staatsanwaltschaft wegen Störung der Totenruhe. Die Polizei beschlagnahmte zudem mehrere Handys, da nicht auszuschließen sei, daß damit am Fundort Bilder gefertigt wurden."

Das ARD-Boulevardmagazin „Brisant" vom 8. Mai 2006 (17.15-17.47 Uhr) ging auf diesen Fall näher ein, wobei der Moderator Alexander Mazza einleitend fragte: „Wie können junge Menschen bei solch abartigen Handlungen auch nur einen Funken Spaß oder Befriedigung erleben? Ratlos stehen wir dieser Frage gegenüber, liebe Zuschauer."

Im anschließenden Bericht kommt der Chef der Traunreuter Polizei Johann Bohnert zu Wort: „Ich bin seit 27 Jahren bei der Polizei und ich habe schon eine Menge Leichen gesehen, aber diese Leiche war natürlich schon ziemlich zugerichtet und man denkt natürlich schon, wer kann so etwas tun und was liegt da dahinter." Lehrer und Eltern seien über die Tat immer noch schockiert, hieß es in dem Beitrag.

Was kann man noch von einer weitgehend atheistisch geprägten Gesellschaft erwarten, in der sich bereits Jugendliche, noch bevor sie das 18. Lebensjahr erreicht haben, Hunderttausende von brutalen Szenen auf Kinoleinwänden und im Fernsehen angeschaut haben?!

Wie der US-Reporter Caryl Matrisciana in seiner Dokumentation „Gods of Entertainment" aufdeckt, haben Heranwachsende in den USA bis zu ihrem 17. Geburtstag im Durchschnitt **40 000 Stunden damit verbracht, sich Kinofilme, DVDs und TV-Programme anzuschauen, Videospiele zu spielen, Musik zu hören und beliebte Bücher**

**[wie Harry Potter] und Nachrichtenmeldungen zu lesen** [Anm.: Bei einem „Arbeitstag" von acht Stunden sind das exakt 5000 Tage, also mehr als 13 Jahre ihres Lebens!]. Infolgedessen zählen die Massenmedien der Unterhaltungsindustrie zu den einflußreichsten Lehrern der Kinder und als Hauptquelle, aus der sie ihre Werte, geistige Unterweisung und somit Anstöße zu Verhaltensveränderungen beziehen.

Angesichts der Schwemme an gewaltverherrlichenden Filmen, Fernsehserien und Computerspielen scheint es also, als seien die Medien-Oberen *gezielt* darauf aus, vor allem in den westlichen (ehemals christlichen!) Ländern eine ganze Generation gemeingefährlicher Psychopathen heranzuzüchten, die unfähig sind, Mitleid zu empfinden, und sich immer neue Wege ausdenken, wie sie ihren Mitmenschen und -geschöpfen Schmerzen zufügen können. (Möglicherweise sollen diese rücksichtslosen Kriminellen den Hintermännern der Weltpolitik ja eines Tages dabei helfen, die letzten verbliebenen Christen zu verfolgen und zu martern!)

So mußten sich Ende Juni 2005 zwei 16jährige Jugendliche wegen Mordes an einem Obdachlosen vor dem Stuttgarter Landgericht verantworten. Die Staatsanwaltschaft warf ihnen vor, einen 46jährigen Briten im Januar in Stuttgart „aus niedrigen Beweggründen mit zahlreichen Tritten gegen den Kopf umgebracht zu haben.

Der Obdachlose war wenige Tage nach der Tat in einem Krankenhaus an einem schweren Schädel-Hirn-Trauma gestorben. Einer der Angeklagten legte zum Prozeßauftakt ein Geständnis ab.

Laut Anklage trafen die Jugendlichen spanischer und italienischer Staatsangehörigkeit in einer Stadtbahn auf ihr Opfer. Dort sollen sie den Obdachlosen zunächst beschimpft und ihm dann seinen Rucksack weggenommen haben. An der Endhaltestelle sollen sie ihn 'in menschenverachtender Weise' niedergetreten haben, um ihre körperliche Überlegenheit zu demonstrieren. Dabei hätten sie 'gewußt und gewollt', daß der Mann stirbt.

Laut Staatsanwaltschaft flüchteten die Angeklagten, als das hilflose Opfer mit blutender Kopfwunde am Boden lag. Später sollen sie noch mal zurückgekehrt sein, um dem Mann weitere heftige Tritte zu verpassen. Anschließend hätten sie mit ihren Photohandys gegenseitig ihre blutbefleckten Schuhe und Kleider photographiert.

Die angeklagten Schüler sind beide in Stuttgart geboren und aufgewachsen. Sie stammen aus intakten Familienverhältnissen und waren bislang kaum auffällig. Mit der Tat sollen sie sich einen Tag später bei

Freunden gerühmt haben. Sechs Tage nach dem Verbrechen wurden sie festgenommen.“ (100)

Der „RTLtext“ berichtete am 22. April 2006 (S. 134) über ein fast identisches, ebenfalls unbegreifliches Verbrechen aus Spanien: „Wegen des brutalen Mordes an einer Obdachlosen in Barcelona ist ein 17jähriger Spanier zu acht Jahren Jugendarrest verurteilt worden. Die 51 Jahre alte Bettlerin war im Dezember 2005 von dem Verurteilten und zwei Komplizen bei lebendigem Leibe verbrannt worden, als sie im Vorraum einer Sparkasse übernachten wollte.

Gegen die beiden anderen Angeklagten steht der Prozeß noch aus. Die Täter hatten nach ihrer Festnahme Geständnisse abgelegt. Ein Motiv konnten sie jedoch nicht nennen.“

Wie der Videotext von „ProSieben“ nur sechs Tage später (S. 135) seine Leser informierte, hat vor einem britischen Gericht „ein 14jähriger Junge den Mord an einem drei Jahre jüngeren Schulkameraden gestanden. Dessen Leiche war Anfang März in einem Park außerhalb von Manchester gefunden worden. Er wurde erstochen. Der 14jährige war bereits kurz danach in Polizeigewahrsam genommen worden.

Während der Anhörung äußerte sich der Junge selbst nicht zu dem Verbrechen. Die Staatsanwaltschaft und seine Anwälte erklärten jedoch, er gestehe die Tat.“

Der „ARD-Text“ schilderte am 15. Mai 2006 (S. 162), daß ein 13jähriges Mädchen im US-Staat Oregon wegen Mordversuchs zu zwölf Jahren Jugendhaft verurteilt worden ist. „Das Mädchen soll zusammen mit einer Freundin versucht haben, zwei Mitschülerinnen zu töten. Die beiden Schülerinnen versetzten die Milch der Klassenkameradinnen mit Rattengift. Die Opfer bemerkten die grünlichen Tabletten am Grund ihrer Milchpackung, wurden mißtrauisch und kippten die Milch weg.

Die Täterinnen seien wütend darüber gewesen, daß ihnen die Mitschülerinnen während einer Party Rasierschaum ins Haar gerieben hätten, hieß es zum Motiv.“

„Eine Gruppe von Jugendlichen hat in der belgischen Hafenstadt Antwerpen einen 54jährigen Mann erschlagen“, schilderte der „RTLtext“ am 25. Juni 2006 (S. 134). „Der Mitarbeiter der Staatsbahn starb, nachdem er von den Jugendlichen in einem Bus attackiert worden war. Die Polizei fahndet nach den flüchtigen Tatverdächtigen.

Die belgische Öffentlichkeit reagierte entsetzt. Bürgermeister Patrick Janssens verurteilte den Überfall scharf."

Auch aus dem fernen Asien erreichten uns in den letzten Jahren immer wieder Schreckensmeldungen über die zunehmende Brutalität von Kindern und Jugendlichen, so etwa am 2. Mai 2006 aus Japan, wo ein 18jähriger einen Klassenkameraden mit Feuerwerkskörpern gefoltert hat. „Der inzwischen verhaftete Jugendliche soll das Opfer im vergangenen November nachts auf einem Berg ausgezogen und gefesselt haben.

Darauf umwickelte er das Opfer mit Zeitungspapier, goß Feuerzeuggas darüber und beschoß ihn mit Feuerwerkskörpern. Er habe seinen gleichaltrigen Klassenkameraden 'bestrafen' wollen, da er das Gefühl gehabt habe, daß der Junge ihn mied, erklärte der Täter." (101)

„Lebende Enten als Fußbälle" titelte der „RTLtext" bereits Mitte August 2004 über eine Barbarei aus Deutschland und sprach völlig zurecht von „grausamen Taten": **„Eine Bande von zwölf Jugendlichen** aus Senden (Nordrhein-Westfalen) **hat Enten, Hühner und Ziegen brutal zu Tode gequält.** Wie die Polizei berichtet, haben sie die Körper der Enten nach dem Entfernen der Flugfedern zum Fußballspielen [!] benutzt, teils wurden die Tiere angezündet." (102)

„Sechs Katzen von Kindern grausam zu Tode gefoltert" lautete eine weitere unfaßbare Schlagzeile, diesmal von der „Chemnitzer Morgenpost" vom 28. Oktober 2004: „Die Baracke des Grauens steht in der Oberlausitz. Tagelang massakrierten dort vier Kinder Katzen, folterten, erhängten und verbrannten die Tiere. Sechs Kadaver wurden bereits gefunden. Jetzt ermittelt die Kripo gegen das Quäler-Quartett.

Doch vermutlich blüht den Brutalo-Kids noch nicht einmal eine Strafe. Die Jungs aus Reichenbach bei Görlitz sind zwischen 12 und 14 Jahre alt. Auf die Spur der Katzen-Killer kam der Orts-Tierarzt Frank Ender (46) mithilfe einiger Kinder, die an einem Supermarkt eine bibbernde und verängstige Katze fanden. 'Sie war mit Wachs übergossen, das sich bis auf die Haut eingebrannt hatte', sagt Ender. 'Wir konnten das Tier in einer OP retten.'

In der leerstehenden Baracke nahe der Bundesstraße 6 wurden dann Anwohner fündig. **In dem illegalen Jugendtreff standen regelrechte Folterapparate, Fesselvorrichtungen, selbst ein Galgen.** Tierarzt Ender: 'Erschütternd. **Kaum vorstellbar, was den Tieren hier zugefügt wurde.'** Die Folterbank zeugt mit zahlreichen Blutspritzern vom Grauen der Taten. Sechs Katzenleichen lagen auf dem Gelände, alle schlimm zugerichtet mit Würgemalen und aufgeritzten Leibern.

Die Kripo will jetzt die Tierquäler verhören, Anwohner vernehmen und versuchen, die Besitzer der toten Tiere zu finden. Weitere Opfer werden vermutet. Auch deshalb steht Reichenbach (3000 Einwohner) unter Schock. Brigitte S., selbst Katzenbesitzerin: ‘Das ist so grausam. Mein Kater darf vorerst nicht mehr vom Hof.’“ (103) (Es ist bekannt, daß die kriminelle Laufbahn von Serienmördern in der Regel damit beginnt, daß sie als Heranwachsende Tiere quälen und töten!)

Mit einem weitgehenden Geständnis des **16jährigen Angeklagten** hat am 24. Februar 2006 vor dem Berliner Landgericht der Prozeß um den **brutalen Mord an dem siebenjährigen Christian** begonnen. „Der Tatverdächtige, der bei seinen Großeltern wohnte, soll **den Jungen** aus seiner Nachbarschaft am 27. August vergangenen Jahres im Berliner Bezirk Zehlendorf **in ein Versteck gelockt und zu Tode gequält** haben. **Als Motiv nennt die Anklage nach Angaben eines Justizsprechers Frust [!] und sexuelle Befriedigung.** Der Angeklagte habe auch Einfluß von Drogen und Alkohol geltend gemacht. Ihm werden zudem die schwere Mißhandlung eines 22jährigen Soldaten, sexuelle Annäherung an ein zwölfjähriges Mädchen und Randale während der Untersuchungshaft vorgeworfen. Dem 16jährigen droht nach Jugendrecht eine Strafe bis zu zehn Jahren.“ (104)

„Zwei Jugendliche haben eine Schülerin nach deren Aussage im nord-hessischen Vellmar vor einen herannahenden Zug auf die Gleise geschubst.

Die 15jährige habe sich noch rechtzeitig wieder auf den Bahnsteig retten können und sich nur leichte Verletzungen zugezogen, teilte die Polizei [am 16. März 2006] mit. Die Schülerin berichtete, vor dem Vorfall hätten sie vier Jungen im Alter von etwa 15 bis 17 Jahren mit dummen Sprüchen belästigt. Als sie in Richtung Bahnsteigkante gegangen sei, hätten zwei von ihnen sie herunter geschubst.“ (105)

Am Sonntag, den 21. Mai 2006 ist eine 64jährige Rentnerin auf einem Friedhof in Bremerhaven vergewaltigt worden. „Die Frau wurde bei dem Verbrechen schwer verletzt. Der nur etwa 16 Jahre alte Täter konnte fliehen. Die Witwe hatte das Grab ihres verstorbenen Ehemannes pflegen wollen, als sie plötzlich einen Fußtritt [!] ins Gesicht erhielt und zu Boden fiel. Dann stürzte sich der jugendliche Angreifer auf die Frau. Nach der Tat hielt er sich noch einige Zeit in der Nähe des schwer verletzten Opfers auf.“ (106) (Es fehlen einem die Worte!)

Einen Tag zuvor verschwand in Sachsen ein 13jähriges Mädchen spurlos, das seine Oma besuchen wollte. Nachdem drei Tage später in dem Erzgebirgsort Annaberg-Buchholz seine Leiche gefunden wurde, stellte sich heraus, daß sie Opfer eines Gewaltverbrechens geworden war. „Die Polizei nahm einen 14jährigen [!] als Tatverdächtigen fest, wie die Staatsanwaltschaft Chemnitz erklärte. 'Die Tragik ist, daß der mutmaßliche Täter selbst fast noch ein Kind ist', sagte ein Sprecher. Derzeit deute vieles auf ein Tötungsdelikt nach einem Streit zwischen dem Opfer und dem Jungen 'um Belanglosigkeiten' hin [Anm.: Auch in diesem Fall ging es um einen MP3-Player!]." (107)

Ein 16jähriger hat am 26. Mai 2006 „nach der feierlichen Eröffnung des neuen Hauptbahnhofes in Berlin 28 Menschen niedergestochen. Sechs von ihnen wurden schwer verletzt. In Lebensgefahr schwebt keines der Opfer mehr.

Der Gewaltausbruch hatte sich gegen Mitternacht ereignet, als Tausende Menschen nach dem Lichtspektakel zur Eröffnung des neuen Berliner Hauptbahnhofes nach Hause strömten. In der Luisenstraße hinter dem Reichstag stach der Junge wahllos auf Passanten ein. Panik brach aus." (108) Der jugendliche Täter war der Polizei bereits wegen anderer Gewaltdelikte bekannt.

Nur drei Tage später schilderte die Moderatorin der Nachrichtensendung „RTL aktuell" (18.45-19.05 Uhr) Ilka Essmüller ein weiteres unfaßbares Verbrechen: „Wir haben schon häufig über Gewalt an deutschen Schulen berichtet, doch was heute in Berlin-Kreuzberg passiert ist, das läßt einen wirklich ratlos zurück. Dort hat ein gerade mal 12 Jahre alter Grundschüler eine Lehrerin blutig geschlagen. Sie mußte vom Notarzt behandelt werden. Martin Schulte berichtet.

'Schon wieder stehen Polizeibeamte vor einer Berliner Schule. Diesmal ist es sogar eine Grundschule. Am Vormittag wird hier eine Lehrerin schwer verletzt - nur, weil sie einen Streit schlichten wollte.'"

„Erst nach eineinhalb Tagen zeigte sich das ganze Ausmaß der Verletzungen. Der 12jährige Boxer [namens Mohammed] hatte so brutal zugeschlagen, daß fünf Knochen rund um das rechte Auge gebrochen sind. Mit Schrauben und Titanplättchen mußte der komplizierte Gesichtsschädelbruch gerichtet werden. Professor Jürgen Bier, Direktor der Klinik für Mund-, Kiefer- und Gesichtschirurgie der Charité, teilte ferner mit, daß die 62jährige Lehrerin nach drei Monaten wieder operiert werden muß." (109)

„Schüler sprengt Igel in die Luft" titelte die „Bild" ebenfalls am 29. Mai 2006 und berichtete im einzelnen: „Ein Ehepaar aus Rastatt (Baden-Württemberg) wachte nachts durch einen lauten Knall auf und alarmierte die Polizei. Die Beamten fanden auf der Straße zerfetzte Körperteile eines Igels! Fahnder überführten einen Schüler (17). Er hatte dem Tier einen Böller eingeführt!"

„Mit einem Küchenmesser hat ein 19jähriger in Hohenseefeld in Brandenburg mehrere Familienmitglieder zum Teil schwer verletzt", so der „RTLtext" am Dienstag, den 30. Mai 2006 (S. 135). „Die Tat hat sich bereits in der Nacht zum Freitag ereignet. Am Samstag sei Haftbefehl wegen gefährlicher Körperverletzung erlassen worden.

Nach einem Streit in der Wohnung seiner Mutter soll der stark betrunkene junge Mann den Lebensgefährten der Mutter, seinen 16jährigen Bruder und seine 15 Jahre alte Freundin mit Messerstichen schwer verletzt haben."

„Die bei einer Messerstecherei in Karlsruhe schwer verletzte 17jährige ist tot. Die Jugendliche sei in der Nacht zum Samstag [den 3. Juni 2006] an ihren schweren Verletzungen gestorben, teilten Polizei und Staatsanwaltschaft mit. Sie war in der Nacht zum Donnerstag von einer 16jährigen mit einem Klappmesser niedergestochen worden. [Anm.: Die Täterin stach mit dem Messer mehrfach auf ihr Opfer ein, einer der drei Stiche hatte das Mädchen in der Herzgegend getroffen. Nachdem ihr Opfer zusammengebrochen war, trat ihre ehemalige Freundin dann auch noch auf sie ein!]

Gegen die mutmaßliche Täterin wurde Haftbefehl wegen versuchten Mordes erlassen. Den Ermittlungen zufolge soll es zwischen den beiden Mädchen in den vergangenen Wochen wiederholt Streit gegeben haben." (110) Wie es hieß, habe die polizeibekannte Täterin im Verhör gesagt, es sei einfach über sie gekommen. Ein echtes Motiv für die brutale Tat gibt es offenbar nicht. (Auch bei diesem Verbrechen wurde von einer Tat gesprochen, die selbst erfahrene Polizisten schockierte.)

„Jugendliche aus dem Landkreis Goslar sollen einen 14jährigen sexuell mißbraucht und Filmaufnahmen davon ins Internet gestellt haben. Die Staatsanwaltschaft Braunschweig ermittelt wegen Vergewaltigung und Verbreitung kinderpornographischer Schriften gegen vier Jugendliche.

Ein 16jähriger [!] habe einen 14jährigen Schüler offenbar zu schmerzhaften sexuellen Handlungen gezwungen. Die Mißhandlung sei per Handy gefilmt worden", schilderte der Videotext von „ProSieben" am 6. Juni 2006 (S. 132).

„Der Leiter einer Grundschule in Berlin-Neukölln ist von Jugendlichen zusammengeschlagen und verletzt worden. Der 53jährige hatte die sechsköpfige Gruppe, die [am Abend des 8. Juni 2006] vor der Schule lärmte, zur Ordnung gerufen. Daraufhin beleidigte ihn ein 15jähriger grob.

Als der Direktor den Jugendlichen am Arm festhielt, trat ihm ein 17jähriger mit Anlauf in den Rücken, so daß er hinstürzte. Der 15jährige trat dann auf den am Boden Liegenden ein." (111)

Am 11. Juni 2006 stand im „RTLtext" (S. 123) zu lesen, daß rund 130 Zehntklässler einer Realschule in Gardelegen in Sachsen-Anhalt nach ihrer Abschlußfeier in ein benachbartes Gymnasium eingedrungen waren und dort Schüler und Lehrer angegriffen hatten. „Einem Bericht zufolge zerschlugen sie Lampen und beleidigten Lehrer.

Ein Gymnasiast habe durch Kopfstöße einen Nasenbeinbruch erlitten. Es werde wegen Sachbeschädigung und Körperverletzung ermittelt, sagte ein Polizeisprecher. Die Karl-Marx-Realschule gilt als Problemschule in Sachsen-Anhalt."

„Nach dem gewaltsamen Tod einer 81 Jahre alten Frau in Hamburg fahndet die Polizei nach einem 15jährigen ohne festen Wohnsitz. Die am Tatort gesicherten Spuren weisen darauf hin, daß sich der Jugendliche in der Wohnung der Rentnerin aufhielt, teilte die Polizei mit. 'Hieraus und aufgrund weiterer Feststellungen ergibt sich für die Ermittler der dringende Verdacht, daß der 15jährige die Rentnerin erwürgt hat', hieß es. Nach dem Jungen wird jetzt per Haftbefehl gesucht", setzte der Videotext von „ProSieben" seine Leser am 29. Juni 2006 (S. 132) in Kenntnis.

Obwohl uns solche Schreckensmeldungen mittlerweile tagtäglich erreichen, wollen die allermeisten Deutschen nicht begreifen bzw. wahrhaben, was aus ihrer Heimat geworden ist, oder machen sich gar die Mühe, die Ursache dessen zu erforschen!

Eine vor wenigen Jahren in den USA veröffentlichte Studie, die sich mit dem Fernsehkonsum von mehr als vier Jahrzehnten beschäftigte, stellte jedenfalls fest, „daß über 50 Verbrechen und ein Dutzend Morde via Funkwellen, die unsere Luft schwängern, stündlich zur Hauptsendezeit ausgestrahlt werden. Das bedeutet, daß **ein Individuum, das das 17. Lebensjahr erreicht hat, zwischen 800 000 und**

**1,5 Millionen gewalttätige Handlungen und mehr als 250 000 Morde angeschaut** haben wird.

Die Unterhaltungsmedien [in den USA] sind so auf gewalttätige Bilder fixiert, daß **Charaktere im TV seit 1955 mit einer Rate ermordet wurden, die 1000mal höher liegt als die entsprechende Anzahl von Opfern in der realen Welt.** Es wurde gesagt, daß, wenn die gleiche Mordrate auf die Gesamtbevölkerung bezogen würde, jeder in den USA nach nur 50 Tagen ermordet wäre.“ (112)

In Deutschland ist ähnliches zu beobachten, wie der „Kurier der Christlichen Mitte“ im Juni 2006 (Herv. v. Verf.) darlegte: „Nach einer Studie der Universität Regensburg - im Auftrag des Bayerischen Sozialministeriums - ist der Tod in rund 50 % aller Fernsehsendungen ein Thema. Zu 69 % wird er durch Gewalt herbeigeführt.

Gewalt ist auch Inhalt von 9 % aller Kindersendungen, vor allem in Comics. **Zahlreiche Forschungen beweisen, daß Gewaltanwendung zur Nachahmung motiviert.“**

(„Erstaunlicherweise gelangte eine sich über 30 Jahre erstreckende Studie zu dem Ergebnis, daß es [in den USA] heutzutage nur halb soviele Gewaltverbrechen gäbe, wenn die gewalttätigen Bilder im Kino und im Fernsehen niemals gezeigt worden wären.“ [113] Zu einem ähnlichen Ergebnis würde man sicherlich auch in Deutschland kommen!)

Auch Videospiele mit Gewalt und Aggression senken die Sensibilität gegenüber realer Gewalt. „Das haben US-Psychologen in Tests an mehr als 250 Studenten nachgewiesen, die sie mit authentischen Bildern von Streitereien, Schießereien oder Kämpfen konfrontierten.

Bei Probanden, die sich zuvor 20 Minuten lang mit einem Gewaltvideospiel beschäftigt hatten, fielen typische Streßreaktionen wie Herzklopfen oder Schwitzen deutlich geringer aus. Nicholas Carnagey von der Staatsuniversität Iowa in Ames und seine Kollegen beschreiben dies in einem Fachmagazin“, so der „ARD-Text“ am 29. Juli 2006 (S. 160).

Die permanente Reizüberflutung in den Medien, was Gewaltdarstellungen anbelangt, könnte übrigens auch ein Grund dafür sein, warum viele Menschen beim Anblick der schrecklichen Folterbilder aus dem US-Konzentrationslager auf Kuba (Guantanamo Bay) oder dem Irak (Abu Ghraib) kaum noch etwas empfinden. Sie haben sich an solche Szenen eben längst gewöhnt!

Die Lenker des Fernsehens verzerren aber nicht nur das wahre Ausmaß von Gewalttaten, sondern tun auch alles, um den Zusammenhalt in der Gesellschaft immer mehr aufzulösen. Deshalb sind **intakte Familien mit Kindern im Fernsehen noch seltener als im Alltag. „Attraktive Alleinstehende und Karriere-Kommissarinnen sind die Lieblingshelden der Drehbuchschreiber.** Alltägliche Sippensorgen kommen allenfalls in Reality-TV-Formaten vor", schreibt das Wochenmagazin „Der Spiegel" in seiner Ausgabe vom 15. April 2006 (S. 102; Herv. v. Verf.).

„Desaströser als in der deutschen Realität, so dachte man eigentlich, könnte es um die Familie nirgendwo bestellt sein. Leerer, so vermutete man, könnten die Kinderkrippen nirgends sein, zerrütteter die Familienverhältnisse an keinem anderen Ort. Das Demographiedebakel beschäftigt Journalisten und Talkshow-Gäste seit Wochen, ‘Kinder kriegen, Rente retten’ heißt es bei Maybrit Illner, ‘Kinder - nein danke?’ fragen sich besorgte ‘Menschen bei Maischberger’.

Doch wer dachte, er könnte den Kindernotstands-Szenarien per Fernbedienung entfliehen, der hat sich getäuscht. Umschalten hilft meistens nicht: **Im Unterhaltungsfernsehen kommen normale Familien kaum vor.**

Auf dem Bildschirm tummeln sich weit mehr Großstadt-Singles, kinderlose Männer und Alleinerziehende als in der Wirklichkeit. ‘Eine Geburtenrate von 0,48 Kindern pro Frau und 0,6 pro Mann macht **das Filmleben der Primetime zur quasi kinderfreien Zone** und potenziert den demographischen Niedergang des ‘wahren Lebens’ auf dem Schirm ins geradezu Apokalyptische’, lautet das Ergebnis einer Studie des Adolf-Grimme-Instituts zu Familienbildern im Fernsehen. **Im Fernsehfilm gab es im Untersuchungszeitraum 2004 mehr als doppelt so viele Singles und dreimal so viele Alleinerziehende wie in der deutschen Realität."** (114)

„Die Grimme-Autoren stören sich denn auch am neuen Typ der starken Fernsehfrau. ‘Dem Fernsehen gelingt es derzeit nicht, die Normalität eines Lebens mit Kindern zu transportieren, sondern im Gegenteil: **Die Normalität im Fernsehen ist eigentlich ein Leben ohne Kinder’**, sagt Irmela Hannover, Studien-Autorin und stellvertretende Leiterin der Programmgruppe Service & Ratgeber beim WDR.

Fernsehfrauen blieben entweder kinderlos oder vereinbarten Familie und Beruf auf allzu märchenhafte Weise: ‘Die Frage, daß Mann oder Frau ja auch irgendwann mal nach Hause gehen und den Kindern die Nase putzen muß, taucht im Fernsehen nicht auf.'" (115)

Der US-amerikanische Regisseur Wes Craven, Macher des Horrorstreifens „A Nightmare on Elm Street" sowie einer ganzen Reihe weiterer Gruselfilme, spricht über die Medien freimütig: „Viele, viele Dinge in unserer Welt sind gefährlich. **Die Werbung und das Fernsehen sind gefährlich**, wie auch die Welt der Fernsehkomödien. Niemand unternimmt etwas dagegen, weil sie eine Menge Geld einbringen." (116)

Letzten Endes geht es also nicht nur um die Umwandlung der Gesellschaft nach den Vorgaben der antichristlichen Hintermänner der Weltpolitik (in der Hl. Schrift werden sie als „Feinde aller Menschen" [1 Thess 2, 15] und ihre Anhängerschaft als „Synagoge Satans" [Offb 2, 9] bezeichnet!), sondern auch um das Scheffeln einer Menge Geldes.

Somit liegt Gustav Sichelschmidt völlig richtig, wenn er schreibt, der Materialismus, dessen Todeshauch uns über den großen Teich zugeweht sei, habe die Deutschen fest im Griff. „Diese haben es weiß Gott nicht verdient, daß sie als geistig ausgelaugte und charakterlich immer fragwürdigere Seelenkrüppel der Welt ein klägliches Schauspiel bieten, an dem nur unsere traditionellen Intimfeinde ihr helles Vergnügen haben.

Wer bei einem noch so selbstvergessenen Herumblättern in den Annalen unserer inzwischen recht verunstalteten Geschichte nicht von unerträglichen nostalgischen Empfindungen heimgesucht wird, der hat sein geschichtliches Bewußtsein bereits durch einen auf den 'American way of life' getrimmten Pragmatismus ersetzt. **Der gelenkte [!] Verblödungsprozeß hat bei ihm offenbar so hervorragend angeschlagen, daß seine versierten Gehirnverschmutzer sich vergnügt die Hände reiben können."** (117)

Fassen wir im Hinblick auf die Bundesrepublik des Jahres 2006 und ihre Menschen also zusammen: „Daß der Staat es sei, dem der Einzelne sich unterzuordnen habe, statt daß umgekehrt der Staat dem Wohl seiner Bürger zu dienen habe, ist in Deutschland noch immer eine weitverbreitete Meinung. Kein Wunder also, daß die Demokratie zur leeren Worthülse verkommt.

**'Die Deutschen fürchten die Mündigkeit.'** Sie lassen sich zu Insassen des Staates machen, sie lassen sich regieren. Sie lassen sich von ihrem [ehemaligen] Wirtschaftsminister [Anm.: Wolfgang Clement] erklären, daß sie notfalls beseitigt werden, wenn sie den Gang der Geschäfte stören oder unbequem werden. Eine Regierung, die sich mit der Wirtschaft gegen die Bevölkerung verbündet, ist nichts weiter als der Sklaventreiber der Wirtschaftsbosse.

**Ein unmündiges Volk, das seine Weisheit aus den öffentlichen Medien bezieht, kann nur unter die Räder kommen.** Es ist so dumm, daß es immer wieder die gleichen Sklaventreiber wählt. Es ist unmündig und taugt nur zum Sklaven, der alle Verantwortung seinem Herrn überläßt und sich damit selbst zum Befehlsempfänger degradiert.

Ein Volk, dem die Demokratie irgendwann geschenkt wurde [Anm: Es besteht natürlich der begründete Verdacht, daß es sich bei der angeblichen Volksherrschaft um ein von vornherein geheucheltes „Geschenk" handelt!] und das nichts damit anzufangen weiß. **Ein Volk, daß sich durch Tausende und Abertausende Regelungen und Gesetze knebeln und fesseln läßt. Ein Volk, das sich bespitzeln und überwachen läßt**, denn was nützen alle Regelungen und Vorschriften, wenn man deren Einhaltung nicht überwachen kann.

Ein Volk, das sich all das wegnehmen läßt, für das Generationen vorher gekämpft haben. Wir sind ein Volk, das verlernt hat zu kämpfen. **Ein Volk, das sich von Medien, allen voran dem Fernsehen, hat verblöden lassen hat. Ein dummes Volk bekommt das, was es verdient**, und das wird nach der nächsten Wahl vermutlich die CDU sein [Anm: Tatsächlich bekam es sogar eine „große Koalition"!].

**Es ist kein Wunder, wenn wir nichts weiter als dummes Stimmvieh für diese ['Herren'] sind, ich kann es ihnen nicht verdenken"**, resigniert Erika Wagner. (118)

Fazit: Ohne den gezielten Einsatz nutzloser Zerstreuung in erster Linie mittels des Fernsehens (Unterhaltungssendungen, Sex- und Gewaltfilme usw.) würden die Deutschen viel mehr Zeit mit dem Gedanken an die traurige Realität ihrer eigenen Existenz und an den völligen Niedergang ihrer Heimat in wirtschaftlicher, kultureller und moralischer Hinsicht verbringen! Das würde sie möglicherweise dazu veranlassen, endlich aufzustehen, mit Gleichgesinnten auf die Barrikaden zu steigen und den Versuch zu unternehmen, den *wahren* Oberen der Weltpolitik die Stirn zu bieten. (Um genau das zu verhindern, wird das Fernsehen von den Verschwörern weiterhin als mächtigste Waffe eingesetzt und bietet rund um die Uhr Nervenkitzel, um das Volk abzulenken und ruhigzustellen!)

# Der unaufhörliche Terror im Nahen Osten

Wer einen Beweis für die These des israelischen Friedensaktivisten Uri Avnery vom großen Einfluß von Juden „auf die amerikanischen und internationalen Medien" sucht, findet ihn in der Berichterstattung über die Ereignisse im Nahen Osten. Schließlich wird, wie wir eingangs bereits gesehen haben, bei kaum einem anderen Themenbereich so einseitig berichtet wie über das Geschehen im Staate Israel, was zur Folge hat, daß die allermeisten Leute über die wahren Gründe für den praktisch seit Jahrzehnten andauernden Kriegszustand in diesem Teil der Welt kaum Bescheid wissen. Sehr viele von ihnen glauben sogar, der Extremismus und die Gewalt gingen in erster Linie von arabischer Seite aus.

Man bedenke: Auch wenn in verschiedenen Zeitungsartikeln, im Videotext diverser Sender oder in den Nachrichten zwar einige der Schandtaten etwa der israelischen Armee zur Sprache kommen, so wird jedoch peinlichst genau darauf geachtet, nicht den Eindruck entstehen zu lassen, die *israelische Regierung selbst* hätte Schuld an der ständigen Eskalation der Ereignisse im Nahen Osten (gerade im Fernsehen wartet man auf Bilder der vielen verstümmelten oder getöteten Palästinenser vergebens!).

Dabei erhoben in den letzten Jahren sogar UN-Diplomaten scharfe Kritik am zionistischen Staat der Juden, wie etwa der **UN-Sonderberichterstatter Dugard**, der Israel am 24. August 2004 **vorgeworfen** hat, „die Palästinensergebiete mit einem **Regime der Apartheid** zu kontrollieren. Dieses sei **schlimmer [!] als früher in Südafrika**. Israel verletze im Westjordanland und im Gazastreifen fortgesetzt die Menschenrechte der Palästinenser.

Dugard beobachtet für die UN die Einhaltung der Menschenrechte in den Palästinensergebieten. Israel arbeitet nicht mit ihm zusammen, da sein Mandat nach Ansicht der Regierung unfair formuliert ist." (1)

Ein Bericht der israelischen „Haaretz" vom 22. März 2006 läßt keinen Zweifel daran, wie weitverbreitet **Rassismus in der israelischen Gesellschaft** ist.

„So erklärten beispielsweise 46 Prozent der israelischen Juden, die für eine Meinungsumfrage im Auftrag des 'Zentrums für den Kampf gegen Rassismus' von dem Unternehmen Geocartographie befragt wurden, daß sie es einem Araber - sogar einem israelischen Staatsbürger - nicht erlauben würden, ihr Haus zu betreten. 41 Prozent der Juden sprachen sich für die Trennung von Juden und Arabern in Freizeiteinrichtungen aus.

Auch wenn bisher eine Mehrheit von 52 Prozent noch eine solche Trennung ablehnt, so zeigen diese Zahlen doch überdeutlich, daß der immer häufiger geäußerte Vorwurf, Israel sei ein rassistisches Land wie Südafrika zur Zeit der Herrschaft der Buren, keineswegs aus der Luft gegriffen ist.

63 Prozent der befragten Juden stimmten der Behauptung: 'Araber sind eine sicherheitstechnische und demographische Bedrohung für den Staat', zu. 40 Prozent unterstützten sogar die Aussage, daß 'der Staat die Auswanderung von arabischen Bürgern fördern muß'. Immerhin noch 34 Prozent zeigten sich überzeugt, daß 'arabische Kultur gegenüber der israelischen minderwertig ist.' Die Hälfte der Befragten sagte, sie fühlten sich unwohl, wenn sie Menschen Arabisch sprechen hören. 18 Prozent sagten sogar, sie empfänden Haß, wenn sie hörten, daß jemand Arabisch spreche.

**'Rassismus wird alltäglich. Wenn Leute über Abschiebung oder über Araber als demographische Zeitbombe sprechen, ergreift niemand das Wort gegen diese Behauptungen. Das ist ein beunruhigendes Phänomen'**, erklärte der Direktor des 'Zentrums für den Kampf gegen Rassismus' Bachar Ouda." (2)

(Haben wir hier vielleicht eine Erklärung für die Errichtung des israelischen „Sicherheitszauns", der die Palästinensergebiete in riesige Konzentrationslager verwandelt hat? Läßt eine derartige Umfrage nicht darauf schließen, daß ein nicht unerheblicher Teil des israelischen Volkes keine Hemmungen damit hätte, alle Palästinenser aus deren angestammten Heimat zu vertreiben?!)

„Scharons Regierung führt einen **grausamen Krieg gegen das palästinensische Volk"**, stellte der Jude **Avi Shlaim**, Professor für Internationale Politik in Oxford (England), im Frühjahr 2005 fest (3). **„Dieser Zionismus ist der Feind**, weil er die Flammen eines virulenten und manchmal gewalttätigen Antisemitismus weiter entfacht. **Israels Vorgehensweise ist die Ursache; Haß auf Israel und Antisemitismus sind die Konsequenzen** ... Israels heutiges Image ist nicht deshalb negativ, weil es ein jüdischer Staat ist, sondern weil es ständig [!] die Normen des akzeptablen internationalen Verhaltens überschreitet."

„Einem Bericht der israelischen 'Yedioth Ahronoth' [vom 29. Juli 2005] zufolge hat [auch] eine frühere israelische Ministerin schärfste Kritik am Vorgehen der [seinerzeitigen] Regierung Israels gegenüber den Palästinensern geäußert.

Demnach hat **Shulamit Aloni**, die von 1992 bis 1996 im Kabinett Yitzhak Rabins **israelische Bildungsministerin** war, gegenüber der arabisch-israelischen Zeitung 'Kul al-Arab' gesagt, **der 'israelische Terror ist schlimmer' als der palästinensische.** ...

**Hinsichtlich des israelischen 'Abzugsplans' aus dem Gazastreifen äußerte sie die Befürchtung, dieser würde das Leben der Palästinenser 'in die Hölle' verwandeln.** 'Ich möchte anmerken, daß **das Knesset-Mitglied der Nationalen Vereinigung** [Binyamin] Benny Elon **kürzlich sagte, daß Siedler vorhaben, das Leben der Palästinenser in der West Bank so zu vergällen, bis sie von dort auswandern'**, so Aloni. 'Ich sehe den Beweis hierfür in der Existenz einer Einheit der israelischen Armee, die aus radikal-religiösen Soldaten besteht, die in ihrem täglichen Verhalten Tieren in nichts nachstehen.'

Sie zeigte sich außerdem überrascht, daß Israelis weiterhin die 'Rolle von Opfern' spielten und daß dies von der US-Regierung akzeptiert werde, während sie 'die Tatsache ignorieren, daß wir eine der mächtigsten Armeen im Mittleren Osten besitzen.'

Auch wenn sie den 'israelischen Terror' als 'schlimmer' als den 'palästinensischen Terror' bezeichnete, so sprach sie sich doch für eine sofortige Einstellung der palästinensischen Anschläge aus.

**'Es ist wahr, daß der von Israel in den [besetzten] Gebieten angewandte Terror schlimmer ist als der palästinensische Terrorismus**, aber die Hamas-Bewegung gibt der Besatzung die Argumente und die Mittel, um sich zu verschärfen', sagte sie.

Sie ließ auch keinen Zweifel daran, daß sie für die Zukunft eines sich wie bisher weiterentwickelnden Israels mindestens ebenso schwarz sieht wie der israelische Menschenrechtler Uri Avnery in einem Artikel. 'Ich kann Ihnen Mussolinis Bücher über den Faschismus zeigen. Wenn Sie sie lesen, werden Sie unweigerlich zu dem Schluß kommen, daß sich Minister der gegenwärtigen israelischen Regierung auf dem gleichen Weg befinden.'

Über den [ehemaligen] israelischen Verteidigungsminister Shaul Mofaz sagte sie: **'Nur in einem Land wie diesem kann ein Mörder ... den Posten des Verteidigungsministers erreichen. Israel unter-**

**scheidet sich tatsächlich nicht von rassistischen Staaten, solange es sich als jüdischen Staat statt als Staat aller seiner Bürger darstellt.'"** (4)

Am 14. Mai 2006 meldete der Videotext des Nachrichtensenders „n-tv" (S. 119; Herv. v. Verf.), daß das Oberste Gericht in Israel mit knapper Mehrheit ein Gesetz gegen eine Familienzusammenführung in Ehen mit Palästinensern gebilligt hat. "Sechs von elf Richtern in Jerusalem erklärten **das Gesetz, das Menschenrechtsorganisationen als 'rassistisch' gebrandmarkt hatten**, für rechtmäßig.

Demzufolge erhalten Palästinenser aus dem Westjordanland oder Gazastreifen, die israelische Araber heiraten, aus 'Sicherheitsgründen' keine Aufenthaltsgenehmigung in Israel."

„Associated Press (AP) faßt die 'Rechtsgrundlage' in Israel und den von Israel besetzten Gebieten wie folgt zusammen: 'Hunderte israelisch-palästinensische Ehepaare dürfen auch künftig nicht gemeinsam in Israel leben. Das Oberste Gericht in Jerusalem bestätigte ... ein Gesetz, wonach palästinensische Ehepartner von Israelis weder ein dauerhaftes Aufenthaltsrecht noch die israelische Staatsbürgerschaft erhalten. Menschenrechtsorganisationen kritisieren das Gesetz als rassistisch und unmenschlich." (5)

**„Israel ist heute ein viel rassistischeres Land als irgendein Land in Europa. Ein Araber in Israel zu sein, ist mit mehr Nachteilen und Diskriminierungen verbunden, als irgendwo auf der Welt ein Jude zu sein"**, behauptete der israelische Journalist und einstige Berater von Schimon Peres, **Gideon Levy**, in einem Interview mit der „taz" (1.11.05) bereits mehr als ein halbes Jahr zuvor unter der Überschrift „Jeder sollte Israel kritisieren" (6).

Hat man die Ereignisse im Nahen Osten in den letzten Jahren wachsam verfolgt, weiß man, daß die Aussagen jüdischer Stimmen der Vernunft, wie Shulamit Aloni und Gideon Levy, der Wahrheit entsprechen. So berichtete die „Fuldaer Zeitung" am Freitag, den 20. Mai 2005 (Herv. v. Verf.), daß der zerbrechliche Waffenstillstand zwischen Israelis und Palästinensern nach kaum drei Monaten wieder auseinanderzubrechen drohte. „Seit dem Mittwochabend hat die islamistische Hamas-Organisation mehr als 60 Mörsergranaten und Raketen auf israelische Wohnorte geschossen. Israel reagierte mit einem Raketenangriff und tötete zwei Hamas-Aktivisten. Obschon die Regierung bisher auf Zurückhaltung setzte, klangen seit gestern erstmals wieder bedrohliche Töne aus Jerusalem: Führende Politiker forderten eine Invasion des Gazastreifens, die Armeeführung wurde zu dringenden Beratungen einberufen. Allgemeiner Tenor: Wenn die palästinensische Autonomiebehörde (PA) nicht für Ruhe sorgt, wird Israel das tun müssen.

**Die Eskalation begann mit dem Tod eines Hamas-Aktivisten im Gazastreifen.** Laut israelischen Schilderungen handelte es sich hierbei um einen 'Arbeitsunfall' beim Minenlegen. Laut Hamas wurde der Aktivist von israelischen Soldaten erschossen. **Dies nahm die Organisation zum Anlaß, mit dem massiven Beschuß jüdischer Siedlungen zu beginnen**, bei dem ein Israeli verletzt wurde."

„Bei einem Feuergefecht im Westjordanland [Anfang Juni 2005] haben israelische Soldaten einen örtlichen **Führer der** radikalen **Palästinensergruppe Islamischer Dschihad sowie einen Polizisten [!] getötet.**

**Sechs Palästinenser erlitten** nach Angaben von Sanitätern in der Stadt zum Teil **schwere Verletzungen.** Kabatia gilt als Hochburg des Islamischen Dschihad. Das Feuergefecht entwickelte sich, nachdem ein Armeetrupp nach Kabatia vorgedrungen war, um dort von Israel gesuchte Palästinenser festzunehmen." (7)

**„Israel will den Nahost-Friedensprozeß endgültig [!] auf Eis legen.** Nach dem Abzug aus dem Gazastreifen und mehreren Siedlungen im Westjordanland werde es keinen politischen Prozeß mit den Palästinensern mehr geben, sagte der Chefberater von Premier Scharon, Weisglass [bereits am 6. Oktober 2004].

Damit werde die Schaffung eines palästinensischen Staates 'auf unbestimmte Zeit' verhindert. Scharon will zusammen mit dem Abzug große Siedlungsblocks im Westjordanland 'für die Ewigkeit' beanspruchen und absichern." (8)

**„Israel baut weiter** im Westjordanland - Ungeachtet internationaler Kritik will die israelische Regierung **Tausende neue Wohnungen** für Siedler **im Westjordanland** bauen. Laut Medien sollen die Neubauten die jüdische Siedlung Maalei Adumim mit Jerusalem verbinden.

Der Plan soll mit Blick auf künftige permanente Staatsgrenzen Israels vorangetrieben werden. Es sollen bis zu 3500 Wohneinheiten im Westjordanland entstehen. Die israelische Regierung will **auf Gebieten** bauen, **die die Palästinenser für einen Staat beanspruchen"**, so der „RTLtext" am 21. März 2005 (S. 125; Herv. v. Verf.).

„US-Außenministerin Rice hat sich irritiert über **Israels Pläne zur Erweiterung von zwei Siedlungen** gezeigt.

Die USA hätten 'eine sehr klare Haltung' in dieser Angelegenheit und erwarteten keine Aktivitäten Israels, die Verhandlungen über den Endstatus in Mitleidenschaft ziehen könnten, sagte Rice in Jordanien.

Kurz nach einem Treffen zwischen Rice und Israels Ministerpräsident Scharon hatte das Wohnungsbauministerium angekündigt, es werde **Siedlungen in den Außenbezirken Ost-Jerusalems ausbauen"**, erfuhr man am 20. Juni 2005 auf „ARD-Text" (S. 118; Herv. v. Verf.).

Schon fast auf den Tag genau zwei Monate zuvor hatte es geheißen, Israels Premierminister ignoriere die Forderungen des US-Präsidenten: „Israels Regierungschef Scharon will ungeachtet der US-Forderung nach einem Baustop mehr als Tausend neue Wohnungen in den besetzten Palästinensergebieten errichten. US-Präsident Bush hatte dem Siedlungsbau bei einem Treffen mit Scharon eine deutliche Absage erteilt." (9)

Die Morde gehen weiter - der Siedlungsbau geht weiter - die Unterdrückung des palästinensischen Volkes geht weiter! Und die Öffentlichkeit bekommt kaum etwas davon mit.

**„Israelische Soldaten haben** in den frühen Morgenstunden [des 14. Juli 2005] **einen** militanten **Palästinenser in Nablus** erschossen. Die Soldaten hätten ein Haus gestürmt, in dem sich der Mann mit einer britischen Reporterin getroffen habe, berichteten Zeugen. Die israelische Armee erklärte, der Palästinenser sei **auf der Flucht erschossen** worden. Der Tote soll ein örtlicher Anführer der Al-Aksa-Märtyrerbridgaden sein.

Bei der Reporterin handelt es sich laut palästinensischer Polizei um eine zirka 60 Jahre alte Britin." (10)

**„Israel tötet gezielt** militante Palästinenser - Israel hat mit der angedrohten Härte auf palästinensische Raketenangriffe reagiert und [am 15. Juli 2005] gezielt zwei Luftangriffe auf Mitglieder der radikalislamischen Hamas-Bewegung gestartet. Dabei starben **mindestens sieben Menschen.** Einen Monat vor dem geplanten Abzug Israels aus dem Gazastreifen kam es in dem Autonomiegebiet auch zu heftigen Kämpfen zwischen der palästinensischen Polizei und Hamas-Kämpfern. Dabei wurden nach Krankenhausangaben zwei Jugendliche getötet." (11)

„Jugendliche israelische Siedler haben [am 20. Juli 2005 in Ramallah] im Westjordanland einen **13jährigen Palästinenser erstochen.** Wie die israelische Polizei mitteilte, sei der Junge im Verlauf einer gewaltsamen Auseinandersetzung getötet worden.“ (12)

„Uniformierter eröffnet Feuer in Bus - Nach dem tödlichen **Angriff eines jüdischen Extremisten** auf israelische Araber [Anfang August 2005] sind drei mutmaßliche Mitwisser der Tat festgenommen worden. Sie seien Freunde des Täters.

Ministerpräsident Scharon drückte Vertretern der israelischen Araber gegenüber tiefes Bedauern aus. Er hatte den Vorfall als verwerfliche Tat eines blutrünstigen jüdischen Terroristen verurteilt. Dieser hatte **vier israelische Araber in einem Bus erschossen.** Eine aufgebrachte Menschenmenge tötete den 19jährigen.“ (13)

Es dauerte keine zwei Wochen, bis es zu dem nächsten Massaker kam: „Bei einem bewaffneten Überfall auf ein Fahrzeug mit palästinensischen Arbeitern hat **ein radikaler Israeli im Westjordanland vier Palästinenser getötet**. Zwei weitere Palästinenser wurden verletzt.

Der Mann habe sich die Waffe eines Wachmannes der Siedlung Schilo bei Jerusalem gegriffen und das Feuer eröffnet. Wachmänner überwältigten anschließend den Täter. **Zuletzt hatte ein israelischer Armee-Deserteur Anfang des Monats in einem Autobus vier israelische Araber erschossen.“** (14)

„Die palästinensische Führung verurteilte die Tat aufs Schärfste. Schilo gehört nicht [!] zu den vier Siedlungen im Westjordanland, die parallel zum israelischen Abzug aus dem Gazastreifen aufgegeben werden sollen.“ (15)

Eine Woche später folgte ein weiteres Massaker an Palästinensern: **„Israelische Soldaten** sind in das Flüchtlingslager Tulkarem im Westjordanland eingedrungen und **haben** bei einem Feuergefecht **fünf Palästinenser getötet**. Sie sollen für mehrere Anschläge verantwortlich gewesen sein. In Militärkreisen hieß es, Ziel sei eigentlich gewesen, die Männer festzunehmen.“ (16)

**„Israelische Soldaten haben** [am 23. September 2005] im Westjordanland **drei Aktivisten des Islamischen Dschihad erschossen.** Den Angaben zufolge drangen Truppen nahe Tulkarem ein, um Terrorverdächtige festzunehmen, worauf Palästinenser das Feuer eröffneten.“ (17)

Am gleichen Tag kam es auch im Gazastreifen zu einem Massaker: „Bei der Explosion eines Kleinlasters während einer Kundgebung der ... Hamas-Bewegung sind ... **mindestens 19 Palästinenser getötet** und mehr als 80 verletzt worden. ... Die Hamas ... machte Israel für den Vorfall im Flüchtlingslager Dschebelija verantwortlich. Während der Kundgebung seien israelische Flugzeuge über die Versammlung hinweggeflogen. Die israelischen Streitkräfte erklärten jedoch [Anm.: wie natürlich nicht anders zu erwarten!], sie hätten nichts mit der Explosion zu tun.

Von den Verletzten befanden sich nach Angaben von Ärzten viele in ernstem Zustand. **Unter den Toten** sollen **auch mehrere Kinder** sein." (18)

„Bei einem **Selbstmordanschlag in der israelischen Küstenstadt Hadera** sind mindestens vier Menschen getötet worden. Weitere 30 Personen wurden verletzt, teilten Rettungskräfte mit.

Die Detonation auf einem Markt in der Küstenstadt habe schweren Schaden angerichtet. Die Polizei sperrte das Gebiet weiträumig ab.

Israelischen Fernsehberichten zufolge bekannte sich der Islamische Dschihad zu dem Anschlag. Danach handelte es sich um einen **Racheakt für den Tod eines Dschihad-Führers** [nur Tage zuvor] im Westjordanland." (19)

Anstatt endlich zu begreifen, daß Gewalt immer nur Gegengewalt erzeugt, eine neue Offensive als Reaktion der israelischen Regierung: „Nach dem Selbstmordanschlag von Hadera hat Israel eine neue Militäroffensive gegen militante Palästinenser gestartet [Anm.: Und was bitte schön tat die israelische Regierung in den Wochen zuvor, als von ihr Dutzende Palästinenser getötet wurden?!?].

**Bei einem erneuten Luftangriff** auf den Gazastreifen **wurden** am Abend [des 27. Oktober 2005] zwei Mitglieder des Islamischen Dschihads und **fünf Passanten getötet.** 13 weitere Menschen wurden verletzt. Zuvor waren israelische Truppen in Dschenin im Westjordanland eingerückt, um einen Führer des Islamischen Dschihads festzunehmen.

Ministerpräsident Scharon erklärte, die Gespräche mit den Palästinensern seien auf Eis gelegt." (20)

Mit einer in einer großen israelischen Tageszeitung geschalteten Anzeige bringen die israelischen Friedensaktivisten von „Gush Shalom" diesen Irrsinn auf den Punkt:

„Eine weitere 'gezielte Tötung'.
Ein weiterer Selbstmordanschlag.
Eine weitere Vergeltungsaktion.
Eine weitere Kassam-Rakete.
Und so weiter, bis zur nächsten Intifada.

Für Präsident Bush ist die Errichtung des palästinensischen Staates keine dringende Angelegenheit. Schließlich sind keine amerikanischen Leben davon betroffen. Wie dem auch sei, für uns ist es eine sehr dringende Angelegenheit, weil Israelis und Palästinenser ihr Leben verlieren." (21)

Natürlich setzten sich die Morde an Palästinensern auch im November 2005 fort: **„Israelische Soldaten haben** im nördlichen Westjordanland **einen 13jährigen Palästinenser erschossen.** Nach offiziellen palästinensischen Angaben wurde der Jugendliche bei einem Schußwechsel zwischen militanten Palästinensern und Soldaten in der Stadt tödlich verletzt." (22)

Als Folge davon kam es zu einem neuerlichen Beschuß Israels mit Raketen aus dem Gazastreifen, bei dem kein einziger Israeli schwer verletzt oder gar getötet wurde. Dennoch wurden diese Angriffe von der israelischen Staatsführung zum Anlaß genommen, eine erneute Eskalation der Ereignisse im Nahen Osten herbeizuführen.

**„Israelische Soldaten haben** [am 14. November 2005] den örtlichen **Kommandanten der** radikalislamischen **Hamas-Organisation in Nablus erschossen.** Nach Angaben eines Krankenhaussprechers wurde der 35jährige Amdschat Hinawi bei einer Razzia der Armee in der Stadt im nördlichen Westjordanland von 15 [!] Kugeln getroffen.

Die israelische Armee teilte mit, Hinawi habe ganz oben auf der Liste der Meistgesuchten gestanden. Der Hamas-Führer sei erschossen worden, als er nach einem Gefecht fliehen wollte." (23)

Was aber ist von dem im September 2005 unter großer Anteilnahme der internationalen Medien abgeschlossenen Abzug der Israelis aus dem Gazastreifen zu halten? Nun, der Kolumnist Charley Reese etwa hatte am 20. August 2005 dazu eine ganz besondere Meinung: „Während ich mir die ausführliche, deutlich offen klare, einfach mitfühlende Berichterstattung über die Vertreibung der jüdischen Siedler aus ihren Wohnungen im Gazastreifen anschaute, kam ich nicht umhin, ein weiteres Mal das Messen mit zweierlei Maß dahinter zu sehen, das von amerikanischen [und sonstigen westlichen] Nachrichtenmedien wie auch von der US-Regierung, angewandt wird.

Ich kann mich nicht an irgendeine mitfühlende Berichterstattung über Palästinenser erinnern, die aus ihren Häusern vertrieben wurden. Auch nicht an Interviews mit weinenden Müttern oder Vätern. An keine Diskussionen darüber, ob die Vertreibung richtig oder falsch war. **Dies ist offensichtlich ein bewußtes Vorgehen seitens der Fernsehanstalten Amerikas. Schließlich hatten sie seit September 2000 nicht weniger als 4170 Gelegenheiten, um über die Vertreibung von Palästinensern zu berichten.** Sehr viele Häuser wurden [seit dieser Zeit] nämlich zerstört. Hinzu kommen noch zahlreiche große Obstgärten und Olivenhaine, die von der israelischen Armee oder israelischen Siedlern plattgemacht wurden.

Natürlich wurden die Palästinenser auch weder von mitfühlenden Soldaten vertrieben noch wurden ihnen hohe Summen Geldes versprochen, damit sie umsiedeln. Nein, sie wurden auf brutalste Weise aufgefordert, ihre Häuser zu verlassen, die dann anschließend von ausgesprochen gefühlskalten israelischen Soldaten entweder in die Luft gesprengt oder mit Bulldozern in Schutt und Asche gelegt wurden. Das Wenige, was sie hatten, wurde zerstört, und man bot ihnen nichts an, außer verbalen Beschimpfungen durch die Israelis und Verschleierung durch die amerikanischen [und sonstigen westlichen] Medien.

Ein idealistisches amerikanisches Mädchen, das versucht hatte, einen israelischen Bulldozer davon abzuhalten, eine palästinensische Wohnung zu zerstören, wurde von dem Bulldozer zu Tode gequetscht. Natürlich unternahm die Regierung der Vereinigten Staaten nichts, und die gehorsamen amerikanischen Medien ignorierten ihren Tod entweder völlig oder akzeptierten die Ausrede der Israelis, der Fahrer habe sie nicht sehen können, was Blödsinn ist. Sie wurde bei vollem Tageslicht getötet, während sie eine leuchtende, orange-farbene Jacke trug und auf einem Erdhügel stand. ...

**Ihnen wird eine ausgewogene Berichterstattung verwehrt. Diese würde es Ihnen erlauben, sich über diesen Konflikt eine intelligente Meinung zu bilden. In Wirklichkeit wird Ihnen israelische Propaganda zugemutet, und wenn das alles ist, woraus Sie ihre Meinung bilden, was Sie in den meisten Tageszeitungen lesen und im Fernsehen zu sehen bekommen, dann werden Sie sicherlich glauben, bei den Palästinensern handele es sich um einen gesichtslosen Mob schreiender Barbaren.** Tatsächlich zählen sie zu den gebildetesten und fleißigsten Menschen im Nahen Osten. Eine beträchtliche Anzahl von ihnen sind Christen.

Ich bin mir sicher, daß Sie über die israelischen Kinder Bescheid wissen, die während der gegenwärtigen Intifada getötet wurden, die am 29. September 2000 begann. Es waren 122. Aber wissen Sie auch über die 686 getöteten palästinensischen Kinder Bescheid? Etwa 1000 israelische Erwachsene wurden getötet, während 3653 palästinensische Erwachsene ermordet wurden. Während ungefähr 7000 Israelis verletzt wurden, gab es 29 014 verletzte Palästinenser. Die Palästinenser haben nichts, womit sie sich der Besetzung ihres Landes widersetzen könnten, außer Gewehren, Pistolen, selbstgemachten Bomben und kleinen Raketen.

Natürlich wird Israel als fünftmächtigste Militärmacht in der Welt eingestuft und besitzt alle modernen Waffensysteme, die Amerika liefern kann.

Die West Bank und der Gazastreifen sind nicht ‘nicht-verhandelbares Territorium’, neuester israelischer Propagandaterminus, aufgegriffen seitens der amerikanischen speichelleckerischen Politiker. Gemäß internationalem Recht werden die West Bank und Gaza von der israelischen Armee auf illegale Weise besetzt. Sie wurden in Israels Blitzkrieg des Jahres 1967 konfisziert. Die Palästinenser, bereits damals ohne Regierung und ohne Armee, hatten den Krieg nicht provoziert.

**Die tragische Wahrheit ist, daß es der palästinensischen Bevölkerungsmehrheit, die Frieden will, nicht erlaubt wurde, eine funktionsfähige Regierung zu bilden. Von daher ist sie hilflos, unabhängige Gruppen davon abzuhalten, Angriffe auf die israelischen Besatzer durchzuführen.** Von Anfang an wurden der Palästinensischen Behörde die Mittel verwehrt, die notwendig gewesen wären, um zu regieren ...

Ich werde dies über die Israelis sagen: sie **haben** die Frechheit. Nachdem sie eine minimale Anzahl von Siedlern aus palästinensischem Land evakuiert haben, werden sie den Palästinensern entgegenhalten, es läge jetzt ganz an ihnen, in Frieden zu leben. **Selbstverständlich wird der Gazastreifen ein abgeriegeltes Gefängnis sein.** ...

**Die illegalen Siedlungen in Gaza wurden trotz Amerikas ablehnender Haltung und unter Mißachtung internationalen Rechts dort errichtet.** Und jetzt wollen die Israelis natürlich, daß die amerikanischen Steuerzahler 2,2 Milliarden Dollar aufwenden, um ihre Fehler, die sie ungeachtet der ablehnenden US-Außenpolitik machten, zu korrigieren. Sie erwarten von uns, daß wir für die Umsiedlung der israelischen Siedler bezahlen.

Wenn die US-Regierung dieser ungeheuerlichen Forderung zustimmt, dürfte es keinen weiteren Strohhalm für jeden patriotischen Amerikaner mehr geben.“ (24)

Wie in der stets über interne Vorgänge in Washington besonders gut unterrichteten Wiener „Kronen-Zeitung“ am 24. Mai 2006 zu lesen stand, verlangt die israelische Regierung sogar weitaus mehr Geld als „nur“ 2,2 Milliarden Dollar. Bei einem seinerzeitigen Besuch des israelischen Premiers Olmert [Anm.: Nachdem Ariel Scharon am Abend des 4. Januar 2006 einen schweren Schlaganfall erlitten hat, führt Olmert die Amtsgeschäfte Israels; seit dem 11. April 2006 ist er Ministerpräsident!] bei US-Präsident Bush ging es neben der Iran-Krise auch um diese neuerliche israelische Milliardenforderung: „Die Repatriierung der rund 70 000 Siedler (aus dem Westjordanland) wird rund **12 Milliarden Dollar** kosten, also 170.000 pro Siedler. **Die USA sollen zahlen.“** (25)

Während der Abzug der Israelis aus dem Gazastreifen medienwirksam inszeniert wurde, wird das Leben der Palästinenser im völkerrechtswidrig besetzten Westjordanland immer unerträglicher. Dort baut der Judenstaat einen weiteren Kontrollpunkt, „der den nördlichen Teil des Palästinensergebiets [!] vom Rest abtrennen soll.

‘Haaretz’ schrieb [am 24. Oktober 2005], die groß angelegte Straßensperre entstehe südlich der Palästinenserstadt Nablus. ‘Haaretz’ zitiert den Gouverneur von Nabuls, El-Alul, die Sperre könnte den Norden des Westjordanlands in einen ‘Kanton’ verwandeln.

„Insgesamt strebe Israel eine Teilung des Westjordanlands in drei Gebiete an.“ (26)

Am 27. Juli 2005 berichtete die Tageszeitung „Haaretz“, daß das israelische Parlament Zusätze zum sogenannten „Intifada-Gesetz“ verabschiedet hat, **die es Palästinensern praktisch unmöglich machen, Entschädigungsforderungen geltend zu machen.**

„Den Zusätzen zufolge können Palästinenser nun nur noch in zwei Fällen Entschädigungen fordern: wenn ein Soldat der israelischen Armee im Zusammenhang mit dem der Entschädigungsforderung zugrundeliegenden Fall eines Verkehrsdelikts für schuldig gesprochen worden ist oder wenn ein Palästinenser körperlich verletzt wurde, während er sich in Gefangenschaft des israelischen Militärs befand [Anm.: Welch ein Hohn!].

Nicht nur, daß **die palästinensische Bevölkerung damit vollends der Willkür israelischer Soldaten ausgeliefert** ist, die Gesetzeszusätze wurden außerdem rückwirkend zum September 2000 beschlossen, so daß praktisch jegliche Forderungen unmöglich sind [Anm.: Man vergleiche dies mit einer ähnlichen Meldung der „Fuldaer Zeitung" vom 12. November 2005 über das Rechtsverständnis der US-Regierung: „Der amerikanische Senat will ausländischen Häftlingen im Gefangenenlager Guantanamo die Anrufung von US-Gerichten untersagen. Mit 49 zu 42 Stimmen ließen die Senatoren die Vorlage des Republikaners Lindsey Graham passieren."]. ... Nur die Abgeordneten der arabischen Parteien und der Meretz-Yahad stimmten gegen die Gesetzesänderung.

**Die Änderungen 'beflecken die israelischen Gesetzbücher', so Zehava Gal-On, eine Abgeordnete der Meretz-Yahad-Partei. 'Der Staat gewährt, indem er Verantwortung abschüttelt und fahrlässig [handelt], illegalen Handlungen der Sicherheitskräfte Immunität - und das ist Diskriminierung.'"** (27)

Der „Deutschlandfunk" (Köln) (28) gewährte am 23. Dezember 2005 Einblick in den Alltag der Palästinenser: „ ... Sonntag vor einer Woche: Mahmut Shawara steigt am Morgen auf sein Maultier und zuckelt los in das benachbarte palästinensische Dorf Umtuba. Umtuba liegt innerhalb der Stadtgrenzen von Jerusalem. Shawara hofft, dort Arbeit für den Tag zu finden. Shawara ist 43 und Vater von neun Kindern.

Doch Shawara und einige andere Palästinenser, die in Umtuba arbeiten wollen, werden von einer Streife der israelischen Grenzpolizei aufgegriffen. Da die Männer sich ohne Erlaubnis dort aufhalten, fordern die Polizisten sie auf, mit auf die Wache zu kommen. Shawara weigert sich, weil er sein Maultier nicht einfach so dort stehenlassen und aufgeben will. Daraufhin lassen die Polizisten Shawara zurück bei einigen ihrer Kollegen und bringen die anderen Palästinenser zur Station.

Mehrere Stunden später fällt Palästinensern in der Nähe ein Maultier auf, das durchs Tal galoppiert und einen großen Klumpen hinter sich herzieht. Der Klumpen ist der Körper von Shawara. Mit einem Seil ist seine linke Hand um den Hals des Maultiers gebunden. Shawara ist schwer verletzt und stirbt wenig später in einem Krankenhaus.

Das israelische Justizministerium erklärt, es gebe keinen Zusammenhang zwischen dem Einsatz der Grenzpolizei in dem fraglichen Gebiet und dem Tod Shawaras; offenbar habe sich der Mann selbst an sein Tier gebunden und sei dann runtergefallen - ein Unfall.

Doch der israelische Journalist Gideon Levi, der die Sache heute in der Zeitung Ha'Aretz aufdeckt, schreibt, Palästinenser aus der Umgebung berichteten, daß es in der letzten Zeit mehrere Fälle gegeben habe, in denen Grenzpolizisten Palästinenser an ihre Esel gebunden hätten, offenbar als 'Strafe' dafür, daß sie sich illegal innerhalb der Stadtgrenzen Jerusalems aufgehalten hätten. So präsentiert Levi den Fall von Mahmut Abu Ali, des jungen Mannes aus einem Dorf bei Bethlehem: Abu Ali behauptet, vor zwei Monaten von einer Streife der Grenzpolizei aufgegriffen worden zu sein. Die Grenzpolizisten hätten ihn mit dem Gesicht nach unten [sich hinzulegen] befohlen und hätten seine Hände dann mit einem Seil an seinen Esel gebunden. Schließlich hätten sie noch einen Betonblock auf seinen Rücken gelegt, um den jungen Mann zu beschweren, und dann - so die Aussage des Palästinensers - hätten die Grenzpolizisten dem Esel die Peitsche gegeben, damit er losläuft.

Doch der Esel habe sich keinen Meter vom Fleck gerührt, vielleicht weil er zu alt und stur ist, vielleicht weil er nur seinem Herrn gehorcht.

Die Polizisten banden Abu Ali schließlich los, schlugen ihn noch mit einem Stein ins Gesicht und ließen ihn dann laufen." Soviel zu „Toleranz" und „Menschlichkeit" im Staate Israel!

**„Sechs Palästinenser bei israelischem Militäreinsatz getötet"** titelte der „ARD-Text" am 23. Februar 2006: „Bei einem israelischen Militäreinsatz in Nablus im nördlichen Westjordanland sind mindestens [!] sechs Palästinenser getötet worden.

Nach Angaben beider Seiten kam es im Verlauf des Tages zu schweren Zusammenstößen zwischen den Soldaten und Einwohnern des Balata-Lagers.

**Zwei junge Männer wurden offenbar getötet, nachdem sie Soldaten mit Steinen beworfen hatten.** Bei einem weiteren Zwischenfall wurden drei Palästinenser erschossen, die sich in einem Gebäude verschanzt hatten." (29) „Seit Beginn einer Militäroperation zu Wochenbeginn in Nablus sind **insgesamt neun Palästinenser getötet** worden." (30)

Wie es am 7. März 2006 hieß, will Israel die Luftangriffe im Gazastreifen trotz des Todes dreier Jugendlicher fortsetzen. „Israelische Medien berichteten unter Berufung auf Regierungskreise, diese Politik sollte nicht geändert werden.

Bei einem Raketenangriff in der Stadt Gaza waren **neben drei Kindern [!] und Jugendlichen zwei Mitglieder der radikalen Palästinenserorganisation Islamischer Dschihad getötet** worden. Zunächst war von drei getöteten Dschihad-Kämpfern und einem getöteten Passanten die Rede gewesen.“ (31) „Die israelische Politik der gezielten Angriffe habe sich als erfolgreich erwiesen und werde fortgesetzt, sagte [Verteidigungsminister Schaul] Mofas.“ (32)

Wie die Machtverhältnisse auf Erden liegen, zeigte sich auf den Tag genau einen Monat später, als man erfuhr, daß die EU-Kommission die Direktzahlungen an die Palästinenser vorläufig gestoppt hat. „Das bestätigte eine Kommissionssprecherin in Brüssel.

‘Es gibt gegenwärtig keine Zahlungen an die palästinensische Autonomiebehörde’, sagte sie. **Grund sei die Weigerung der Regierungspartei Hamas, der Gewalt abzuschwören** und Israel anzuerkennen.

Wie künftig verfahren werden soll, werden die EU-Außenminister auf einem Treffen ... beraten. Zuletzt hatte die EU im Februar 120 Millionen Euro an die Übergangsregierung gezahlt.“ (33)

„USA stoppen Palästinenser-Hilfen“, hieß es noch am gleichen Tag. „Nach der EU haben auch die USA ihre Zahlungen an die palästinensische Autonomiebehörde ausgesetzt.

**Grund sei die Weigerung der Regierungspartei Hamas, der Gewalt abzuschwören** und Israel anzuerkennen, sagte Außenamtssprecher McCormack. Zudem mißachte die Hamas Verträge im Rahmen des Friedensprozesses. ... Zuvor hatte die EU-Kommission ihre Zahlungen an die Palästinenserregierung vorläufig gestoppt.“ (34)

Während man diese beiden scheinheiligen Meldungen im Videotext diverser Fernsehsender lesen konnte, ging im „ARD-Text“ am gleichen Tag eine andere Nachricht ein, die abermals zeigte, von wem das Massenmorden im Nahen Osten in erster Linie *wirklich* ausgeht: „Bei einem israelischen Luftangriff auf ein Auto im Gazastreifen sind nach Augenzeugenberichten mindestens [!] sechs Menschen getötet worden.

**Fünf Insassen und ein in der Nähe des Autos stehendes Mädchen seien ums Leben gekommen**, hieß es. Unter den Toten ist demnach auch ein führendes Mitglied der militanten Gruppe 'Komitee für den Volkswiderstand'.

Sieben Personen seien verletzt worden. Die israelischen Streitkräfte bestätigten, Raketen auf ein Auto mit militanten Palästinensern abgefeuert zu haben.“ (35)

Einen Tag später gleich die nächsten Zwischenfälle: „Israels Militär hat nach Augenzeugen-Angaben das zweite Mal binnen Stunden militante Palästinenser im Gazastreifen bei einem Luftangriff getötet.

Bei dem neuerlichen Angriff seien zwei Palästinenser in einem Lager getötet worden, in dem der Umgang mit Waffen trainiert wird, erklärten Augenzeugen. **Ärzte sprachen indes von sechs Toten bei dem Angriff.**

Nur Stunden zuvor waren zwei palästinensische Extremisten im nördlichen Gazastreifen bei einem Raketenbeschuß getötet worden.“ (36)

Während die „internationale Staatengemeinschaft“ in Gestalt der USA und der EU der Hamas also in heuchlerischer Art und Weise vorwirft, nicht der Gewalt abschwören zu wollen, wurden in gerade mal fünf Tagen (mindestens!) 15 Palästinenser von der israelischen Armee ermordet, ohne daß sich ein (freimaurerischer) Politiker des Westens darüber empört hätte!

So kam es wie es wohl kommen mußte: Am 17. April 2006 sprengte sich ein weiterer palästinensischer Selbstmordattentäter in Tel Aviv in die Luft und riß dabei neun Menschen mit in den Tod. Der Anschlag - der erste seit Monaten - „war der schwerste seit August 2004; damals kamen in Beerscheba 16 Israelis ums Leben.“ (37)

Obwohl die israelische Regierung nach dem Anschlag in Tel Aviv Mitte April 2006 in heuchlerischer Weise angekündigt hatte, auf einen „Vergeltungsschlag“ verzichten zu wollen, gingen die Morde an der angestammten Bevölkerung Palästinas unvermindert weiter, wie man etwa am 1. Mai 2006 unter der Schlagzeile „Unbeteiligte bei Festnahme getötet“ erfahren mußte: „Bei einer Festnahmeaktion in [dem palästinensischen Flüchtlingslager] Tulkarem im Westjordanland durch israelische Soldaten wurde unbeabsichtigt eine Frau erschossen und eine weitere verletzt. Die Armee bedauere jeden Vorfall, bei dem Unschuldige getötet werden, sagte ein Armeesprecher [Anm: Wie schön!].

Die Soldaten hätten ein Haus in der Stadt umstellt, weil sie ein Mitglied des Islamischen Dschihad festnehmen wollten. Nach einer 'verdächtigen Bewegung' im Gebäude hätten die Soldaten das Feuer eröffnet. Die Festnahme gelang schließlich." (38)

„Israel hat weitere Militäreinsätze angekündigt, nachdem am Vortag bereits sieben gesuchte Palästinenser im Westjordanland getötet worden waren", hieß es am Montag, den 15. Mai 2006 (S. 127) im Videotext von „SAT.1". „Der israelische Armeesender berichtete, der Kampf in den Palästinensergebieten [!] solle fortgesetzt werden, solange militante Organisationen Anschläge auf israelische Zivilisten verübten.

Die israelische Armee hatte am Sonntag bei Angriffen im Westjordanland sieben gesuchte Palästinenser getötet. Einer davon war offenbar ein ranghohes Dschihad-Mitglied."

Und nur wenige Tage später starben bei einem Luftangriff der israelischen Armee in Gaza vier weitere Menschen. „Unter den Toten befindet sich auch ein ranghoher Kommandeur der militanten Gruppe Islamischer Dschihad.

Nach palästinensischen Angaben feuerte eine israelische Militärmaschine zwei Raketen auf ein Auto ab. **Dabei starben auch zwei Frauen und ein [vierjähriges] Kleinkind.**

Zuvor wurde der palästinensische Geheimdienstchef bei einer Explosion im Hauptquartier der Organisation verletzt. Unklar ist, wer für diese Tat verantwortlich ist", so der „ARD-Text" am 20. Mai 2006 (S. 123; Herv. v. Verf.).

„Hamas kündigt Waffenruhe auf" titelte die gleiche Quelle am 9. Juni 2006 (S. 118) und lieferte im anschließenden Artikel auch den Grund für diesen verhängnisvollen Schritt: „Der bewaffnete Arm der radikal-islamischen Hamas hat die seit einem Jahr geltende Waffenruhe mit Israel aufgekündigt.

Die Gruppe reagiert damit nach eigenen Angaben auf israelische Angriffe im Gazastreifen. Bei diesen waren nach palästinensischen Angaben heute mindestens zehn Menschen getötet worden.

Die Angriffe stellten 'einen direkten offenen Kampf dar'. Die regierende Hamas hat sich bislang noch nicht zu der Ankündigung ihres bewaffneten Flügels geäußert."

In der „Fuldaer Zeitung“ hieß es einen Tag später (Herv. v. Verf.) zu dem israelischen Massenmord: „Das israelische Militär hat bei schweren Angriffen **mindestens 18 Palästinenser getötet**. Darunter seien der als Generalinspekteur des Innenministeriums nominierte Milizenführer Dschamal Abu Samhadana, aber auch **viele Zivilisten**, teilte die palästinensische Polizei mit. **Mindestens elf Tote - darunter Frauen und Kinder - habe es gegeben, als ein Marineboot das Feuer auf den Strand von Gaza eröffnete.** Mehr als 50 Palästinenser seien zudem verletzt worden. Der bewaffnete Flügel der regierenden Hamas-Organisation kündigte daraufhin eine seit einem Jahr weitgehend eingehaltene [!] Waffenruhe auf. ... **Mahmud Abbas verurteilte die Angriffe als ‘blutiges Massaker’.“** (Das ist das kriegerische Israel, das von der „christlichen“ Bundeskanzlerin Angela Merkel und Co. auf Kosten des deutschen Steuerzahlers bei jeder passenden Gelegenheit finanziell und militärisch großzügig unterstützt wird, unter anderem durch die Lieferung atomfähiger U-Boote, die Hunderte von Millionen Euro kosten!)

Nur Tage später, am 13. Juni 2006, sogleich das nächste Massaker der Israelis: „Die israelische Luftwaffe hat bei einem Raketenangriff auf ein Fahrzeug militanter Palästinenser in Gaza neun Menschen getötet. Nach palästinensischen Klinikangaben wurden mehr als zehn weitere Menschen verletzt, als das Auto im Norden der Stadt von Raketen getroffen wurde.

Nach palästinensischen Angaben sind unter den Toten vier Mitglieder der radikalen Gruppe Islamischer Dschihad. Bei den restlichen Toten handele es sich um Passanten. Die Armee wollte sich nicht näher äußern.“ (39)

Zur gleichen Schreckenstat hieß es im „ZDFtext“ (40): „Bei einem Raketenangriff auf ein Fahrzeug militanter Palästinenser in Gaza tötete die israelische Luftwaffe ... elf Menschen. Etwa 25 Menschen wurden nach Krankenhausangaben verletzt, als die Geschosse in das Auto einschlugen. **Palästinenserpräsident Mahmud Abbas verurteilte den Angriff scharf als israelischen ‘Staatsterror’.“** (Kein Wunder, befanden sich unter den Toten doch auch Sanitäter und abermals Kinder!)

„Bei einem israelischen Raketenangriff sind im Gazastreifen drei palästinensische Kinder getötet worden“, berichtete der „RTLtext“ am 21. Juni 2006 (S. 127). „Mindestens zwölf Passanten wurden verletzt, als das Militär auf ein Auto von Anhängern der militanten Al-Aksa-Brigaden feuerte.

Bei den Getöteten handelt es sich nach palästinensischen Angaben um einen sechsjährigen Jungen und ein fünfjähriges Mädchen sowie um einen 15jährigen Jungen." (Auch diese Opfer bekam man im Fernsehen nicht zu sehen - weder auf einem öffentlich-rechtlichen noch auf einem privaten Sender!)

Denkt man angesichts der aktuellen israelischen Massenmorde nochmals an die Einstellung der Zahlung der Hilfsgelder an die palästinensische Regierung durch die EU-Kommission und die US-Regierung - die beide augenscheinlich von der gleichen Art von Leuten kontrolliert werden - Anfang April 2006, weil sich die Hamas angeblich weigere, der Gewalt abzuschwören, sieht man erneut, wie verlogen, heuchlerisch und absolut barbarisch die seit 1990 bestehende Neue Weltordnung wirklich ist.

Wenn immer mehr Palästinenser ermordet werden und immer mehr israelische Siedler sich auf palästinensischem Land niederlassen, kann jedenfalls von einem Friedenswillen seitens der israelischen Regierung kaum gesprochen werden. So sind die jüdischen Siedlungen im Westjordanland im Jahr 2004 stark gewachsen. „Seit Juni 2004 stieg die Zahl der Einwohner um 12 800 an, wie das Innenministerium bekanntgab. **246 000 Israelis leben demnach auf palästinensischem Territorium** - ein Zuwachs gegenüber dem Vorjahr um fünf Prozent", so die „Fuldaer Zeitung" in ihrer Ausgabe vom 27. August 2005 (Herv. v. Verf.).

Am 8. April 2006 hat der palästinensische Präsident Abbas Israel eindringlich vor einer einseitigen Festlegung der Grenze zum Westjordanland gewarnt.

„Sollte der amtierende israelische Ministerpräsident Olmert entsprechende Pläne umsetzen, so drohe neues Blutvergießen, sagte Abbas der britischen Zeitung 'The Guardian' in einem Interview.

Olmert will zwar mehrere jüdische Siedlungen im Westjordanland auflösen, an den größten Siedlungsblöcken aber festhalten. 'Ohne Verhandlungen wird das niemand akzeptieren', sagte Abbas." (41)

Was aber nun das Zudrehen des Geldhahnes der „internationalen Staatengemeinschaft" anbelangt, so hat dies eine weitere systematische Aushungerung der Palästinenser zur Folge. „Das Internationale Komitee vom Roten Kreuz (IKRK) befürchtet eine Verschärfung der Not in den palästinensischen Gebieten, wenn die EU und die USA ihre bisherigen Zahlungen an die Palästinenser einstellen. Pierre Krähenbühl, Operationsdirektor des IKRK, sagte in Genf, die Organisation sehe mögliche negative Auswirkungen auf die wirtschaftliche und humanitäre sowie auf die Sicherheitslage. Seit Gründung der palästinensischen Autonomiebehörde haben Geberländer den israelischen Besetzern die Finanzierung der palästinensischen Verwaltung im Gazastreifen und im Westjordanland weitgehend abgenommen. Die USA und die EU haben jetzt angekündigt, die Zahlungen von 400 Millionen bzw. 600 Millionen Dollar an die Autonomiebehörde einzustellen.

Krähenbühl unterstrich, **die palästinensische Bevölkerung lebe schon seit Jahren in extremer ökonomischer Not, die vor allem das Resultat der Maßnahmen sei, mit denen Israel die Bewegungsfreiheit der Menschen einschränke.** Viele Menschen seien von grundlegenden Dienstleistungen wie Gesundheitsversorung und Bildung sowie von Arbeitsmöglichkeiten abgeschnitten.

Wenn solche Dienstleistungen ausfielen, habe Israel als Besatzungsmacht gemäß dem humanitären Völkerrecht die Pflicht, die Grundbedürfnisse der Bevölkerung in den besetzten Gebieten zu gewährleisten, betonte Krähenbühl. Dazu zählten Nahrung und Unterkunft sowie medizinische Versorgung. Außerdem schreibe das humanitäre Völkerrecht allen Mitgliedsstaaten der Genfer Konventionen vor, den freien Zugang zu humanitärer Hilfe sicherzustellen.“ (42)

Erfreulicherweise gibt es eine ganze Reihe jüdischstämmiger Persönlichkeiten, die sich in den letzten Jahren gegen das fortdauernde Unrecht im Nahen Osten ausgesprochen und für eine echte Versöhnung von Israelis und Palästinensern eingesetzt haben, darunter Felicia Langer, Uri Avnery, Norman Finkelstein, Israel Shamir, Noam Chomsky, Mordechai Vanunu, Shulamit Aloni, Shraga Elam, Gilad Atzom, Daniel Barenboim und Yoav Shamir, der die aufsehenerregende Dokumentation „Checkpoint“ drehte, die sich mit den israelischen Kontrollstellen auseinandersetzt, die die Palästinenser in ihrer Bewegungsfreiheit einschränken (nicht zu vergessen auch israelische Friedensgruppen wie „B’Tselem“ und „Peace Now“!).

In dem Buch „Ich will nicht mehr schweigen“ von Rupert Neudeck erfährt man auch die Meinung des jüdischen Schriftstellers Hajo Meyer über die Drangsal der angestammten Bevölkerung Palästinas: „Wenn man wirklich etwas genauer hinschaut, dann kann man sehen, was den Palästinensern unter der Besatzung tagtäglich [!] widerfährt, und das seit 38 Jahren: Würdeverlust und Demütigung; Sicherheitsverlust und Existenzangst; Verlust der Heimat infolge von Diebstahl oder durch Exil; innerhalb der Staatsgrenzen Israels: ein Leben als halber Bürger, als halber Paria; in Palästina: vollständige Paria-Existenz; Kollektivstrafen; Hunger und Armut ... “ (43)

„Jedesmal, wenn Israel durch internationalen Druck dazu gebracht werden soll, seine Besatzungspolitik zu beenden, inszenieren diejenigen, die Israel blind gegen jede Kritik verteidigt sehen wollen, eine weitere, bis ins kleinste Detail durchkomponierte Oper, die den Zuschauern medienwirksam die schrecklichen Ausmaße des weltweiten Antisemitismus vor Augen führen soll“, beklagt US-Professor Norman Finkelstein (44) und fährt fort: „Diese schamlose Ausnutzung von Antisemitismus soll erstens der Kritik an Israel die Berechtigung entziehen, zweitens die Juden (und nicht die Palästinenser) als Opfer darstellen und drittens der arabischen Welt den Schwarzen Peter zuschieben.“

**„Ich war entsetzt erfahren zu müssen, daß Israel ein rassistischer Apartheid-Staat ist“**, schreibt die US-amerikanische Jüdin Judy Andreas. „Es brach mir das Herz, als ich über die Massaker und die systematische Auslöschung des palästinensischen Volkes las, und mir wurde die betrügerische Fiktion bewußt, die durch die Geschichtsbücher vor unsere Augen und zwischen unsere Ohren gesetzt wurde. Ich sah, wie sich der Mythos davon, daß Israel Land in der Wüste übernommen habe, das von einer Gruppe nomadisierender Wilder bewohnt war, und es danach in eine ertragreiche fruchtbare Oase verwandelte, in Luft auflöste. Abermals waren die Geschichtsbücher zu einer zur Scheinwelt verzerrten Darstellung gewaltigen Ausmaßes geworden.

Ich las Ralph Schoenmans Buch ‘The Hidden History of Zionism’ und hörte ‘Taking Aim’, die Radiosendung von ihm und seiner Frau Mya Shones.

Die Israelis hatten sich der Zitruswäldchen, Olivenbäume, Steinbrüche und Häuser der Palästinenser bemächtigt. Sie hatten die Leute dieses Gebietes roh behandelt. Sie haben die Bauern, Handwerker und Dorfbewohner ausgerottet und an deren Stelle eine Arbeiterschaft gesetzt, die aus Siedlern besteht. **Die Geschichte Palästinas ist von unaussprechlichem Leid und Unterwerfung, bewaffneter Deportation, Massakern und Vertreibung geprägt.**

Durch Ralph Schoenman erfuhr ich, daß Rabbi Fishman dem UN-Sonderkomitee eine Karte von Palästina vorgelegt hatte, basierend auf den Tagebüchern Theodor Herzls. Er verkündete ein Eretz Israel [Groß-Israel], das sich vom Bach Ägyptens über den Euphrat einschließlich ganz Palästina, Transjordanien und Ägypten bis hinauf zum Nil inclusive Kairo, 2/3 von Syrien, 40 % des Irak, die südliche

Partie der Türkei einkapseln und sich bis Kuwait ausdehnen würde.

Den Zionisten wurden 55 % des fruchtbarsten Landes zugesprochen.

**Jeder wichtige zionistische Sprecher redete über die Auslöschung des palästinensischen Volkes. Es war kein Geheimnis, obwohl heutzutage eine bedenkliche Anzahl von Leuten darüber nicht mehr Bescheid zu wissen scheint** [Anm.: Verantwortlich dafür sind die internationalen Propaganda-Medien!].

Der Kermit-Bericht erklärte: 'Wir werden Terror, Attentate, Einschüchterung, die Beschlagnahmung von Land und das Abschneiden aller sozialen Leistungen gebrauchen, um die arabische Bevölkerung Galiläas loszuwerden.'

Moise Dayan sprach darüber, wie die Geographie-Bücher geändert wurden. Aufzeichnungen der Dörfer und Städte existierten nicht länger.

Erstmals erfuhr ich durch das Buch 'Hidden History of Zionism' [Die geheime Geschichte des Zionismus] über die Kollaboration der Nationalsozialisten mit den Zionisten und darüber, wie der einfache Jude von einer skrupellosen, gewissenlosen Clique der Geldgier und Macht hinters Licht geführt worden war. Ich möchte hinzufügen, daß das Fußvolk der Juden heute bedauerlicherweise noch immer übertölpelt wird. [Anm.: Jack Bernstein berichtet ebenfalls über die Zusammenarbeit von Nationalsozialisten und Zionisten: „In Deutschland waren die **Durchschnitts**juden Opfer der zionistischen Elite, die Hand in Hand mit den Nazis zusammenarbeitete. Viele jener zionistischen Juden, die in Deutschland mit den Nazis zusammengearbeitet hatten, kamen nach Israel und reichten sich mit den zionistischen/ kommunistischen Juden aus Polen und Rußland die Hände. Es sind die zwei Gesichter des **Kommunismus** und des **Faschismus** im Nazistile, die Israel regieren. **Demokratie** ist lediglich eine Illusion." (45)]

Ich habe versucht, unter Verwendung verbaler Samthandschuhe mit Freunden über diese schlimme Situation zu sprechen. Einige zeigen kein Interesse an diesen Dingen. Andere haben Angst. Wieder andere denken, ich hätte meinen Verstand verloren. Die meisten bringen mich zum Schweigen. (Mein Kompliment an die Gehirnwäscher.)

Also befinde ich mich in einer wenig beneidenswerten Lage. Ich möchte die Augen meiner jüdischen Brüder und Schwestern öffnen. **Ich möchte helfen, daß meine Kinder über die Sünden Israels Bescheid wissen und auch darüber, welche wichtige Rolle es in der**

**‘Achse des Bösen’ spielt ... gemeinsam mit den USA und Großbritannien** [Anm.: Auf solch eine Aussage wird man in „deutschen“ Medien vergeblich warten - im Gegenteil: „Der Vorstandschef des Springer-Konzerns, Döpfner, hat laut ‘Spiegel’ die USA, Großbritannien und Israel als ‘die freiheitserprobtesten Demokratien’ gerühmt. Von sich selbst sagt Döpfner: ‘Ich bin ein nichtjüdischer Zionist.’ Tatsächlich müssen die Redakteure der Springer-Organe, wie z.B. ‘Bild’, sich schriftlich verpflichten, die Interessen Israels zu vertreten.“ (46)] Ich will die von mir geliebten Menschen über die Gefahren des zionistischen Verhaltens alarmieren und erhellen, welche Auswirkungen es auf unsere Welt hat. Ich möchte der einfachen jüdischen Person die Verbrechen bewußt machen, die ihre Führer begangen haben und weiterhin begehen. Am Ende des Tages ist nämlich die breite Masse der Juden im großen Plan der Zionisten genauso entbehrlich wie der Rest der Bevölkerung. **Es gibt keine Sicherheit im Zusammenschluß derjenigen gleicher völkischer Abstammung. Es ist nur die Wahrheit, die uns freimachen kann.“** (47)

Ob sich diese elementare Erkenntnis bei den rassistischen Talmudisten und chauvinistischen Zionisten durchsetzen wird, bevor sie die *ganze* Welt in Chaos und Verderben stürzen werden, muß leider bezweifelt werden!

Was die Bundesrepublik anbelangt, so brachte Professor Norman Finkelstein die hiesige Situation auf den Punkt: „Deutschland, einst die europäische Brutstätte des Antisemitismus, hat sich inzwischen zu einer Brutstätte des Philosemitismus entwickelt. Auf der einen Seite fördern ‘politisch korrekte’, oft auch zynische Persönlichkeiten des öffentlichen Lebens im Verein mit den Medien immer wieder Antisemiten zutage, obwohl diese so zahlreich nicht sind, und sie tun das mit einem Eifer, der schon stark an die mittelalterlichen Hexenverfolgungen erinnert. Auf der anderen Seite mißbrauchen diejenigen, die von Deutschland Israel gegenüber blinden Gehorsam erwarten, die schrecklichen Nazi-Verbrechen dazu, jegliche Kritik an jüdischen Funktionären und Israel zu unterbinden.“ (48)

Halten wir abschließend fest: Hätten wir wirklich „freie“ und „unabhängige“ Medien, würden sie all diese Informationen zu einem Gesamtbild zusammenfügen und aufzeigen, wer - sogar nach Aussage rechtschaffener Juden - die wirklichen Übeltäter sind! Scheinbar haben sich aber die Glaubensbrüder von Baronet Moses Montefiore (Blumberg) seine im Jahre 1840 gesprochenen Worte zu Herzen genommen, die hier nochmals wiedergegeben seien: „Was faselt Ihr! Solange wir nicht die Presse der ganzen Welt in Händen haben, ist alles, was Ihr tut, vergeblich; wir müssen die Zeitungen der ganzen Welt beeinflussen, um die Völker zu täuschen und zu betäuben.“ (Weitere Informationen zu den Hintergründen der ständigen Eskalation im Nahen Osten siehe in meinen im Verlag Anton A. Schmid erschienenen Schriften: „Terror im Heiligen Land - Band 1 & 2“ und „Rassismus und Antisemitismus im Nahen Osten“!)

## Die durch die Medien verbreiteten Lügen der Evolutionstheoretiker

Mit der Frage nach einer Schöpfung oder zufälligen Entstehung und anschließenden Entwicklung des Lebens verhält es sich wie mit all den anderen durch die Massenmedien bei wichtigen Themen verbreiteten „Informationen“; man wird unentwegt einseitig unterrichtet und ständig mit irgendwelchen Lügen und Halbwahrheiten indoktriniert, die einzig und allein den Trugschluß nahelegen sollen: Es gibt keinen Gott!

So flimmern tagtäglich Propaganda-Reportagen über die diversen Sender, die den Anschein erwecken wollen, der Mensch stünde am Ende eines Milliarden Jahre andauernden „evolutionären Prozesses“ und man könne von „Glück“ sprechen, daß es das Universum und die Erde überhaupt gibt - alles soll ohne das Zutun einer höheren Intelligenz existieren.

Dabei weist unser blauer Planet einige erstaunliche Dinge auf, die daran zweifeln lassen, „ob unser Sonnensystem tatsächlich nur durch Zufall entstanden sein kann. Ein Zufall, den findige Mathematiker mit einer Wahrscheinlichkeit von 1 zu 10 hoch 40 000, das ist eine 10 mit 40 000 (!) Nullen, errechnet haben.

Zum Vergleich: Würde man die gesamte Erdoberfläche einen Meter tief mit 1 Euro-Stücken bedecken und eines davon wäre rot markiert, so müßte man genau dieses eine Geldstück beim ersten [!] Versuch finden.

Die Erde erstaunt durch ein Zusammenspiel von physikalischen, chemischen und astronomischen Vorgängen, die alle so wunderbar zusammenwirken, daß sie das Leben auf unserem Planeten überhaupt erst möglich machen. So ist z.B. die Schwerkraft gerade groß genug, um die Moleküle des Wassers und die Atmosphärengase Stickstoff und Sauerstoff festzuhalten. ...

Der Flugbahndurchmesser der Erde, gesehen zur Sonne, beträgt 299,2 Millionen Kilometer. Wäre die Bahn enger, etwa nur 250 Millionen Kilometer, wäre Leben auf der Erde nicht mehr möglich. Es wäre zu heiß und die abgeschmolzenen Polkappen würden vieles unter Wasser begraben. Der Wasserdampfanteil in der Atmosphäre wäre zu hoch, die Erde würde zum Treibhaus werden. Nehmen wir an, die Flugbahn [im Durchmesser] würde 350 Millionen Kilometer betragen, würden sich die Polkappen ausbreiten und noch mehr Sonnenlicht würde ungenutzt in den Weltraum reflektiert werden. Die Folge: Die Erde würde vereisen.

Auch die Geschwindigkeit der Erde, mit der sie die Sonne umkreist, ist nicht unwichtig. Sie beträgt 29,8 km/s. Wären wir zu schnell, würden wir samt der Erde in den Weltraum hinausfliegen. Zu langsam, und die Sonne würde uns rasch in sich hineinziehen. Die Erde umkreist die Sonne in einem nahezu gleichen Abstand, wodurch an der Oberfläche eine Durchschnittstemperatur von 15° C erreicht wird. Nach biologischen und biochemischen Erkenntnissen ist der Bereich von 0° C bis 40° C gerade die enge Spanne, die für die Erhaltung des Lebens optimal ist.

Sogar der Mond ist für uns von lebenswichtiger Bedeutung. Aus Computer-Simulationen geht hervor, daß eine Reihe von Planeten im Laufe ihres Lebens wohl mehrere Male ihre Rotationsachse geändert haben oder daß sie stark schwanken. Warum nicht auch die Erde? Die Erde schwankt lediglich um ihre um 23,3 Grad zur Ekliptik [geneigte] Achse um 1,3 Grad. Die verblüffende Antwort lautete: Der Mond hat unseren Planeten stabilisiert. Ohne unseren Trabanten hätte auch die Erdachse chaotisch getorkelt. Wie wir gesehen haben, können aber kleinste Veränderungen der Erdausrichtung Leben hier unmöglich machen.“ (1)

„Derselbe Atheist, der gegen Ordnung im Universum argumentiert, stellt seine Uhr nach Instrumenten, die ihrerseits nach den regelmäßigen Bahnen der Sterne, wie sie von einem Observatorium in England beobachtet werden, gestellt wurden, oder nach Atomuhren, die wiederum einen anderen Beweis [für die] Regelmäßigkeit seiner Umwelt nutzen.

Was schafft statt Chaos Ordnung im Weltall? Ist es lediglich ein Zufall? Man wartet vergeblich an einer Schutthalde darauf, daß sich aus dem Haufen Müll ein Boot oder ein einfaches Haus selbst zusammensetzt! Von selbst entsteht keine Ordnung. Ordnung setzt ein Wesen voraus, das die Dinge ordnet und lenkt. Aber der Intellekt, der gegen den Glauben an Gott rebelliert, muß glauben, daß das komplexe und wunderbar geordnete Universum, in dem auch er sich befindet, aus sich selbst heraus entstanden ist, nicht als Ergebnis der Vernunft oder eines Planes. Es ist so als fände man eine Uhr, die durch eine Explosion auf einer Müllhalde entstanden ist", gibt Thomas F. Heinze (2) zu bedenken.

**„Vom Übernatürlichen her müssen wir die sichtbare Schöpfung betrachten,** wenn wir nicht dauernd auf unlösbare Rätsel stoßen wollen. Wir Menschen können zunächst nur die äußeren, vielgestaltigen Erscheinungsformen der Welt erfassen. Von der äußeren Erscheinung schließen wir auf das innere Sein, sie läßt uns das 'Wesen' der Dinge ahnen. Damit stehen wir aber noch ganz in der Natur, und aus uns können wir niemals über die natürlichen Grenzpfähle hinausgehen.

Wenn aber Gott die Welt erschaffen hat und mit der Welt alles, was auf ihr ist, wenn er nicht nur alles ins Dasein rief, sondern auch alles dauernd im Dasein erhält, dann liegen Wesen und Wurzel aller natürlichen Dinge in Gott. Und alles Wachstum geht von der Wurzel aus, und alle Dinge können nur aus ihrem letzten und tiefsten Wesen erfaßt und verstanden werden. Eine Naturwissenschaft auf rein natürlicher Grundlage kann uns wohl der Wahrheit über die Dinge näherbringen; aber die Einsicht in die letzten Zusammenhänge in der Natur kommt uns keineswegs aus der Beobachtung oder aus dem Denken, sondern aus dem Glauben.

**Nur derjenige, der Gott ganz tief erfaßt - oder noch besser - der ganz von Gott erfaßt wird, dringt vor zu tiefster Kenntnis der Natur und wird letzte Zusammenhänge erahnen und schauen.** Aus der Theologie müßte eine Naturwissenschaft zu schreiben sein. Sagt der Heiland nicht: 'Ich bin der wahre Weinstock'? (Joh 15, 1). Unser Weinstock ist nicht der wahre, er ist nur Bild und Gleichnis. Unsere Sonne mit ihrem Planetensystem ist nur Sinnbild der wahren Sonne, Christus, 'durch den alles geworden ist', der die ganze Menschheit hinführt zur Ur- und Zentralsonne, zum Vater.

**Alle Naturgesetze finden ihre letzte Erfüllung in der Übernatur.** Wir nehmen all die Bilder und Gleichnisse so ausschließlich als Wirklichkeit und Wesenheit, daß uns für die eigentliche Wirklichkeit, die alles trägt, kein Raum mehr bleibt. Plato erzählt ein seltsames Gleichnis: Menschen sitzen in einer Höhle, in die nur ein schwacher Schein des Tageslichtes fällt, mit dem Rücken gegen den Eingang. Alle Dinge, die draußen vorübergleiten, werfen einen Schatten auf die Wand der Höhle vor ihnen. Sie sehen und kennen nur die Schatten der Dinge, sie wissen nur von Schatten und sind an sie hingegeben. Wirklichkeit sind ihnen allein die Schatten. Gleicht nicht alles Vergängliche, das einmal nicht mehr sein wird, flüchtigen Schatten? **Wir haben uns an die Schatten gewöhnt, als seien sie Wesen und Leben, wir bewegen uns im Dunkel, als sei es Tageshelle.**

'Die Gestalt dieser Welt vergeht' (1 Kor 7, 31). Die Quellen des Wirklichen und Bleibenden in der natürlichen Ordnung liegen nur in Gott. **Die Natur selbst weist auf Gott hin. In ihr ist sichtbar geworden, was von Gott erkennbar ist.** 'Im Glauben gewinnen wir die Einsicht, daß die Welt durch Gottes Wort erschaffen ist, daß also aus Unsichtbarem das Sichtbare hervorgegangen ist. ... **Die ganze Welt in ihrer Vielgestaltigkeit an Formen und Farben, an Arten und Gattungen ist nur die sichtbare Oberfläche einer gewaltigen Kugel, deren Mittelpunkt Gott ist; durchgegliedert, durchorganisiert bis ins Letzte, ins Kleinste, eine einzige Harmonie;** vielgestaltig und doch eins, unübersehbar, in Millionen und Abermillionen Teilchen und Glieder auseinanderfallend, deren innere Einheit uns gar nicht immer klar wird; ein Riesenwerk, das in meinen Augen aber immer einheitlicher und einfacher wird, je näher ich dem Mittelpunkt, je näher ich Gott komme.“ (3)

Liebe Leserin/lieber Leser, an dieser Stelle möchte ich Ihnen meine drei im Verlag Anton A. Schmid erschienenen, reich bebilderten evolutionskritischen Bücher „Verschwörung gegen Gott Bd. I - Die ganze Wahrheit über die Schöpfung des Lebens und das Alter der Erde“, „Verschwörung gegen Gott Bd. II - Unchristliche Pseudo-Wissenschaft als Fundament der Neuen Weltordnung“ und „Verschwörung gegen Gott Bd. III - Die Evolutionstheorie im Lichte der Endzeit“ wärmstens ans Herz legen. Sie finden darin die wichtigsten Beweise für die Wahrhaftigkeit der Schöpfung gemäß der Genesis und erfahren unter anderem das tatsächliche Alter der Erde wie auch den realen Grund, warum die Dinosaurier ausgestorben sind. (Wappnen Sie sich bitte mit diesen unverzichtbaren Informationen, um in Diskussionen stets den einzig wahren Glauben verteidigen zu können, wie es uns in der Hl. Schrift schließlich aufgetragen wird: „Christus ... haltet heilig in euren Herzen, allzeit bereit zur Verantwortung gegenüber einem Jeden, der von euch Rechenschaft fordert, die ihr in euch traget“ [1 Petr 3, 15]!)

In meinen Schriften komme ich auch auf einige der besonderen Fähigkeiten unserer Mitgeschöpfe zu sprechen, deren Genialität und Komplexität gar keine andere Möglichkeit als einen intelligenten Ursprung zulassen. Hier einige weitere Beispiele dazu:

„Während des Winterschlafs können manche Säugetiere nicht nur Körpertemperatur, Atmung und Herzschlag absenken. Um Energie zu sparen, werden ganze Organe effektiv geschrumpft. Dies haben Wissenschaftler der Universität Wien herausgefunden.

Danach können Darm und Magen der Tiere während der saisonalen Ruhephase sogar um die Hälfte verkleinert werden. Durch die Organ-Schrumpfung reduzieren die Murmeltiere ihren Grundumsatz, also den Energiebedarf in Ruhe, um 20 %. Von den Sparmaßnahmen sind die einzelnen Organe unterschiedlich stark betroffen.“ (4)

„Gottesanbeterinnen sind Jäger und Gejagte, hochgerüstet für den Überlebenskampf, mit Strategien, die bisweilen an das Verhalten von Militärpiloten erinnern: Nähert sich eine hungrige Fledermaus, um das Insekt zu packen, so wartet es zunächst ab, um sich erst im allerletzten Moment zu Boden zu stürzen. Dieses Ergebnis will David Yager, Neurowissenschaftler an der University of Maryland, nächsten Monat auf einer Akustik-Konferenz in Mexiko vorstellen. Fledermäuse senden, für den Menschen, unhörbar, Ultraschalllaute aus, um ihre Beute im Finstern zu orten - und verraten sich damit selbst. Denn Gottesanbeterinnen verfügen über eine Art Ultraschall-Ohr auf der Brust, wie Yager schon vor vielen Jahren nachwies. Um das genaue Timing des rettenden Sturzfluges zu erforschen, pflanzte er winzige Elektroden in den Kerbtierkopf und konnte messen, daß der Gehörnerv beim Orten einer Fledermaus heftig Alarm schlägt, bis er rund 300 Millisekunden vor der erwarteten Kollision das Signal zum Abtauchen gibt. Dieser ‘Power Dive’ sei vergleichbar mit den Flugmanövern im Actionfilm ‘Top Gun’, erklärt Yager. ‘Die Gottesanbeterin benutzt dieselbe Strategie wie Tom Cruise’“, so „Der Spiegel“ in seiner Ausgabe vom 25. November 2002 auf Seite 189.

„Die Gesänge von Buckelwalen sind ähnlich aufgebaut wie eine einfache menschliche Sprache: Einzelne Lauteinheiten werden zu Phrasen kombiniert, die dann wiederum zu den eigentlichen Gesängen verbunden werden. Das haben US-Forscher mithilfe der sogenannten Informationstheorie gezeigt - einer mathematischen Theorie, die sich mit der Übertragung und Verschlüsselung von Daten beschäftigt.

Damit konnte [im März 2006] erstmals die bereits seit den 70er Jahren aufgestellte Vermutung bestätigt werden, daß Walgesänge eine hierarchische Struktur besitzen." (5)

Wie der „ARD-Text" am 29. März 2006 (S. 533) berichtete, haben Forscher Singvögel während ihres Gesangs geröntgt und damit das Geheimnis des Vogelgesangs enträtselt. „Die Tiere formen ihre Töne demnach ähnlich wie Menschen in der Kehle und nicht wie bisher angenommen durch unterschiedliche Öffnung des Schnabels. Das berichten die Forscher der Berliner Humboldt-Universität im Fachblatt 'Proceedings of the National Academy of Sciences'.

Der Stimmapparat der Vögel zeichne sich durch große Flexibilität aus. Sie dehnten ihre Stimmbänder beim Singen zyklisch. Bislang war man davon ausgegangen, daß der Stimmtrakt starr ist."

Gerade Vögel sprechen für die Genialität und Herrlichkeit unseres Schöpfers, vollbringen sie doch wahre Höchstleistungen:

„Rauchschwalben schaffen eine Fluggeschwindigkeit von 97 Stundenkilometern und eine Flugstrecke von 12 000 Kilometer.

Der Kernbeißer kann mit seinen Kiefermuskeln einen Druck von 72 Kilogramm aufbringen, um Obststeine zu spalten.

Die kleinsten Vögel Europas, die Goldhähnchen, wiegen nur 5 Gramm.

Der vielseitigste Sänger der Welt, der Sumpfrohrsänger, imitiert bis zu 83 verschiedene Gesänge bzw. Rufe anderer Vögel. Die Hälfte davon hört er sich im afrikanischen Winterquartier ab.

Ein Seidenschwanz frißt im Winter täglich rund 170 Gramm Beeren, das Dreifache seines Körpergewichtes.

Essen Sie mal täglich - bei sagen wir 70 Kilogramm - über 4 Zentner Beeren pro Tag!" (6)

„Männliche Mäuse betören ihre weiblichen Artgenossen durch einen Gesang im Ultraschall-Bereich. 'Der beste Vergleich für den Gesang der Mäuse liegt im Gesang von Vögeln, die bestimmte Melodien anstimmen', sagte der Neurobiologe Timothy Holy von der Washington-Universität in St. Louis im US-Bundesstaat Missouri.

Es war schon bekannt, daß Mäuse Ultraschall-Töne ausstoßen, allerdings konnten diese bislang nicht als Gesang qualifiziert werden, weil sie nicht auf regelmäßige Tonsequenzen untersucht worden waren. Nunmehr seien die Tonsequenzen von 46 männlichen Mäusen detailliert untersucht worden, erläuterte Holy. Eine Maus habe in dreieinhalb Minuten 750 entschlüsselbare Klangabfolgen von sich gegeben. Diese könnten mit Hilfe von Informatik-Programmen in eine Art Partitur umgeschrieben werden. 'Die Analyse der Töne zeigt, daß die Tonabfolgen nicht zufällig sind', unterstrich Holy. 'Sie bilden einen Zusammenhang, es handelt sich um Gesang wie bei den Vögeln.'

Mäuse zählen demnach zu den wenigen Tieren, bei denen der Gesang zum Liebeswerben gehört. Ähnlich verhält es sich nicht nur bei Vögeln, sondern auch bei bestimmten Walen und Tümmlern, bei einigen Insekten und möglicherweise bei Fledermäusen.“ (7)

„Delphine rufen sich nach Erkenntnissen von Wissenschaftlern beim Namen und sind damit neben den Menschen die einzigen bekannten Lebewesen, die solche Identitätsinformationen nutzen.

Neueste Forschungen hätten ergeben, daß Delphine ihre Namen - sogenannte Signaturpfiffe - sogar daran erkennen, wenn spezifische Stimmen-Merkmale aus dem Signal entfernt würden, sagte eine Forscherin der Universität von North Carolina. Für ihre Studie untersuchten die Wissenschaftler Große Tümmler in der Sarasota Bucht in Florida.“ (8)

„Der T-förmige Kopf des Hammerhais gehört zu den staunenswerten Erfindungen der Natur [Anm.: Nein, zu den „staunenswerten Schöpfungen Gottes“!] - jetzt haben Forscher sein Geheimnis gelüftet. Bekannt war bisher nur, daß der gewaltige Hammerkopf einen unvergleichlichen Panoramablick erlaubt, da die Augen auf den Ecken sitzen. Doch nun hat Stephen Kajiura vom Hawaii Institute of Marine Biology entdeckt: Der Querkopf ist zugleich ein feinsinniger Sensor, mit dem der Raubfisch die elektrischen Felder von Heringen, Schwertfischen, Sardinen ... und anderen Beutetieren zielsicher zu orten vermag. Zwar tragen auch andere Haiarten Elektrosensoren auf ihren Köpfen. Doch dieser zusätzliche Sinn der Haie ist bei den Hammerhaien viel stärker ausgeprägt. Auf ihren T-Köpfen zählte Kajiura weit mehr Elektrosensoren als auf den klassisch geformten Schädeln der Atlantischen Braunhaie. Der Forscher wies nach, daß die Hammerhaie damit im Vorteil sind: Dazu hielt er den Raubfischen einen künstlichen Köder hin, der ein elektrisches Feld aufbaut. Während die Braunhaie das Ziel immer mal wieder verfehlten, schnappten die Hammerhaie stets präzise zu“, setzte „Der Spiegel“ in seiner Ausgabe vom 2. September 2002 auf Seite 145 seine Leser in Kenntnis.

„Die Landkrabbe Gecarcinus lateralis bläht sich nach einer Häutung auf. Damit bleibt sie stabil genug, bis ihr unter dem alten Panzer hervorgekommener neuer Panzer fest geworden ist. Das haben Wissenschaftler von der Universität von North Carolina herausgefunden. Ein solches hydrostatisches Skelett aus Gas und Wasser ist unter Tieren bisher einzigartig, heißt es im Magazin 'Nature'.

Krabben haben harte Hautpanzer, die sie während ihres Wachstums in regelmäßigen Abständen abwerfen und durch größere ersetzen müssen. Der neue Panzer wächst jeweils unter dem alten heran", schilderte der „ARD-Text" am 21. April 2006 (S. 538).

„Direkt nach einer neuen Erfahrung spielt das Gehirn von Ratten die Ereignisse wie ein Videorekorder im schnellen Rücklauf noch einmal in umgekehrter Reihenfolge ab. Das haben amerikanische Forscher bei Tests mit Tieren beobachtet, die durch verschiedene Labyrinthe liefen. Das Gehirn der Ratten produziere dabei charakteristische Muster an Nervenaktivität.

Wahrscheinlich hilft das Zurückspulen den Tieren, die neue Erfahrung fest im Gehirn zu verankern, wie die Wissenschaftler vom Massachusetts Institute of Technology (MIT) [im Februar 2006] erklären." (9) (Natürlich entsteht auch ein Videorekorder nicht *von selbst* durch „Zufall", sondern wird von irgend jemand Hochintelligentem geschaffen!)

„Die Kenntnis der Natur ist der Weg zur Bewunderung der Größe Gottes", sagte bereits der deutsche Chemiker Justus von Liebig (1803-1873) (10), Schöpfer der Agrikulturchemie, der die Mineraldüngung einführte und einen Fleischextrakt entwickelte.

Dabei weisen sogar die kleinsten Zellen eine außerordentlich bemerkenswerte Komplexität auf! „Das Bakterium Synechococcus paßt seinen Stoffwechsel der Uhrzeit an: Tagsüber betreibt der in heißen Quellen lebende Einzeller Photosynthese, produziert also mithilfe von Sonnenlicht aus Kohlendioxid Zucker und Sauerstoff. Nachts hingegen fixiert er Stickstoff - er wandelt gasförmigen Stickstoff aus der Atmosphäre in stickstoffhaltige, biologisch verwertbare Verbindungen um.

Forscher der Carnegie Institution aus Stanford hatten Bakterienmatten aus heißen Quellen im Yellowstone-Nationalpark untersucht. Darin leben verschiedene Mikroorganismen zusammen." (11)

„Was wie der Anflug auf einen fremden Himmelskörper aussieht, ist eine Ansammlung von Bakterienteppichen, tausend Meter tief, unter Wasser, auf der Erde. **Von dreihundert Millionen Quadratkilo-**

**metern Tiefseeboden wurde bislang kaum mehr als die Fläche von ein paar Fußballfeldern untersucht. Das ist weniger als ein Prozent.** Drei neue Tierarten entdecken die Forscher jede Woche. Kaum jemand vermag zu schätzen, wie viele noch nicht beschrieben sind. ... Siebzig Prozent der Erdoberfläche sind mit H2O bedeckt. Erst vor kurzem hat man Kaltwasserkorallen im Nordatlantik entdeckt. Die Riffe ziehen sich von Norwegen bis in den Golf von Mexiko hinein. Fischer hatten immer wieder davon berichtet. Doch erst als die Forscher vor Norwegen im U-Boot abtauchten, stellten sie fest, daß das kein Seemannsgarn war. **Die Kaltwasserkorallen leben in dunklen Tiefen bis zu tausend Meter. Warum sie farbig sind, weiß kein Mensch.“** (12)

Während auf der Erde noch viele Dinge in der Natur für die Wissenschaft ein völliges Rätsel sind, wollen uns „Fachleute“ andererseits weismachen, sie hätten die entscheidenden Fragen zur Entstehung und zum Alter des Universums längst entschlüsselt. So titelte der „ARD-Text“ am 27. November 2005 (S. 531): „Mondalter exakt [?!?] datiert“, und berichtete im einzelnen: „Der Mond ist vor 4527 Millionen Jahren entstanden. Das hat die nach Forscherangaben bislang präziseste Bestimmung des Mondalters ergeben. Der Erdtrabant habe sich damit nur rund 30 bis 50 Millionen Jahre nach Entstehung unseres Sonnensystems gebildet [sic!], berichten die Forscher der Universitäten Münster, Köln und Oxford im Fachjournal ‘Science’.

Grundlage der neuen Erkenntnisse sind Analysen bestimmter Metalle aus Mondproben verschiedener ‘Apollo’-Flüge. Bislang hätten sich die Schätzungen des Mondalters auf ungenaue Datierungen nur weniger Mondsteine gestützt.“ (Anstatt solch einen Quatsch zu verbreiten, sollte der Videotext der „ARD“ lieber darauf hinweisen, daß es eine Reihe überzeugender Argumente dafür gibt, daß bis zum heutigen Tage noch nie [!] ein Mensch seinen Fuß auf den Mond gesetzt hat und es von daher auch keine „Mondproben verschiedener ‘Apollo’-Flüge“ geben kann [siehe hierzu mein Buch: „Der Bericht von IRON MOUNTAIN - Geheimplan zur Bevölkerungskontrolle“, S. 220-224!].)

Mitte März 2006 hieß es, das Universum sei schnell entstanden. Es habe sich „bei seiner Entstehung in weniger als dem sprichwörtlichen Augenblick aufgebläht. Diese bereits vor einigen Jahrzehnten entwikkelte Inflationstheorie wird nun von neuen Daten gestützt, die ein NASA-Satellit gesammelt hat.

Demnach dehnte sich das Universum beim Urknall [sic!] in weniger als einer Billionstel Sekunde von einem subatomaren Flimmern zum Weltraumgiganten aus.“ (13)

Soll das etwa Wissenschaft sein?!? Fakt ist: Das Universum ist tatsächlich schnell entstanden, allerdings nicht durch einen Milliarden Jahre zurückliegenden „Urknall“, sondern durch den bewußten Schöpfungsakt Gottes!

Lächerlich auch eine Meldung vom 21. April 2006: „Der Mars ist nach neuesten wissenschaftlichen [sic!] Forschungen vor rund 3,5 Milliarden [!] Jahren ausgetrocknet. Zuvor hätten dort feuchte Bedingungen geherrscht, berichtete eine Gruppe internationaler Wissenschaftler [Anm.: wohl eher Propagandisten im Dienste des säkularen Humanismus!] im Wissenschaftsmagazin ‘Science’.

Insgesamt könnten in der geologischen Geschichte des Roten Planeten drei Zeitabschnitte unterschieden werden. Die jüngste Phase dauere seit 3,5 Milliarden Jahren an. Die zunehmend trockene und saure Umwelt war ‘kein angenehmer Ort für jede Art von Leben, nicht einmal für eine Mikrobe’, hieß es.“ (14)

Während also einerseits kein (!) Wissenschaftler etwa weiß, warum die in bis zu tausend Metern Tiefe lebenden Kaltwasserkorallen farbig sind, wollen uns „Experten“ andererseits weismachen, sie wüßten genau, welches Klima vor 3 500 000 000 (!) Jahren auf einem von der Erde zwischen 56 000 000 und 400 000 000 Kilometer entfernten Planeten - die mittlere Entfernung des Mondes von der Erde beträgt gerade mal 384 403 Kilometer - geherrscht hat! (Wer solch ein Märchen glaubt, der glaubt wohl auch noch an den Klapperstorch, der die Kinder bringt; zumindest aber ist er mit der sprichwörtlichen Dummheit geschlagen, gegen die selbst Götter machtlos sind.)

Was die Verdrehung der Tatsachen im Fernsehen anbelangt, so gibt es erfreulicherweise immer mehr Leute in Deutschland, die begriffen haben, wie sehr auf Biegen und Brechen eine radikal antichristliche Gesinnung in die Köpfe der Zuschauer projiziert werden soll, gerade was den Themenbereich der verlogenen Evolutionstheorie anbelangt.

Wilhelm Overhoff aus Dülmen findet in seinem offenen Brief an das ZDF, Hauptabteilung Kommunikation, 55100 Mainz jedenfalls sehr deutliche Worte (15):

Sehr geehrte Damen und Herren,

In der ZDF-Sendung ‘Abenteuer Wissenschaft’ vom 7.12.2005 sah der Moderator Bublath durch die amerikanischen Creationisten das Unheil über die Welt hereinbrechen. Er wußte auch zu berichten, daß 50 % der Amerikaner diesem Aberglauben (dem Glauben an die Schöpfung durch Gott) verfallen sind ... Auch in Deutschland breite sich dieses krasse Denksystem immer mehr aus, beklagte er.

**Nach meinen Beobachtungen hat sich im ZDF ein atheistisch-propagandistischer Kreis gebildet, dem es nicht um die vorgetäuschte Sorge geht, daß gewisse Leute das Alte Testament wörtlich nehmen, sondern um ihre Abneigung gegen jene, die nicht anders können, als mittels Logik [!] von der vorgefundenen Schöpfung auf einen ‘Designer’ zu schließen, und so auch die Bibel neu entdecken.**

**Bublath wiederholte die alte Behauptung, daß sich nützliche Mutationen beispielsweise durch Bestrahlung einstellen könnten, was nachweislich [!] falsch ist.** Wenn Evolutionisten trotzdem hartnäckig die Mutationstheorie vertreten, so nur deshalb weil es keine denkbare Alternative dazu gibt, es sei denn Gott. Der aber soll hinausgeworfen werden und mit der Evolutionstheorie eine neue Religion an Seine Stelle gesetzt werden, denn ‘wenn die Christen die naturalistische Evolution annehmen, müssen sie zwangsweise ihren Glauben aufgeben’ (Prof. Kutschera).

**Die Behauptung von der Zufallsentstehung ist das Dogma der Atheisten.** Wer aber behauptet, der blinde Zufall, also die Nullintelligenz, habe die Schöpfung bewerkstelligt, lügt, oder er ist hoffnungslos dumm.

Es ist nicht recht, die Deutungshoheit in Fragen des Lebens in den Öffentlich-Rechtlichen Fernsehanstalten monopolistisch den Gottlosen zu überlassen. Vielleicht können wir da etwas von Amerika lernen.“

Auch Hans Werner Woltersdorf, der eine Reihe aufschlußreicher Bücher über die Hintergründe der Weltpolitik verfaßt hat, deckt den fundamentalen Schwindel einer „zufälligen Entstehung“ des Lebens auf. In seiner Schrift „Hinter den Kulissen der Politik“ bringt er hierzu auf Seite 245ff (Herv. v. Verf.) einen anschaulichen Vergleich: „Wenden wir uns einmal dem zu, was Hausfrauen oder auch Hausmänner besser beherrschen: das Kochen, Backen und Braten in der Küche: Dort nämlich hat die Chemie angefangen zu mischen, zu hydrieren und dehydrieren, zu kondensieren und katalysieren, zu erhitzen und abzukühlen, zu rühren, schlagen, kochen, braten, zu gären, polymerisieren, mit Sieben wieder zu entmischen und vieles anderes mehr. Sie praktizieren alle Möglichkeiten der präbiotischen Natur in der Ursuppe. Aber sie haben ein Rezept, was die freien Kräfte nicht haben. **Was die Vertreter der Selbstorganisation voraussetzen, wäre vergleichsweise, daß man alle Zutaten zu einer Schwarzwälder Kirschtorte vor die Tür stelle und darauf warte, daß die freien Kräfte irgendwann die fertige Torte abliefern.**

Dabei wäre das Tortenkunststück nur ein Kinderspiel gegen die Rezeptur zur Herstellung eines Proteins, eines Enzyms, Ribosoms oder gar eines Chromosoms. Sie sind Riesenmoleküle mit einem Molgewicht von 10 000 und mehr. Jedes der vielen kleinen Steinchen muß richtungspezifisch und oft unter Zuhilfenahme chemotechnischer Tricks angeordnet sein. Man hat errechnet, daß **die Kombinationsmöglichkeiten bei einem solchen Riesenmolekül in der Größenordnung von etwa 1 : 10 hoch 120 liegen. Das ist eine Zahl mit 120 Nullen.** Wenn alle Chemiker, die jemals gelebt haben, sich nur damit beschäftigt haben würden, alle Möglichkeiten durchzuspielen, so wären sie noch einige tausend Jahre damit beschäftigt. Immerhin aber wüßten diese Chemiker, daß sie etwas Bestimmtes suchen, während die freien Kräfte der Natur ohne Systematik auch immer wieder dieselben Fehlversuche wiederholen würden.

So muß denn auch [der französische atheistische Nobelpreisträger] Jacques Monod eingestehen, daß **die Wahrscheinlichkeit der zufälligen Entstehung eines ersten lebenden Organismus gleich null** ist ..."

Fazit: Wir haben nicht nur die absolute Gewißheit, daß es einen unvorstellbar mächtigen Schöpfer des Himmels und der Erde *geben muß*, sondern auch, daß Dieser sich uns *ausschließlich* in der katholischen Religion offenbart. Greifen wir dazu einige Tatsachen auf, die von der Verläßlichkeit unseres Glaubens zeugen und vor allem im Fernsehen gerne unter den Tisch fallen gelassen werden:

**1.) Die Katholische Kirche kann auf eine blühende, fast 2000jährige Geschichte mit zahlreichen Heiligen zurückblicken,** wobei einige wenige Katholiken sogar himmlische Visionen haben durften, wie etwa im Jahre 1917 drei Hirtenkinder im portugiesischen Ort Fatima (siehe unten!).

„Wie die Hirtenkinder von Fatima empfangen auch andere Gläubige himmlische Visionen. Die bekanntesten: Die Augustinerin Anna Katharina Emmerich (1774-1824) aus Flamschen bei Coesfeld im Münsterland sah von den Evangelien nicht überlieferte Einzelheiten der Leiden Christi. [Der Regisseur] Mel Gibson baute ihre Visionen in seinen erschütternden Jesusfilm [Die Passion Christi] ein.

Zwei Hirtenkinder aus La Salette bei Grenoble, Melanie Mathieu (15) und Maximin Giraud (11), erblickten am 19. September 1846 die Gottesmutter und empfingen Botschaften von ihr. Die Vision wurde 1851 kirchlich anerkannt, seither ist das Dorf Wallfahrtsort. Zufall? Schon die ersten Zeugen, die von Jesu Geburt erfuhren, waren Hirten.

Der heilige Johannes Don Bosco (1815-1888), ein Pionier der Jugendarbeit, hatte schon als Kind Visionen über das Papsttum, die Flucht des Papstes und andere Heimsuchungen. Außerdem erblickte er düstere endzeitliche Zukunftsbilder.“ (16)

**2.) Das Grabtuch von Turin (33 n. Chr. bis heute).** „In einer eigenen Wissenschaft, der Sindonologie, haben Mediziner, Kriminologen, Chemiker, Physiker, Historiker usw. das Grabtuch in über 150 000 Arbeitsstunden erforscht. Der Kriminologe Max Frei etwa konnte 14 Pollenarten nachweisen, die NUR in Jerusalem zur Zeit Jesu vorkamen! Der Jesuit Francis Filas hat auf den Augen sog. ‘Pilatusmünzen’ entdeckt, die ab 29 n. Chr. (also unter Pontius Pilatus) im Umlauf waren. Thomas D’Muhallas leitete ein Spezialwissenschaftlerteam aus den USA. Das Ergebnis der Untersuchung: ‘Das Abbild ist durch einen 1/2000 Sekunden langen, intensiven Strahlenblitz entstanden.’ Der tote Leib Jesu wurde wieder lebendig - der Augenblick der Auferstehung!“ (17)

**3.) Die hl. Johanna von Orléans (ca. 1410 bis 1431), die Frankreich vom Joch der Engländer befreite.** „Geboren zwischen 1410 und 1412, wächst Johanna als **Tochter einer begüterten Bauernfamilie** in Lothringen auf. Ab dem 13. Lebensjahr fühlt sie sich durch **göttliche Stimmen** zum Kampf gegen die Engländer im Hundertjährigen Krieg berufen. Mit Erlaubnis des späteren Königs Karl VII. führt sie das französische Heer an und erzwingt am 8. Mai 1429 das Ende der englischen Belagerung von Orléans. Nach weiteren Siegen wird sie von Burgundern gefangen genommen und an die Engländer ausgeliefert, die sie am 30. Mai 1431 auf dem Scheiterhaufen verbrennen. 1909 wird sie selig-, **1920 heiliggesprochen.**“ (18) Die Befreiung Frankreichs von den Engländern trat genauso ein, wie es die hl. Johanna von Orléans vorausgesehen hatte!

**4.) Das Bild der Jungfrau von Guadelupe (12. Dezember 1531).** „Das Bild der Jungfrau von Guadalupe vereint die Mexikaner und gibt viele [!] Rätsel auf“, ließ die „Fuldaer Zeitung“ ihre Leser am 18. Februar 2006 unter der Überschrift „Das Mirakel der Madonna“ wissen.

Die Anhöhe von Tepeyac ist einer der geschichtsträchtigsten Plätze der Hauptstadt Mexikos: Hier „soll **im Jahre 1531 am 12. Dezember** dem gerade zum katholischen Glauben bekehrten Azteken **Juan Diego die Jungfrau erschienen** sein.

In der Sprache der Ureinwohner, Nahuatl, äußert die dunkelhäutige Madonna den Wunsch, man möge ihr hier am Hügel von Tepeyac eine Kirche erbauen. Um den mächtigen Bischof zu überzeugen, sollte Juan ihm **Rosen** mitbringen, **die entgegen allen Naturgesetzen im Dezember auf dem steinigen Gipfel des Hügels sprossen.**

Der Azteke pflückte die Blumen, hüllte sie in seinen Umhang, und als er diesen vor dem spanischen Bischof ausbreitete, erschien das Bild der Jungfrau im Sternenmantel darauf. Der Kirchenmann war rasch überzeugt: Die Kirche wurde gebaut, der Umhang mit dem Bildnis [fand dort seine würdevolle Aufbewahrung als Reliquie].

Mit dem Wunder erwachte das Land aus tiefster Depression, hatte doch Hernán Cortéz zu Beginn des 16. Jahrhunderts das mächtige Reich der Azteken unterworfen. Mörderische Schlachten und von den Spaniern eingeschleppte Krankheiten rafften die Indios zu Zehntausenden dahin, ihr Stolz war gebrochen. Die Versöhnung der Völker schien aussichtslos, die Missionierung kam kaum voran. Aber **nach dem Wunder der Heiligen Jungfrau von Guadalupe ließen sich plötzlich Millionen von Azteken taufen.**

Wissenschaftliche [!] Untersuchungen scheinen das übersinnliche Geschehen zu untermauern: **Das 55 mal 143 Zentimeter große Tuch aus schnell [!] verderblichen Agavenfasern wäre normalerweise nach 20 Jahren vermodert gewesen. Aber es hat beinahe fünf Jahrhunderte ohne sichtbare Alterung überstanden.**

Merkwürdigerweise konnten **bei Analysen keine Farbspuren entdeckt** werden, obgleich das Bild in Rosa, Gold, Blau und Grün erstrahlt. In den Augen der Madonna wurde mit Digitaltechnik das wenige Millimeter kleine Abbild eines staunenden Mannes als Spiegelung entdeckt. Eine Momentaufnahme, ein ‘Photo’ von Juan Diego, als ihm die Madonna erschien?“ (19)

Während in Europa durch die von Martin Luther (im Auftrag der „Satanssynaoge“) 1517 ausgelöste Reformation fünf Millionen Menschen vom wahren Glauben abfielen, bekehrten sich in Mexiko dank der Mutter Gottes in den Jahren 1532 bis 1548 neun Millionen zum Christentum und traten der Katholischen Kirche bei. (Bis heute kommen jährlich noch immer rund 20 Millionen Menschen aus aller Welt, um das wundersame Bild der Jungfrau von Guadalupe persönlich sehen zu dürfen!)

**5.) Das Sonnenwunder der Mutter Gottes in Fatima (13. Oktober 1917).** Im Jahre 1917 erschien die Jungfrau Maria im portugiesischen Ort Fatima, der etwa 130 Kilometer nördlich der Hauptstadt Lissabon liegt, drei Hirtenkindern: Lucia dos Santos (10 Jahre) sowie den Geschwistern Francisco (9 Jahre) und Jacinta Marto (7 Jahre).

Die Mutter Gottes gebot ihnen, „künftig an jedem 13. des Monats an diesen Ort zurückzukommen. Die Kinder vereinbarten untereinander Stillschweigen über diese Erscheinung, Jacinta brach jedoch dieses Versprechen, und so fanden sich am 13. Juni einige Neugierige ein, die sich mit eigenen Augen überzeugen wollten, ob die Geschichten der Kinder nicht gelogen seien. Als jedoch im Juli, August und September die Zahl der Schaulustigen immer größer wurde, kündigte die Erscheinung für den [Mittag des] 13. Oktober ein Wunder an.“ (20) (Es war das erste Mal seit der Auferstehung Christi, daß prophezeit wurde, daß ein Wunder zu einer *bestimmten Zeit* und an einem *bestimmten Ort* stattfinden würde!)

An besagtem Tag strömten 75 000 bis 100 000 Menschen herbei, die aufgrund schlechten Wetters bis zu ihren Knöcheln im Schlamm versanken. Unter ihnen befanden sich auch Atheisten, Skeptiker und Freimaurer, die angereist waren, weil sie dachten, es würde sich sowieso kein Wunder ereignen. Sie warteten nur darauf, als Spötter in Erscheinung treten zu können.

Als es aber 12 Uhr wurde, trat das Mirakel doch ein: „Schlagartig hört der Regen auf, die Wolken zerreißen, die Sonne wird sichtbar. In silbernem Glanze steht sie da, - schillernd gleich einer schönen Perle, treffender gesagt: einem glänzenden Rade gleich, das aus einer riesigen Perlmuttermuschel ausgeschnitten ist.

**Mit einem Male beginnt die Sonne, um sich selbst zu kreisen - gleich einem Feuerrad, mit ungeheurer Geschwindigkeit. Bei diesem Tanz um sich selbst schleudert sie grüne, rote, gelbe, violette, blaue Strahlenbündel aus und taucht damit die ganze Landschaft**

**in phantastische Farben.** Hingerissen schauen die Leute zur Sonne und blicken einander erstaunt an. Da sehen sie auch ihre Gesichter abwechselnd in den verschiedensten Farben des Regenbogens leuchten.

Dann, nach etwa drei Minuten, bleibt das Tagesgestirn einen Augenblick stehen. Doch nach kurzer Zeit beginnt der Tanz der schillernden Sonnenscheibe von neuem.

Noch ein zweites Mal hält die Sonne inne, um dann zum dritten Male ihr Lichtspiel zu wiederholen - noch farbenprächtiger und glänzender als zuvor.

**Atemlos, ganz außer sich, wie gebannt steht die Menge da und starrt zum Himmel.**

Plötzlich, ein ungeheurer, vieltausend-stimmiger Angstschrei! **Es ist, als löste sich die Sonne vom Firmament.** In ungeheurer Geschwindigkeit, weiterhin um sich selbst kreisend, nähert sie sich in Zickzacksprüngen blutrot der Erde, einem rasenden Mühlstein gleich, und droht alles unter sich zu zermalmen.

**Die Leute fürchten, das Ende der Welt sei gekommen, werfen sich im Schlamm auf die Knie, beten Reueakte, schreien und weinen.** Viele kommen von allen Seiten zu zwei kleinen Dorfkapellen, die sich in wenigen Augenblicken füllen und keinen Platz mehr bieten.

Dann, nach einigen schrecklichen, langen Sekunden, verwandelt sich das Angstgeschrei in Jubelrufe: **«Ein Wunder, ein Wunder!»** - «Ich glaube an Gott!»
«Ave Maria!» **Ein Ungläubiger, der den ganzen Vormittag nichts anderes zu tun hatte, als die Pilger zu verspotten, die eigens nach Fatima gekommen seien, nur um ein kleines Mädchen zu sehen, steht während des ganzen Sonnenwunders wie gelähmt da.** Mit weit aufgerissenen Augen betrachtet er staunend die Sonne. Dann fängt er an, vom Kopf bis zu den Füßen zu zittern. Schließlich erhebt er seine Hände zum Himmel, fällt auf die Knie, ohne auf den Schmutz der Straße zu achten, und schreit: «Die Madonna, die Madonna!» Etwas anderes vermag er nicht zu sagen.

Otto Bohr berichtet in «Rom - Moskau - Fatima» das Folgende: **«Ein alter Mann, bis jetzt ungläubig, streckte die Arme empor und rief: 'Heilige Jungfrau! Gebenedeite Jungfrau!' Die Tränen strömten ihm über die Wangen.** Ganz hingerissen stand er da mit erhobenen Händen wie ein Prophet und rief mit aller Kraft: 'Königin des Roskranzes, rette Portugal!'

Ähnliche Szenen spielten sich überall ab.» ...

Nicht nur am Erscheinungsort sah man die Phänomene. Auch diejenigen, die in der Cova da Iria keinen günstigen Platz fanden und es wohl deswegen vorzogen, von den drei bis vier Kilometer entfernten Hängen die Ereignisse zu beobachten, ebenso die Bewohner der umliegenden Ortschaften erlebten das Sonnenwunder in gleicher Weise mit. Bis zu einer Entfernung von 30, 40 Kilometern wurde es beobachtet. ...

**Nachdem Gott dieses in der Welt und der Kirchengeschichte einmalige Zeichen am Himmel gewirkt hatte, stellten die Leute fest, daß sich in der Zwischenzeit ein anderes, kleineres Wunder an ihnen vollzogen hatte. Ihre Kleider, die vor zehn Minuten noch vor Nässe trieften, waren auf einmal völlig trocken.**

Verblüfft sah einer den anderen an, und dann brach eine unvorstellbare Begeisterung aus. So ähnlich, wie sich die Menschen nach der Brotvermehrung auf Jesus stürzten, um ihn zum König zu machen, so ähnlich stürzten jetzt die Pilger auf die drei kleinen Seher. Jeder wollte sie sehen, jeder wollte sie berühren, jeder wollte sie ausfragen.“ (21)

**6.) Der Atombombenabwurf über Hiroshima (6. August 1945).** Die Japanerin Hiroshi Tatsuchi erzählt uns von einem wundersamen Ereignis inmitten grauenhafter Zerstörung: „Mein Land, Japan, hat 130 Millionen Einwohner. Davon sind nur 450 000 Katholiken, das heißt: von 300 Japanern nur ein einziger [Anm.: Und die überwiegende Mehrheit von ihnen sind Konzilskatholiken!]. Auch ich wuchs in dieser heidnischen Umgebung auf. Wie die meisten Japaner wußte ich zwar einiges über das Christentum, aber eher im Sinne der Allgemeinbildung. ...

Was den Glauben betrifft, ist die Geschichte der japanischen Christen leidvoll. Da durch heidnische Fürsten eine starke Verfolgung ausbrach, die drei Jahrhunderte lang dauerte, wurde das Christentum fast ausgerottet. Historiker sagen: ‘In jeder japanischen Stadt ist Märtyrerblut geflossen.’ **Wußten Sie, daß 1945 70 % aller japanischen Katholiken in Nagasaki lebten? Sie war die ‘katholische Stadt Japans’.** Jetzt werden Sie sich vielleicht fragen: ‘Warum fiel dann ausgerechnet auf Nagasaki die Atombombe?’ Auch ich habe mir diese Frage gestellt. Aber je besser ich den miterlösenden Wert des Leidens von Unschuldigen verstand, um so besser verstand ich diese Zulassung Gottes in der japanischen Geschichte. ...

Gerne möchte ich euch im Zusammenhang mit dem Rosenkranz noch etwas Schönes erzählen. Denn nicht nur auf Nagasaki sondern auch auf Hiroshima fiel eine Atombombe. **Hiroshima sollte ausgelöscht werden**, um die japanische Kriegsmacht vernichtend zu treffen. **Aber Maria, die Königin des Rosenkranzes, beschützte auf wunderbare Weise eine kleine Gemeinschaft von vier Jesuitenpatres, die in einem Pfarrhaus nur 8 Häuserblocks vom Zentrum der Explosion entfernt lebten.** Als 30jähriger Priester war Pater Hubert Schiffer in der Pfarrei 'Maria Himmelfahrt' in Hiroshima im Einsatz. Vor Zehntausenden legte er Zeugnis ab:

'Nur gleißende Helligkeit umgab mich. Plötzlich war alles erfüllt vom Donnerschlag einer schrecklichen Explosion. Es wirbelte mich durch die Luft wie ein Blatt im Herbstwind. Dann war alles in Dunkelheit getaucht, in Stille, in Nichts. Ich lag mit meinem Gesicht nach unten in zersplittertem Holz. Blut rann über mein Gesicht. Ich konnte nichts sehen, nichts hören. Ich glaubte, tot zu sein! Dann vernahm ich meine eigene Stimme. Dies war die erschreckendste Erfahrung von allem. Es zeigte mir, daß ich noch am Leben war und in mir wuchs die furchtbare Gewißheit, daß eine grauenhafte Katastrophe passiert sein mußte! Einen ganzen Tag lang verbrachten meine drei Mitbrüder und ich in dieser Hölle von Feuer, Rauch und Strahlung, bis wir endlich von Rettungsleuten gefunden und geborgen wurden. Wir waren zwar alle verletzt, aber durch die Gnade Gottes hatten wir überlebt.'

**Menschlich kann sich niemand erklären, warum diese vier Jesuiten in einem Umkreis von 1,5 Kilometern als einzige [!] überlebt hatten. Es bleibt allen Experten ein Rätsel, warum keiner der vier Patres durch die radioaktive Strahlung Schaden genommen hatte und warum ihr Pfarrhaus, das doch nur acht Häuserblocks vom Zentrum der Explosion entfernt war, noch stand**, obwohl alle Gebäude ringsum völlig [!] zerstört und ausgebrannt waren. **Auch die 200 [!] amerikanischen und japanischen Ärzte und Wissenschaftler**, die P. Schiffer nach eigenen Angaben untersucht hatten, **konnten keine Erklärung dafür finden,** weshalb er noch 33 Jahre nach der Explosion ohne Spätfolgen bei guter Gesundheit weiterlebte. Staunend hörten alle immer wieder die gleiche Antwort auf ihre vielen Fragen. 'Als Missionare wollten wir in unserem Leben einfach die Botschaft der Gottesmutter von Fatima leben und deshalb beteten wir täglich den Rosenkranz.'

Das ist die hoffnungbringende Botschaft von Hiroshima: **Das Rosenkranzgebet ist mächtiger als die Atombombe.** Heute befindet sich im Zentrum der wiederaufgebauten Stadt Hiroshima eine Mariengedenkkirche. Die 15 Glasfenster zeigen die 15 Geheimnisse des Rosenkranzes, der dort Tag und Nacht gebetet wird.“ (22)

**7.) Der Kapuzinermönch Pater Pio (25. Mai 1887 bis 23. Januar 1969).** Greifen wir aus dem faszinierenden Leben des Italieners Pater Pio, der jahrzehntelang (!) die fünf Wundmale Christi trug, die Geschichte des Mädchens ohne Pupillen heraus. „Ohne Zweifel war **Gemma di Giorgi** ein außergewöhnlicher Fall. Sie **war blind, ohne Pupillen geboren.** Alsbald bemerkten die Eltern die Mißbildung der Kleinen, und sie beteten, denn nur ein Wunder hätte dem Mädchen das Augenlicht wiedergeben können. Eines Tages riet ihnen eine befreundete Ordensschwester, sich an einen Ordensbruder, der Wundmale hatte, zu wenden, denn er vollbrächte mit seinen Gebeten Wunder. Die Großmutter des Mädchens klammerte sich sofort an diese Hoffnung und bat die Ordensschwester, Padre Pio zu schreiben. Sie schrieb, doch erhielt keine Antwort, jedoch erschien ihr der Ordensbruder eines Nachts im Traum; er wollte das Mädchen kennenlernen. Und immer in diesem Traum machte Padre Pio das Zeichen des Kreuzes über die Augen des Mädchens.

Am Tag danach erhielt die Ordensschwester die Antwort Padre Pio’s, die seine Gebete für das Mädchen bestätigten. Und so ermutigte sie die Familie dazu, mit dem Mädchen nach San Giovanni zu reisen. Obgleich die Reise lang und anstrengend sein sollte, reiste auch die Großmutter voller Hoffnung mit ihnen.

Gemma schien es, als könne sie Schatten erkennen, aber die skeptische Großmutter widersprach ihr, denn es wäre nicht möglich, weil ihre Augen noch keine Pupillen hätten.

Die Großmutter setzte dem Mädchen zu, es solle Padre Pio um die Gnade der Heilung bitten, aber das Mädchen blieb so vollkommen starr vor Erstaunen, den **Priester, der ihm mit geschlossener Hand die Augen segnete**, zu sehen, daß es es vollkommen vergaß. Die Großmutter weinte darüber, denn sie dachte daß diese Reise zu nichts führen würde. Doch als es ihr gelang, mit Padre Pio zu sprechen, beruhigte er sie, denn das Mädchen könne jetzt sehen.

Die Freude der Großmutter war so groß, daß sie das Mädchen seine erste Kommunion in der Kirche von San Giovanni machen ließ, wo es die Gnade erhalten hatte. Während der Rückreise erkrankte die Großmutter, und sie waren gezwungen, sich in Cosenza aufzuhalten. **Bevor sie ihre Reise wieder aufnahmen, schickte sie das Mädchen zum**

**Augenarzt, der sich nicht erklären konnte wie es möglich sei, daß das Mädchen sehen könne. Dank Padre Pio konnte das Mädchen Gemma ein normales, ernsthaftes Leben führen.“** (23)

Warum sieht man im Fernsehen wohl keine Reportage über die von ihrer angeborenen (!) Blindheit auf wundersame Weise geheilte Gemma di Giorgi oder über die außergewöhnliche Rettung der vier Jesuiten während des Atombombenabwurfs auf Hiroshima? Warum wird am Bildschirm verschwiegen, wie viele Heilige die Katholische Kirche in den letzten beiden Jahrtausenden hervorgebracht hat und welche großen Werke diese besonderen Menschen wirkten? Ganz einfach: Weil die Lenker dieses Mediums eine durch und durch antichristliche Gesinnung haben und weil sie es sich zum Ziel gesetzt haben, den von Jesus Christus höchstpersönlich begründeten Glauben auszumerzen, um dadurch möglichst viele Leute von der Erlangung des ewigen Heiles abzuhalten!

Letzten Endes macht das Fernsehen die Leute also nicht nur dumm und krank, sondern lenkt sie auch von der Wahrnehmung ihrer einzigen eigentlichen Daseinsberechtigung ab - Gott zu erkennen, Seine Gebote zu befolgen und Ihn anzubeten! Es sorgt dafür, daß das Volk gut „unterhalten“ wird, während es immer mehr versklavt und in die Armut getrieben wird. Gleichzeitig macht es viele aggressiv und weckt in ihnen niederste Triebe; es verleitet also zur Sünde, was gerade aus katholischer Sicht am meisten zu verurteilten ist.

Tatsächlich gibt es keinen Zweifel, daß es den Verschwörern im Hintergrund des Weltgeschehens ohne ihre eiserne Kontrolle über die Medien, allen voran das Fernsehen, gar nicht möglich gewesen wäre, die ganze Welt in ihre Gewalt zu bekommen. (Schließlich macht der harte Kern dieser Vasallen des Teufels schätzungsweise gerade einmal rund 100 000 Personen aus, die sich etwa 65 000 000 000 Menschen gegenübergestellt sehen!)

Das Fernsehen zerstört folglich die Fähigkeit der Zuschauer, selbständig zu denken und zu wichtigen Sachfragen eine (eigene!) vernünftige Entscheidung zu treffen. Es wird eingesetzt, um die Familie auszuhöhlen, die in jeder christlichen Gesellschaft das grundlegende, von Gott bestimmte Element darstellt.

In Deuteronomium 7, 25f heißt es denn auch nicht umsonst ausdrücklich: „Ihre Götzenbilder sollt ihr verbrennen; nicht einmal das Silber und Gold an ihnen darfst du begehren und an dich nehmen, sonst gerätst du dadurch in eine Falle; denn ein Greuel für den Herrn, deinen

*Angesichts des großen Angebots an Tages- und Wochenzeitungen meinen viele Leute, in Deutschland herrsche Meinungsvielfalt. Nur die wenigsten haben begriffen, daß man es mit einer einheitlich gelenkten Presse, das heißt mit einer regelrechten „Medien-Diktatur" zu tun hat. Immerhin befinden sich die allermeisten der diversen Blätter im Besitz einer Handvoll milliardenschwerer Magnaten (etwa Hubert Burda und Friede Springer), die sich mit Leib und Seele der antichristlichen Neuen Weltordnung verschrieben haben.*

*Das Fernsehen ist zur mächtigsten Waffe in den Händen der Hintermänner der Neuen Weltordnung geworden, denn durch dieses Gerät sind sie in der Lage, die Menschen rund um die Uhr zu fesseln und ihnen eine falsche Vorstellung von der Wirklichkeit zu vermitteln. Diese treffliche Zeichnung aus dem Jahre 1974 über die Wirkung der Glotze betitelte A. Paul Weber: „Jedem das Seine".*
(Quellenhinweise: Oben: Der Spiegel, 20.10.03, S.116; Unten: Nation & Europa, Januar 2001, S.21)

*Die meisten Leute benehmen sich heute wie Schafe, die den durch das Fernsehen übertragenen Aussagen „ihrer" Oberen (wie etwa des US-Präsidenten George W. Bush) blind vertrauen. Rechts: Auf dem Leipziger Parteitag der CDU im Jahre 2003 wurde Angela Merkel wie ein Superstar gefeiert. Dabei weiß kaum ein Bundesbürger, daß Merkel von dem geheimen Absprachegremium der Bilderberger auserwählt wurde, eines der höchsten Ämter in Deutschland bekleiden zu dürfen, um die Zielvorgaben der wahren Herrscher der Welt noch weiter vorantreiben zu können.*

*Bereits im Mai 1789 schrieb Nicolas Chamfort, einer der intellektuellen Drahtzieher hinter der „französischen" Revolution, an J.-F. Marmontel: „Die Nation ist eine große Schafherde, die nur ans Fressen denkt, und mit Hilfe guter Hunde führen die Schäfer sie, wohin sie wollen." Hin und wieder wenden aber doch einzelne Schafe ihren Blick vom Boden ab, um sich nach der Wahrheit umzusehen.*
(Quellenhinweise: Oben: http://www.rense.com, 19.2.05; Unten: Fuldaer Zeitung, 15.3.04)

Gott, ist das. **Einen Greuel sollst du nicht in dein Haus bringen.** Du könntest sonst gleich ihm dem Bann verfallen; Abscheu und Grauen sollst du davor empfinden; denn es ist Banngut."

Selbst wenn sich viele von uns gegenüber den Machenschaften der „Feinde aller Menschen" - aufgrund deren eiserner Kontrolle über alle entscheidenden Medien - hilflos vorkommen mögen, sind es gerade die „einfachen Leute", die unser Schöpfer auserwählt hat, Seinen Kampf für die Wahrheit zu führen: „ ... was töricht ist vor der Welt, wählte Gott aus, um die Weisen zu beschämen; und **was schwach ist vor der Welt, wählte Gott aus, um das Starke zu beschämen**, was niedrig ist vor der Welt und verachtet, wählte Gott aus, das, was nichts ist, um das, was etwas ist, zunichte zu machen, damit niemand sich rühme vor Gott" (1 Kor 1, 27-29).

Jeder Christ und Patriot muß sich diesem Kampf hier und heute stellen, denn die für die Endzeit angekündigte weltweite Christenverfolgung wirft ihre Schatten bereits bedrohlich voraus. Erinnern wir uns in diesem Zusammenhang an die unheilverkündenden Worte des Gründers der Kirche Satans Anton LaVey: „Tatsächlich ist das Fernsehen der neuen universellen Religion viel näher als es das Christentum ist. Wenn die ... Hohenpriester des Fernsehens es wollten, und es ihrem Zweck dienen würde, könnten sie das Christentum, so wie wir es kennen, über Nacht auslöschen."

Im zweiten Band der vorliegenden Schrift werden wir anhand zahlreicher Beispiele sehen, daß der Frontalangriff auf das Christentum durch Kino und Fernsehen bereits voll im Gange ist. Darüber hinaus werden wir uns mit einigen weiteren ganz konkreten Fällen beschäftigen, in denen das Fernsehen eine verkehrte Sicht der Dinge präsentiert, um die ahnungslosen Zuschauer bewußt auf eine falsche Fährte zu führen (etwa das Attentat auf US-Präsident John F. Kennedy).

# Auswahl der verwendeten Literatur

**Bernstein, Jack:** Das Leben eines amerikanischen Juden im rassistischen, marxistischen Israel, Steinkirchen 1985
**Bruggeman, James W.:** Television, VCRs, and Christians, o.O. & J.
**Epperson, A. Ralph:** The Unseen Hand. An Introduction to the Conspirato rial View of History, 16. Aufl. Tucson 1995
**Frey, Dr. Gerhard (Hrsg.):** Prominente ohne Maske international. 1000 Lebensläufe einflußreicher Zeitgenossen aus 100 Staaten, München 1989
**Freyenwald, Dr. H. Jonak von:** Jüdische Bekenntnisse, Bremen 1992 (Nachdruck der Ausgabe Nürnberg 1941)
**Hannich, Günter:** Wer in der Schuld ist, ist nicht frei, Rottenburg 2002
**Keith, Jim:** Mass Control: Engineering Human Consciousness, Lilburn 1999
**Kögel, E. G.:** Der Wahrheit eine Gasse. Polen und Deutsche - Erinnern wir uns!, 2. Aufl., Remscheid o.J.
**Korn, David:** Wer ist wer im Judentum, München 1996
**Maier-Dorn, Emil:** Welt der Täuschung und Lüge, Großaitingen 1974
**Martin, Len:** Godfathers of North Dakota, Gering 1987
**Müller, Gerhard:** Überstaatliche Machtpolitik im 20. Jahrhundert. Hinter den Kulissen des Weltgeschehens, 3. erw. Aufl., Pähl 1982
**Rothkranz, Johannes:** Die Protokolle der Weisen von Zion erfüllt, Band I Teil 2, Durach 2004
**Schwinge, Erich:** Machtmißbrauch der Massenmedien. Die Ohnmacht des Bürgers, Tübingen 1991
**Sichelschmidt, Gustav:** Deutschland - eine amerikanische Provinz. Der große Seelenmord, o.J. Berg
**Sichelschmidt, Gustav:** Deutschland verblödet. Wem nutzt der dumme Deutsche?, Kiel 1995
**Sichelschmidt, Gustav:** Ein Volk im Wahn. Wer will die Deutschen krank?, Kiel 1998
**Smith, Gary:** Land of the ZOG, o.O. 1994
**Stein, Conrad C.:** Die Geheime Weltmacht. Die schleichende Revolution gegen die Völker, Tübingen 2001
**Sutton, Anthony C.:** Roosevelt und die internationale Hochfinanz. Die Weltverschwörung in der Wallstreet Nr. 120, Tübingen 1990
**Thorn, Victor:** The New World Order Exposed, o.O. 2003
**Woltersdorf, Hans Werner:** Hinter den Kulissen der Politik. Was die Deutschen nicht wissen sollen, Tübingen 1997

# Verwendete Zeitungen und Zeitschriften

Bild, Cinema, Der Spiegel, Der Tagesspiegel, Die Welt. DVD Spezial, DVD Vision, FHM, Fuldaer Zeitung, Kurier der Christlichen Mitte, Matador, Moviestar, Nation & Europa, National-Zeitung, Politische Hintergrundinformationen – Deutschlanddienst, Politische Hintergrundinformationen - Auslandsdienst, The New American, Unabhängige Nachrichten, The Truth At Last, TV Movie.

# Quellenhinweise


**Das Fernsehen - Bestes Medium zur Manipulation eines ganzen Volkes!**

1.) PHI S. A 76 vom 29.04.06; zit. nach Deutschland - Schrift für idealistische Ordnung, Folge 5/6 - 2006, S. 86
2.) RTLtext, 30.7.06, S. 150
3.) Is Mel Gibson Arrest A Setup?, http://www.prisonplanet.com/articles/july2006/290706Gibson.htm; Herv. im Orig.
4.) ebd.
5.) ZDFtext, 29.7.06, S. 153; Herv. v. Verf.
6.) The Truth Seeker - Delusional Expectations, John Chuckman - 28. Juli 2006, http://www.thetruthseeker.co.uk/article.asp?ID=4885
7.) Libanon: Zwei israelische Soldaten entführt - stern.de, http://www.stern.de/politik/ausland/565456.html?nv=ct_mt; Herv. v. Verf.
8.) zit. nach THE TWO ISRAELI SOLDIERS WERE CAPTURED IN LEBANON, http://www.whatreallyhappened.com/israeli_solders.html; Herv. im Orig.)
9.) zit. nach ebd.
10.) zit. nach ebd.
11.) zit. nach ebd.
12.) zit. nach ebd.
13.) voltairenet.org, 18.7.06; zit. nach ebd.
14.) Aus dem Englischen von Ellen Rohlfs und Christoph Glanz, junge Welt, 19.7.06
15.) SPIEGEL ONLINE - 19. Juli 2006; zit. nach national journal: Der „zynische, kalte Olmert" und die israelische Regierung planten seit langem den Vernichtungskrieg gegen den Libanon, http://globalfire.tv/nj/06de/juden/libanon1.htm; Herv. im Orig.
16.) National-Zeitung, 28.7.06; Herv. v. Verf.
17.) Aus dem Englischen von Ellen Rohlfs und Christoph Glanz, junge Welt, 19.7.06
18.) ebd.
19.) zit. nach John Kaminski, 25. Juli 2006, skylax@comcast.net, zit. nach The Truth Seeker - Ziophobia, http://www.thetruthseeker.co.uk/article.asp?ID=4866; Herv. v. Verf.
20.) zit. nach John Kaminski, The Truth Seeker - Ziophobia, http://www.thetruthseeker.co.uk/article.asp?ID=4866; Herv. v. Verf.
21.) Nation & Europa, Mai 2006, S. 57
22.) zit. nach Victor Thorn, The New World Order Exposed, S. 387
23.) Mike James, 26. Juli 2006, The Truth Seeker - A Much Greater Prize, http://www.thetruthseeker.co.uk/article.asp??ID=4870; Herv. v. Verf.
24.) Mark Farrell, 19. Juli 2006, V-News; zit. nach http://www.davidduke.com/?p=687; Herv. v. Verf.
25.) NPD - Wider der täglichen Zensur, http://www.npd.de/index.php?sek=0&pfad_id=7&cmsint_id=1&detail=444; Herv. v. Verf.
26.) ARD-Text, 30.7.06, S. 116; Herv. v. Verf.
27.) ebd. 3.8.06, S. 117; Herv. v. Verf.
28.) Fuldaer Zeitung, 19.4.96; Herv. v. Verf.

29.) Israel Shamir, Wem die Stunde schlaegt, Übertragung: Hanne Pfiz-Soderstrom (www.nationalanarchismus.org), englischer Text im Original: http://www.israelshamir.net/English/ForWhom.htm; hier zit. nach http://www.klaus-krusche.de/juden2.htm; Herv. v. Verf.
30.) Freace - Lehrstunde für Kriegspropaganda, 25.7.06, http://www.freace.de/artikel/200607/250706a.html; Herv. v. Verf.
31.) ebd.
32.) Conrad C. Stein, Die Geheime Weltmacht, S. 123
33.) Israel Shamir, Wem die Stunde schlaegt, Übertragung: Hanne Pfiz-Soderstrom (www.nationalanarchismus.org), englischer Text im Original: http://www.israelshamir.net/English/ForWhom.htm; hier zit. nach http://www.klaus-krusche.de/juden2.htm; Herv. v. Verf.
34.) ebd.
35.) Die 'vierte Gewalt' hat die Deutschen fest im Griff; http://www.vho.org/D/isd/5.html; zit. nach http://www.unglaublichkeiten.com/unglaublichkeiten/htmlphp/u0646SEX-Medien.html; Herv. v. Verf.
36.) Nation & Europa, Februar 2005, S. 26f; Herv. v. Verf.
37.) zit. nach ebd. S. 8; Herv. v. Verf.
38.) „Die neuen Zensoren", in: Criticón, 11/1972; zit. nach ebd. März 1995, S. 30; Herv. v. Verf.
39.) in „Criticón" Nr. 153/97; zit. nach ebd. Mai 1997, S. 42; Herv. v. Verf.
40.) zit. nach ebd. April 1997, S. 57; Herv. v. Verf.
41.) Len Martin, Godfathers of North Dakota, S. 45
42.) Politische Hintergrundinformationen - Deutschlanddienst, Nr. 23-24 / 2006, S. 181f
43.) Kurier der Christlichen Mitte, Januar 1999; Herv. v. Verf.

**Die Sucht nach Fernsehen und die verdeckte Gehirnwäsche**

1.) Wie wir durch Fernsehen hypnotisiert werden, http://www.aufklaerungsarbeit.de/warumkontrolle/tvhypnose.php; zit. nach http://www.klaus-krusche.de/fernsehen.htm; Herv. v. Verf.
2.) ebd.
3.) zit. nach ebd.
4.) The Truth Seeker - The Media is the Enemy, Richard D. Porter, http://www.thetruthseeker.co.uk/article.asp?ID=3792; Herv. v. Verf.
5.) Verlag Zechner & Co., München 1912; hier zit. nach E. G. Kögel, Der Wahrheit eine Gasse
6.) The Truth Seeker - The Media is the Enemy, Richard D. Porter, http://www.thetruthseeker.co.uk/article.asp?ID=3792; Herv. v. Verf.
7.) zit. nach James W. Bruggeman, Television, VCRs, and Christians, S. 21f
8.) The Truth Seeker - The Media is the Enemy, Richard D. Porter, http://www.thetruthseeker.co.uk/article.asp?ID=3792; Herv. v. Verf.
9.) Congressional Record Nr. 26, Vol.1118, 24. Februar 1974, zitiert nach Dr. Helmut Lammer: „Verdeckte Operationen"; hier zit. nach Risiken der Volksgesundheit, http://www.klaus-krusche.de/vogelsang.htm; Herv. v. Verf.
10.) zit. nach Victor Thorn, The New World Order Exposed, S. 225
11.) zit. nach ebd.
12.) Propaganda; zit. nach Texe Marrs, Circle of Intrigue, S. 249
13.) zit. nach Victor Thorn, The New World Order Exposed, S. 225

14.) zit. nach ebd.
15.) The Truth Seeker - The Media is the Enemy, Richard D. Porter, http://www.thetruthseeker.co.uk/article.asp?ID=3792; Herv. v. Verf.
16.) zit. nach Media quotes, http://en.thinkexist.com/quotations/media
17.) ebd.
18.) ebd.
19.) Der Spiegel, 27.5.02, S. 176f; Herv. v. Verf.
20.) Nation & Europa, März 1996, S. 33; Herv. v. Verf.
21.) ebd. S. 8; Herv. v. Verf.
22.) Erich Schwinge, Machtmißbrauch der Massenmedien, S. 15

## Fernsehen schadet der Gesundheit

1.) Stundenlanges Fernsehen macht dick und krank, http://www.medizinauskunft.de/home/artikel/aktiv/fitness/18_03_fernsehen.php; Herv. v. Verf.
2.) Bild, 14.10.05
3.) ARD-Text, 3.2.06, S. 521
4.) ebd. S. 164
5.) junge Welt, 23.5.06
6.) ARD-Text, 25.4.06, S. 523
7.) Abendzeitung, 15.5.06
8.) ebd.
9.) RTLtext, 23.5.06, S. 144
10.) ARD-Text, 27.5.06, S. 521
11.) ARD-Text, 12.6.06, S. 522
12.) tvbad, Hirnforscher erklären: Zu viel Fernsehen und zu viel Handygebrauch führen zu frühem Tod, PHI Elektronischer Informationsdienst, Ausgabe 22/2005 vom 14.7.05, http://www.adorare.de/tvbad.html; Herv. v. Verf.
13.) Gesundheit: Zuviel fernsehen macht Kinder krank - FAZ.NET - Gesellschaft, 5. April 2004, http://www.faz.net/s/Rub8E1390D3396F422B869A49268EE3F15C/Doc~EB9F7D506; Herv. v. Verf.
14.) ProSieben Text, 11.5.06, S. 131
15.) Some Kids Under 6 Watch 6 Hours of TV A Day, Nicole Martin, The Telegraph - UK, 3.9.03; zit. nach http://rense.com/general41/nder.htm
16.) Theresia de Jong, Medienverwahrlosung - wie schütze ich mein Kind, Frühjahrstagung 2006 - Hörkassette; Herv. v. Verf.
17.) Der Spiegel, 15.5.06, S. 170; Herv. v. Verf.

## Das Fernsehen dient der gezielten Verblödung

1.) Der Spiegel, 26.9.05, S. 20f; Herv. v. Verf.
2.) zit. nach Nation & Europa, Januar 1997, S. 6; Herv. v. Verf.
3.) ebd. Juli/August 2005, S. 46; Herv. v. Verf.
4.) Prensa Latina - Havana, 17.12.05, http://www.plenglish.com; zit. nach Illiteracy On The Increase In The US, http://www.rense.com/general69/illit.htm
5.) zit. nach Nation & Europa, Oktober 1995, S. 16; Herv. v. Verf.; Herv. v. Verf.
6.) zit. nach ebd. April 2004, S. 8
7.) NETZEITUNG MEDIEN: Götz George bangt um «Schimanski», 25. Mai 2005 10:59, http://www.netzeitung.de/medien/339136.html; Herv. v. Verf.
8.) zit. nach ZDFtext, 5.4.06, S. 809; Herv. v. Verf.

9.) ebd. 20.4.06, S. 804; Herv. v. Verf.
10.) zit. nach Nation & Europa, Juli/August 2000, S. 28; Herv. v. Verf.
11.) „Süddeutsche Zeitung“ (36/06); zit. nach Nation & Europa, Mai 2006, S. 68; Herv. v. Verf.
12.) ProSieben Text, 2.6.06, S. 432; Herv. v. Verf.
13.) zit. nach Media Quotes - Media Violence, Sex, and Profanity, http://www.parentstv.org/PTC/facts/mediaquotes.asp
14.) zit. nach Der Spiegel, 24.1.05, S. 176; Herv. v. Verf.
15.) Entertainment Weekly, 11. Juni 2004, S. 89; zit. nach Media Quotes - Media Violence, Sex, and Profanity, http://www.parentstv.org/PTC/facts/mediaquotes.asp
16.) zit. nach Hollywood Unmasked - Video-Dokumentation
17.) zit. nach ebd.
18.) Steven Allen - Wikipedia, the free encyclopedia, http://en.wikipedia.org/wiki/Steve_Allen
19.) Rolling Stone, 27. Mai 2004, S. 58; zit. nach Media Quotes - Media Violence, Sex, and Profanity, http://www.parentstv.org/PTC/facts/mediaquotes.asp; Herv. v. Verf.
20.) zit. nach Hollywood Unmasked - Video-Dokumentation
21.) Ozzy Osbourne - Wikipedia, http://de.wikipedia.org/wiki/Ozzy_Osbourne
22.) Ozzy Osbourne, USA Today, 10. Juni 2003, D1-2; zit. nach Media Quotes - Media Violence, Sex, and Profanity, http://www.parentstv.org/PTC/facts/mediaquotes.asp
23.) zit. nach http://www.zitate.de/stichwort-Fernsehen.htm
24.) ebd.
25.) Dominic Mohan, in der britischen Tageszeitung „Sun“; zit. nach Media Quotes - Media Violence, Sex, and Profanity, http://www.parentstv.org/PTC/facts/mediaquotes.asp
26.) Marie Winn, The Plug-in Drug, (New York, NY, 1977), S. 11; zit. nach James W. Bruggeman, Television, VCRs, and Christians, S. 4; Herv. im Orig.
27.) zit. nach Hollywood Unmasked - Video-Dokumentation
28.) Donald Wildmon, The Home Invaders, (Wheaton, IL, 1985), S. 12; zit. nach James W. Bruggeman, Television, VCRs, and Christians, S. 4; Herv. v. Verf.
29.) The New American, 17. November 2003, S. 22; Herv. v. Verf.
30.) zit. nach Nation & Europa, November/Dezember 2001, S. 76; Herv. v. Verf.
31.) zit. nach ebd. April 2005, S. 11; Herv. v. Verf.
32.) zit. nach ebd. Januar 2004, S. 62; Herv. v. Verf.
33.) ebd. September 1995, S. 3; Herv. v. Verf.
34.) ebd. Herv. v. Verf.
35.) ARD-Text, 27.3.06, S. 501
36.) ebd. 27.3.06, S. 502
37.) ebd. S. 505
38.) ebd. S. 506
39.) ebd. S. 509
40.) RTLtext, 27.3.06, S. 151
41.) ebd. S. 160
42.) ebd. 29.3.06, S. 155
43.) ebd. S. 156
44.) ebd. S. 157
45.) ebd. S. 159
46.) ebd. S. 160

47.) ARD-Text, 29.3.06, S. 506
48.) ebd. S. 509
49.) ProSieben Text, 30.3.06, S. 432
50.) ebd. S. 435
51.) ebd. S. 437
52.) RTLtext, 31.3.06, S. 154
53.) ebd. S. 155
54.) ebd. S. 158
55.) ebd. S. 159
56.) ebd. S. 160
57.) Nation & Europa, September 1995, S. 4; Herv. v. Verf.
58.) zit. nach ebd. März 2004, S. 12; Herv. v. Verf.
59.) zit. nach ebd. September 1997, S. 42; Herv. v. Verf.
60.) ebd. April 2006, S. 40; Herv. v. Verf.
61.) Machtmißbrauch der Massenmedien, S. 129f; Herv. v. Verf.
62.) in the January 25-31 Hollywood Reporter weekly edition; zit. nach Media Quotes - Media Violence, Sex, and Profanity, http://www.parentstv.org/PTC/facts/mediaquotes.asp
63.) Die Welt, 2.6.2000
64.) ebd.
65.) Nation & Europa, Januar 1996, S. 38; Herv. v. Verf.
66.) ebd. November/Dezember 2001, S. 28
67.) http://www.newsmax.com/articles/?a00/8/29/192330; zit. nach Ted Turner Attacks Christianity at U.N. 'Peace Summit', Austin Ruse, Mittwoch, 30. August 2000, http://www.deceptioninthechurch.com/tedturner.html
68.) zit. nach Nation & Europa, Juli/August 1999, S. 16; Herv. v. Verf.
69.) zit. nach Anthony C. Sutton, Roosevelt und die internationale Hochfinanz, S. 13; Herv. v. Verf.
70.) zit. nach Nation & Europa, März 1996, S. 11; Herv. v. Verf.

**Die Hollywood-Filmindustrie - Propaganda-Metropole der ganzen Welt**

1.) Wie Hollywood die Höherentwicklung der Menschheit behindert, Quelle: www.zeitenschrift.com; zit. nach http://www.klaus-krusche.de/hollywood.htm; Herv. im Orig.
2.) Gary Smith, Land of the ZOG, S. 164
3.) Wie Hollywood die Höherentwicklung der Menschheit behindert, Quelle: www.zeitenschrift.com; zit. nach http://www.klaus-krusche.de/hollywood.htm; Herv. im Orig.
4.) National-Zeitung, 23.6.95; Herv. v. Verf.
5.) David Korn, Wer ist wer im Judentum, S. 324f; Herv. v. Verf.
6.) ebd. S. 300f; Herv. v. Verf.
7.) ebd. S. 509f; Herv. v. Verf.
8.) Dr. Gerhard Frey (Hrsg.), Prominente ohne Maske international, S. 80; Herv. v. Verf.
9.) Fuldaer Zeitung, 9.2.06
10.) ebd.
11.) Dr. Gerhard Frey (Hrsg.), Prominente ohne Maske international, S. 485f
12.) Warner Bros. - Wikipedia, http://de.wikipedia.org/wiki/Warner_Brothers
13.) ARD-Text, 22.3.06, S. 508
14.) Elizabeth Taylor - Wikipedia, http://de.wikipedia.org/wiki/Elizabeth_Taylor

15.) The Truth at Last: News suppressed by the daily press, http://www.israelect.com/reference/WillieMartin/NameChangers.htm
16.) Nation & Europa, November/Dezember 1998, S. 43
17.) zit. nach Gerhard Müller, Überstaatliche Machtpolitik im 20. Jahrhundert, S. 19; Herv. v. Verf.
18.) http://www.judentum.org; zit. nach Der Antisemitismus: Eine moderne Form der Gotteslästerung oder die unausbleibliche Folge jüdischen Verhaltens?, http://www.klaus-krusche.de/antisemitismus.htm; Herv. v. Verf.
19.) „Die religiösen Strömungen in der zeitgenössischen Judenheit", Frankfurt a. M. 1912; zit. nach Dr. H. Jonak von Freyenwald, Jüdische Bekenntnisse, S. 118
20.) zit. nach Rev. Denis Fahey C.S.Sp., The Kingship of Christ and The Conversion of the Jewish Nation, S. 100; Herv. v. Verf.
21.) Guildford Four - Wikipedia, http://de.wikipedia.org/wiki/Guildford_Four; Herv. v. Verf.
22.) Im Namen des Vaters (Film) - Wikipedia, http://de.wikipedia.org/wiki/Im_Namen_des_Vaters_(Film); Herv. v. Verf.
23.) Dr. Gerhard Frey (Hrsg.), Prominente ohne Maske international, S. 64
24.) Actor & Director Ed Asner Shares 9/11 Concerns, Paul Joseph Watson & Alex Jones, Prison Planet.com, 31. März 2006, http://www.propagandamatrix.com/articles/march2006/310306asnershares.htm; Herv. v. Verf.
25.) ebd.
26.) Impeaching Bush Is 'Cause Worth Fighting for,' 02/17/2006, Randy Hall, CNSNews.com, http://www.cnsnews.com/ViewPolitics.asp?Page=%5CPolitics%5Carchive%5C200 60
27.) ProSieben Text, 8.5.06, S. 437; Herv. v. Verf.
28.) The Truth At Last, Ausgabe Nr. 455; Herv. v. Verf.
29.) DVD VISION, Ausgabe 08/2006, S. 88
30.) ebd. Ausgabe 09/2006, S. 63f
31.) n-tv text, 5.6.06, S. 136
32.) ProSieben Text, 15.11.05, S. 436
33.) Sharon Stone - Wikipedia, the free encyclopedia, http://en.wikipedia.org/wiki/Sharon_Stone
34.) ebd.
35.) Charlize Theron: Auszeichnung bei Schwulen- und Lesben-Gala, 11.04.06, http://shortnews.stern.de/start_ppp.cfm?id=618105&free_id=1&rubrik1=Entertainment; Herv. v. Verf.
36.) queerblog : Schwul-lesbische Auszeichnung für Charlize Theron, 9. April 2006, http://www.queerblog.de/boulevard/2006/04/schwul-lesbische-auszeichnung-fur-charlize-theron
37.) http://www.goodfight.org/a_kcobain.html
38.) Kurt Cobain - Wikipedia, http://de.wikipedia.org/wiki/Kurt_Cobain
39.) SAT.1, 18.7.06, S. 131
40.) ProSieben, 25.7.06, S. 618
41.) http://www.stormfront.org/truth_at_last/archives/Tt2.htm
42.) „taz", 31.1.04; zit. nach Nation & Europa, März 2004, S. 68; Herv. v. Verf.
43.) zit. nach Revealing Quotes 3: Mass-Media Deception, http://free.freespeech.org/americanstateterrorism/mediadeception/RevealingQuotes3.html

44.) Jamal Karsli in einem Interview mit der „Jungen Freiheit", zit. nach ARD-Text, 18.5.2002, S. 158
45.) zit. nach The Truth at Last, Ausg. Nr. 455, S. 3
46.) James W. Bruggeman, Television, VCRs, and Christians, S. 6f; Herv. v. Verf.
47.) The Truth at Last, Ausg. Nr. 455, S. 3
48.) zit. nach Unabhängige Nachrichten, Juni 2002
49.) http://www.stormfront.org/truth_at_last/archives/Tt2.htm; Herv. v. Verf.
50.) zit. nach Johannes Rothkranz, Die Protokolle der Weisen von Zion erfüllt, Band I - Teil 2, S. 781
51.) zit. nach ebd.
52.) VIVA Text, 10.4.06, S. 122; Herv. v. Verf.
53.) Nation & Europa, Juni 1996, S. 12
54.) Gustav Sichelschmidt, Deutschland - eine amerikanische Provinz, S. 43f; Herv. v. Verf.
55.) zit. nach Gustav Sichelschmidt, Ein Volk im Wahn, S. 157
56.) Nation & Europa, März 1998, S. 53
57.) Deutschland - eine amerikanische Provinz, S. 44f

## Fernsehen als trügerische Schmerztablette in Zeiten des Niedergangs

1.) RTLtext, 5.7.05, S. 135
2.) Fuldaer Zeitung, 2.7.05; Herv. v. Verf.
3.) Bild, 6.10.05; Herv. v. Verf.
4.) Cinema, November 2005, S. 118; Herv. v. Verf.
5.) ebd. S. 119
6.) RTLtext, 15.9.05, S. 135; Herv. v. Verf.
7.) stern VIEW, Die Bilder des Monats, S. 90; Herv. v. Verf.
8.) DVD Vision, Ausgabe 04/2006, S. 94; Herv. v. Verf.
9.) http://de.wikipedia.org/wiki/Linda_Lovelace
10.) Nation & Europa, April 2004, S. 36; Herv. v. Verf.
11.) Matador, Dezember 2005, S. 64
12.) ebd. S. 66ff
13.) ebd.S. 68ff
14.) „ Wie Heroin" - 500.000 Deutsche leiden unter Sexsucht!, 5.7.05, http://www.freenet.de/freenet/nachrichten/boulevard/200507_sexsucht/index.html; Herv. v. Verf.
15.) Fuldaer Zeitung, 15.6.05
16.) ebd.9.7.05
17.) SAT.1, 23.3.06, S. 119
18.) hr-text, 15.7.05, S. 129
19.) ebd. 28.9.05, S. 124
20.) ebd. 12.1.06, S. 124
21.) ARD-Text, 6.2.06, S. 164
22.) RTLtext, 18.2.06, S. 132
23.) SAT.1, 19.7.05, S. 116
24.) RTLtext, 21.7.05, S. 129
25.) ARDtext, 22.7.05, S. 164
26.) Fuldaer Zeitung, 23.7.05
27.) SAT.1, 9.8.05, S. 117
28.) hr-text, 19.8.05, S. 130
29.) ebd. 23.8.05, S. 128

30.) hessentext, 2.12.03, S. 128
31.) Bild, 1.9.04
32.) minga-de - Der Blog für München, Patrick Gruban, 11.10.05, 12:04 Uhr, München, http://www.minga.de
33.) ARD-Text, 12.10.05, S. 162
34.) RTLtext, 14.2.06, S. 128
35.) Nation & Europa, Oktober 2000, S. 30; Herv. v. Verf.
36.) DVD Special, März 03/2004, S. 58; Herv. v. Verf.
37.) Cinema, Nr. 1/00 - Januar 2000, S. 86f; Herv. v. Verf.
38.) TV Movie, Nr. 8/2006 S. 246; Herv. v. Verf.
39.) ebd.
40.) Amazon.de - Kramer gegen Kramer: DVD, http://www.amazon.de; Herv. v. Verf.
41.) Moviestar, Nr. 06/2005 - November/Dezember, S. 45; Herv. v. Verf.
42.) ebd.S. 47; Herv. v. Verf.
43.) TV Movie, Nr. 7/2006, S. 266
44.) DVD Vision, Ausgabe 05/2006, S. 46; Herv. v. Verf.
45.) TV Movie, Nr. 8/2004, S. 10; Herv. v. Verf.
46.) Fuldaer Zeitung, 12.11.05, Herv. v. Verf.
47.) David Hiltbrand, Knight Ridder News Service, 31. Oktober 2005, http://www.kentucky.com/mld/kentucky/entertainment/13017831.htm; zit. nach Rense.com, TV Is Destroying Our Civilization, http://www.rense.com/general68/TVisdestroying.htm; Herv. v. Verf.
48.) ebd.
49.) Cinema, Nr. 04/06 - April 2006, S. 22f; Herv. v. Verf.
50.) ebd. Nr. 01/06 - Januar 2006, S. 130; Herv. v. Verf.
51.) Hollywood vs. America, Medved 1992, S. 199f; zit. nach Hollywood Unmasked - Video-Dokumentation
52.) zitiert in Reuters, 11. Februar 2003; zit. nach Media Quotes - Media Violence, Sex, and Profanity, http://www.parentstv.org/PTC/facts/mediaquotes.asp; Herv. v. Verf.
53.) zit. nach Media Quotes - Media Violence, Sex, and Profanity, http://www.parentstv.org/PTC/facts/mediaquotes.asp
54.) James W. Bruggeman, Television, VCRs and Christians, S. 11
55.) Cinema, 04/06, April, S. 23; Herv. v. Verf.
56.) zit. nach Hollywood Unmasked - Video-Dokumentation; Herv. v. Verf.
57.) ebd.
58.) ebd.
59.) Der Spiegel, 5.7.99, S. 168f; Herv. v. Verf.
60.) ebd. S. 169f; Herv. v. Verf.
61.) NY Post; zit. nach Media Quotes - Media Violence, Sex, and Profanity, http://www.parentstv.org/PTC/facts/mediaquotes.asp
62.) Jim Keith, „Mass Control: Engineering Human Consciousness", S. 27
63.) zit. nach Hollywood Unmasked - Video-Dokumentation
64.) Der Mord zum Film - Mediale Gewalt und Nachahmung, http://www.soulsaver.de/article.php?id=148&page=1&frameset=inside&layout=default
65.) zit. nach Zeitungsarchiv, http://elfengrau.de/content/Zeitungsarchiv.htm
66.) Fuldaer Zeitung, 5.11.05

67.) Freenet.de, 14-Jähriger sticht 13-Jährigen in Gelsenkirchen nieder, Ticker-Meldung, 5. November 2005 11:07 Uhr,
http://www.freenet.de/freenet/nachrichten/news_ticker/200511/ff78452d1534761bb1508
68.) hr-text, 29.3.06, S. 127
69.) ProSieben Text, 3.4.06, S. 132
70.) RTLtext, 16.4.06, S. 128
71.) in: New York Times, 9. Mai 1999; zit. nach Media Quotes - Media Violence, Sex, and Profanity, http://www.parentstv.org/PTC/facts/mediaquotes.asp
72.) „ America's Media Culture Breeds Dangerous Youth Cults", in der Januar Ausgabe von „Christian Research Report"; zit. nach Media Quotes - Media Violence, Sex, and Profanity, http://www.parentstv.org/PTC/facts/mediaquotes.asp; Herv. v. Verf.
73.) zit. nach Media Quotes - Media Violence, Sex, and Profanity,
http://www.parentstv.org/PTC/facts/mediaquotes.asp
74.) TV Violence Fact Sheet; zit. nach Media Quotes - Media Violence, Sex, and Profanity, http://www.parentstv.org/PTC/facts/mediaquotes.asp
75.) RTLtext, 9.6.05, S. 123; Herv. v. Verf.
76.) ARD-Text, 9.6.05, S. 119; Herv. v. Verf.
77.) FAZ Nr. 76/2000; zit. nach Nation & Europa, September 2000, S. 39; Herv. v. Verf.
78.) ARD-Text, 15.3.06, S. 165; Herv. v. Verf.
79.) RTLtext, 18.9.04, S. 118; Herv. v. Verf.
80.) hr-text, 28.10.04, S. 117
81.) RTLtext, 26.3.06, S. 122; Herv. v. Verf.
82.) hr-text, 3.4.06, S. 129
83.) ARD-Text, 30.3.06, S. 159; Herv. v. Verf.
84.) ebd. 1.4.06, S. 157; Herv. v. Verf.
85.) hr-text, 6.4.06, S. 118; Herv. v. Verf.
86.) Berlin Online Dossier - Schulen melden mehr Gewalt gegen Lehrer,
http://www.berlinonline.de/dossier/schulpolitik/2004/blz_25051.html
87.) Gewalt an Schulen: 250 verletzte Schüler pro Tag - UniSPIEGEL - SPIEGEL ONLINE, http://www.spiegel.de/unispiegel/schule/0,1518,359494,00.html
88.) Gewalt unter Schülern steigt, Regina Köhler,
http://www.welt.de/data/2005/11/09/801051.html; Herv. v. Verf.
89.) Gewalt an Schulen: 250 verletzte Schüler pro Tag - UniSPIEGEL - SPIEGEL ONLINE, http://www.spiegel.de/unispiegel/schule/0,1518,359494,00.html
90.) RTLtext, 14.4.06, S. 130; Herv. v. Verf.
91.) ARD-Text, 18.4.06, S. 165
92.) ZDFtext, 22.4.06, S. 142
93.) RTLtext, 23.5.06, S. 132
94.) reprinted in the Vancouver Sun; zit. nach Media Quotes - Media Violence, Sex, and Profanity, http://www.parentstv.org/PTC/facts/mediaquotes.asp
95.) zit. nach Hollywood Unmasked - Video-Dokumentation
96.) Cinema, 05/06 - Mai 2006, S. 76; Herv. v. Verf.
97.) Der Spiegel, 27.3.06, S. 50; Herv. v. Verf.
98.) RTLtext, 8.4.06, S. 131; Herv. v. Verf.
99.) ebd. 29.4.06, S. 132
100.) RP Online - Nachrichten - Jugendliche ermordeten Obdachlosen, 27.06.05,
http://www.rp-online.de/public/article/nachrichten/journal/justiz/deutschland/95752

101.) RTLtext, 2.5.06, S. 134
102.) ebd. 12.8.04, S. 127; Herv. v. Verf.
103.) sz-online - sachsen im netz, Ronny Klein, Chemnitzer Morgenpost, Donnerstag, 28. Oktober 2004, http://www.sz-online.de/nachrichten/artikel.asp?id=707192; Herv. v. Verf.
104.) Fuldaer Zeitung, 25.2.06; Herv. v. Verf.
105.) ebd.
106.) ProSieben Text, 21.5.06, S. 133
107.) ARDtext, 24.5.06, S. 156
108.) RTLtext, 27.5.06, S. 121
109.) National-Zeitung, 9.6.06
110.) ARD-Text, 3.6.06, S. 162
111.) SAT.1, 9.6.06, S. 118
112.) Hollywood Unmasked - Video-Dokumentation; Herv. v. Verf.
113.) ebd.
114.) Der Spiegel, 15.4.06, S. 102; Herv. v. Verf.
115.) ebd. S. 103; Herv. v. Verf.
116.) zit. nach Hollywood Unmasked - Video-Dokumentation; Herv. v. Verf.
117.) Gustav Sichelschmidt, Ein Volk im Wahn, S. 141f; Herv. v. Verf.
118.) zit. nach Gegen Massenverdummung und Geschichtsfaelschung - Die Oppositionelle, 1.6.05, http://www.klaus-krusche.de; Herv. v. Verf.

**Der unaufhörliche Terror im Nahen Osten**

1.) RTLtext, 24.8.04, S. 118; Herv. v. Verf.
2.) http://www.haaretz.com/hasen/spages/697458.html
3.) zit. nach Nation & Europa, April 2005, S. 12
4.) Politische Hintergrundinformationen - Deutschlanddienst, Nr. 29-30 / 2005, S. 232; Herv. v. Verf.
5.) National-Zeitung, 2.6.06
6.) zit. nach Nation & Europa, Januar 2006, S. 20; Herv. v. Verf.
7.) RTLtext, 7.6.05, S. 127; Herv. v. Verf.
8.) ebd. 6.10.04, S. 119; Herv. v. Verf.
9.) ebd. 22.4.05, S. 128
10.) SAT.1, 14.7.05, S. 115; Herv. v. Verf.
11.) Fuldaer Zeitung, 16.7.05; Herv. v. Verf.
12.) ProSieben Text, 20.7.05, S. 118
13.) RTLtext, 5.8.05, S. 127; Herv. v. Verf.
14.) ebd. 17.8.05, S. 124; Herv. v. Verf.
15.) ARD-Text, 17.8.05, S. 120
16.) ebd. 25.8.05, S. 128; Herv. v. Verf.
17.) ebd 23.9.05, S. 129; Herv. v. Verf.
18.) Fuldaer Zeitung, 24.9.05; Herv. v. Verf.
19.) ARD-Text, 26.10.05, S. 122; Herv. v. Verf.
20.) ebd. 27.10.05, S. 124; Herv. v. Verf.
21.) Uri Avneri - Former Israeli MK - Places AD, 28.10.05, http://www.rense.com/general68/uriavneriformer.htm
22.) RTLtext, 3.11.05, S. 130; Herv. v. Verf.
23.) ebd. 14.11.05, S. 127; Herv. v. Verf.
24.) www.antiwar.com/reese/?articleid=7022; zit. nach http://www.thetruthseeker.co.uk/article.asp?ID=3491; Herv. v. Verf.

25.) zit. nach National-Zeitung, 2.6.06; Herv. v. Verf.
26.) n-tv text, 30.10.05, S. 116
27.) Freace - Rückwirkendes Entrechten, Neues israelisches Gesetz, 27.07.2005, http://www.freace.de/artikel/200507/270705b.html; Herv. v. Verf.
28.) zit. nach National-Zeitung, 6.1.06
29.) ARD-Text, 23.2.06, S. 128; Herv. v. Verf.
30.) RTLtext, 23.2.06, S. 124; Herv. v. Verf.
31.) ebd. 7.3.06, S. 126
32.) ZDFtext, 7.3.06, S. 128; Herv. v. Verf.
33.) ARD-Text, Freitag, 7.4.06, S. 118; Herv. v. Verf.
34.) ebd. S. 119; Herv. v. Verf.
35.) ebd. S. 120; Herv. v. Verf.
36.) ebd. 8.4.06, S. 122; Herv. v. Verf.
37.) Fuldaer Zeitung, 18.4.06
38.) RTLtext, 1.5.06, S. 125
39.) RTLtext, 13.6.06, S. 124
40.) ZDFtext, 13.6.06, S. 124; Herv. v. Verf.
41.) ARD-Text, 8.4.06, S. 123
42.) Neue Zürcher Zeitung, 11.4.06; zit. nach National-Zeitung, 21.4.06; Herv. v. Verf.
43.) zit. nach National-Zeitung, 7.4.06
44.) zit. nach ebd. 21.4.06
45.) Das Leben eines amerikanischen Juden im rassistischen, marxistischen Israel, S. 33; Herv. im Orig.
46.) National-Zeitung, 30.6.06
47.) Judy Andreas, Opening Up Jewish Eyes, 30.9.05, http://www.rense.com/general67/opening.htm; Herv. v. Verf.
48.) zit. nach National-Zeitung, 21.4.06

**Die durch die Medien verbreiteten Lügen der Evolutionstheoretiker**

1.) Evolution gegen Schöpfung - Das schönste Geheimnis dieser Erde, http://www.dasgeheimnis.de/web/evolution.htm
2.) Schöpfung contra Evolution, http://www.creationism.org/heinze/german/Schop03.htm
3.) Gräf C. S. SP., P. Richard: Selig die Hungernden, Regensburg 1961, S. 137ff; Herv. v. Verf.
4.) ARD-Text, 27.11.05, S. 532
5.) ebd. 23.3.06, S. 537
6.) Kurier der Christlichen Mitte, Juni 2006
7.) 3sat.online: Artikel drucken - Männliche Mäuse betören mit einem Ultraschall-Gesang, http://www.3sat.de/SCRIPTS/print.php?url=/nano/news/85016/index.html
8.) ARD-Text, 10.5.06, S. 534
9.) ebd. 11.2.06, S. 534
10.) zit. nach Kurier der Christlichen Mitte, Juni 2006
11.) ARD-Text, 3.2.06, S. 537
12.) http://www.spiegel.de/sptv/magazin/0,1518,405718,00.html; Herv. v. Verf.
13.) kabel eins, 18.3.06, S. 122
14.) ARD-Text, 21.4.06, S. 531
15.) zit. nach Kurier der Christlichen Mitte, Februar 2006; Herv. v. Verf.
16.) Fatima, http://www.kbwn.de/html/fatima.html

17.) Gott existiert: Die Wissenschaft findet zum Glauben!; http://home.t-online.de/home/dl1nad/gottexistiert.html
18.) Cinema, Nr. 1/00 - Januar 2000, S. 51; Herv. im Orig.
19.) Fuldaer Zeitung, 18.2.06; Herv. v. Verf.
20.) Fatima - Wikipedia, http://de.wikipedia/org/wiki/Fatima
21.) Sechste Erscheinung von Fatima - 13. Oktober 1917, http://www.heiliggeist-seminar.de/Oktober-1917.htm; Herv. v. Verf.
22.) Die Frau aller Völker - Zeugnis von Hiroshi Tatsuchi, Japan, http://www.de-vrouwe.net/deutsch/d_Zeugnis_von_Hiroshi_Tatsuchi_Japan330.htm; Herv. v. Verf.
23.) DAS LEBEN DES PATER PIO - GEHEIMNISSE UND WUNDER, http://www.heiliggeist-seminar.de/pio.htm; Herv. v. Verf.

# Im Verlag Anton A. Schmid,
# Credo: Pro Fide Catholica, Pf. 22, 87467 Durach,
# Tel./Fax 0831/218 95
# sind von Frank Hills erschienen:

## Das globale Killernetzwerk

*Frank Hills, 345 Seiten, durchgehend bebildert, 24,90 EUR*

Existiert hinter den Kulissen des Weltgeschehens ein Netzwerk brutaler Auftragsmörder? Erfahren Sie, warum Jürgen Möllemann, Prinzessin Diana, der britische Biowaffenexperte David Kelley und die schwedische Außenministerin Anna Lindh Morden zum Opfer fielen. Welchen Hintergrund hatte die schwere Flugzeugkatastrophe am 28. August 1988 auf dem US-Luftwaffenstützpunkt in Ramstein? Über 45 Seiten mit mehr als 140 Fotos greifen unter anderem das Attentat auf US-Präsident John F. Kennedy (November 1963) und den Bombenanschlag auf Oklahoma City (April 1995) auf. Ein brisantes Buch, das in keiner Sammlung fehlen sollte.

## Die Liquidierung Deutschlands

*Frank Hills, 233 Seiten, bebildert, 20,90 EUR*

Dieses Buch beschreibt mit aller Deutlichkeit den gegenwärtigen finanziellen, gesundheitlichen moralischen und sittlichen Verfall des deutschen Volkes. In dieser aktuellen Bestandsaufnahme der Bundesrepublik, in der unter anderem die Folgen der EU-Osterweiterung und der angestrebten EU-Mitgliedschaft der Türkei zur Sprache kommen, wird auch der Beweis erbracht, daß bereits vor mehr als 60 Jahren in den USA diabolische Pläne ersonnen wurden, wie den Deutschen endgültig der Garaus bereitet werden könnte. Dabei handelte es sich um den jeweils sogenannten Nizer-, Kaufman-, Morgenthau- und Hooton-Plan, allesamt üble Machwerke, die von Haß auf Deutschland und von unerschütterlichem Rassismus gegenüber allen Deutschen nur so strotzten. Sie verschwanden nicht etwa vor langer Zeit tief in einer Schublade, sondern dienen gegenwärtig als Fahrplan zur systematischen Vernichtung Deutschlands. Lesen Sie in diesem Buch, was wirklich hinter der europäischen Vereinigung und der Errichtung des Brüsseler Superstaates steckt, warum die ehemals souveränen christlichen Nationalstaaten Europas von ihren eigenen (!) Politikern systematisch entmachtet und aufgelöst werden und welche Folgen das neue Zuwanderungsgesetz haben wird.

Nicht unerwähnt bleiben dabei auch die weitreichenden Auswirkungen der bedingungslosen Kapitulation der Deutschen Wehrmacht am Ende des Zweiten Weltkrieges, aber auch des europäischen Haftbefehls, der klar macht, daß die Deutschen jetzt keine „unveräußerlichen Grundrechte“ mehr haben.

Durchschauen Sie die diabolischen Machenschaften geheimer Mächte im Hintergrund des Weltgeschehens, bevor es zu spät ist! Lesen Sie dieses Buch und helfen Sie mit, das Allerschlimmste zu verhindern!

## Der Bericht von IRON MOUNTAIN – Geheimplan zur Bevölkerungskontrolle

*Frank Hills, 298 Seiten, durchgehend bebildert, 22,-- EUR*

In den USA, im Bundesstaat New York, traf sich im August 1963 zum ersten Mal eine kleine Gruppe von 15 mächtigen Männern in einem Atombunker tief unter der Erke namens IRON MOUNTAIN.
Dieser einmal im Monat zusammenkommende elitäre Kreis arbeitete an einer von der Regierung in Auftrag gegebenen Studie, die klären sollte, welche anderen wichtigen Funktionen, abgesehen von der Wahrung „nationaler Interessen", der Krieg in der modernen Gesellschaft hat und welche Institutionen diese Funktionen übernehmen könnten, falls es keinen Krieg mehr gäbe.
Drei Jahre später legten sie ihren Schlußbericht vor: Ein teuflischer Plan, mit dessen Hilfe man die Massen auch weiterhin manipulieren und unter die Kontrolle einer Eine-Welt-Regierung bekommen könnte.
Lesen Sie, was vor mehr als 40 Jahren beschlossen wurde und heute konsequent in die Tat umgesetzt wird!

## Deutschland im Würgegriff seiner Feinde

*Frank Hills, 126 Seiten, bebildert,11,20 EUR*

Seit einigen Jahren können wir Deutsche uns alle angeblich glücklich schätzen, mit unseren Nachbarvölkern im neu errichteten, gemeinsamen „Haus Europa" zu „wohnen". Was aber hat *unserem Volk* das Wohnen in diesem „Haus Europa" bis heute tatsächlich eingebracht?
Nun, alle wachsamen Menschen konnten in den letzten Jahren mitverfolgen, wie einige unserer Grundrechte (siehe §13 GG) faktisch abgeschafft wurden, wie sich eine regelrechte Kriminalitätsflut ungehindert über unser ganzes Land ausbreiten konnte, wie die Staatsverschuldung und die Arbeitslosenzahl in astronomische Höhen kletterten und ein noch nie dagewesener kultureller Zersetzungskampf beginnen konnte.
In dieser Schrift wird die äußerst wichtige Frage gestellt, wie gerecht sich das von unseren Politikern vielgepriesene „Haus Europa" bis jetzt tatsächlich für uns Deutsche entwickelt hat. Es zeigt sich, wie sehr das deutsche Volk, zugunsten des geeinten Europa von Maastricht, auf allen (!) Ebenen ins Abseits gedrängt und in vielen Bereichen quasi entmündigt wurde. Beispiele sind solche Maßnahmen zur *Verbrechensbekämpfung* wie der „große Lauschangriff", EUROPOL oder neuerdings sogar eine „Gen-Datei". Warum benötigen wir all diese Dinge ausgerechnet *jetzt*? Warum erst im *Vereinten Europa*? Und warum spricht unser Bundespräsident ganz aktuell sogar von einem „neuen Zeitalter der Demokratie"?
Wenn es stimmt, daß „große Ereignisse ihre Schatten vorauswerfen", dann

können wir uns in den nächsten Jahren jedenfalls auf einiges gefaßt machen. Diese wichtige und hochbrisante Schrift zeigt auf, daß unser Volk zum Ende dieses Jahrtausends einen Tanz auf dem Vulkan vollführt. Ist Deutschland überhaupt noch zu retten, oder ist sein Schicksal, das Aufgehen in der antichristlichen Einen Welt, bereits besiegelt?

## Chemische Kondensstreifen („Chemtrails") über Deutschland – Weißer Tod aus der Luft?

*Frank Hills, 180 Seiten, davon 32 Seiten vierfarbig, 17,90 EUR*

Seit Jahren werden über einer Reihe von Ländern mysteriöse Kondensstreifen gesichtet, die in einem riesigen Gittermuster ausgelegt werden. Sie lösen sich nicht nach Minuten auf – was eigentlich der Fall sein müßte - sondern bleiben am Firmament regungslos hängen, um nach etwa 30 bis 60 Minuten eine zähe, wolkenartige Masse zu bilden. Diese schwadenförmigen Nebel-Wolkenbänke bedecken schließlich den ganzen Himmel

Werden hier etwa giftige Chemikalien versprüht und hängt die dramatische Zunahme vieler Krankheiten, vor allem der Allergien, demzufolge mit diesem Phänomen zusammen? Sind die Kondensstreifen Teil eines militärischen Waffensystems zur Wetterbeeinflussung oder dienen sie gar der radikalen Reduzierung der Weltbevölkerung? Diese Schrift geht diesen brisanten Fragen nach und zeigt auf, daß es gerade für die US-Regierung nichts Ungewöhnliches darstellt, gefährliche Versuche am Menschen durchzuführen. Dieses Buch legt auch die Verbindung zwischen der „Verschmutzung der Luft" und dem im September 1966 von einer geheimen „Sonderstudiengruppe" der US-Regierung herausgegebenen „Bericht von IRON MOUNTAIN" offen, bei dem es sich um nichts geringeres als einen Geheimplan zur Bevölkerungskontrolle handelt.

## Das Zeitalter der Lügen - Wie der Kommunismus mittels der UNO die Weltherrschaft erlangt hat

*Frank Hills, 101 Seiten, durchgehend bebildert, 10,20 EUR*

Sie suchen das Buch, das der modernen Welt die Lügenmaske vom Gesicht reißt, das die Hintergründe des 11. September 2001 beleuchtet und den photographischen (!) Beweis dafür bringt, daß die Zerstörung des World Trade Centers offensichtlich bereits Monate zuvor angekündigt wurde, das zeigt, wie die Vertreter des Kommunismus insgeheim die Weltherrschaft erlangt haben, das die Wahrheit über die UNO bzw. die Völkermordpolitik der Vereinten Nationen ans Tageslicht bringt und im einzelnen darlegt, wie die meisten Deutschen in den letzten Jahren immer mehr entrechtet und in die Armut getrieben wurden? Dann greifen Sie zu, denn in dieser Schrift erfahren Sie nicht nur all diese Dinge, sondern hören auch noch von Benjamin Freedman, einer der außergewöhnlichsten jüdischen Persönlichkeiten des 20. Jahrhundert, dem das Verdienst zukommt, die Hintergründe des Ersten und Zweiten Weltkriegs aufgedeckt zu haben – vernehmen Sie von ihm selbst,

wie Deutschland vor mehr als 60 Jahren in die Falle gelockt wurde. Darüber hinaus erfahren Sie hier von den bolschewistischen Massenmorden an Christen und sehen, wie allen unabhängigen Völkern mittel der „Globalisierung“ insgeheim der Krieg erklärt wurde.
Diese Schrift warnt vor dem Aufkommen eines weltweiten Sklavenstaates und richtet sich entschieden gegen die von den bösen Mächten vorangetriebene Neue Weltordnung. Mehr als 90 Photos und der offene Schreibstil des Autors machen das Lesen zu einem wahren Vergnügen.

## Der Greuel der Verwüstung an heiliger Stätte

*Frank Hills, 137 Seiten, bebildert, 12,90 EUR*

Sowohl der Prophet Daniel als auch unser Herr und Erlöser Jesus Christus prophezeiten für die Endzeit den Abfall vom wahren Glauben und die Aufrichtung eines „Greuels der Verwüstung“ an Heiliger Stätte. Diese Schrift zeigt nicht nur anhand konkreter Photos auf, daß dieses welterschütternde Ereignis längst stattgefunden hat, sondern beleuchtet auch die Auswirkungen dieser Abscheulichkeit für Kirche und Gesellschaft. Es wird der unumstößliche Beweis erbracht, daß die Kirche des Zweiten Vatikanischen Konzils mit dem von Christus höchstpersönlich eingesetzten Glauben kaum noch etwas gemein hat.

## WELTPOLITIK DES TODES – Die Menschheit am Abgrund

*Ca. 120 Seiten, durchgehend bebildert (Vorbestellung)*

Diese Schrift beweist, daß die ganze Menschheit heute einen kaum noch in Worte zu fassenden Alptraum durchlebt, aus dem es kein Erwachen mehr zu geben scheint. Die schreckliche Vision George Orwells (1903-1050) von einer Welt der Furcht, des Verrats und der Folter, einer Welt des Tretens und Getretenwerdens, einer Welt, die mit fortschreitender Höherentwicklung nicht weniger gnadenlos, sondern immer noch gnadenloser werden wird, ist längst traurige Realität geworden.
Die Fragen, die sich aus diesem Grund ergeben, lauten: Wie lange lassen wir es uns noch gefallen, daß wir permanent vergiftet und immer mehr in die Armut getrieben werden? Wann sagen wir denjenigen, die die gesamte göttliche Ordnung zunichte machen und die Erde in einen regelrechten Vorhof der Hölle verwandeln wollen, endlich den Kampf an und streiten gemeinsam für eine gerechtere Gesellschaftsordnung, die sich nicht mehr am Götzen Mammon, sondern ausschließlich an den allezeit gültigen Geboten Christi orientiert? „Alles, was ihr tut, in Wort oder Werk, das tut alles im Namen des Herrn Jesus und sagt Gott, dem Vater, Dank durch ihn“, fordert der hl. Paulus (Kol. 3, 17) uns eindringlich auf.
Niemand darf sich in diesen dunklen Tagen neutral verhalten, sondern muß deutlich Stellung beziehen, auf welcher Seite er steht, denn es nähert sich der

Tag, „da Gott richten wird das Verborgene der Menschen, gemäß meinem Evangelium, durch Jesus Christus“ (Röt. 2, 16), so der hl. Apostel.

## Deutschlands Zukunft – Hoffnung oder Untergang? Was das Volk der Deutschen ändern muß

*Ca. 200 Seiten, durchgehend bebildert (Vorbestellung)*

Diese Schrift berichtet kurz über die offizielle Fälschung der deutschen Geschichte, die nach 1945 von den Siegermächten eingeleitete Umerziehung des VOLKES durch „ausgewählte“ Deutsche (!) und geht dann argumentativ zum „Angriff“ über. – Verteidigen muß sich nämlich nur ein beweisfähig „Schuldiger“, das war die deutsche Nation niemals!
Der die Wiedervereinigung Deutschlands 1989 auslösende „Geist des Volkes“ (nicht der Regierung!) zeigt die Macht des Bewußtseins verschüttet geglaubter deutsche Tugenden, geprägt durch gerechten Freiheitswillen. – Die „Schrecken verordneter Demokratie“ werden aufgedeckt und der inzwischen entzauberte „Leitbildcharakter“ der mit militärischer und globaler Finanzmacht operierenden „Vorzeigenation.“ – Auch aus dieser Umklammerung ist eine Befreiung möglich.

## Verschwörung gegen Gott Band I
### Die ganze Wahrheit über die Schöpfung des Lebens und das Alter der Erde

*Frank Hills, ca. 200 Seiten, durchgehend bebildert (Vorbestellung)*

Der Satan weiß, daß die katholische Kirche am besten dadurch stranguliert werden kann, indem der Glauben an Jesus Christus unterminiert wird.
Zu diesem Zweck haben seine gerissenen irdischen Vasallen eine Lehre ins Leben gerufen, die den Menschen nicht nur zum antichristlichen Sozialismus bekehren soll, sondern auch die ideale Grundlage für den Atheismus liefert: „Jedes Kind, das an Gott glaubt, ist geistesgestört“, lästerte etwa der führende US-amerikanische Kinderpsychologe Dr. Paul Brandwein schon vor Jahren.
Dabei beweist der heruntergekommene Zustand unserer Gesellschaft, daß wenn die übernatürliche Ordnung, die von Christus in Seiner Kirche stammt, von den Menschen zurückgewiesen wird, sie auf ihr eigenes gefallenes Wesen zugreifen. Getrennt von Gott und dem Gehorsam gegenüber Seinen Geboten, wird der Mensch von der Realität abgeschnitten sein. Mit einem Wort: Er wird geisteskrank.
Dieses wichtige Buch will dem entgegenwirken, indem vor allem die absolute Verläßlichkeit der Genesis aufgezeigt wird. Es gehört in die Hände jedes Katholiken, der die Gebote Christi befolgt: „Habt nichts gemein mit den unfruchtbaren Werken der Finsternis, bringt sie vielmehr ans Licht!“ (Eph. 5, 11).